미국과 불교의 만남

미국과 불교의 만남

외래종교인 불교가 미국의 지배적 종교 및 문화와 겪는 갈등과 융합의 과정

토마스 A. 트위드 지음 | **한창호** 옮김

운주사

서문

이 책에서 토마스 A. 트위드Thomas A. Tweed는 불교를 비판했거나 동조했던, 심지어 불교로 개종하기까지 한 후기 빅토리아인들 사이에서 이루어진 담론, 그 복잡 미묘한 세계로 독자들을 초대한다. 비록 이제 지나간 얘기일지라도 여전히 골동품 애호 취미를 훨씬 능가하는 그 화제를 저자는 철저하고 주의 깊게 탐색한다. 트위드가 다루는 미국 불교도와 그 동조자들은 주류 프로테스탄트와 그 밖의 사람들도 공유했던 후기 빅토리아 문화에 대해 유의미한 점들을 알려준다. 그리하여 우리는 19세기였을지라도 불교로 전향한 미국인들에게 동양에로의 방향전환이 완전한 소외를 나타내는 신호는 결코 아니었음을 분명히 알게 된다.

이 책은 불교도 전통의 복잡성보다는 문화 접촉의 과정에 더 우리의 관심을 기울이게 만든다. 트위드의 주인공들은 불교라는 동양종교에 매혹된 유로-아메리칸 불교도와 여타의 사람들이다. 연대기적 초점은 19세기 후반부다. 저자는 이 시기의 미국 사회에서 일어난 종교적 저항의 한계와 문화적 동조의 정도를 밝혀주는 사례를 상세히 서술한다. 이 과정에서 저자는 미국 종교사와 문화사에서 국외자와 내부자에 주목하면서도 전적인 '국외자들'은 결코 아닌 정황을 보여주는 R. 로렌스 무어R. Laurence Moore의 '종교적 국외자들과 미국인 만들기'라는 논의를 정교화시킨다. 트위드는 미국문화의 여러 측면들에 대해 가족 차원의 싸움을 벌이는 사람들을 우리에게 보여준다. 이 사람들은 미국의 기본적 가치를 긍정하는 한에서만 외래의 동양종교로 돌아선다. 그리하여 불교도와 그 동족인 영혼들이 긍정하는 가치, 즉 유신론有神論, 개인주의, 낙관주의, 행동주의들을 살펴보는 저자의 연구는 문화의 주된 흐름에 간접적으로 조명을 들이댄다. 이를 통해 우리는 다른 사람들이 빅토리아 시대의 미국에 대해 말해온 것들이 유효함을 확인하게 된다. 한 담화공동체(discourse community: 저자의 용어)에 대한 저자 자신의 면밀한 분석은 비록 관련된 사람들 수는 적다 해도, 당시의 지배적 관심사와 가설들에 대한 통찰을 제공한다.

더욱이 트위드는 미국에서 불교에 매료되었던 사람들이 단지 뉴잉글랜드 지식인이나 낭만주의자들만은 아니라는 점을 명백히 드러내면서, 동·서양 사상의 접촉 과정에 대한 우리의 이해 수준을 높여준다. 미국인들의 불교 수용에 대한 저자의 연구에서 우리는 하나의 계급 이상을 대표하며 미국 전역에 흩어져 있던 비평가, 학자, 여행자 및 개종한 사람들과 마주친다. 트위드는 이러한 사실을 입증하기 위해 다양한 증거를 창의적으로 사용한다. 추종자들을 이해하기 위해 오래된 잡지를 조사하기도 하고, 이름을 찾느라 빅토리아 불교도 정기간행물을 읽고, 사적인 편지도 조사한다. 이런 다양한 수단을 통해 저자는 피어나고 있는 종교·문화적인 네트워크의 존재를 확립할 수 있다.

분석을 돕기 위해 트위드는 불교 신봉자와 동조자를 비교秘敎주의자, 합리론자, 낭만주의자라는 세 범주로 구성된 유형을 구축한다. 저자는 이 다양한 그룹이 미국의 가치가 구현된 구식의 빅토리아 양식에 저항하면서 앵글로-프로테스탄트 빅토리아 문화의 가설을 유행시키는 다양한 방법을 보여준다. 예컨대, 일부 미국인들은 불교가 과학과 양립할 수 있고 서양 신앙에 비해 상대적으로 더 큰 관용을 보인 점 때문에 감명을 받았다. 또 붓다와 예수 사이에서 의미 있는 유사점을 발견하여 동양적 세계관의 '지적 풍경'에 대한 공감을 표현하거나 불교와 그리스도교 둘 다에 공통되는 윤리적 차원을 지적하는 이들도 있었다. 한편 두 신앙체계에서 '프로테스탄트적' 특질을 인정하는 이들도 있었다. 불교에 대한 이런 다양한 반응과 해석은 문화적 접촉의 복잡성을 드러낸다. 다시 말하면, 일부 미국인들이 왜 불교에 매료되는지, 그럼에도 왜 실제 신봉자 수는 얼마 되지 않는지를 이해할 수 있게 해준다.

19세기 후반, 불교에 이끌린 사람들 중에는 영성적으로 환멸을 느낀 사람들과 호기심이 많은 사람들이 있었다. 많은 신봉자와 동조자들은 강신술降神術과 신지학神智學을 포함하여 그 당시에 선택할 수 있는 다른 종교들도 탐색했다. 비록 다양한 종류의 반항아들이긴 했지만, 이 미국인들은 당시 지배적이던 문화적 신념과 가치를 완전히 거부할 수는 없었다. 트위드에 따르면, 저항과 동조의 이 복잡한 유형에 속했던 사람들은 개인주의, 낙관주의, 행동주의에 헌신하기보다는 인격적 창조주와 실체가 있는 불멸하는 자아라는 관념을 버리는 편이 훨씬 더 쉬웠다. 이런 뜻 깊은 사실에 대한 트위드의 발견을 관찰하면서, 우리는 다른 저항적인 미국 종교공동체들이 어느 정도로 당시 주류문화의 가치를 투영하거나 주류문화와 상호 관계를 맺었는지를 살펴보지 않을 수 없게 된다.

캐서린 L. 알바네즈Catherine L. Albanese

스테판 J. 스타인Stephen J. Stein

보급판 서문

〈애틀랜틱 먼슬리〉Atlantic Monthly지의 한 기자는 "동양종교 가운데 불교가 가장 잘 알려졌고 널리 인정받는다"고 썼다. 한 도서평론가는 미국에서 "많은 열광적 찬미자들"이 불교를 찬양한다고 말한다. 뉴욕의 한 신문은 "요즘 자신이 불교도라고 자처하는 뉴요커들을 흔히 볼 수 있다"고 하면서 팽창하고 있는 불교에 대한 관심을 보도한다. 그리고 보스턴을 다룬, 신문이 아닌 다른 매체에 따르면 "'미국 불교도'라는 용어가 멀지 않아 보편적으로 사용될 것이다"라는 점을 시사한다. 미국 문화에서 불교라는 말이 눈에 띄지 않다가 1997년 〈타임〉지를 통해 "불교에 매료된 미국"이라는 커버스토리가 유명해지자, 이전에 매체들을 통해 알려졌던 불교 유행에 관한 소식은 시시한 듯이 보였다. 불교가 지닌 광범위한 호소력에 관한 이런 관찰이 2000년이 아니라 한 세기 전인 1900년에 씌어졌다는 점을 제외하곤 별 주목을 받지 못했던 것이다. 한편, 이 책 『미국과 불교의 만남』(The American Encounter with Buddhism)에 나와 있듯이, 아시아 종교에 대한 미국의 "매혹"은 유구하면서도 흥미를 자아내는 역사다.[1]

미국에서 대다수 불교도는 아시아로부터 온 이민자와 그 후예들이었다. 그 중에서도 중국인들은 물려받은 이 신앙을 간직한 채 맨 처음 미국 해안에 도착한 이들이었다. 1850년대에 대규모로 중국인들이 몰려들기 시작했고, 일본인이나 한국인, 즉 동아시아 출신의 다른 불교도 이민자들은 1890년대에 하와이로 들어오거나 태평양 해안을 따라 입국했다. 1882년의 중국인 추방령을 시작으로 1924년 이민법으로 절정에 이르는 일련의 인종주의 법안 때문에, 아시아인들이 더 이상 들어오지 못하도록 미국 국경은 봉쇄되었다. 그럼에도 불구하고 이미 미국에 들어와 있던 수많은 아시아계 아메리칸 불교도들은 20세기 전반부 동안 집안의 제단과 공공의 사원에서 자기네 신행생활을 지속했다. 그리고 2차 세계대전 동안 루즈벨트 대통령이 일본계 아메리칸들에게 강제수용소 행을 명령했을 때, 미국 불교도 중에는 심지어 가시 돋친 철조망 뒤에서 신앙생활을 영위했던 이들도 있었다. 1965년, 의회는 하트셀러 이민법령(Hart-Celler Immigration Act)을 통과시키면서 불공정한 국가별 할당체계를 철폐했다. 그래서 더 많은 아시아인들이 미국에 입국할 수 있었다. 이후 이민자의 거의 40%가 베트남, 중국, 태국, 라오스, 캄보디아, 미얀마, 스리랑카 등 아시아 국가 출신자들이었다. 바야흐로 아시아계 아메리칸의 수는 1,050만이 넘었고, 이 새로운 미국인들 중 대다수는 미국으로 건너오기 전부터 불교도였다.[2]

　그러나 대부분의 미국 불교도가 아시아 혈통을 주장할지라도 그것이 전부는 아니다. 개종자와 동조자들 역시 중요한 역할을 수행해 왔기 때문이다. 내가 이 책에서 밝히고 있듯이, 유럽 가계의 미국인들은 20세기 후반이 아니라 19세기 후반에 자신들을 불교도로 칭하기 시작했다. 이 자칭 개종자들의 일부는 동시대인들에게 알려지지 않은 고립된 탐구자들이었다. 예를 들어 내가 발견한 감탄하지 않을 수 없었던 인물들 중 한 사람인 프랭크 그래암 데이비스Frank Graeme Davis를 살펴보자. 프랭크는 일본인 불교 성직자들에게 편지를 썼을 뿐 아니라, 불교잡지를 구독했고 매주 금요일 밤 "불교를 공부할 목적으로" 네 명의 친구와 그의 기숙사 방에서 모임을 가졌던 사우스 다코타 대학의 학생이었다. 여타의 불교 개종자들은 20세기로의 전환기에 개종한 2류급 명사들이었다. 언론이 "상가미타 자매"(Sister Sangamita)로 불렀던 마리 데소자 카나바로Marie deSouza Canavarro는 1897년 미국 토양에서 공식적으로 불교로 개종한 최초의 여성이 되었다. 마리는 또한 아시아와 서양에서 불교 권위자로서 강연했고, 종교 관련 저서와 논문을 썼을 뿐 아니라, 스리랑카에서 여성 불교도 학교를 운영하기까지 했다. 그리고 관심은 있지만 공식적으로나 전적으로 불교에 관여하지는 않는 소극적 동조자들 역시 19세기 불교와의 조우에서 나름의 역할을 수행했다. 예컨대, 미얀마로 간 유명한 침례교 선교사의 딸 애비 앤 저드슨Abby Ann Judson은 스스로를 정신주의자(Spiritualist: 정신주의를 지지하는 이들로, 정신주의〔spiritualism〕란 영의 세계에 거하는 죽은 이들의 영혼이 살아 있는 사람들과 소통할 수 있는 능력과 바람을 지녔다는 믿음이다)로 여겼지만, 불교에 잠깐 손을 댄 후 "붓다의 종교는 그리스도교로 알려진 종교보다 훨씬 뛰어나다"고 믿게 되었다. 철학자이자 잡지 편집자였던 폴 카루스Paul Carus는 자신을 불교도라 기꺼이 부른 적은 한 번도 없었지만, 불교 개념을 옹호했고 찬불가를 작곡했으며, 불교 선교사들에게 힘을 실어 주었다. 드와잇 고다르Dwigt Goddard와 L. 아담스 벡L. Adams Beck 같은 유럽계 아메리칸 개종자와 동조자들은 빅토리아 후기의 유행이 지나간 후에도 불교에 대한 관심을 유지했다. 그러나 많은 수는 아니었고, 2차 세계대전 이후, 특히 1960년대와 70년대에 가서야 수천 명의 미국인들이 다시 동양으로 눈길을 돌렸다.

현재 우리는 붓다의 종교에 대한 빅토리아 후기의 "매혹"보다 더 강렬하고 광범위한 두 번째 불교 유행 시대의 와중에 있다. 정보에 밝은 모든 관찰자들은 태생적이든 개종자든 그 어느 때보다도 미국 불교도들이 많이 늘어난 데 동의한다. 그러나 미국 인구조사에서 더 이상 소속 종교를 쓰지 않기 때문에 그 수가 얼마나 되는지는 아무도 모른다. 서구 불교 분야에서 존중되는 학자인 마틴 바우만Martin Baumann은 300만에서 400만 사이로 미국 불교도 수를 어림잡아 왔다. 이들 중 80만이 개종자로서 가톨릭교도와 유대교도, 그리고 개신교신자로 자랐으나 성인이 되어 불교를 받아들인 유럽계 아메리칸, 아프리카계 아메리칸들이라고 바우만은 말한다. 비록 바우만이 추정한 수치가 다소 과장되었다 하더라도, 개종자들이야말로 1965년 이후 불교 관련 담론의 중요한 대목을 차지함에 틀림없는 것 같다. 1,500개 이상의 불교사원이 2000년대로 접어든 미국에 그 모습을 드러내고 있고, 개종자들은 온 나라에 망라되어 있는 선(Zen), 비파사나, 창가학회, 티베트 센터에서 명상하고 염불하고 있다. 리처드 기어Richard Gere, 스티븐 시걸Steven Segal, 아담 요크Adam Yauch, 그리고 티나 터너Tina Turner를 포함한 유명인사 개종자들은 불교라는 종교를 공식화시키고 문화적 영향력을 발휘하게 만들었다. 밤에는 필립 카플로Philip Kapleau의 『선의 세 기둥』(Three Pillars of Zen) 같은 대중적인 소형책자들을 읽고, 아침에 일어나서는 침실 벽을 마주해 방석 위에 거의 가부좌 자세로 앉는, 폴 카루스와 그래암 데이비스의 영적 후예들인 현대의 '침실조명등'(nightsstand) 불교도와 동조자들 역시 불교의 공식화와 불교의 문화적 영향력 발휘에 기여했다. 이 동조자들 중 어떤 이들은 데이비스처럼 고립적이고 눈에 띄지 않는 인물들이고, 또 어떤 이들은 사람들의 문화적 집중 조명을 받기도 한다. 마틴 스콜세지Martin Scorsese 감독을 응원하는 영화팬들은 1997년도 영화 〈쿤둔〉Kundun에서 명백히 드러났듯이, 스콜세지 감독이 불교의 진가를 제대로 평가하고 있음을 잘 안다. 그리고 대다수 스포츠팬들 또한 성공한 NBA 코치 필 잭슨Phil Jackson이 의식적으로 선불교에서 영감을 끌어낸다는 점 역시 잘 안다.

많은 아시아인 스승들, 국가 간 교류, 원전 번역, 번성하는 단체들뿐만 아니라 유명인사 개종자와 동조자들의 영향으로, 21세기에 접어들 무렵 불교는 깊이 있는 미국문화를 형성하게 되었다. 이 영향력은 내가 이 책의 원고를 출판사에 보낸 1991년 뒤 수 년 동안 특히 두드러졌다. 십 년도 채 지나지 않아 많은 일이 일어날 수도 있다. 이제 불교의 문화적 영향력은 의약, 회화, 음악, 시, 출판, 심리치료, 영화, 패션, 광고, 텔레비전과 같은 전 영역에 걸쳐 있다.

몇 가지 예를 들어보자. 깨어 있음(Mindfulness) 명상수행은 비파사나 불교센터들에 의해 대중화되었고, 베트남인 불교 스승 틱낫한Thich Nhat Hanh은 미국의 의료와 심리치료 분야에 영향을 끼쳤다. 미국의 주도적 의료센터들 중 하나인 듀크센터는 "깨어 있음에 기초한 스트레스 해소"라는 8주짜리 강좌를 제공한다. 이 프로그램은 참여자들에게 "자각의 계발과 스트레스 해소법"에 대해 가르치기 위해 명상을 활용한다. "명상을 통해 당신은 이 방법들을 나날의 상황에 적용할 수 있으며, 당신 자신, 당신이 사랑하는 사람들, 그리고 당신이 지금 살고 있는 삶과 더욱 온전하게 연결될 수 있다"고 이 프로그램은 약속한다. 전국에 망라된 의료센터와 정신건강 클리닉들에서 유사한 프로그램들이 번창하고 있다.[3]

패션산업 분야에서도 역시 불교의 영향이 나타난다. 비비안 탐 Vivienne Tam의 1997 봄 컬렉션은 아시아 풍을 보여 주었는데, 구경꾼들을 고요하게 응시하며 감사와 존경의 표시로 합장한 차분한 붓다의 모습이 들어 있는 성긴 갈색 블라우스들도 눈에 띄었다. 중국에서 태어나 홍콩에서 자란 탐은 "영적으로 조화로운 삶"을 진작시키기 위해 자기만의 라인을 디자인했다고 설명했다. 한 인터뷰에서 탐은 "붓다는 우주의 지고至高한 힘을 대표하므로, 나는 옷을 입고 있는 당신뿐 아니라 당신을 바라보는 사람들에게도 그 옷이 아주 평화롭고 고요한 감정을 자아내게 하고 싶었다"고 밝혔다. 패션산업에서는 종종 있는 일이지만, 3년 후 탐의 붓다 디자인을 복사한 것들과 면 티셔츠 위의 비슷한 초상들이 리미티드 투(Limited Too: 미국의 의료전문 소매회사—옮긴이)와 시어스Sears 같은 가게에서 어린이와 젊은이용으로 편하게 바로 입을 수 있는 상품들 속에서 쉽게 발견되었다. 한 백화점의 2000년 봄 카탈로그에는 녹색 반바지와 갈색 샌들을 착용한 어린 소년이 배가 둥그렇게 불룩 솟은 붓다(아마도 중국의 포대화상인 듯—옮긴이) 초상이 그려진 노란 면 티셔츠를 입어 보인다. 붓다 초상 아래로는 한문 글자 세 자가 있다. 붓다 초상 위로는 "행운(Good Fortune)"이라는 번역된 말을 통해 기원祈願이나 찬양을 나타낸다. 새 천년으로의 전환점에서 우리는 붓다를 쇼핑센터에서 발견할 수 있을 것이다.[4]

관찰력이 예민한 사람들은 고급문화로부터, 수백만의 미국인들이 2000년도에 착용한 불교풍의 "파워 염주"(power beads)에 드러난 대중 문화의 일시적 유행에 이르기까지 비슷한 동향을 감지할 수 있을 것이다. 서른 살의 뉴욕 디자이너였던 조 메트로(Zoe Metro〔née Heather Aponick〕)는 티베트의 영적 지도자 달라이 라마가 손목에 전통적 불교 기도용 염주를 차고 있는 모습을 보았다. 이로부터 메트로는 자신의 라인을 창조하는 데 영감을 얻었다. 메트로는 중국식 도시락 용기에 든 나무 알 염주를 한 개당 25불에서 30불을 받고 팔아, 1999년 말에 총액 백만 달러의 수입을 올렸다. 메트로는 나무 알 염주를 각각 그 자체의 영적 의미를 지닌 보석에 준하는 것으로 바꾸었고, 곧 이 팔찌들은 "많은 대형 백화점과 고급 부티크에서 날개 돋친 듯 팔려 나갔다." 이 유행을 폭발시킨 메트로와 제작자들은 전통 불교용품인 일본의 수주(juzu, 數珠: 헤아리는 염주─옮긴이) 또는 기도용 염주들을 의도적으로 재생산하고 있었다. 이런 불교용품은 아시아인 스님들과 신도들이 불교인의 정체성을 드러내기 위해, 그리고 '나는 아미타불阿彌陀佛에 귀의합니다'라는 뜻을 가진 정토교도들의 신성한 문구인 '나무아미타불'(南無阿彌陀佛: Namu Amida Butsu) 만트라 암송의 수를 헤아리기 위해 착용한 것이었다. 그러나 미국 시장 상인들은 여기에다 다른 도덕성, 영적 자비, 혹은 세속적 이익의 뜻을 내포한 다른 빛깔의 구슬들을 연결시킴으로써 뉴에이지New Age적 변형을 추가했다. 예컨대, 클레어Claire 액세서리 상점에서 보라색은 진리를, 분홍은 사랑을, 그리고 검정은 용기를 상징하는 것으로 팔렸다. 강함을 상징하는 수정 파워 염주 팔찌를 낀 서른 살의 뉴요커 사라 레슨Sarah Lessen은 "나는 손목을 내려다보며 내가 강해질 필요가 있음을 되새긴다. 이것은 대단한 영감이다"라고 말한다. 파는 상인들이 "파워 염주", "영 팔찌", 그리고 "카르마 구슬" 등 다양한 이름으로 부르는 이 팔찌들은 이례적으로 남녀노소를 불문하고 모두에게 대단한 인기를 끌었다. "나이와 성별을 초월해 이 나라 방방곡곡의 모든 이들이 이 염주 팔찌를 사고 있다"고 삭스 5번가 일반 상품 매니저 중 한 사람인 제니퍼 드 윈터Jennifer de Winter는 말했다. "이렇게 많은 사람에게 호소력이 있는 유행은 정말이지 드물어요. 믿기지 않는 일이죠." 전통 불교 의례 용품이 미국 문화에서 이렇듯 광범위하게 유통될 수 있다는 사실은 믿기지 않는다. 수많은 여학생을 포함해 염주를 낀 많은 미국인들이 그 염주의 불교적 기원과 전통적

기능을 모른다고 하더라도 말이다.[5]

불교의 문화적 영향력에 대한 다른 사례들이 영화 〈리틀 붓다〉Little Buddaha, TV 시트콤 〈다르마 앤 그렉〉Dharma and Greg, 그리고 부동산을 파는 데 붉은 승복의 티베트인 승려들을 활용한 RE/MAX 텔레비전 광고 등에서 더욱 명백히 드러난다. 그리고 팍스Fox사의 만화영화 시리즈 〈킹 오브 더 힐〉King of the Hill의 2000년 에피소드에서도 불교 관련 주제가 중심이었다. 이 시리즈의 시즌4의 18번째 에피소드인 '당신은 피마이 이웃이 되지 않을 건가?'(Won't You Pimai Neighbor?)라는 에피소드 역시 변해 가는 미국의 종교적 풍경을 익살스럽게 그릴 때, 흥미롭게도 〈리틀 붓다〉를 생각나게 한다. 텍사스 감리교도 인종주의자의 땅딸막한 아들 바비Bobby는 라오스 출신 불교도인 그의 이웃, 칸Kahn과 민Minh의 딸과 데이트를 한다. 한편, 승려들이 그를 죽은 티베트인 영적 지도자 상뤽 라마Lama Sanglug의 환생자로 판정하자 바비는 어떻게 해야 할지 고심한다. 이 에피소드가 진행되는 동안 수백만의 황금시간대 시청자들은 불교 이민자들이 칸과 민의 교외 뒷마당에서 피마이Pimai, 즉 라오스 사람의 새해맞이를 축하하는 광경을 본다. 또한 미국인들은 세 사람의 불교 승려(두 명의 티베트인과 한 명의 백인 개종자)가 환생還生에 관한 교리를 듣고, 바비가 그의 침실 바닥에 결가부좌 자세로 앉아서 자비의 보살인 관세음보살의 가피를 불러일으키는 티베트불교의 만트라 '옴 마니 반메 훔'(연꽃 속의 보석을 부르다. 즉 '관세음보살님이시여!'의 뜻)을 소리 내어 부르는 장면을 본다.[6]

물론 만화 챈팅, 스트레스 워크숍, 〈타임〉지 표지들, 붓다 그림의 티셔츠, 유명인사 개종자들, 〈리틀 붓다〉, 선(Zen) 농구, 그리고 파워

염주들이 저절로 대단해진 건 아니다. 〈킹 오브 더 힐〉의 프로듀서들은
미국의 여러 문화유형을 패러디했고, 대부분의 염주 착용자들은 불교의
'사성제'를 암송하지 못했다. 할리우드 영화는 현대의 수많은 쟁점을
모두 다루고, 유명 인사들은 온갖 종류의 영적 유행에 잠깐씩 손을
대며, NBA 코치들은 비싼 선수들을 자극하고자 무엇이든 할 것이다.
그리고 〈타임〉지는 잡지를 팔 그 어떤 "매혹"이라도 환영한다. 하지만
이게 전부가 아니다. 거의 모든 매체에 등장하는 달라이 라마와 선(Zen)
에서 영감을 받은 비디오 예술가 빌 비올라Bill Viola의 장치들, 그리고
비스티 보이즈Beastie Boys 가운데 불교 개종자인 아담 요크의 음악을
포함하는 또 다른 많은 관심의 징표들까지 고려할 때, 불교가 현대에
미치는 문화적 영향력이란 반박할 여지가 없는 듯하다.[7]

1990년대 내내 치솟았던 불교의 인기를 예언한 사람이 누구였는지
나는 모른다. 나는 확실히 불교의 도래를 감지하지 못했다. 그런데
학계에 불어 닥친 미국 불교 유행은 정말 놀랄 만하고 크게 주목받았다.
내가 이 책을 썼을 때, 이렇듯 불교를 주제로 다룬 학계의 연구는
거의 없었다. 깊이 있는 세 권의 책이 미국 불교를 직접적으로 온전히
다루었으나, 이 중 단 한 권만이 학자가 쓴 책이었다. 불교전공자인
찰스 프레비쉬Charles S. Prebish의 『미국 불교』(American Buddhism)가
바로 그것이다. 학회에서 동료들에게 미국 불교를 연구하고 있다고
고백하면 어리둥절해하며 빤히 쳐다보는 시선을 받아야 했다. 학자들은
아시아 불교나 미국 그리스도교를 전공했지, 미국 불교를 공부하지는
않았다. 2000년에 이르러서야 이런 상황이 바뀌어, 불교 연구와 미국
연구에서 새로운 하위분야들이 속속 생겨났다.[8]

이와 같은 변화의 증거로, 여러 학회의 산물인 편집된 두 권의 책,
『미국 불교의 모습』(The Faces of Buddhism in America, 1998)과『미국
불교: 최근의 연구방법론과 성과』(American Buddhism: Methods and
Findings in Recent Scholarship, 1999)를 살펴보자. 이 책들은 두 권
모두 역사가, 사회학자, 철학자, 인류학자, 그리고 불교 연구 전공자들
인 서른두 명의 저자가 투고하여 엮어졌다. 2000년에 이르러 학자
수십 명과 문서보관소 혹은 그 방면에서 일하는 더 많은 수의 대학원생이
전공 혹은 부전공 분야의 연구로 미국 불교를 공부했다. 학회나 심지어
며칠간 회합에서도 이 주제를 역점을 두고 다루었다. 〈세계불교 저
널〉(Journal of Global Buddhism)이라는 새 저널이 등장했고 점점 더
많은 박사논문들이 나왔으니, 예를 들어 1993년과 1997년 사이에 미국
불교를 분석한 논문이 열네 편이었다.[9]

그리고 1992년 이래 전문가들의 불교 관련 저서와 논문들이 서가를
가득 메웠다. 점점 늘어나는 불교 학술 문헌에 대한 몇 가지 유용한
개관 자료가 만들어졌는데, 그중 하나는 193권의 책과 논문, 그리고
34개의 웹페이지, 영화, CD-ROM들에 대한 목록이었다. 한편, 미국
내 아시아 종교를 다룬 몇 권의 개론서에는 미국 불교에 대한 중요한
자료가 들어 있다. 『미국 내 세계종교: 소개』(World Religions in America:
An Introduction, 1994), 『공통의 토대 위에서: 미국 내 세계종교』(On
Common Ground: World Religions in America, 1997), 그리고 『미국
내 아시아 종교: 기록에 따른 역사』(Asian Religions in America: A Docu-
mentary History, 1999)가 여기에 포함된다. 사회학자, 불교학자, 그리고
미국 종교 역사가인 세 명의 독신 저자가 쓴 책이 미국 불교를 개관한다.
즉 조셉 탐니Joseph B. Tamney의 『불교라는 거울에 투영된 미국 사

회』(American Society in the Buddhist Mirror, 1992), 찰스 프레비쉬Charles Prebish의 『빛나는 이행: 미국에서 불교 실천과 연구』(Luminous Passage: The Practice and Study of Buddhism in America, 1999), 그리고 리처드 휴즈 시걸Richard Hughes Seager의 『미국에서의 불교』(Buddhism in America, 1999)가 그것이다. 사회학자와 인류학자들에 의한 몇몇 연구를 포함해 많은 책이 특정 불교도에 초점을 맞추었다. 1992년 이전에 소수의 사회과학자가 아시아계 미국인 불교도와 북아메리카인 개종자들을 연구했지만, 지난 십 년간 사회학이나 인류학 분야에서 훈련된 몇몇 학자가 미국과 캐나다에서 불교 집단을 어떻게 연구해야 하는지에 대한 모델을 제공하고 있다. 이들의 중요한 저작으로는 페니 에스테릭 Penny Van Esterik의 『귀의歸依하기: 북아메리카 라오족 불교도』(Taking Refuge: Lao Buddhists in North America, 1992), 폴 데이비드 눔릭Paul David Numrich의 『신세계의 오래된 지혜: 두 테라바다 불교사원의 미국화』(Old Wisdom in the New World: Americanization in Two Thera-vada Buddhist Temples, 1996), 재닛 맥러랜Janet McLellan의 『연꽃의 여러 잎: 토론토 아시아 불교도 공동체』(Many Petals of the Lotus: Asian Buddhist Communities in Toronto, 1999), 그리고 필립 하몬드Phillip Hammond와 데이비드 마차첵David Machacek의 『미국 내 창가학회: 적응과 전환』(Soka Gakkai in America: Accommodation and Conversion, 1999)이 있다. 그리고 개종자와 태생지 불교도에 대한 그 밖의 사회과학적 연구도 현재 진행 중이다.[10]

이 책이 처음 출간된 이래, 일부 학자들도 미국 내 불교의 초기 역사에 대한 논의에 기여했다. 역사가인 마틴 버호벤Martin Verhoeven과 해롤드 핸더슨Harold Henderson은 폴 카루스Paul Carus를 연구했는데,

24

이 폴 카루스는 나의 글에서 중요한 역할을 한다. 불교 연구 전문가인 테사 바르톨로메우스Tessa Bartholomersz는 스리랑카 내 불교도 여성 수행자들을 다룬 좋은 책을 썼는데, 이 책은 마리 데소자 카나바로Marie deSouza Canavarro에 대한 중요한 새 정보를 제공한다. 리처드 시걸 Richard Seager은 1893년에 열린 세계 종교의회에 대한 매력적인 개요를 출간했다. 이에 따르면 1893년 세계 종교의회에서 달마팔라(Anagarika Dharmapala)와 소엔 사쿠Soyen Shaku를 포함한 아시아인 불교 연사들이 큰 영향을 끼쳤다고 한다. 그리고 스티븐 프로세로Stephen Prothero는 최초의 미국 불교도 개종자로, 내가 이 책에서 말하는 이야기에서 중요한 인물인 헨리 스틸 올콧Henry Steel Olcott에 대한 전기를 써서 상도 받았다.[11]

이 활기찬 학구적 논의는 불교와 조우한 빅토리아인들을 새로운 시각에서 바라보게 했다. 그 가운데 가장 중요한 것으로, 이 판본에서는 수정된, 내가 나의 초판본에서 발견한 유일한 오류를 드러내는 데 이바지한 것도 있었다. 즉 나는 「붓다의 설교」(The Preaching of the Buddha)(xix, 2, 7)의 번역자를 오인했던, 기다란 학자의 계보를 이었던 것이다. 나는 이 저작의 출현이 불교에 대한 미국에서의 논의를 본격화시킨 두 사건 중 하나라고 제시했고, 헨리 데이비드 소로Henry David Thoreau가 불교경전인 『법화경』을 프랑스어 본에서 영어로 번역했다고 주장했다. 조지 윌리스 쿡George Willis Cooke이 〈사변철학 저널〉(Journal of Speculative Philosophy)에 실은 한 논문에서 소로를 번역자로 확정했던 1885년까지 거슬러 올라가는, 잘못된 해석의 전통을 내가 답습했던 셈이다. 1993년의 출판에서 같은 실수를 반복했던, 문학자이자 특별 소장품 도서관 사서인 웬델 피에즈Wendell Piez는 의아했다. 피에즈가 더 깊이 파고 들어가다 마침내 오류를 발견해냈다. 『월든』Walden의 저자가 아니라, 엘리자베스 팔머 피바디(Elizabeth Palmer Peabody, 1804~1894)가 1844년에 불전에서 중요하게 골라낸 것을 편집하고 번역했던 장본인이었다. 당대의 지도적 여류 지식인 중 한 사람이었던 피바디는 교육자, 개혁가, 저술가, 편집자, 그리고 출판업자였다. 피바디는 1861년 미국 최초로 영어를 사용하는 유치원 설립자로 가장 잘 기억될 것이다. 하지만 피바디는 또한 초월주의 클럽(Transcendental Club)의 두 여성 설립자 중 한 사람이다. 피바디는 초월주의 운동과 그 운동의 사회적·지적 혁신에 참여했다. 1834년에서 1836년까지 브론슨 알코트의 템플스쿨(Bronson Alcott's Temple School)에서 가르쳤고, 보스턴 지성인들이 모이는 곳에 서점을 열었으며, 브루크 농장(Brook Farm) 실험 계획을 세웠다. 오랜 친구였던 랄프 왈도 에머슨Ralph Waldo Emerson은 피바디에게 가정교사로서 그리스어를 가르쳤고, 1841년 에머슨의 재촉에 피바디는 초월주의 정기간행물 〈다이얼〉Dial지 편집을 떠맡았다. 1844년, 개척자적인 불경 초록이 등장한 것은 바로 이 잡지에서였다.[12]

여전히 중요성이 감소되지 않은 채 남아 있는 소로를 몰아내지 않는다 해도, 피바디의 역할에 대한 발견은 불교와 조우한 미국 이야기에 또 하나의 다채로운 성격을 더해 준다. 불교에 대한 소로의 개인적 참여에 관한 풍부한 증거, 예를 들어 『월든』이나 『콩코드와 메리맥 강에서의 일주일』(A Week on the Concord and Merrimack Rivers)과 같은 저작은 소로우의 걸출한 지위를 확신시킨다. 그리고 내가 번역자를 오인했다 하더라도 원본에 대해서는 옳았으니, 즉 그것은 유젠느 뷔르노프Eugene Bournouf의 불어본 『법화경』에서 선택된 것이었다. 그래서 에드워드 엘브리지 솔즈베리Edward Elbridge Salisbury가 아메리칸 동양 학회(American Oriental Society)에서 불교 역사에 대한 강연을 하고 〈다이얼〉지가 중요한 불교 텍스트 초록을 출판한 1844년에 미국이 불교와 조우했다고 주장한 것은 여전히 옳다. 그러나 피바디가 그 초록의 책임을 떠맡았다는 사실을 알게 된 것은 빅토리아인들의 조우에 대한 시야에 새로운 관점을 부여한다. 한나 아담스Hannah Adams에서 리디아 마리아 차일드Lydia Maria Child를 거쳐 엘리자베스 피바디 Elizabeth Peabody에 이르는, 19세기 매사추세츠에서의 아시아 종교에 대한 자유로운 여성 해석자 계보에 또 하나의 다른 이름을 추가한 것이 지니는 중요성은 무엇일까? 그것은 이런 새로운 발견을 통해 불교에 대한 초기 논의를 뒷받침한 개인적 관계의 복잡한 네트워크를 다시 살펴도록 우리가 고무된다는 점이다. 자유로운 그리스도교와 결코 결별한 적이 없는 유니테리언(일신론자) 교도이자 초월주의자였던 피바디는, 예를 들어 1875년 불교에 대한 선호를 공식적으로 발표한 다이어 럼Dyer Lum과 같은 그녀 세대 최고 급진파만큼 아시아 종교에 매혹 당하지는 않았다. 하지만 피바디는 에드윈 아놀드 경Sir Edwin Arnold, 랄프 왈도 에머슨, 리디아 마리아 차일드, 토마스 웬트워쓰 히긴슨Thomas Wentworth Higginson, 제임스 프리만 클라크James Freeman Clarke, 그리고 사무엘 존슨Samuel Johnson을 포함하여 이 이야기에 등장하는 많은 이와 친구였고 서신왕래를 하였다.[13]

1850년대에 피바디가 존슨에게 보낸 편지 하나를 살펴보자. 존슨이 『동양종교, 그리고 보편적 종교와 동양종교의 관련성』(Oriental Religions and Their Relation to Universal Religion) 첫 권을 출판하기 20년 전에 쓰인 이 서한은 자유로운 그리스도교에 대한 피바디의 계속되는 충성심을 고백하지만, 당시 보스턴에서 열린 존슨의 강연을 찬양한다. "제가 동양종교에 대한 당신 강연이 지닌 대단한 가치에 대해 느낀바 전부를 당신을 만났을 때 직접 말할 수는 없었습니다. 지금에야하는 말이지만, 당신 강연은 이제까지 이루어진 가장 적절하고 유효한내용이라 여겨집니다"라고 피바디는 썼다. 그리고 나서 피바디는 존슨에게 아시아 종교에 대한 그의 해석을 더 많은 청중에게 선보이라고용기를 북돋운다. "강연 내용을 출판하세요. 그러면 이내…… 정말이지그 강연은 숱한 영감의 홍수와 같았습니다." 불교에 대한 중요한 해석자인 존슨은 피바디의 제안을 즉각 받아들이지는 않았지만, 결국 그렇게했다. 존슨을 비롯한 다른 이들과의 교류 때문에, 더 중요하게는『법화경』을 번역했기 때문에 피바디는 미국 불교를 다루는 이야기에 포함되어야 마땅한 것이리라. 한편, 미래의 기록 발굴과 창조적 재해석을통해 또 다시 그런 언급을 수정하지 않을 수 없는 상황이 도래할 가능성도배제할 수는 없다.[14]

피바디를 포함시켜 이야기를 확대할 필요가 있다 해도, 어떤 새로운역사적 증거나 학구적 해석도 내가 이 책에서 제시한 기초적 주장에이의를 제기한 적은 없었다. 오히려 최근 몇 년 동안, 심지어 그 주장을다른 시대나 문화권의 불교 개종자들에게까지 확대 적용시키는 학자들이 출현했다. 이 책에서 나는 1844년에서 1912년 사이에 일어난 불교에대해 생생하고 공식적인 논의를 전개한다. 그리고 일부 그리스도교관찰자들이 공포를 느끼고 놀람을 금치 못하게도, 1880년대 무렵,그리고 특히 1893년에서 1906년 사이에 수천 명의 미국인들이 스스로를이 아시아 종교에 대한 개종자로 자신을 동일시하거나 공감대를 드러내기 시작했다. 나는 이들 동조자와 개종자들이 "비교秘敎주의자, 합리론자, 낭만주의자"라는 세 유형 중 하나의 경향성을 띤다고 제안하는 바이다. 그리하여 가장 중요한 것은, 이러한 좀 더 폭넓은 논의를 통해 미국에서의 빅토리아 문화에 관한 여러 사실이 드러난다는 점이다. 불교의 유행과 그것을 환영한 미국인 개종자들에 대해 우려했던 그리스도교 선교사들은 여러 측면에서 동의하지 않았다. 하지만 불교 개종자들은 당시에 불교가 반대하기라도 하는 듯이 해석되었던 일신론, 개인주의, 낙관주의, 행동주의의 몇몇 기본적인 빅토리아인들의 가치를 공유했다. 그리고 개인 인격적 창조주라는 관념과 실체적 자아에 대한 믿음을 거부할 수 있었던 미국인 불교 동조자들이 있었다 해도, 후기 빅토리아인들 가운데서, 심지어 불교 옹호자들 가운데서조차 자기네 내면에 깊이 자리한 낙관주의(근본적 선에 대한 믿음과 개별 인간, 인간의 삶, 그리고 우주 역사의 필연적 진보에 대한 믿음)와 행동주의(도덕적 행동을 중심에 놓고, 개인을 고양시키며, 정치에 참여해 사회를 개혁하고자 함)에 대한 헌신을 버릴 사람은 거의 없었다. 이런 점을 살펴보면 (그리고 아시아계 스승이나 번역 경전의 부족 및 불교기관의 부족 등을 염두에 두면) 개종자 불교가 20세기 후반까지 미국에서 조직화된 운동으로 번창할 수 없었던 이유가 어느 정도 해명된다.[15]

그러나 21세기가 열리자 개종자 불교가 번창하면서, 새롭고 훨씬 더 광범위한 불교 유행이 시작되었다. 점점 더 많은 미국인이 동양으로 돌아서고 있으므로 종교적 풍광이 바뀌었고, 학구적 유행에도 불이 붙었으며, 대중적 문화도 형성되었다. 사실에 바탕을 둔 이 연구는 바로 이런 두 번째 불교 유행의 뿌리를 더듬는다. 이런 연구를 통해 왜 현대의 개종자들이 사회적으로 활동적이거나 '참여' 불교를 옹호하는지, 왜 여성들이 그렇게 많은 선(Zen) 센터와 비파사나Vipassana 센터를 이끄는지, 그리고 왜 오늘날 미국 불교에서 평신도가 그렇게나 두드러진 역할을 하는지를 짐작할 수 있게 된다. 역사에 바탕한 이 연구가 현대 개종자 불교를 분석한 정보를 알려주기 때문에 우리는 더 명료하게 행동주의, 개인주의, 낙관주의가 지닌, 지속되는 문화적 중요성을 인식할 수 있다. 그리하여 우리는 미국인들이 불교를 자기네 것으로 만들려 시도함에 따라 불교가 왜 새로운 형태를 띠게 되는지에 관해 본격적으로 살펴볼 수 있다.

토마스 트위드Thomas A. Tweed

노스 캐롤라이나의 채플 힐에서

2000년 1월 1일

감사의 글

내가 연구하며 논문을 작성하는 동안 도와준 분들에게 감사를 전할 기회를 갖게 되어 기쁘다. 이 책은 내 박사학위 논문의 실질적 수정 증보판인 셈이다. 이 프로젝트는 스탠포드 대학교 윌리엄 클렙쉬William Clebsch 교수에게 제출하는 연구논문으로 시작되었는데, 선생님은 이 논문작업뿐 아니라 내 초기 대학원 시절 여타 문제에 대해서도 아주 큰 도움이 되는 조언을 해주셨다. 나는 선생님께 아주 커다란 신세를 졌다. 그런데 학위논문 제안서를 쓰기 전에 선생님께서 세상을 떠나셨으므로 나는 도움을 얻고자 스탠포드의 다른 분들에게 문의를 했으며 전국을 돌아다녔다. 반 하비Van Harvey와 리 이얼리Lee Yearley가 언제나 사려 깊은 조언을 해주셨다. 아놀드 아이센Arnold Eisen과 헤스터 겔버Hester Gelber는 좋은 질문을 던져주셨다. 내가 학위논문을 끝내기 전과 후의 양 시기에 많은 미국 역사가와 불교학자들이 조언을 해주셨다. 에드윈 거스타드Edwin Gaustad, 헨리 메이Henry May, 조지 프레드릭슨George Fredrickson, 완다 콘Wanda Corn, 콘래드 라이트Conrad Wright, 브루스 쿠클릭Bruce Kuklick이 미국의 종교적·문화적 맥락에 대해 유용한 시사점들을 던져주셨다. UCLA의 다니엘 하우Daniel Howe 교수는 프로젝트가 진행되는 초기 단계에서 특히 아낌없는 관심을 보여주셨다. 마사토시 나가토미, 데이비드 엑켈David Ecke, 피터 그레고리Peter Gregory를 비롯한 몇몇 불교 전문가들도 여러 제안들을 해주셨다. 로버트 버스웰Robert Buswell과 루이스 고메즈Luis Gomez는 학위

논문 제안서를 놓고 논평을 해주셨다. 펜실베이니아의 가이 웰번Guy Welbon과 또한 나의 학위논문 심사위원회에서 수고한 스탠포드의 칼 벨레펠트Carl Bielefeldt는 원고 전부를 읽어주셨다.

나는 또한 몇몇 그룹 앞에서 이 원고의 일부를 발표하기도 했다. 1988년 미국 종교학회 연례모임에서 마지막 장을 '아시아 종교와 미국 문화'라 이름 붙여진 위원단에게 발표했다. 토론자인 캐서린 알버니즈 Catherine Albanese와 스티븐 레이놀즈Stephen Reynolds가 중요한 문제 를 제기해 주셨다. 미국 종교역사연구 하버드 전문가회의(Harvard Colloquium on American Religious History), 미국연구점검 스탠포드 대학 원 전문가회의(Stanford Graduate Colloquium on American Studies), 스탠 포드-버클리 불교 연구 전문가회의(Stanford-Berkeley Buddhist Studies Colloquium), 불교-기독교 연구협회 미국 그룹 내 불교(Buddhism in America Group of the Society for Buddhist-Christian Studies)의 구성원들이 또한 다양한 방식으로 도와주셨다. 로버트 엘우드Robert Ellwood, 칼 잭슨Carl Jackson, 스티븐 프로테로Stephen Prothero, 리처드 시걸Richard Seager, 로버트 스톡맨Robert Stockman이 특별한 도움을 주셨다. 마이애 미 대학교 종교학부의 내 동료들은 이 프로젝트의 요약본 발표를 경청해 주었고 지속적으로 격려해 주었다. 마이애미 대학교는 또한 결정적이고 후한 재정적 지원을 아끼지 않았다. 나는 인문학부의 막스 오로비츠상 (the Max Orovitz Award)을 수상함으로써 세 번의 연장된 연구여행 경비를 충당할 수 있었고, 자유롭게 저술 작업에만 몰두할 수 있었다.

이 이야기에서 대부분의 인물들은 비교적 애매하거나 매우 불명료했 으며, 전거典據를 찾기 어려운 경우가 많았다. 여러 사서司書 분들께서 나를 도와 정보를 발굴해내는 데 중요한 역할을 하셨는데, 너무 많아

열거할 수 없을 정도다. 정말이지 필수불가결한 경우들도 있었다. 도서
관 간에 대여貸與를 맡은 스탠포드의 직원들께서는 봉급 값을 톡톡히
하셨다. 또한 스탠포드 도서관 소속인 배리 힌슨Barry Hinson께서도
계보학적 연구와 관련된 자신의 방대한 지식의 일부를 넘겨주셨다.
하버드의 휴턴도서관(the Houghton Library) 직원께서 지속적으로 협조
해 주셨다. 예일의 스털링 추모도서관(the Sterling Memorial Library)의
기록보관인인 윌리엄 마사William Massa도 넉넉하게 시간을 내주셨다.
역사학회들의 몇몇 사서들, 특히 펜실베이니아 역사학회와 매사추세츠
역사학회 직원들이 의무로 정해진 것보다 훨씬 더 친절을 베푸셨다.
스베덴보리 종교연구소의 루이스 우펜덴Louise Woofenden, 윈터써
박물관의 리처드 맥킨스트리E. Richard McKinstry, 캘리포니아 주립도서
관의 리처드 테리Richard Terry는 내가 중요한 전기傳記상의 정보를
밝혀내는 것을 도와주셨다. 세인트 폴, 필라델피아, 보스턴, 산호세
등 전국에 산재한 공립도서관의 많은 직원들 역시 나를 도와주셨다.
글렌데일 공립도서관 특별소장품 부서의 바바라 보이드BarBara Boyd는
이 이야기의 한 중심인물인 마리 카나바로Marie Canavarro 관련 자료의
발굴을 도와주셨다. 이런 몇몇 역사적 인물들의 후손들께서도 도와주셨
는데, 벤저민 라파쥐Benjamin LaFarge는 내게 윌리엄 스터지스 비겔로
William Sturgis Bigelow의 사진과 여타 자료를 보내주셨다. 케임브리지
불교도협회의 쉴라 라파쥐Sheila LaFarge도 그렇게 해주셨다. 고맙게도
그녀는 내 제안을 받아들여 비겔로와 자기 증조할아버지인 존 라파쥐
John LaFarge 관련 일화들을 넘겨주셨다. 쉴라 라파쥐는 전체 원고를
읽어주시기도 했다. 서던 일리노이 대학교 소재 모리스 도서관 특별소장
품 부서의 쉴라 라이언Sheila Ryan과 샌프란시스코 소재 미국 불교도교

회의 엘슨 스노우Elson Snow에게서 가장 큰 도움을 받은 듯하다. 스노우 씨는 이 그룹 본부 지하실의 분류되지 않은 자료더미를 조사하도록 허락해 주셨다. 거기서 나는 한 불교잡지 구독예약 명단과 샌프란시스코에 있던 초기 일본인 불교도 성직자들의 일상적 기록물과 같은 결정적 자료를 찾아냈다. 스탠포드의 데이비드 가디너David Gardiner와 도쿄의 이치 타나베가 이 기록물 중 일부를 번역해 주셨다.

내가 이 원고를 쓰고 수정하는 동안 결정적 도움을 준 사람들이 계셨다. 시리즈 편집자인 캐서린 앨버니즈Catherine Albanese와 스티븐 스타인Stephen Stein은 헤아릴 수 없을 정도로 여러 측면에서 이 책을 개선시켰다. 인디애나 대학교 출판부의 다른 편집자들 역시 도와주셨다. 처음 쓰는 단계에서 나를 가장 많이 도와준 학자는 하버드의 윌리엄 허치슨William Hutchison 선생님이신데, 그분께서는 제안서를 알맞게 조정해 주셨고 학위논문 작성 작업을 감독하셨다. 선생님의 질문과 비평은 내 주장을 세련되게 만드는 데 도움이 되었다. 선생님께서는 한 장(chapter)씩 주의 깊게 원고를 읽어주셨다. 또한 내가 출판을 위해 원고를 수정할 계획을 세웠을 때 매우 유용한 제안도 해주셨다. 선생님께서 가르치는 학생들은 장차 선생님의 헌신성과 친절 및 철저함을 입증해 보일 것이다. 클랩쉬Clebsch 선생님께서 세상을 떠나신 후 내 프로젝트를 감독하는 데 동의하신 분이 허치슨 교수님이셨기에, '입양된' 학생으로서 나는 선생님께 보다 큰 빚을 졌음을 느낀다. 여전히 남아 있을 그 모든 결함에도 불구하고 이 책이 조금이나마 그 빚을 갚을 수 있기를 바라마지 않는다.

그 밖의 많은 분들, 가족과 친구들도 간접적이지만 중요한 역할을 해주셨다. 내 삼촌 조셉 트위드Joseph Tweed는 처음부터 용기를 북돋아주셨다. 존 머스테인John Mustain이 내 친구라서 무척 행복하다. 존의 친절과 헌신이 모든 걸 용이하게 해주었다. 스티브 튜블린Steve Tublin도 대학원 시절의 외로움을 견딜 수 있게 도와주었다. 내 자식인 케빈Kevin 과 브린Bryn은 내가 어떤 관점을 계속 유지할 수 있도록 도와주었으니, 똥 기저귀를 갈아주고, 닌자 거북이 놀이를 하고, 흐르는 콧물을 닦아 주면서 내 자신이나 이 프로젝트에 너무 심각하게 붙잡히지 않을 수 있었던 것이다. 마지막으로 내 아내, 미미 맥나미Mimi McNamee는 심지어 아주 어려운 시기에도 이루 헤아릴 수 없는 격려와 식지 않는 성원을 보내주었다. 아내는 내가 새로운 아이디어를 떠올리려 할 때 참을성 있게 귀 기울여 주었다. 아내는 내가 연구와 저술 작업을 할 시간을 낼 수 있게 도왔다. 아마 아내 없이도 이 책을 그럭저럭 완성이야 했겠지만, 그 과정이 얼마나 원활했을지 도무지 상상조차 할 수 없다. 아내가 베푼 친절과 온갖 배려에 대해 깊은 감사를 느낀다. 이 책은 아내를 위한 것이다.

용어 사용에 대하여

산스크리트어, 팔리어, 일본어에서 유래한 많은 용어들이 이 책에 사용
되었다. 어떤 것들은 발음을 구별하기 위한 표시가 있지만, 나는 그것들
까지 포함시키지는 않았다. 불교전문가들은 환영할 수도 있겠으나,
예를 들어 미국학(American Studies)을 연구하는 학자들에게는 오히려
집중을 방해할 수 있을 것이다. 그래서 열반(nirvana)이나 신토(神道,
Shinto) 같은 용어나 아나가리카 다르마팔라Anagarika Dharmapala와
소엔 사쿠Soyen Shaku 같은 이름과 제목에는 발음구별 부호를 표시하지
않았다. 같은 취지에서 나는, 예를 들어 영어 사용자들에게 다소 익숙한
니르바나nirvana나 카르마karma 같은 불교용어들은 이탤릭체로 표기하
지 않았다. 하지만 익숙함이란 게 상대적임은 물론이다. 이 문제를
해결할 한 가지 방법은 『웹스터 인터내셔널 사전 제3판』(Websters Third
New International Dictionary)과 같은 영어사전에 들어 있지 않은 모든
용어를 이탤릭체로 표시하는 것이다.(이 사전에 들어 있는 단어들의 부분
적인 목록이 〈국제불교학협회 저널〉〔Journal of the International Association
of Buddhist Studies〕의 아시아 어 용어사용에 관한 다른 지침들과 함께
출판되었다. 로저 잭슨Roger Jackson의 '영어단어로 수용되는 산스크리트어,
팔리어 용어들'〔Terms of Sanskrit and Pali Origin Acceptable as English
Words〕 5〔1982〕:141-42를 참고하라.) 하지만 하나의 사전에만 의지하면
모든 문제를 다 해결할 수는 없다. 왜냐하면 거기에 나타나는 많은
용어들, 예를 들어 반야(prajna)와 공(sunyata) 같은 말들은 전문가가

아닌 사람들에게는 여전히 뜻이 명확하게 들어오지 않기 때문이다. 그래서 나는 공식적으로는 영어에 포함되지만, 내 판단에 대부분의 독자에게 익숙하지 않은 일부 아시아 어 용어들을 이탤릭체로 표기하는 식으로 이 문제를 처리했다. 유럽 언어에서 유래한 용어와 외국어 단어에 관한 다른 문제의 경우, 나는 일반적으로 『시카고 문체편람』(The Chicago Manual of Style) 제13판의 지침을 따랐다.

머리말

예일대 조합교회주의자(Congregationalist: 각 교회의 독립자치를 주장)
총장인 에즈라 스타일즈Ezra Stiles가 1783년에 자신의 당선 설교를
들으려고 모여든 사람들에게 미국인들은 현재 "어떤 우상숭배의 위험에
도 처하지 않은" 상태라고 안심시켰을 때, 그는 당시 문화적 상황을
정확히 언급했던 셈이다. 하지만 스타일즈와 그의 신앙심 깊은 청중의
생각과는 달리, 미국인들이 그리스도교 이외의 종교와 대면하는 기회가
완전히 사라진 것은 아니었다. 사실 그 다음 해가 되면 다른 종교를
접하는 경우가 눈에 띌 정도로 늘었다. 인도 및 중국과의 체계적인
무역이 시작되었고, 벵골Bengal에서는 윌리엄 존스William Jones와 영
국신사들로 이루어진 그다지 크지 않은 그룹이 '아시아학회'(Asiatik
Society)를 설립했다. 이 학회의 학회지가 미국인들에게 일반적으로
아시아의 종교, 그중에서도 특히 불교를 차례차례 소개하는 데 이바지했
다. 또한 1784년에는 한나 아담스Hannah Adams의 그리스도교 종파와
세계 종교에 대한 쉬운 개관서 초판본이 출간되었다. 이 초판본에서
아시아 종교들이 83페이지가 되는 부록에서 논의되었는데, 나중 판본에
서 이 종교들의 전통은 좀 더 부각되었다. 해를 거듭하며 미국의 여타
저자들인 조셉 프리스틀리Joseph Priestley 같은 종교자유주의자들과
데이비드 베네딕트David Benedict 같은 보수적 신교도가 아시아 종교를
다루었다. 19세기 초 유럽인과 미국인 선교사, 여행자, 외교관들이
보고서를 보내왔다. 소설가들은 미국잡지 독자들이 바다 여행의 위험을

무릎쓰지 않고 '동양 이야기'라는 상상의 세계 속으로 들어가 동양을 여행할 수 있게 했다. 마침내 유럽의 학구적인 사람들이 아시아의 언어와 문화를 공부함으로써 더욱 충분한 이해를 향한 중요한 발걸음을 내디뎠다. 즉 서양에서 인도학(Western Indology)과 중국학(Sinology)이 시작되었고, 이 모든 것이 결합되어 교양 있는 미국인들은 아시아 종교를 더욱 제대로 이해할 수 있게 되었던 것이다.[1]

사실상 18세기를 회고적으로 논평한 한 익명의 저자는 증대되는 인도 및 중국 관련 지식이 바로 지난 세기의 성취들 중 하나라고 주장했다. 더욱이 뒤이은 40년 동안 이런 지식은 더욱 증대되었다. 그러나 이해의 정도와 관심의 깊이가 지나치게 강조되어서는 안 된다. 대부분의 미국인은 냉담하거나 무지한 채로 남아 있었으니까 말이다. 말할 필요도 없이 극소수만이 이러한 종교들로부터 배움의 가능성을 고려했다. 사실상 아시아 종교들에 관한 글을 읽은 지식인, 무역상, 선교사, 직접 접촉해 본 외교관들도 종종 이 종교들을 서로 구별해낼 수가 없었다. 그들은 '동양을 단지 편차가 그다지 크지 않은, 단 하나의 실체로 보려 했다. 비록 여러 다른 주제의 경우에는 일치에 이르지 못했다 해도, 1780년대와 1830년대 사이에 광범위하게 다양화되고 있던 관점을 지닌 미국인들은 세계의 종교를 분류하는 방식을 놓고서는 서로 의견이 일치했다. 예를 들어 유니테리언파(Unitarian: 삼위일체설을 부인하고 유일 신격神格을 주장하여 그리스도의 신성神性을 부인함)였던 조셉 터커만Joseph Tuckerman, 침례교파 데이비드 베네딕트David Benedict, 이신론자(理神論者: Deist: 신의 존재와 진리의 근거를 인간 이성이 인식할 수 있는 자연적인 것에서 구함)였던 토마스 제퍼슨Thomas Jefferson의 저작들 안에서 발견되는 분류표에는 의미 있는 차이가 전혀 드러나지 않았다.

거의 모든 미국인 해석자들은 종교계 지도를 다음과 같이 그렸다. 즉 그 지도에는 (1) 그리스도교도, (2) 유대교도, (3) '마호메트교도', (4) '이단' 혹은 '이교도'가 자리 잡았다.(18세기 후반 또 하나의 다른 범주로 '이신론자들'이 종종 추가되었다.) 이들 종교지도 제작자들은 대개 유교, 도교, 불교, 신토(神道, Shinto: 일본 민족 사이에서 발생한 고유의 민족 신앙), 힌두교 및 다른 모든 동남아시아 전통을 한 덩어리로 만들었다. 심지어 편견 없는 소개에 책임을 다하겠다고 표명하였거나 진정성 있는 개인적 관심을 보였던 소수의 사람들조차 불교 및 다른 전통을 '이단'(heathenism)이나 '이교'(paganism)로 간주하거나, 기껏해야 약간 더 나은 관용과 교양을 발휘해 주류 종교와는 다른 '동양종교'라 불리는 덩어리의 일부로 간주하는 경향이 있었다.[2]

종교간 구별을 해낼 수 있었던 해석자들 사이에서는 이슬람교, 유교, 힌두교가 가장 널리 알려졌다. 몇몇 이신론자들과 초자연주의적 합리론자들은 유교를 '자연종교'(natural religion: 계몽주의 시대에 있었던 합리주의 종교로, 인간의 자연적 이성이나 통찰에만 바탕을 둔 종교)의 역사적 사례로 칭찬함으로써 유럽의 계몽 사상가들이 확립한 패턴을 따랐다. 하지만 대부분의 미국인 저자들은 힌두교와 이슬람교에 더욱 호기심을 일으켰다. 도교와 신토는 계속해서 베일에 싸여 있었으며, 19세기 말에 가서야 단지 부분적으로만 베일이 벗겨지게 될 터였다. 19세기의 20, 30, 40년대 들어 서양인들의 불교지식은 조금 증대되었다. 하지만 힌두교와 관련짓거나 심지어 혼동하는 전통은 계속되었다. 예를 들어 1845년이나 되었는데도 아시아 종교를 공부하는 가장 영향력 있는 미국인 학인들 중 한 명이었던 랄프 왈도 에머슨Ralph Waldo Emerson은 누이에게 보내는 편지에서, 『바가바드 기타』Bhagavad Gita를 "아주

유명한 불교 서적"이라고 잘못 취급하고 있었던 것이다.[3]

그러므로 불교나 혹은 다른 '이방인의' 종교가 보수적 그리스도교도의 방어심리를 유발하지 못했거나, 영적 모색을 하는 사람들이 영적인 계발을 위해 이런 전통을 탐구하도록 고무시키는 데 실패했다는 사실은 놀랍지 않다. 널리 퍼진 그리스도교도의 방어심리와 불교 전통의 탐구는 19세기의 마지막 20년 동안까지는 드러난 적이 없다. 하지만 불교의 본질과 가치에 대한 미국인들의 공개적 토론은 이보다 수십 년 전에 이미 진행되고 있었다. 1844년경 시작된 대화의 맥락에서 붓다가 역사적 인물로 드러나기 시작했다. 1840년대와 1850년대에 붓다는 종교 창시자로서 예수, 마호메트, 조로아스터, 공자와 합류했다. 동시에 붓다가 세운 전통이 힌두교 및 여타 '이단'의 구성요소들과 구별되기 시작했다. 그러나 미국인 독자들의 인식이 갑작스럽게 확 바뀌지는 않았다. 학자들이 일반인과 같은 실수를 저지르지는 않았다 해도, 저자들의 경우에는 심지어 세기가 바뀐 후에조차 여전히 불교와 다른 아시아 전통을 혼동하는 경우가 간혹 있었다. 예를 들어 1906년 불교에 상당한 관심을 기울였던 한 잡지의 편집자는 불교와 힌두교를 혼동하지 않도록 독자들에게 상기시켜 주도록 재촉하는 "편지를 계속 반복적으로 받는다"고 기록했다.[4]

대다수 문화발전의 경우처럼 공공연한 불교 관련 논의도 문화적·경제적·정치적·사회적 요인들이 합류되는 지점에서 형성되었다. 그러나 돌이켜보면, 어떤 요인은 다른 요인보다 더 커다란 영향력을 행사하는 듯하다. 특별히 미국의 논의는 앵글로-아메리칸 선교사와 여행자 기록물들의 지속적 영향으로 활기를 띠었던 것으로 보인다. 이어 1830년대와 1840년대에 진전된 두 가지 상황인, 유럽인들의 불교 연구 개시와 뉴잉글랜드 초월주의(Transcendentalism) 출현으로 인해 이런 논의가 더욱 활성화되고 치밀해졌다. 서양인들은 여러 세기 동안 불교 전통을 두고 논평을 해 오고는 있었지만, 불교에 대해 감식력 있고 언어적 지식을 갖춘 학문은 19세기가 되어서야 비로소 진전되었다. 불교 전문가의 한 사람인 J. W. 드종deJong은 유럽의 체계적 불교 연구 개시는 1826년 외제네 뷔르노프(Eugène Burnouf, 1801~52)와 크리스띠앙 라센(Christian Lassen, 1800~76)이 『팔리어에 관한 에세이』(Essai sur le pali)를 출판한 날이라고 주장해 왔다. 이 책은 유럽에서 출판된 최초의 팔리어 문법서였다. 10년도 더 일찍 산스크리트어와 중국어로 강의하는 최초의 유럽인 강좌 개설이 커다란 의미를 지녔던 만큼이나, 신성한 불교 언어의 하나인 팔리어 문법서 발간 역시 중요한 의미를 지녔다. 하지만 여러 측면에서 볼 때 유럽에서 본격적인 불교 연구는 서양언어로 불교를 체계적이고 학구적으로 다룬 최초의 책이 1844년에 나타났을 때 비로소 시작되었다고 할 것이다. 바로 뷔르노프의 역작 『인도불교사 입문』(L'Introduction a l'histoire du buddhisme indien)은 서양인들에게 나중의 연구를 위한 견고한 기초를 제공했다.[5]

뷔르노프의 저작으로 특징지어지는 유럽 불교 학문의 영향은 에드워드 엘브리지 솔즈베리(Edward Elbridge Salisbury, 1814~1901)가 1844년 5월 28일 미국 동양학회(the American Oriental Society) 첫 연례모임에서 발표한 「불교역사에 관한 연구보고」(Memoir on the History of Buddhism)에 명확히 나타나 있다. 아시아 언어와 종교를 전공하여 미국 최초로 저명한 학자가 된 독실한 조합교회 신자 출신인 솔즈베리는 1841년부터 1854년까지 예일대에서 아랍어와 산스크리트어를 가르쳤다. 솔즈베리는 프랑스에서 뷔르노프와 함께 공부했었고, 논문을 통해 저 프랑스의

동양주의자 뷔르노프의 연구결과를 세상에 전했다. 그리하여 뷔르노프
도 초월주의자들에게 영향을 끼쳤다. 사실상 솔즈베리의 강연이 있기
바로 몇 달 전 엘리자베스 피바디(Elizabeth Peabody, 1804~94)는 〈다이
얼지〉에 싣기 위해 뷔르노프의 저작으로부터 한 구절을 번역한 바
있었다. 피바디는 『법화경』(Saddharmapundarikasutra or Lotus Sutra)의
불어 번역본에서 그 구절을 따왔다. 해설이 달린 피바디의 번역과
솔즈베리의 영향력 있는 강연이 비공식적이긴 했어도 미국인들에게
불교 논의를 촉발시켰다.[6]

　본 연구를 통해 필자는 크리스천 비평가, 학문을 추구하는 학자,
여행 작가들과 미국의 책, 강연장, 특히 잡지들에서 이러한 공공연한
토론을 벌였던 불교 옹호자들의 글을 검토해 보겠다. 필자는 불교를
옹호했던 이 토론집단에 속한 사람들에게 초점을 맞추었고, 자료가
허락하는 한 불교에 공감했지만 기록물을 남기지 않은 이들도 가급적
많이 참작했다. 필자의 의도는 서양에서 불교 관련 지식을 확대하고,
새로이 이식된 종교 운동을 깊이 있게 이해하며, 미국에서 빅토리아
문화의 가장 근본적 신념과 가치를 확인하려는 것이었다.[7]

서양의 불교

1254년 봄, 칸 황제(the great Khan)는 몽고 수도에서 종교간 토론회를
개최했다. 정보를 모으고, 개종자를 획득하며, 동맹을 만들고자 루이
16세가 특파한 프란체스코 수도회 수사인 뤼브뤼크 출신의 윌리엄
(William of Rubruck)은 하라호름Karakorum에서 불교도, 네스토리우스
파 그리스도교도, 이슬람교도 간에 하루 종일 계속된 이 토론회에

참석했다. 윌리엄은 이 만남을 기록으로 남겼는데, 거기서 그는 자신과 라틴 그리스도교(Latin Christianity)가 어떻게 승리했는지를 알리고 있다. 초기 역사적인 접촉을 다룬 그 밖의 기록들도 남아 있다. 그러나 불교가 서양에 본격적으로 알려지게 된 시기는 19세기 들어서이고, 서양인들은 19세기 말이 되어서야 불교에 일체감을 갖기 시작했다. 그간 불교를 지적知的으로 접촉해 온 서양의 경험을 다룬 연구 업적이 있었고, (이를테면 영국에서처럼) 서구화된 불교를 다룬 기사들도 등장했다. 미국에서도 불교를 취급한 몇몇 저작이 출판되었다. 사회학자들을 비롯한 몇몇 인사들도 대부분 일본계 미국인들인 민족적 불교인들을 탐구했다. 소수의 당대 미국인 불교도와 한 불교학자도 이런 미국 불교의 지형에 가세했다. 20세기 불교단체들에 대한 관심으로 인해 그들의 활약이 구체화되었는데, 그들은 좀 더 광범위한 공적 대화는 덜 강조하였다. 이런 저자들 중에 불교 저널리스트인 릭 필즈 (Rick Fields: 한국에서 2009년에 발간된 『이야기 미국 불교사』〔운주사〕의 저자)는 19세기에 가장 많은 관심을 쏟았다. 그러나 자신만의 관심과 불교수행 때문에, 릭 필즈는 내가 여기서 연구한 많은 것들에 대해서는 무시하거나 덜 강조하였다. 아시아 이민자들의 역사에 관해 쓰거나 미국과 아시아의 관계를 조사한 학자들 역시 미국 불교의 내력에 대목 대목을 보탰다. 그럼에도 불구하고 더 광범위한 19세기 미국인들의 대화를 포괄적으로 분석하거나 유럽계 미국인 빅토리아 불교 동조자들과 신봉자들을 역사적으로 해석한 저작은 참고할 만한 것이 하나도 없었다.[8]

이 연구의 첫 장에서 나는 붓다와 불교가 알려져 있지 않다가 드러나기 시작한 시기 동안(1844~57), 서양의 해석자들이 불교와 가톨릭교 및 불교와 다른 '이단'(heathen) 종교들 사이의 유사점을 두드러지게 강조하기 시작했다는 주장을 펼친다. 그러나 유럽학자들의 설명에 드러난 새로운 강조점으로 인해 영향을 받았음에도, 1858년경 이후 여러 미국인 해석자들은 불교가 지닌 교리상의 독특함을 강조했다. 미국인 해석자들은 불교의 가르침을 묘사하기 위해 부정(不正: negation)의 수사학을 활용해 불교를 '무신론적'이고 '허무주의적'이며, '정적주의적'(靜寂主義的: 원래는 그리스도교에서 인간의 자발적·능동적 의지를 최대로 억제하고, 초인적인 신의 힘에 전적으로 의지하려는 수동적 사상)이고 '비관주의적'이라 여겼다. 불교에 동조했던 후기 빅토리아 옹호론자들의 선봉인 소수의 중기 빅토리아 종교적 급진주의자들은 기존의 신념 및 가치와 조화되는 불교 전통을 제시하고자 애썼다. 나는 2장에서 공개적인 대화가 1879년 이후에 강화되어 1893년과 1907년 사이에 절정에 이르렀다고 제시한다. 그와 동시에 불교는 그리스도교가 더욱더 문젯거리로 되어 감에 따라 종교적으로 환멸을 느낀 여러 사람들에게 더욱 매력적으로 되었다. 이런 문화적 맥락에서 유럽 혈통인 수만 명의 미국인이 불교에 관한 글을 읽었거나 불교 전통을 다루는 강연에 참석했다. 심지어 몇천 명 정도는 스스로 불교와 일체감을 지녔던 듯하다. 출판되었거나 출판되지 않은 다양한 자료로부터 얻은 정보에 의지해 나는 불교를 완전히 껴안은 사람들뿐만 아니라, 이 종교에 일말의 공감을 지녔던 이들을 놓고 시험적으로 특성을 부여하는 시도를 하고자 한다. 나는 성별, 지역, 민족, 경제적 지위를 염두에 둔다.

3장에서는 빅토리아-후기의 미국에서 유럽계 미국인 불교 옹호자들의 유형학(類型學, typology: 인간의 정신적 소질이나 체질을 어떤 이론적 기준에 의거, 유형으로 분류하여 성격을 이해하고 연구하기 위한 방법론)이 제시된다. 기존 가설에 도전하면서 나는 불교에 관심을 드러낸 대부분의 미국인들이 무신론적이고 신비적인 정신으로 가득 찬 뉴잉글랜드 낭만주의자들이 아니었음을 주장한다. 비록 그들 대부분은 몇 개의 주요 도시들에서 살았지만 적어도 24개 주와 두 개의 미합중국 속령屬領에 널리 퍼져 있었다. 대다수는 실증주의와 진화론을 옹호한 '회의주의적 계몽사상'을 계승하는 합리주의자들이거나 정신주의(精神主義: 영의 세계에 거하는 죽은 이들의 영혼이 살아 있는 사람들과 소통할 수 있는 능력과 바람을 지녔다는 믿음)와 신지학神智學에 경도된 신비주의 계승자들이었다.

이식된 새로운 종교 운동

이 연구는 또한 지배적 가치에 반대하는 이들, 더 구체적으로 말해 이식된 새로운 종교 운동의 구성원들이 지배적 종교 및 문화와 어떻게 관련을 맺었는지를 좀 더 폭넓게 이해하고자 한다. 정신주의자들에 대한 로렌스 무어R. Laurence Moore의 작품, 초월주의자들에 대한 캐서린 앨버니즈Catherine L. Albanese의 분석, 크리스천 사이언티스트(Christian Scientists: 인간정신·신·그리스도는 일체이며 이 삼자가 온전히 갖춰지면 인간은 건강하고 도덕적인 생활을 보낼 수 있다고 함)를 살핀 스티븐 고트샬크Stephen Gottschalk의 탐구, 모르몬교(Mormonism)에 대한 클라우스 한센Klaus J. Hansen의 연구는 심지어 급진적으로 다르게 나타난 집단들이더라도, 주류인 신교(Protestantism)와 빅토리아 문화를 신봉하는 사람들과 유사점이 상당히 많음을 보여주었다. 심지어 가장 활기차고 집요한 반대자들조차도 온통 주변을 둘러싸고 있는 문화를 회피하거나 거부할 수는 없었다. 사실상 만약 새 종교 운동이 충성스런 개종자들을 끌어들여, 예를 들어 모르몬교가 결국 해냈듯이, 지속적으로 유지되는 제도를 확립하려면 문화적 긴장이 너무 고조되어 서는 안 되는 법이다.[9]

　이식된 전통의 경우에 똑같은 점이 미국과 그 밖의 지역에 적용되는 듯하다. 종교의 외형과 구조는 부분적으로는 그것이 싹튼 토양에 의해 결정된다. 종교가 이식되었을 때는 종교적 갈등과 문화적 긴장이 일어나 기 마련이다. 예를 들어 1세기에 불교가 인도에서 중국으로 건너갔을 때, 유교 신봉자는 미국인 신교도가 수세기 후에 그러할 것과 똑같이 불교에 대한 유보적 경향을 드러내었다. 예컨대, 중국인들 역시 불교가 수동적이거나 은둔적이라고 생각했던 것이다. 하지만 불교는 새로운 환경에 적응했다. 도교 용어를 사용하고 유교와의 유사점을 강조함으로 써였다. 사실 불교는 중국과 그 밖의 동아시아 지역에서 대단한 문화적 영향력을 지속적으로 발휘했다. 물론 불교가 미국에서 얼마나 상당한 힘을 발휘할지는 두고 볼 일이지만, 이 종교에 공감했던 19세기 미국인 들이 명백한 반대나 무조건적 반대를 일삼지 않았다는 점은 분명해 보인다. 그들은 당시 우세했던 종교 및 지배적 문화와는 양면가치적인 관계를 맺었다.[10]

　의견불일치의 패턴들과 의견일치의 패턴들을 좀 더 정확하게 가려내 기 위해 나는 '문화'를 사람들 사이의 관계 구조('사회'), 갈등과 힘을 규제하는 양식('정치'), 사회 및 그 물질적 자원 간의 관계('경제')와 구별한다. 해석학적 사회학, 앵글로-아메리칸 철학, 문화인류학적 입 장에서 전통에 다가가면서 나는 문화를 세상에서 개인들이 적응하는 언어와 상징 속에 스며든, 집단적으로 구축된 의미의 얼개로 바라본다.

이 얼개에는 전제조건, 신념, 가치, 태도, 상징, 신화, 행동의 코드 따위가 포함된다. 이러한 것들은 내면화되고 수정되며 다양한 제도를 통해 한 세대에서 다음 세대로 전달된다. 다니엘 하우Daniel Howe가 19세기 미국을 언급하며 지적하였듯 사회, 경제, 정치, 문화는 가지각색으로 변화하는 경우가 많다. 그러므로 이들 사이에 혹은 각각의 부문 내에는 모순이 발생한다. 종교도 역시 문화적 산물과 마찬가지로 주어진 사회적·경제적·정치적 구조와 다양하고 복잡한 관계 속에 놓일 수 있다. 예를 들어 특정 종교가 기존 패턴들의 특정 측면에 도전하면서 다른 종교를 도와주는 경우도 있다. 대부분의 경우 한 종교 그룹의 신념과 실천, 그리고 더 큰 집단에서 공유되는 삶의 다른 차원들 간의 관계는 아주 복잡하고, 때로 해독할 수 없으며, 반대와 찬성이 뒤섞여 나타난다.[11]

4장에서 나는 유럽계 미국인 불교 옹호자들이 기존 가치 반대자들로서 드러냈던 유형들 가운데 몇 가지를 고려한다. 나는 그들이 외국의 '지적 조망'이라는 독특한 이점 때문에 상당한 정도로 이 아시아 종교에 끌리게 되었으며, 당시 지배적이던 정치적·경제적·사회적 풍토에 뚜렷한 반대를 표현하였다고 주장하는 바이다. 하지만 마지막 두 장에서 내가 주장하듯이, 그들이 해석한 불교 역시 당시 지배적 문화의 근본적인 신념과 가치에 깊이 뿌리박고 있는 충실성을 드러낸다. 내가 이 연구에서 초점을 맞춘 아홉 명의 불교 옹호론자는 종종 스스로를 반대자로 그린다. 그리고 사실상 그들은 중요한 측면에서 동시대인들과 거리를 두고 있었다. 그러나 이 공식적인 옹호자들과 내가 거론하는 그 밖의 사람들은 문화적 반대자들일 뿐만 아니라 문화적 찬성자들이기도 하였다. 그들은 19세기 아시아계 미국인 불교 옹호자들이나 20세기 비트 불교도들(Beat Buddhists)보다 주류 빅토리아 신교도와의 공통점을 더 많이 지니고 있었다. 널리 유행하던 신념과 가치를 긍정하면서 그들은 동시대의 다른 이들과 많은 점을 공유했다.

미국의 빅토리아 문화

마침내 이 연구에서 나는 19세기 미국인 불교 옹호자들이 동시대인들과 공유한 내용을 확인하고자 시도하였다. 달리 표현한다면, 이런 과제를 통해 나는 19세기 미국의 지배적 문화를 다루는 논의에 기여하고자 했다. 때때로 한 대상을 명확히 보기 위해서는 반드시 그것으로부터 시선을 돌려볼 줄 알아야 하고, 익숙한 것을 이해하기 위해서는 반드시 외래의 색다른 것을 살펴보아야 한다. 그래서 나는 이 연구를 다음과 같은 전제를 가지고 시작했다. 즉 대부분이 이질적이고 낯설다고 여겼던 세계관에 어떻게 온갖 부류의 19세기 미국인들이 응답했는지를 숙고함으로써 근본적 신념과 가치의 덮개가 벗겨질 수 있으리라는 점이었다. 그 당시 미국에는 경쟁하는 수많은 문화들이 민족, 지역, 종교를 중심으로 조직되어 있었다. 아일랜드인 가톨릭교도, 스웨덴인 루터교회 신도, 중국계 미국인들, 아프리카계 미국인들, 그리고 남부의 침례교도 등 모두가 다소 독특한 일련의 신념과 가치관을 지니고 있었다. 그러나 당시 인쇄매체나 다른 의사소통 체계를 지배하고 있던 문화는 영국의 유산, 영어, 개신교라는 종교, 그리고 새로운 도시 중산층과 관련된 대서양 건너편의 상징체계였다. 신념과 사고방식들의 분류를 느슨하게 규정할 경우, 이에 알맞은 일반적 용어인 '미국 내 빅토리아 문화'(Victorian culture in America)라는 용어는 그 안에 수많은 지역적이고 파벌적인 하위문화들이 들어 있다. 중심지가 뉴 헤이븐이었던 양키 '장로교파'(the Yankee Presbygationalists), 프린스턴을 중심으로 했던 구 캘빈파, 그리고 동부 매사추세츠에 집결했던 유니테리언파가 그런 사례들이다.

어떤 점에서 빅토리아 문화는 1880년대까지는 아직 남부에서 활짝 피어나지 못했다. 그리고 예상되는 바대로 실제 이 문화가 개화開花했을 때 북부식 빅토리아 문화와의 연속성과 비연속성이 모두 드러났다. 예를 들면, 지역 정체성에 중심을 두어 남부 빅토리아 문화에서 필수적이었던 기사도 신화(Cavalier myth)는 북부에서 명확하게 유사한 것들을 전혀 찾아볼 수 없었다. 빅토리아 문화 역시 시간이 지남에 따라 변화했다. 예를 들어 한 학자는 초기 빅토리아주의(1830~50)가 드러낸 감정에 바탕한 성실성의 강조, 중기 빅토리아 문화(1850~70)의 늘어난 '부자연스러움(theatricality)', 후기 빅토리아주의(1870~1900)가 드러낸 호전성好戰性의 승인을 구별한 적이 있었다. 여성사 분야의 일부 학인들은 이 시기에 남성문화와 여성문화가 완전히 개화되었다고 주장했다. 이런 쟁점은 부분적으로는 '문화'라는 용어를 어떻게 정의할 것인가에 대한 문제로 회귀되지만, 여성과 남성이 일정 정도 상이한 경험과 사고방식을 지닌다는 사실은 이론의 여지가 없는 듯하다. 더욱이 여성과 남성 각자에게 기대되는 이상理想에 차이가 있었다. 비록 일부 미덕이 모든 선량한 빅토리아인들에게 적합하게 보였다 하더라도, 경고성警告性 문학은 분명한 유혹들에 경각심을 일깨웠고 상이한 자질을 함양하도록 고무시켰다.[12]

다양한 편차가 있음에도, 빅토리아 문화를 공부하는 학인들은 특별히 우세했던 듯한 많은 신념과 가치를 규명해 왔다. 이 중산층 문화는 근면, 절제, 검약, 가정적임, 다정다감, 토착문화 부흥, 자유경쟁, 질서를 강조한다는 점이 특징적이다. 한편, 빅토리아 문화의 다른 차원의 네 가지 구성요소인 일신론—神論, 개인주의, 행동주의, 낙관주의는 불교 논의에서 결정적 역할을 수행했다. 즉 공개적으로 적의敵意를 드러내던, 소위 중립적인 서양의 해석자들은 결국 불교를 이러한 요소를 부정하는 종교로 제시했던 것이다. 이러한 빅토리아주의에 대한 헌신은 이 시기에 미국에서만 특유했던 것은 아니다. 이런 헌신은 유대 문화와 헬레니즘 문화에 그 뿌리를 두었으며 르네상스, 종교개혁, 계몽주의로까지 그 연원을 거슬러 올라갈 수 있다. 유일한 인격적 창조주요 부양자요 우주의 완성자에 대한 믿음인 일신론은 현대 서양에서 근본적 신념이었다.

개인주의도 마찬가지다. 계몽주의에 대한 반혁명적 비판의 맥락에서 형성되었기 때문에, '개인주의'(individualisme)라는 용어는 광범위한 사상과 행동을 가리키는 데 사용되어 왔다. 이 용어의 가장 유명한 용례 중 하나로 알렉시스 드 토크빌Alexis deTocqueville은 미국문화에서 관찰될 수 있는 요소이고 민주주의에 필수적으로 동반된다고 여겨지는, 사회로부터 개인이 분리되는 상황을 지적하는 데 사용하였다. 나는 이 연구에서 이 용어를 다른 방식으로 사용한다. 나로서는 이 용어로 인생의 모든 차원에서 자율성이나 자립정신을 강조하는 경향성과 정태적이고 실체가 있는 불멸의 자아를 믿고자 하는 성향을 가리키고자 한다. 낙관주의(optimism)라는 용어 또한 불교 관련 대화와 연관되는데, 사람들의 높아진 능력, 인생의 긍정적인 요소, 우주의 자비로운 특성, 역사의 진보적 발전을 강조하는 경향성을 가리킨다. 낙관주의는 종종 행동주의(activism)와 연관된다. 행동주의라는 말로 나는 세상에서 벌

어지는 활기찬 도덕적 행동의 영적 중요성을 강조하는 성향을 나타내고
자 한다. 이는 개인을 향상시키고, 사회를 개혁하며, 경제적·정치적
영역에 열정적으로 참여하려는 관심을 뜻한다. 행동주의와 낙관주의는
미국에서 더 강했겠지만, 영국이나 다른 서구 나라에서도 분명하게
표출되었다. 예를 들어 행동주의는 1848~54년의 그리스도교 사회주의
운동(Christian Socialist movement)과 19세기 영국의 경제적·사회적 개
혁을 위한 다양한 노력들을 특징 지웠다. 이런 운동들 간에는 유사점과
전례들이 존재했던 것이다.[13]

그러나 만약 공개적 불교 관련 대화가 무언가 새로운 조짐을 보여준다
해도, 이러한 신념과 가치는 미국 빅토리아주의의 근본적 구성요소였
다. 나는 토론자들 사이에서 어떤 일치를 찾아내길 기대하였으니, 결국
그들이 상당한 정도로 같은 문화를 공유하였기 때문이다. 그런데 나는
이 담론談論 공동체의 미국인 구성원들 사이에서 내 예상보다 훨씬
더 널리 퍼져 있는 일치를 발견했다. 서로 다른 종교적 관계를 맺고
불교에 관한 다양한 평가를 내리는 사람들인 불가지론적(不可知論的:
초경험적인 것의 존재나 본질은 인식 불가능하다고 하는 철학상의 입장)
지식인, 이론적 학자, 주류 신교도, 불교 옹호자들은 이들 네 가지
신념과 가치(일신론, 개인주의, 행동주의, 낙관주의)를 긍정했다. 불교를
비난하는 미국인들은 불교가 이런 신념과 가치를 부정했다고 불평하였
다. 하지만 불교 수호자들은 불교가 이와 조화롭게 잘 어울린다고
반박하였다. 반대가 생겨났고 다양성이 존재했지만, 이는 자기네 종교
성의 바탕을 이루는 빅토리아 문화에 참여한 그룹이나 개인들이 무엇보
다도 자기를 신뢰했고 낙관주의적이었으며 행동주의적이었던 정도
만큼이었다.

이런 의미에서 이 연구는 당시 지배적이던 문화의 특징도 제시한다. 동시에 반대의 한계도 서술한다. 후기 빅토리아 시기에 정신적으로 환멸을 느낀 이들 가운데는 유일한 인격적 창조주나 실체가 있는 자아라는 관념을 기꺼이 포기하고자 하는 사람들이 있었다. 하지만 공적 담론에 참가한 이들 중 극소수 및 심지어 불교인들조차도 아직 자기 내면에 깊이 자리한 자기신뢰, 낙관주의, 행동주의에 대한 헌신을 버리지는 않았다. 그런데 불교에 대한 관심을 불러일으키는 데 성공했고 불교와 화합하고자 했던 옹호론자들이 있었음에도 불구하고, 문화적 긴장은 여러 사람에게 여전히 크게 남아 있었다. 불교가 마침내 그렇게나 많은 관심을 끌게 되었음에도, 왜 지속적인 제도를 세우거나 훨씬 더 많은 사람들이 이 종교를 전적으로 기꺼이 받아들이도록 고무시키지 못했는가 하는 점은, 이러한 문화적 긴장의 측면을 고려할 때 좀 더 폭넓은 이해에 다가갈 수 있다.

제1장
불교가 가르치는 부정否定이 지닌 외관상의 변칙성

미국의 불교 관련 대화, 1844~1877, 그리고 중기 빅토리아 문화

1873년, 프린스턴신학교 교회사敎會史 교수였던 제임스 클레먼트 모팻 (James Clement Moffat, 1811~80)은 『비교종교사』(Comparative History of Religions) 둘째 권을 출판했다. 이 책에서 모팻은 불교가 왜 '특이한 신념'인지에 관심을 집중했다. 불교 전통에 따르면 '개인성에 관한 모든 개념'을 버려야 한다고 모팻은 단언했다. 불교도는 열반(nirvana)을 통해 자기(self)가 소멸되기를 바라기 때문에 '죽음을 통한 구원'을 간절히 동경한다고 모팻은 잘라 말했다. 불교도는 다른 점에서도 역시 부정에 초점을 맞추는 것 같다며, 모팻은 다음과 같이 주장했다. "(붓다는) 브라만들의 철저한 범신론汎神論을 묵살했고, 그 자리에다 아무것도 내세우지 않았다." 비록 붓다를 따르는 이들이 붓다를 신처럼 공경했지만 붓다 자신은 무신론자였다. 즉 "붓다 자신의 가르침은…… 신들(gods)이라고 불리는 존재에 주목하지 않았다." 불교가 정신적으로 환멸을 느낀 이들에게 하나의 선택이 되기 이전 수십 년 동안 모팻과 그 밖의 미국인들은 불교의 본질과 가치를 놓고 공개적 논의에 참여하였다. 1858년경 이후 이 담론은 소위 불교의 교리적 독특함에 초점을 맞추었다. 달리 말해, 19세기 중엽 유럽 학자들은 불교의 가장 기초적 신념 중 여러 가지를 설명하기 위해 '다름'의 언어와 '부정'의 수사학(불교에서, 이를테면 진여불성의 관점에서 볼 때 '나'나 '너'나 인연 따라 생겨나 어느 순간도 '자기동일성을 지닐 수 없고'[다르고] 끊임없이 변화함으로써 그 어떤 실체도 '없다'[부정]고 하는 따위의 표현방식)을 점점 더 많이 사용하는 편이었다. 불교는 '낯설'고 '기이했다.' 불교 교리는 '무신론적'이고 '허무주의적'일 뿐만 아니라 또한 '정적靜寂주의적'(quietism: 원래 그리스도교에서 인간의 자발적·능동적인 의지를 최대로 억제하고, 초인적인 신의 힘에 전적으로 의지하려는 수동적 사상)이고 '비관주의적'이었다. 예상했던 대로, 이 논의에 참여한 미국인 참가자들은 유럽인들의 설명에 다양한 방식으로 응답했다. 그리하여 유럽인들의 설명을 전적으로 무시하는 미국인들이 있었다. 그러나 유럽인들의 설명을 무비판적으로 받아들이는 이들도 많았다. 하지만 대다수는 미국 빅토리아 문화의 가장 근본적 신념과 가치의 일부에 도전하는 듯싶은 불교의 가르침과 타협해야 한다고 느꼈다. 그런데 불교의 독특함을 강조하는 이러한 경향과 이와 동시에 수반되는, 이른바 불교가 종교적 상궤에서 벗어났음을 설명하고자 하는 경향은 붓다 및 불교 관련 대화가 시작되었던 초기 빅토리아 시기에는 훨씬 덜 드러났다.[1]

미국에서의 논의, 1844-57: 독특함을 덜 강조하기

내가 제시했듯 미국의 불교 논의는 1844년 피바디Peabody가 초월주의자 잡지를 위해 프랑스어 불경을 번역하고, 솔즈베리Salisbury가 미국

동양학회(American Oriental Society)에서 영향력 있는 불교 관련 강연을
했을 때 시작되었다. 피바디와 솔즈베리 둘 다 최초의 유럽인 불교
석학 중의 한 사람인 뷔르노프Burnouf의 저작에서 영향을 받았다. 몇
명의 미국인 학자가 세기 중간의 논의에 기여했지만, 현대적 미국
대학교의 출현과 미국인 불교도 연구가 나타난 후에 두 사람이 수행했던
만큼의 커다란 역할을 하지는 못했다. 이어 1880년대까지 토론에서
들리는 대부분의 목소리는 다양한 부류의 유럽인 해석자, 미국인 주류
신교도, 외국 여행자, 그리고 종교적 자유주의자들의 것이었다. 비록
전부 다는 아니라 하더라도, 이 담론 집단의 미국인 구성원 대부분은
영국 출신의 신교도 유산을 물려받은 교육받은 뉴잉글랜드 남성들이었
다. 여러 불교 논의에 참여한 신교도 참가자들은 불교 연구와 관련된
하나 혹은 그 이상의 언어를 구사할 수 있던 외국 선교사들이었다.
한편, 유니테리언교도, 초월주의자, 자유 종교가(Free Religionist) 등으
로 구성된 자유주의자들은 종종 불교 전통에 일정 정도 공감은 했지만,
그 원본 언어를 거의 모르거나 전혀 몰랐다.[2]

이들 미국인 해석자들은 연설이나 저작활동을 통해 불교의 느낌을
전달하는 데 이바지했다. 나는 책들, 특히 잡지들 안에 있는 담론에
초점을 맞추고자 한다. 그런 담론을 주도하는 기고문들이 일반적인
관심사를 다룬 정기간행물, 미국동양학회의 학회지, 주류 신교도 출판
물, 유니테리언, 보편주의자(Universalist), 초월주의자와 자유 종교가
들의 잡지에 게재되었다. 물론 불교의 특성화는 저자의 종교적 관점에
따라 다양하였지만, 초기 빅토리아 시대 동안 다양한 관점을 지닌
미국인 저자들은 불교 가르침의 특이성을 최소화하는 편이었다. 일반적
으로 서양인들의 설명에는 불교와 '이단' 및 불교와 가톨릭교 사이의

유사점을 강조하는 경향이 있었다. 대부분의 해석자들은 붓다와 그의 추종자들이 비록 애처로울 정도로 유치한 방식을 채택하고 위험할 정도로 마력魔力적인 형식을 구사했다 하더라도, 보편적인 종교적 성향을 드러냈다는 점에는 동의했다. 사실 이런 견해는 체계적 접촉의 시작부터 19세기 중반까지 서양 해석자들이 아시아 종교에 대해 지녔던, 약간의 차이를 드러내는 세 가지 유형 중의 하나다. 불교는 또한 다른 비非그리스도교 전통인 유교, 이슬람교, 18세기 후반 무렵의 힌두교보다 주의를 덜 받는 편이기도 했다. 결론적으로 말해, 비록 두드러진 예외들이 있었다 해도 불교를 다룬 대부분의 설명은 호의적이지 않았다.[3]

예를 들어 초기 유럽 선교사들의 기록이 이런 호의적이지 않은 경향을 드러냈으며, 이런 경향을 확립하는 데 이바지했다. 스페인 도미니크회 수사였던 하신토 오르하넬(Jacinto Orfanel, 1622년 사망)은 1607년에 일본에 당도하였다. 당시는 일본에서 그리스도교의 영향력이 절정에 달한 이후의 시기였고, 다시 그리스도교에 반대하는 칙령이 강도 높게 집행되기 직전이었다. 오르하넬은 14년 뒤 그리스도교를 전도했다는 이유로 체포되었으며, 1622년 9월 10일에 나가사키에 모인 약 6만 명의 군중이 지켜보는 가운데 지금의 '위대한 순교의 터'에서 화형火刑에 처해졌다. 그런데 선교사와 다른 외국인들을 상대로 일본인의 적의가 극에 달하기 이전 여러 해 동안, 오르하넬은 불교를 생생하게 관찰할 기회를 가졌다. 동아시아에서 16~17세기의 많은 다른 가톨릭 선교사들과 마찬가지로, 오르하넬은 이런 관찰을 기록한 글을 써서 유럽으로 보냈다. 예를 들어 오르하넬은 "일본인들은 우상숭배에 아주 중독되어 있다"라고 썼다. 일본 선교의 일선에서 20년 동안 사역한 꼬스메 더토레스(Cosme deTorres, 1570년 사망)는 더 특기할 만하게 진술했다. "석가 (석가모니 붓다)라고 불리는 우상을 숭배하는 사람들이 있다…… 다른 사람들은 아미타(아미타불)라고 불리는 우상을 숭배한다." 포르투갈 예수회 수사 가스빠르 빌렐라(Gaspar Vilela, 1572년 사망)는 심지어 일본 진언종(眞言宗: 공해〔空海, 774~835〕를 통해 전래된 중국 밀교로, 일본 불교의 한 종파)의 추종자들은 마신魔神을 숭배한다고까지 했다. 어쨌든 요점은 똑같았다. 즉 비록 실천과 조직의 어떤 측면들이 가톨릭과의 유사점(선교사들은 교황과 같이 절대적인 권위를 가진 사람, 수도사, 염주, 참회의식 등을 발견했다)을 드러내더라도, 일본 불교도는 전 세계의 다른 잘못된 전통에 뿌리박은 '우상숭배자'나 '이교도'라고 도매급으로 취급될 수 있었다.[4]

뉴잉글랜드 자유주의자들은 이런 전통을 두고 조금은 더 긍정적이긴 해도, 그들이 쓴 글은 훨씬 앞서 확립된 이러한 해석양식에 꼭 들어맞는다. 미국 내 아시아 전통을 발굴하는 분야에서 이 자유주의자들은 선구자로서 대접받을 자격이 있다. 하지만 뉴잉글랜드 자유주의자들은 실제 1860년대 이전까지는 불교에 비교적 거의 관심을 두지 않았다. 인도 관련 학문의 출현이 그들이 읽은 〈아시아 연구〉(Asiatik Researches, 1788~1839), 〈에딘버러 리뷰〉(Edinburgh Review, 1802~30), 〈월간 명문집〉(Monthly Anthology, 1803~11), 〈그리스도교의 사도〉(Christian Disciple, 1813~23)와 같은 잡지에 보도되었고, 램 모한 로이(Ram Mohan Roy, 1772~1833)가 일신교주의(Unitarianism)로 '개종'했다는 기록을 접하면서 그들은 선교현장인 인도에 관해 흥미를 느꼈다. 이런저런 전개 양상에 힘입어 보스턴과 그 주변지역에 살던 남북전쟁 이전의 자유주의자들은 관심의 초점을 힌두교에 집중시켰다. 일반적으로 말해, 이 뉴잉글랜드인들이 1780년대와 1860년대 사이에 아시아 종교 관련 글을 쓰거나 읽었다면, 그들에게는 인도와 힌두교, 페르시아와 이슬람교, 혹은 더 적게는 중국과 유교에 초점을 맞추는 경향이 있었다. 이를테면 유니테리언들이 주목받게 된 관용적인 분위기와 통합적인 이론을 제임스 디킨슨James T. Dickinson이 제시했긴 하지만, 심지어 1859년이나 되어서도 그는 〈그리스도교 심사관〉(Christian Examiner)지를 위한 아시아 문화와 종교에 관한 세 편의 긴 논문에서 불교를 거의 언급하지 않았다.[5]

1844년과 1857년 사이에 아시아 종교, 특히 불교에 대해 가장 이해하기 쉽게 해석해 놓은 글은, 뉴잉글랜드 자유주의자인 리디아 마리아 차일드(Lydia Maria Child, 1800~80)가 제시한 「연이은 시대를 통한 종교적 관념의 진보」(The Progress of Religious Ideas through Successive Ages)였다. 유명한 두 권의 소설과 영향력 있는 노예제도 반대 책자의 저자인 차일드는 '진보'적 사상이 인기도 높지 않고 눈에 띌 만한 영향력도 미치지 못함을 알고 실망했다. 차일드의 친구인 토마스 웬트워스 히긴슨(Thomas Wentworth Higginson, 1823~1911)이 나중에 이를 설명하고자 시도했다. "의심할 바 없이 그런 실망은 부분적으로 그 책 자체가 공동체의 지배적인 종교적 인상을 놓고, 부드럽지만 직설적으로 결정적인 반대 입장을 취했기 때문이야. 또한 그 책은 대중용 책으로서는 너무 현학적이고, 지식인들에게는 너무 대중적인 것이었을 수도 있다고." 차일드의 친구가 말했듯이 그녀의 자료는 '2류'였다. 하지만 분명그 책은 따분할 정도로 매우 지적知的이었다. 그 책은 또한 불쾌하게 만들 정도로 비非그리스도교 전통들에 매우 호의적이었음에 분명했다.[6]

차일드는 선례를 인정하거나 먼저 나온 책을 언급하지는 못했지만,

그러나 여러 가지 점에서 그녀의 책들은『알파벳의 개요』(Alphabetical Compendium, 1784)에서 한나 아담스Hannah Adams가 채택한 접근방식과 유사하게 정보를 제시했다. 그리하여 차일드는 자신이 '완전한 공평성'을 목표로 한다고 천명했던 것이다. 물론 차일드의 종교적 관점은 여전히 그녀의 해석에 영향을 미쳤다. 차일드의 관점은 일신교주의 (Unitarianism)에 영향을 받았다(그녀의 남자 형제가 유니테리언 목사이자 하버드 신학대학원 교수였다). 하지만 차일드는 또한 초월주의, 스베덴보리주의(Swedenborgianism: 예수 재림의 진실을 드러내기 위해 하느님이 스베덴보리에게 성경의 영적 의미를 설명해 주었다고 믿는 새로운 형태의 그리스도교), 자유사상(Free Thought), 신비주의, 그리고 남편이 죽은 후에는 특히 강신술(降神術, Spiritualism: 특수한 방법으로 신령神靈을 맞아들여 그 힘으로써 물체를 뜨게 하거나 신령의 말을 듣게 하는 술법)에 이끌리는 경향성을 드러냈다. 인생의 말년에 히긴슨에게 보낸 편지에서 설명했듯, 차일드의 관점은 해가 지남에 따라 바뀌었다. 차일드는 그리스도교에 덜 편안하게 되었고, 여타의 영적 지향 가운데서 강신술에 더욱 이끌렸다. 그러나 이 편지에서 주장한 대로 1877년부터 종교적 고찰을 글로 썼을 때 차일드는 전통에 입각한 그리스도교적 신념을 더욱 견지했다. 그런데 그럴 때 차일드는 모든 종교의 본질적 통일성을 전제로 두었다. 양쪽 모두에 충실함으로써 차일드의 진술은 '진보적 종교 관념'이라는 특징을 띠었다.[7]

2권에서 아시아 종교와 유대교를 개관한 후, 그리고 3권에서 그리스도교와 이슬람교를 고찰하기 전에 차일드는 모든 주요 종교는 몇 가지 기본적 관념을 공유한다고 결론지었다. "신, 영혼, 세상의 창조, 파괴와 쇄신, 먼 장래에 올 신성한 황금시대는 고대의 모든 나라에 공통된다."

이는 놀라운 일이 아니라고 차일드는 주장했다. "이런 주제와 관련된 생각들은 대체로 비슷하리라 예상해볼 수 있다. 왜냐하면 인간본성은 어디서나 똑같아서 모든 시대에 걸쳐 동일한 요구와 동일한 열망을 지녀왔고, 똑같은 결점에 빠지기 쉬웠기 때문이다." 이어 차일드는 종교 간의 이런 본질적 믿음을 서술했지만, 그렇게 하면서도 불교는 완전히 모른 체했다. 그렇다고 불교 전통의 경우 차일드가 종교의 역사와 본성이 지닌 특성을 자기 식으로 설명하려는 노력을 포기했다는 뜻은 아니다. 사실 불교 해석에서 차일드는 신, 영혼, 창조(남아시아나 동아시아의 '정통' 불교 내에는 뚜렷하게 이런 범주에 필적할 게 없다)와 같은 범주를 사용할 뿐만 아니라, 또한 어떤 대목에서는 그리스도교적 개념과 언어를 사용했다. 이런 경향은, 예를 들어 붓다에 관한 차일드의 논의에서 찾아볼 수 있다. 차일드는 붓다를 '천국'을 떠난 '천상의 영靈'으로 언급했다. 인류가 저지른 '죄'에 대해 자비심으로 충만해 붓다는 "인류의 죄악을 속죄하고 그들이 불가피하게 받아야만 하는 벌을 누그러뜨리기 위해 스스로에게 고통을 가했다." 차일드는 "유럽의 저자들이" 불교에 반대하여 "무신론이라는 비난을 끌어들였음을" 인식했다. 그럼에도 불구하고 차일드는 힌두교 범신론의 관점에서 궁극적 실재에 대한 불교의 개념을 제시했고, 최종 목적을 '신'과의 신비적 합일이나 "불교도가 공(空: The Void)이라고 이름붙인 존재의 근원"으로 신비스럽게 흡수되는 것이라 설명했다. 이 '공'이란 단어는 차일드의 몇몇 독자로 하여금 잠시 생각에 잠기게 했지만, 그러나 잠재적으로 긴장을 유발시키는 이 말은 그리스도교의 수많은 유사한 표현과 반대되는 온갖 진술 아래 파묻혀버렸다. 결국 이 말은 거의 주목을 받지 못하게 된다. 아마 이것이 차일드가 원한 방식이었는지 모른다. 이 책이 출판되고 거의

20년 뒤, 차일드는 히긴슨에게 핵심적 불교경전인 『법구경』(Dhamma-pada) 복사본을 주었다. 나중에 차일드 또한 더욱더 불교의 독특함을 강조한 학문적 설명을 읽었을 수 있다. 그러나 보다 더 앞서 나온 이런 책들에서 차일드는 다른 자유주의자들과 마찬가지로 불교를 강조하지 않았고, 이를 다른 비非그리스도교적 전통과, 심지어 그리스도교 전통과 화해시키려는 경향을 지녔다.[8]

아주 다른 종교적 감각을 지닌 뉴잉글랜드 여성 앤 해설틴 저드슨(Ann Haseltine Judson, 1789~1826)은 미얀마에서 보낸 초기 편지들 중 하나에서, 자신과 남편이 그리스도교 복음을 전하기 위해 미얀마에 도착했을 때 조우한 불교도에 대한 첫인상을 이렇게 서술해 놓았다. "조국을 떠나기 전에는 우리가 사명의 중요성을 확신하고 있었다면, 지금 우리는 그 사명의 실행가능성뿐만 아니라 그 중요성을 '보고 느낀답니다.' 그리하여 우리는 이교도 나라들이 처한 참혹한 상황을 상상해볼 수 있습니다. 즉 우리는 지금 우리네 나라들처럼 합리적이고 결코 멸망하지 않을, 인구수가 많은 제국이 가장 역겨운 우상숭배에 빠져 있고, 자포자기하여 타락한 가슴의 사악한 성향을 따르며, 도덕적 원칙이라고는 아예 없거나 진실한 자비심의 최소한의 불씨마저 결여되어 있는 모습을 봅니다"라고 그녀는 썼다. 한편, 고국에 있는 동료들에게 보낸 그녀 남편의 편지와 미국 침례교회(the American Baptist Mission) 비서와의 서신왕래인 그의 공식적 기록들은 불교 전통에 대해 아내보다 동정적인 구석은 없다. 그러나 적어도 미국에서 선교지역으로 떠난 최초의 여성인 앤 저드슨과 불교국가에서 최초의 미국인 선교사인 그녀의 남편 둘 다가 불교에 관해 어느 정도의 설명을 제공해 주었던 셈이다. 사실 미국인 선교사들과 그들의 상대역이라 할 미국 잡지에 글을 실었던 유럽인들은 자유주의자들보다는 불교에 더 많은 관심을 쏟았다. 선교사들 간에 기질과 관점의 차이가 있었지만, 1858년 전에 미국인 독자들에게 제시된 대부분의 설명 역시 불교를 이단이라 하거나 오도誤導된 가짜 신을 숭배하는 사례들 가운데 하나로서 제시하는 경향이 있었다. 불교 전통을 찬탄하는 사람은 거의 없었고, 소수의 해석자들은 근본적인 불교의 대전제에 도전하는 듯했다. 그럼에도 불구하고 상황은 방어심리와 낙담보다는 오히려 연민과 동정을 요청했다. "나는 여러분이 영원한 신, 주 예수 그리스도와 축복된 그의 구원의 길을 알지 못하는 미얀마의 죽어가는 수백만 사람들을 염두에 두시어 그들에게 동정심을 발휘해 주시기를 바라는 바입니다"라고 아도니람 저드슨(Adoniram Judson, 1788~1850)은 한 공식적인 기록에 적어 넣었다. 그러나 불교도가 여느 다른 이교도보다 선교사들의 관심, 평신도들의 동정심, 신학자들의 비판, 혹은 그리스도의 구원을 더 많이 필요로 하는 것 같지는 않았다.[9]

선교사들은 자신들의 선교기록보다는 불교에 공공연하게 적대적인 경우가 덜했지만, 그러나 여행자들의 불교에 관한 설명은 영혼을 구원하고자 외국으로 갔던 사람들이 보낸 스케치들과 공통되는 점이 아주 많았다. 이 기간 동안 〈하퍼스〉Harper's지와 그 밖의 잡지들에는 스리랑카, 티베트, 미얀마, 태국, 일본에 관한 글들을 포함해 불교국가에 초점을 맞춘 영국과 미국의 여행자들 이야기에서 발췌한 내용이 아주 많이 게재되었다. 익명으로 된 한 설명 중에 「'페라하라' 엿보기」(A Peep at the 'Peraharra')가 있다. 이 글은 실론의 두 마을에서 열렸던 중요한 종교축제 방문기였다. "1840년 7월, 나는 라트나푸라의 유명한 페라하라 축제를 엿보았다…… 경쟁상대인 산 위의 도시 캔디(Kandy: 스리랑카의 수도. 산 위의 다섯 구역이란 뜻으로 붓다의 이빨 유물이 있음)와

마찬가지로, 라트나푸라에는 화려하게 보석이 박힌 작은 상자 안에
성스럽게 모셔진 붓다의 유물이 들어 있었는데, 이는 그 신을 열렬하게
신봉하는 신자들에게 특별한 숭앙의 대상으로 만들어진 것이었다."
이어 드레스, 의식, 사찰, 성상聖像들에 대한 자세한 묘사가 뒤따랐다.
글쓴이는 그런 광경을 보며 느낀 지루함을 고백하고, 익숙한 것들의
편안함을 갈망했다는 내용으로 글을 맺었다. "내가 라트나푸라를 떠났
을 때 군중들은 여전히 읍내로 모여들고 있었다. 왜냐하면 바로 직후에
커다란 사찰 코끼리들이 온갖 종류의 화려한 장신구로 장식을 하고
작은 상자와 유물함을 지닌 채 그 장소를 통과해 나아가는 행진이
예정되어 있었기 때문이었다. 하지만 그런 행진이란 게 지루한 광경이었
으므로, 내겐 초록색 논을 통과하여 그늘진 망고 숲 아래서 슬그머니
부는 바람을 맞으며 한 번 더 조랑말을 타는 즐거움을 누리고 싶다는
생각이 간절했다." 이 익명의 저자와 마찬가지로 여행자 필자들은 종종
불교문화에 관한 설명에서 신비스럽고, 낯설며, 호기심을 자극하는
것들을 부각시켰다. 가끔 그들은 불교의 특이성에 대한 기록들이 사실임
을 인정했다. 그러나 가벼운 독자는 사찰과 성상聖像 및 유물과 성직자들
에 대한 의무적인 묘사를 통해 불교도가 믿음이 깊긴 하나 잘못 알고
있다든가, 그들은 한 신이나 몇 종류의 신들을 숭배한다고 결론을
내리거나, 이들 여행기 저자들이 결코 지겨워하지 않으며 말하는 불교와
로마 가톨릭교 사이의 놀라운 유사점이 존재한다는 결론을 내리는
경우도 있었다.[10]

개신교라는 종교의 우수성과 앵글로-색슨 인종의 우월성에 대한
확신으로 가득 찬 많은 중기-빅토리아 미국인 독자들은 〈하퍼스〉지와
같은 일반 잡지들에 실린 친절한 여행 이야기, 〈선교 신문〉(Missionary

Herald)의 적의에 찬 선교 기록물, 그리고 심지어 차일드 같은 자유주의
자들의 화합을 도모하고자 하는 해석들을 보고 안심했음에 틀림없다.
적어도 이러한 설명은 자기네가 견지하는 전제에 거의 도전하지 않았기
때문이다. 하지만 출간되고 있던 유럽의 학문적 문헌은 정밀하게 그러한
전제에 도전적이었다. 즉 그런 문헌은 널리 퍼진 가정들에 의문을
제기하는 특별한 전통으로 불교를 묘사했기 때문이다.

유럽 학자들과 불교의 독특함

1840년대와 1850년대에 하나 혹은 그 이상의 불교 관련 언어에 대한
지식을 가진 일부 유럽 학자와 선교사들이 불교 연구서들을 출간했다.
비록 솔즈베리의 강연과 피바디의 번역이 뷔르노프의 학문에 의지했다
고는 하나, 일반적으로 대략 1858년이 되어서야 유럽학자들의 해석과
학자 이외 사람들의 해석이 지닌 영향력이 미국에서 감지되기 시작했다.
특히 그 다음 20년이 지나면서 외제네 뷔르노프의 『인도불교사 입문』,
로버트 스펜스 하디Robert Spence Hardy의 『동양의 선원제도와 불교입
문서』(Eastern Monarchism and Manual of Buddhism), F. 막스 뮐러F.
Max Müller의 「불교 순례자들」(Buddhist Pilgrims)과 「열반의 의미」(The
Meaning of Nirvana), 쥴 바르텔레미 생일레르Jules Barthélemy Saint
-Hilaire의 『붓다와 그의 종교』(Le Bouddha et sa religion)가 검토되고
요약되었으며, 광범위한 일반 잡지와 종교 정기간행물들에 게재된
논문에서 인용되었다.[11]
　　19세기 중엽 들어 갑자기 유럽인들이 그리스도교 및 다른 교양 있는
서구 전통의 신념과 불교의 신념이 다를지 모른다는 사실을 발견한

것은 아니었지만, 둘 간의 차이점을 강조하기 시작했다. 불교와 체계적으로 접촉하기 시작하면서부터 서양의 목격자들은 그 차이점을 알아챘었다. 사실 동아시아에서 로마 가톨릭의 선교사들은 비록 다른 이단 종교들과의 유사점을 강조했다 하더라도, 이미 차이를 감지하고 있었다. 그러나 이 저작들을 쓴 학자들은 앞선 선교사나 여행자들보다 심지어 더 일관성 있고 강하게 불교 가르침의 독특함을 강조하였고, 부정否定의 언어를 사용하여 불교를 설명하였다. 예를 들어 뷔르노프의 '열반' 해석은 그를 따랐던 일부 학자들과 학자가 아닌 일반인들이 이해했던 열반보다 더 미묘하고, 합당하였으며, 시험적이었다. 하지만 반대 취지의 콜브룩Colebrooke의 주장에 대항해 뷔르노프는, 불교의 가장 오래된 학파들의 일부가 열반(nirvana)이 '아주 없어짐'(절멸: annihilation)을 의미하는 것으로 이해했을 가능성이 높다고 주장하였다. 이들 유럽인 저자들은 붓다가 인격적 창조주의 존재를 부인하고, 영원한 실체적 존재로서의 자아 관념을 거부했다고 주장했다. 붓다는 인간의 삶이 고통이라고 가르쳤고, 그리하여 해탈은 세상을 체계적으로 단념하는 가운데서만 찾을 수 있으며, 이 또한 열반의 절멸로 향하는 최종적 벗어남으로 이끈다고 가르쳤다. 요컨대 불교는 무신론(atheism), 허무주의(nihilism), 비관주의(pessimism), 수동성(passivity)과 관련되었다. 유럽의 학자, 그리스도교 선교사, 공무원들은 동아시아 대승불교의 어떤 형태들은 덜 소극적으로 보인다고 인정했지만, 대부분의 사람들은 소극적 가르침이 불교 창시자의 가르침이라는 데 의견의 일치를 보았다.[12]

인격적 창조주에 대한 믿음인 일신론과 개인주의의 구성요소인 자아의 실체성과 영원성의 긍정에 대해 붓다가 제기하는 도전은, 1840년대와 1870년대 사이의 가장 영향력 있는 유럽 해석자들에게 충분히 명료하게 보였다. 팔리어 불교경전은 붓다를 형이상학적 질문에 무관심하거나 직접적으로 무신론적이었다고 제시했다. 무아(無我: anatta)의 교리는 자아(自我: self)란 실체가 아니고 영원한 존재가 아니며, 육체적이고 정신적인 과정들의 합류점이라고 주장한다. 그리고 고전적 텍스트들은 이런 생각이 교조인 붓다로부터 비롯되었다고 주장한다. 첫 번째 성스러운 진리인 "삶은 불가피하게 고통을 수반한다"고 하는 붓다의 근간이 되는 선언에서, 그리고 열반을 자아의 절멸로 이해하는 데서 불교가 비관주의적이라는 인상이 생겨났다. 오늘날 거의 모든 불교도와 학자들은 불교의 종교적 목적을 이렇게 해석하는 데 반대할 것이다. 하지만 이들 초기 학자들을 균형 잡히게 평가하려면, 고전적 팔리어 경전들이 이 점에서 투명하거나 뜻이 명료하지는 않았다는 점에 유의해야 한다. 팔리어 경전들이 열반과 관련된 허무주의적 해석을 명확하게 확증하지는 않았다 해도, 적어도 어떤 구절들은 그렇게 해석할 여지를 남긴다. 쇼펜하우어Schopenhauer가 대체로 세상을 거부하는 우울한 철학과 닮은 불교를 종교로서 개방적으로 감싸 안았다는 사실로 말미암아, 이 주제들과 분투한 소수의 중기-빅토리아 독자들에게 불교 전통 역시 정말로 비관주의적이라는 인상이 강화되었다. 사실상 비관주의, 쇼펜하우어, 불교는 많은 유럽과 아메리카 독자들의 마음속에서 서로 관련되는 것으로 비쳤다.[13]

19세기 중엽의 거의 모든 유럽 학자와 선교사들은 불교가 무신론적이고, 허무주의적이며, 비관주의적이라는 데 동의했다. 하지만 그들은 때때로 불교가 수동적이라는 일상적 비판을 완화시키고 누그러뜨렸다. 노엘 알렉산더Noel Alexander는 자신의 저서 『중국에 대한 도미니크회 선교사들의 사과』(Apology of the Dominican Missionaries of China, 1700) 에서 불교도에게 "완성은 완전한 무관심, 냉담, 그리고 교란되지 않는 평온 속에 존재한다"고 주장했다. 하지만 19세기 중반, 불교는 인격을 계발하려는 노력을 불러일으키고 적극적 활동을 자극해 사회개혁으로 이끌 수 없다는 오래 지속된 선입견이 약화되었다. 거의 모든 해석자들 이 붓다의 칭송할 만한 도덕적 규범과 탁월한 개인적 덕성을 인정했다. 또한 붓다는 종종 인도의 종교와 사회제도의 개혁자로 그려졌다. 덜 광범위하게 받아들여진 또 다른 생각도 유포되었으니, 불교가 "인도의 여러 민족뿐만 아니라 중앙아시아의 가장 낮은 야만족들을" 문명화시키 는 영향력을 행사했다는 점이었다. 이런 견해들을 통해 알브레히트 베버Albrecht Weber가 그랬듯이 유럽인 해석자들 일부는 통상적 비판을 철회하거나 정평 있는 평가가 이루어지게 했다. 베버는 붓다 스스로가 세상의 개혁을 위해 능동적으로 활동했다고 주장했다. 하지만 베버는 붓다 철학의 논리적이거나 실천적 귀결은 "모든 인간의 활동성을 적대적 으로 보고, 어리석은 무기력에 대해서도 적대적이며, 인간의 감정과 노력을 가장 철저하게 부정하는 정적주의"였다고 보았다.[14]

미국의 중기-빅토리아 문화

학자나 선교사들이 붓다나 그의 전통에 수동성이라는 혐의를 면제해 주든 아니든 어떻든 간에, 유럽의 학구적 설명을 읽은 많은 미국인 독자는 불안해하는 듯했다. 이런 설명으로 인해 불교가 지배문화의 주된 신념과 가치에 반대하는 것으로 비쳤기 때문에 그들이 불안해했다 고 나는 주장하는 바이다. 1857년, 불교에 중점을 둔 한 여행기의 저자는 "사람의 본성을 지배하는 원리는 숭배 대상을 향한 강렬한 열망에 있다"고 선언하였다. 그리고 하버드 유니테리언교도 헨리 웨어 2세 (Henry Ware, Jr.)도 "지고至高한 힘을 떠올리고 이를 숭배하는 행위를 자기 내면을 근거로 하지 못할 정도로 그렇게 야만적이고 그렇게 타락한 사람은 여태 발견된 적이 없었다"라고 단언했을 때 같은 견해를 표출했던 셈이다. 한 역사가가 말했듯이 "인격적 일신교"의 유산은 미국인들이 종교적 일치에 이를 수 있을 만큼 친근한 것일 수 있다. 하나의 인격적 창조주, 유지자, 우주의 완성자에 대한 믿음은 빅토리아 시기 미국에서 전제가 되었고 널리 공유되었기 때문에, 일신교적 관점에 반대해 공격하거나 방어했던 사람들, 이를테면 초월주의자들의 범신론, '원시적' 정령 精靈신앙(animism), 실증주의자의 무신론, 혹은 불교도의 불가지론조차도 이 점에 관해 언급할 필요성을 느꼈다. 어떤 점에서 개인주의 (individualism)는 일신론만큼이나 빅토리아 문화에 근본적인 것이었다. 내가 정의한 대로 개인주의는 인간 삶의 모든 영역에서 자율성을 강조하는 경향과 정태적이고 실체가 있으며 영원한 자아를 믿는 성향을 말한다. 이러한 자아(self)의 본성과 운명에 대한 신념은 중기-빅토리아주의 논쟁에서 가장 커다란 중요성을 지녔다. 일신교에 바치는 헌신과 마찬가지로, 변하지 않고 실재적이며 지속되는 자아에 대한 믿음은 대다수에게 너무나 확실하여 거의 자명한(self-evident) 듯이 보였다. 이런 신념의 설득력을 두고 논쟁하거나 이런 믿음이 널리 퍼져 있는 현실을 입증해야 할 필요성을 느끼는 사람은 거의 없었다.[15]

　문화의 일부 요소들은 상반되는 충동을 나타내는 듯이 보일 수 있다. 초기와 중기 빅토리아 시기의 미국에서 애도哀悼의식 하나를 예로 들어보자. 1830년 이후 중산층 독자들이 이용가능한 방대한 문학에서 죽음에 관한 관심사를 드러낸 죽음의 시, 위문慰問의 수필, 장례식 설교, 애도하는 절차들은 최후의 완전한 자아의 상실을 동정하는 듯이 보일 수도 있다. 그러나 실제 이런 표현이 그렇지 않았음은 물론이다. 타인의 죽음은 살아 있는 사람들에게 모든 감정 가운데 가장 품위 있는 슬픔을 투명하게 표현하고, 그리하여 건실한 인격에 매우 중요한, 성실성을 드러내고 배양할 계기로 받아들여졌다. 자신이나 다른 사람의 죽음을 종교적 여정의 완성으로 성찰하는 이들은 죽음 또한 순순히 받아들였다. "신이 사랑하는 사람을 데리고 갈 곳은 무덤이 아니다"라는 『애도자의 친구』(The Mourner's Friend: J. B. 사임Syme 등이 저술한 1852년에 출간된 책)의 한 구절이 미국인 독자들을 안심시켰다. 이 구절은 "육체라는 옷은 무덤으로 운반될 테지만, 살아 있는 영혼은 신께서 무덤에 두지 않는다네"라고 이어져 있다. 대부분의 사람들은 신앙심 깊은 영혼은 신과 연결되리라는 점에 의견이 일치했다. 죽음에 열중하는 성향은 널리 유행하는 개인주의와 일신론의 영향을 반영했고 강화했다. 비록 빅토리아 후기의 미국인들 가운데 일부가 신의 언어를 기꺼이 버리고 죽지 않는 영혼이라는 관념을 거부했다 하더라도, 1880년대 이전에 그렇게 한 사람은 거의 없었을 것이다. 미국의 해석자들과 당시 대부분의 서양 지식인들은 인간이 본성적으로 종교적이라고 전제하거나 단언했다. 가장 근본적으로 말해서, 종교적이 된다 함은 신성神聖을 신앙하고 숭배하는 행위, 그리고 실체적 자아로서 축복받은 존재의 영원한 즐거움을 누리고자 하는 희망을 수반했다.[16]

자신이 입양된 나라의 빈틈없는 관찰자이자 영향력 있는 스위스계 미국인 교회 역사가인 필립 샤프(Philip Schaff, 1819~93)는 불교 관련 대화를 구체화한 다양한 빅토리아 신념과 태도들을 지적했다. 샤프는 독일과 영국 개신교의 영향, 특히 캘빈주의(Calvinist)적 개신교에서 중기 빅토리아 시기 미국의 특성을 추적했다. 『미국: 이 나라의 정치적·사회적·종교적 특징에 대한 스케치』(America: A Sketch of Its Political, Social, and Religious Character)에서 샤프는 이런 영향들로 인해 대체로 미국 사회가 행동주의적이고 낙관주의적인 특징을 띠게 되었다고 주장하였다. "독일과 미국 개신교의 특징은, 특히 낭만주의자들의 슬픔에 잠긴 침체와 중남미 로마 가톨릭 국가들과는 대조적으로 흔치않은 기동력과 끊임없는 활동성을 드러낸다. 좋은 의미와 나쁜 의미 둘 다에서 미국 국민들은 정말이지 진보적이다. 즉 가장 용감하고 종종 무모한 모험심을 발휘하는 국민이며, 끝없는 미래를 좇아 계속 노력하고 달리는 이외에는 어떠한 만족도 구하지 않고 부단히 움직이는 사람들"이라고 샤프는 주장했다. 샤프는 독일과 특히 영국에 이와 유사한 특성과 선례들이 있음을 인정했다. 하지만 샤프는 미국의 종교생활이 "독특하게 실천적이고 에너지가 넘치며 진취적"이라는 점을 발견했다. 19세기 미국 신교도 정신의 도덕적 진지함과 튼튼한 낙관주의에는 나름의 약점이 있었지만, 그러나 이런 경향성은 지배적인 종교와 그 종교가 주조해낸 문화의 중심적 구성요소였다고 샤프는 주장했다.[17]

샤프가 이런 문화에서 감지했던 낙관주의는 그 밖의 발전들 가운데서 서양의 팽창과 기술적 진보에 대한 열광을 통해 자극과 지지를 받았다. 이는 또한 미국이 '구세주(그리스도)의 나라'(Redeemer Nation)라고 하는 오랫동안 유지된 관점의 영향이나 다른 변형된 관점의 지속적인 영향을 통해 유지되었다. 남북전쟁 전의 미국인들이 영감을 불러일으키는 모범으로서나 세계의 구원자로서 미국의 역할을 인식하였든 그렇지 않았든 간에, 또는 그들이 전前천년왕국설(천년지복기[millennium] 전에 그리스도가 재림한다는 설)의 신봉자들이든 후後천년왕국설의 신봉자들이든 간에, 많은 사람들이 이 새로운 나라가 자연과 역사의 완성을 위한 신의 우주적 계획 안에서 주도적 역할을 할 운명이라는 데 동의했다. "우주적 낙관주의"는 남북전쟁 직전에 많은 백인 북부 신교도의 사고방식을 특징지었다. 전쟁의 공포는 순진한 유쾌함의 잔재들을 말끔히 일소했지만, 그러나 에이브러햄 링컨Abraham Lincoln의 두 번째 취임 연설과 호레이스 부쉬넬Horace Bushnell이 「죽은 자들을 위한 우리의 의무」(Our Obligations to the Dead)라는 글에서 지적했듯이, 많은 이들은 여전히 미국의 정해진 운명을 계속 긍정하는 가운데 낙관주의를 위한 이론적 기초를 마련했다. 전쟁이 끝나고 2년 후 불교 관련 논의에서 역할을 수행한 한 종교적 급진주의자는 사회적·종교적 혁명의 전조가 된 "깜짝 놀랄 만한 변화"를 알아차렸고, 게다가 그는 "오늘날 세계와 현 시대의 가능성들에 대한 무한한 믿음"을 공언했다. 몇 년 후 행해진 설교에서 유명한 개신교 목사 헨리 워드 비처(Henry Ward Beecher, 1813~87)는 역사, 특히 미국역사를 "아래쪽으로 퇴보하기보다는 위를 향해 진보하는 경향"으로 보는 사람들 편에 가세했다. 미국인들은 점점 번창하고, 세련되며, 교양인들로 되어가고 있다고 비처는 주장했다. "비록 과거의 여러 모습과 봉사정신이 상실되고 있지만, 영성의 바탕이자 통제하는 영향력으로서 종교 그 자체가 지금만큼 튼튼했던 적은 결코 없었다." 그리고 비처는 이 모든 진보에 고마워했다. "나는 이 시대의 모든 징후를 감지하며 신에게 감사드린다. 또한 나는 이 나라의 번영과 건투를 목격하며 신께 감사드린다."[18]

역사과정에 대한 낙관주의는 종종 점증하는 인간본성을 긍정적으로 바라보는 관점과 짝을 이룬다. 「캘빈주의에 반대하는 도덕적 주장」(The

Moral Argument against Calvinism)에서 당대의 지도적 유니테리언이었
던 윌리엄 엘러리 채닝(William Ellery Channing, 1780~1842)은 캘빈주의
자 산문散文의 '마취적 특성'뿐만 아니라 잘못된 비관적 캘빈주의 신학
또한 비판하였다. 채닝은 인간본성에 대한 캘빈주의의 가정들, 이를테
면 우리는 "전체적으로 악에 빠지기 쉽다"와 같은 가정은 성서의 말씀과
성서의 정신에 모순될 뿐 아니라, 신의 선함과 정의와 관련된 우리의
정서를 상하게 만든다고 하였다. 비록 신학적 자유주의가 남북전쟁과
재건 이후 미국에서 종교적 정세를 지배하지는 않았다 해도, 중기-빅토
리아의 보편주의자와 유니테리언들은 18세기 후반 선배들과 19세기
초반의 대표자들이 시작한 캘빈주의에 대한 공격을 늦추지 않았다.
그들은 도트 종교회의(Synod of Dort, 1618~19)에서 표현된 캘빈주의의
전통적인 다섯 가지 요점을 부인하였고, 인간의 타락과 예정(豫定:
하느님이 인간의 모든 것을 섭리하고 예정하신다는 교설)에 대한 강조를
인간의 본성과 운명에 대한 새롭고 더 숭고한 관점으로 대체하였다.
그들은 이를 새 국가의 중요하고 심지어 신성하기까지 한 임무에 더
적합하고, 도시 엘리트층의 관심과 더 조화되어 보이는 관점으로 대체하
였다. 그들이 '시종일관된 캘빈주의'(consistent Calvinism)의 비관주의
적 교리들을 부드럽게 유화시키고, 게다가 일부는 '현실주의적'(real-
istic) 교리를 설파하면서, 인간이 지닌 긍정적 능력을 새롭게 강조하는
경향 역시 주류 신교도의 사고방식 속으로 흘러들어갔다. 티모시 드와이
트(Timothy Dwight, 1752~1817), 나다니엘 윌리엄 테일러(Nathaniel
William Taylor, 1786~1858), 라이먼 비처(Lyman Beecher, 1775~1863)
에 의해 촉진된 개혁신학(Reformed theology)의 새로운 전통은 인간의
능력을 훨씬 더 신뢰하였다. 영향력 있는 신앙 부흥론자였던 찰스

그랜디슨 피니(Charles Grandison Finney, 1792~1875)는 완전주의 (perfectionism: 인간은 종교·도덕·사회·정치적으로 완전한 경지에 도달할 수 있다는 학설)를 향해 조금씩 나아갔다. 오나이다 완전주의자들 (Oneida Perfectionists: 19세기 유토피아 공동체 가운데 가장 오래 지속되는 공동체를 건설함), 모르몬교도, 초월주의자들, 정신주의자들(Spiritualists), 셰이커교도(Shakers: 지복천년설至福千年說을 믿고 공동생산 공동분배의 종교적 공동체를 형성하여 독신으로 지내는 교파), 밀러파(Millerites: 안식 일 교회의 모체), 재림파(Adventists: 그리스도의 재림이 임박했다고 굳게 믿고 신앙생활에 분발하는 많은 신교계 교단의 총칭) 같은 관습적이지 않은 종교 그룹들은 훨씬 더 요란스럽게 인간에 대한 낙관주의가 고양되 는 현상을 환영하였다.[19]

이런 낙관주의는 세상에서 활기찬 도덕적 행동의 영적 중요성을 강조하는 경향인 행동주의와 관련되었다. 사람들의 능력을 두고 차츰 고양되는 신뢰와 천년왕국주의자들(millennialist: 초대 그리스도교 시대 에 나온 설로, 신의 최후의 심판에 앞서 그리스도가 지상에 재림하여 1000년 간 이 세상을 통치하고 그 뒤에 세상의 종말이 온다고 주장함)의 희망적 메시지가 주는 지속적 영향력으로 인해 개인들을 고무시키고, 사회개혁 을 이루며, 경제적·정치적 영역에 활기차게 참여하려는 관심이 더욱 힘을 얻었다. 여성들에게 조언하는 책인 『탁월한 여성』(The Excellent Woman)의 한 구절이 지적했듯이, 남성뿐만 아니라 여성들을 포함한 모든 빅토리아인들은 '즐거운 봉사의 행동'을 하라는 부름을 받았다. 남북전쟁이 일어나기 전 수십 년 동안 미국에서 대단한 인기를 누렸던 스코틀랜드학파의 상식철학(The Scottish Common Sense Philosophy: T. 레이드, W. 해밀턴 등을 대표로 하며 철학적 독단과 회의주의에 맞서 상식을 옹호함)은 빅토리아인에게 도덕적 진지성과 심지어 독선獨善까지 제공했으며, 그와 관련된 이론적 얼개와 정당화의 어휘들을 제공했다. 빅토리아주의의 도덕적 원리들을 통해 개인, 사회, 역사의 긍정적 변모가 이루어질 수 있으리라는 광범위한 공감대가 형성되었다. 더욱이 이런 변모는 임박한 듯이 보였다.[20]

개혁적 충동이 19세기를 통해 활발한 활동이 벌어지는 국면에서 다양한 형태로 표출되었다. 미국 가정선교회(American Home Missionary Society)의 공식기관에서 간행한 한 행동요청서는 이러한 분위기를 잘 포착해냈다. 저자는 자신의 복음주의 독자들에게 "항상 우리에게 죄와 고통에 빠진 이 세상에서 '잘 행동할', 즉 자애로운 행동을 할 필요가 있음"을 상기시켰다. 그는 또한 게으르고 냉담한 사람들을 질책했다. "그런데 무위無爲와 휴지休止를 위한 여지는 없다. 하늘나라에 가서야 휴식할 시간이 충분할 것이다." 1810년대와 1860년대 사이에 무수한 개혁 조직들이 이런 행동주의적 충동을 불러일으켰고 주도했다. 노예제 철폐, 여성의 권리, 유토피아적 공동체, 교육개선, 절제, 평화 등에 헌신하고 젊은이, 맹인, 정신이상자들의 여건을 개선하려 했던 그룹들이 있었다.[21]

개혁적 충동은 또한 문화의 다른 측면에서도 표출되었다. 1825년과 1850년 사이에 앤 터틀 불라드Anne Tuttle Bullard와 그 밖의 사람들이 쓴 캘빈주의 소설에서 이미 명백히 드러난 개인의 변화와 사회 개혁의 강조는, 19세기 중반 이후에 해리엇 비처 스토Harriet Beecher Stowe와 그녀를 닮은 작가들의 후기-캘빈주의 소설들에서 수정된 형태로 지속되었다. 교화하고 개혁하는 경향은 또한 물질적 문화를 대하는 신교도의 태도를 구체화했다. 가정적인 가구들과 건축이 빅토리아의 가치들,

특히 행동주의의 사례로 되었고 행동주의를 강화시켰다. 콜린 맥다넬 Colleen McDannel은 "빅토리아의 가정적 건축을 위해 예술은 예술 그 자체를 위해 존재할 수 없다. 왜냐하면 예술은 사회와 도덕에 뒤엉켜 속박되어 있을 수밖에 없기 때문이다"라고 설득력 있게 주장하였다. 건축은 의사소통 양식과 개혁하는 정신 둘 다로서 역할을 했다. 개인적 수양뿐만 아니라 심지어 사회개선조차도 가정에서 시작되었다. 비슷한 태도들이 신교도의 그림에서도 표현되었다. 신교도, 특히 캘빈주의자 들은 감각과 상상력에 대한 다년간의 양면가치와 심지어 의혹을 통해서 조차 회화에 임하는 관점을 제공받았다. 모라비아 교도들(Moravians: 14세기 유럽 보헤미아 지방에서 시작된 교파의 신자들. 기독교적 통일성, 경건함, 사명과 음악에 주안점을 둠)과 감독교회(The Episcopalian: 영국 성공회 전통과 그 신학에 충실하면서 로마 가톨릭과 개신교 사이에서 중도를 표방함) 신도들 같은 일부 신교도는 그런 긴장을 그다지 예리하게 느끼지 는 않았다. 그리고 그림이 교훈적 목적에 봉사한다면 받아들여질 수 있다는 확신으로 예술을 추구하며 해방감을 느끼는 이들도 있었다. 감독교회 신도인 화가 토마스 콜(Thomas Cole, 1801~48)은 19세기의 가장 뛰어난 미국 화가 중 한 사람이었고, 실천해야 할 도덕주의적 의무에 관한 것은 생애 후반에 시작된 〈십자가와 세상〉(The Cross and the World) 시리즈뿐만 아니라, 심지어 그 내용이 노골적일 정도로 종교적이지는 않지만 더 앞선 〈제국의 행로와 인생의 항해〉(The Course of Empire and The Voyage of Life) 시리즈에서도 명백히 드러나 있다. 초기 빅토리아 시기 동안에는 심지어 패션도 교훈적 기능을 담당했다. 예를 들어 1830년대와 1840년대에 잡지 〈가디 숙녀의 책〉(Godey's Lady's Book)지를 지배한 드레스를 바라보는 감상적인 관점은, 단순하고 '진지하고 참된'(sincere) 옷이 입은 사람과 그녀가 만나는 사람들의 정신적 조건을 개선할 수 있다는 가정에 근거를 두었다.[22]

여성 드레스의 기능 및 성질과 관련된 이러한 관점은 1850년대를 거치면서 바뀌기 시작했다. 다른 변화 역시 일어났다. 미국 신교 (Protestantism) 내에서 점점 더 제도적 개혁이 이루어짐에 따라, 개인의 발전과 사회개혁을 위한 운동의 거친 에너지는 50년대와 60년대를 거치면서 순화되었고, 1865년과 1876년 사이에 접어들어 행동주의적 추진력이 둔화되었다. 그럼에도 불구하고 개인의 고양과 사회개혁을 향한 관심은 빅토리아 문화 속에 깊이 뿌리박은 채 남아 있었다. 다시 말해, 그런 관심은 전쟁 이전 시기의 개혁운동을 지지했던 사람들(그들 중에는 불교에 대한 글을 쓴 사람도 있었다)의 면모와 그다지 크게 다르지 않았던 것이다.

미국의 불교 해석자들과 불교의 독특함, 1858~1877

만약 내가 주장해 온 만큼 유신론, 개인주의, 행동주의, 낙관주의가 빅토리아 문화의 근본적 요인이었다면, 유럽인들을 통해 전해진 불교의 정체성으로 인해 미국인 독자들이 불안해했던 이유를 이해하기가 어렵지는 않다. 미국인 독자들의 마음이 편치 않았던 이유는, 불교가 열렬한 헌신에 도전하는 것으로 비쳤기 때문이다. 이어 미국인들의 감정적 반응도 동정과 연민에서 방어와 낙담으로 변하기 시작했다. 불교적 관점에 대응할 필요성을 느끼는 사람도 생겨나기 시작했다. 나는 불교적 부정(negation)이라는 도전과 마주친 19세기 중반의 어떤 미국인도, 빅토리아의 전제들을 버려야 할 문제를 놓고 심각하게 고민했다는 아무런 증거도 발견하지 못했다. 그 후 불안을 잠재우기 위해, 1858년과 1877년 사이의 일부 미국인 불교 해석자들인 주류 신교도와 보수적 유니테리언들은 부정적 해석을 받아들였고, 그와 동시에 보통의 신념들을 유지했다. 그들은 불교 교리와 빅토리아 신념 간의 분명한 충돌을 설명할 길을 발견했다. 소수의 공감대가 형성된 종교적 자유주의자와 급진주의자들은 붓다의 가르침을 궁극적 실재, 역사적 발전, 인간본성에 관한 공통되는 관념들과 조화시키려 분투하였고, 이를 통해 모든 인간이 지닌 종교적 욕구의 성격과 관련된 지배적 가정들과도 조화시키고자 애썼는데, 이들은 다양한 정도로 성공을 거두었다.

주류 신교도와 보수적 유니테리언들

1874년 코네티컷 주 멘덴의 에드워드 헝거포드 목사(Reverend Edward Hungerford, 1829~1911)는 회중교회(Congregationalism) 및 예일대학과 연관된 잡지인 〈뉴잉글랜드인〉(New Englander)에 글을 싣기 위해 불교와 그리스도교를 비교하였다. 내가 이 장 서두에서 인용한 모팻 Moffat의 개관보다 훨씬 더 명료하게 이 논문은 1860년대와 1870년대의 주류 신교도와 보수적 유니테리언들이 지닌 접근방식의 좋은 본보기를 제공한다. 헝거포드는 빅토리아의 신교적 세계관을 포용한 사람인데, 불교는 "존재의 어두운 면에서만 바라보며" 낙관주의뿐만 아니라 다른 근본적 신념 및 가치들과도 역시 모순된다고 주장하였다. 더욱이 불교는 종교가 흔히 지닌 특징을 드러내지 못한다고 했다. "신념이 눈을 들어 쳐다볼 수 있을 위대하게 빛나는 미래가 없고, 향상심을 불러일으키는 영원한 진보도 없다. 신도 없고 영혼도 없으며, 죄로부터의 구원도 없고 사랑도 없으며, 하늘나라도 없다!" 다른 이들도 이 말에 동의했다.
바르텔레미 생일레르Barthelemy Saint-Hilaire의 부정적 불교 해석에
동의하며 불교 전통은 미국에서 결코 어떤 발전도 이룰 수 없으리라고
예언한 뒤, 허먼 워너Herman J. Warner는 불교는 종교가 아니라고
단언했다. 나아가 워너는 주도적인 유니테리언 잡지를 위한 이 논문에서
불교는 철학도 아니라고 주장했다. 워너가 갖다 붙일 어떤 꼬리표도
찾을 수 없을 정도로 불교 전통은 이상하게 보였다. 불교를 종교라고
천명하기 위해 나중의 불교 전통, 특히 동아시아의 전통에서 유치하기
짝이 없는 진정한 신과 개인의 불멸성을 더듬다가 그 흔적을 찾아냈던
해석자들도 있었다. 하지만 1858년 후에 공식적 논의에 참여한 대부분
의 주류 신교도와 보수적 유니테리언들은, 붓다의 가르침이 인간의
타고난 종교적 성향의 본질을 놓고 기존의 관점과 모순된다고 기꺼이
시인했다.[23]

그러나 〈프린스턴 리뷰〉Prinston Review지에 기고하기 위해 몇몇
유럽의 불교 관련 서적을 검토한 어떤 이는 "이 체계는 인류한테 필요한
것에 순응하는 어떤 힘을 가지고 있었음에 틀림없다"고 생각했다. 대부
분의 크리스천 기고가들은 이런 의견에 동의했다. 그런데 붓다가 근본적
인 인간의 열망을 부정했다는 견해를 받아들인 사람들은 여전히 아시아
에서 불교가 처음으로 퍼졌고 계속 성장한 점을 해명해야 한다고 느꼈
다. 아무래도 불교는 독특한 독일 철학자들이 권했고 소수의 유럽
불평분자와 염세가들이 포용한, 단지 우울하고 허무주의적이며 세상을
부정하는 세계관은 아니었던 것이다. 오히려 19세기 미국 독자들은
불교가 본국인 인도에서 급속하게 널리 퍼졌고, 그 가르침을 따르는
세계 인구가 반 혹은 그 이상에 이르기까지 계속 발전해 왔다는 사실을

거듭 상기하게 되었다. 그리고 미국의 신교도와 유니테리언 해석자들은 마치 이 이상하고 교란시키는 주장을 하는 목소리에 익숙해지려는 듯이 보고서 안에서 이런 사실과 통계를 반복했다. F. 막스 밀러가 직면했던 문제의 강도를 분명하게 느끼는 독자들도 있었다. 불교 전통을 무신론적이고 허무주의적이라고 해석한 다음, 밀러는 다음과 같은 문제를 거론했다. "모든 노력의 가장 숭고한 목적으로서 모든 존재, 모든 생각, 모든 개별성과 인성人性의 절멸을 가르친 종교가 어떻게 수백만 명의 마음을 붙잡을 수 있었단 말인가…… 지금까지 아무도 풀지 못한 수수께끼다."[24]

이 '수수께끼'에 대한 다양한 해법을 제시하고자 미국의 다양한 해석자들이 밀러의 저작을 활용했다. 불교에 관한 밀러의 저작들을 1860년 이전과 이후의 두 시기로 나누어 살펴볼 수 있다. 1857년의 두 논문에서 밀러는 붓다의 가르침을 보통의 신념과 가치를 부정하는 관점으로 제시했다. 하지만 단지 '불교'(Buddhism)라는 제목의 1862년 논문에서 밀러는 앞선 자신의 해석 중 일부를 폐기하거나 정교하게 다듬었다. 더욱이 이미 초기 논문에서부터 밀러는 불교 창시자의 부정적 형이상학과 "고립된 몇 안 되는 사상가들"을 '대다수의' 긍정적 종교와 윤리로부터 구분 짓는 난제를 풀기 위한 발걸음을 내디딘 적이 있었다. 그래서 밀러는 붓다의 철학이 무신론적이고 허무주의적이지만, 인간본성의 가장 깊은 고유의 충동으로부터 작동하는 나중의 전통은 유신론과 불멸성과 희망찬 쪽으로 변모되었다고 주장했다.[25]

1862년 논문에서 밀러는 '인간본성'에 입각해 또 다른 주장을 내놓았는데, 이번에 그는 훨씬 더 논의를 진전시켰다. 밀러는 심지어 보통의 비판에 대항해 붓다를 옹호했고, 이 창시자의 생각을 인간의 타고난 종교적 성향에 관한 서양의 지배적 개념들과 동렬에 두었다. "우리가 항상 모든 시대와 나라에서 발견하는 바의" 인간본성으로부터 논의를 전개하면서, 뮐러는 다른 석학들이 무어라고 제안했든 간에 그렇게 위대한 정신적 스승이자 사회개혁가가 "모든 종교적 스승의 손에서 가장 강력한 무기 중 하나인 내세來世에 대한 믿음을 빼앗아버릴 수 있었다"고는 쉽사리 믿을 수 없었다고 고백했다. 열반 안에서 모든 개성의 '절멸'을 위한 열망으로 종교적 동기가 부여됨은 인간의 본성에 반대될 텐데, 붓다가 이를 믿을 만큼 미혹되었을 리는 없었을 것이라고 뮐러는 생각했다. 적어도 뮐러는 붓다가 그러한 것을 '가르칠'만큼 바보스럽지는 않았으리라고 단언했다!²⁶

다른 유럽인들, 예를 들어 뷔르노프의 친구이자 함께 일하는 동료 중 한 사람이었던 쥴스 몰(Jules Mohl, 1800~1876)은 인간본성에 입각해 비슷한 주장을 내놓았다. 그러나 물론 모든 학자들이 다 동의했던 건 아니었다. 중기 빅토리아 시기의 제임스 달위스James D'Alwiss와 그 이후 수십여 년 동안 헤르만 올덴베르크Hermann Oldenberg는 둘 다, 비록 불교의 가르침이 인간본성과 모순되게 보인다 해도, 다만 이것만으로 학자들이 그 텍스트가 지닌 분명한 의미를 바꿀 근거를 확보한 것은 아니라고 주장했다. "우리는 유명한 탐구자(뮐러)를 따를 수 없다"고 올덴베르크는 주장했다. "누군가가 가능한 것들과 불가능한 것들 사이의 한계를 더듬고자 시도한다면…… 아마 이해를 넘어서는 지점에서야말로 이해가 가능할 수 있을지 모르며, 만약 우리가 이해할 수 있는 것의 한계인 지점에 다다르게 된다면, 우리는 많은 것을 이해되지 않은 상태로 내버려두고 이해할 수 없는 상태에 머물면서 미래를 기다릴 것이다. 수수께끼를 미래에 해결할 수 있을지 그 누가 알겠는가."

19세기 후반, 특히 1858년과 1877년 사이에 공식적 대화 참가자들 가운데 "많은 것을 이해되지 않은 상태로 내버려두고, 이해할 수 없는 상태에 머물" 수 있는 사람들은 거의 없었다. 대다수는 이 혼란스런 교리의 의미를 놓고 확고한 결론을 내려야만 한다고 느꼈다. 그리고 비록 올덴베르크가 안 된다고 했더라도, 세기 중반의 많은 해석자들은 자기 목적에 부합할 경우 인간본성에 입각한 주장에 호소했다.[27]

미국의 주류 신교도와 보수적 유니테리언들은, 예를 들어 불교 전통이 아시아에 두루 퍼진 사실을 해명하기 위해 뮐러의 가장 초기 주장을 활용했다. 비록 헌신의 적절한 대상과 인간의 궁극적 운명이란 측면에서 잘못 인도되었다 해도, 붓다의 후기 추종자들의 주도적 교리는 "적어도 부분적으로는 인간본성의 필요와 역량에 적응하는" 종교를 기꺼이 받아들였다고 그들은 주장했다. 예를 들어 신적 언어(God-language)에 더욱 적응성을 지니고 '서방정토'(Western Paradise)에 대한 이야기를 하는 정토교淨土敎의 전통이 동아시아에서 발전한 것은 올바른 방향으로 움직여 온 듯했다. 인간은 진정 자연스럽게 신과 불멸성을 갈망했으니, 이 후기 불교도 역시 이런 점에서 인간이었다. 그러나 불교의 첫 상승기를 해명하는 것은 보다 어렵게 보였다. 불교 해석자들은 붓다가 아마 부정(negation)을 가르치지는 않았을(가르칠 수 없었을!) 것이라는 뮐러의 후기 주장을 받아들이지는 않았다. 그들은 대체로 붓다의 가르침을 무신론적이고, 허무주의적이며, 비관주의적인 것으로 계속해서 제시했다. 예를 들어 미국 종교와 문화를 탁월하게 관찰한 필립 샤프 Philip Schaff 같은 이는 불교 교리를 이런 식으로 서술했다. 하지만 대다수는 인도에서 불교가 일어난 것을 설명하기 위해 붓다의 삶과 가르침의 어떤 긍정적 요소를 찾아내야만 한다고 느꼈다. 그러한 요소를

82

찾아내려는 욕망은, 붓다가 위대한 정신적 스승이었고 종교적이고
사회적인 개혁가였다는 점을 놀라울 정도로 승인하고 싶어 했던 그리스
도교 비평가들 안에서 결정적이었던 것으로 보인다. 그런데 대부분의
신교도와 유니테리언들은 붓다의 부정적인 철학적 가르침들과 그의
숭고한 도덕적 메시지와 효과적인 사회개혁을 서로 구별했다. 불교가
인도에서 두드러지게 번창하게 만들었던 도화선에 불을 붙인 것은
후자(효과적인 사회개혁)였다고 그들은 제시하였다. 로즈웰 호바트 그
레이브스(Rosewell Hobart Graves, 1833~1912)는 1872년에 "불교가 초
기에 널리 퍼진 것은 철학적이고 종교적인 요소보다는 사회적인 요소로
인한 것이다"라고 주장했다. 그레이브스는 중국 선교사였다. 그런데
광범위한 중기 빅토리아 미국 크리스천들의 문헌은 붓다의 존경할
만한 자질과 성공적 개혁을 인정하면서도, 붓다의 가르침을 비난하는
유사한 경향성을 지녔다. 이 비평가들은 종종 가톨릭과 불교 간의
실천적이고 제도적인 유사점을 여전히 지적했지만, 그들은 불교의
창시자와 그의 전통을 행동주의 및 반反가톨릭주의 정신으로 가득
찬 사람들 가운데서 어떤 공감을 불러 일으켰을 법한 방식으로 제시했
다. 많은 이들이 붓다를 루터Luther와 같은 부패된 종교와 사회체제의
개혁가로 묘사했고, 불교를 '인도의 개신교'로 제시했다. 루터가 가톨릭
개혁 속에서 종교적 문제를 처리하며 평등주의 정신을 표현했듯이,
붓다도 인도의 종교적 전통을 쇄신하고 동시에 억압적인 카스트 제도에
도전했다는 것이다.[28]

　나는 붓다의 도덕적 가르침과 개혁활동을 두고 그리스도교 비평가들
이 내린 평가의 성실성을 의심할 그 어떤 이유도 찾지 못했다. 하지만
내가 지적해 왔듯이, 이런 해석을 통해 그들은 진정 변명의 빌미를

마련했다. 이러한 비평을 통해 그리스도교 비평가들은 부정적 비판을
유지할 수 있었고, 불교 전통의 대중성을 설명할 수 있었으며, 붓다와
그의 가르침에 단지 한정된 매력만을 부여할 수 있었기 때문이다.
그러나 이런 해석을 통해 다른 의도하지 않은 결과 역시 생겨났다.
이를 통해 불교 전통에 공감하는 소수의 중기 빅토리아 종교적 급진주
의자들이(그리고 일부 후기 빅토리아인들이) 수동적이라는 불교에 대한
다년간의 비판을 완화시킬 수 있었던 것이다. 불교 전통이 아시아의
종족들을 '문명화시키는' 영향력을 발휘했다는 솔즈베리Salisbury와 일
부 다른 학자들의 인정 역시 불교비판 완화에 도움이 되었다. 불교에
공감하는 해석자들은 여전히 불교 전통이 금욕주의적이라는 혹평과
불교철학의 허무주의적 색조가 세상을 부정하는 경향을 키웠다는 주장
과 싸워야만 했다. 그리고 일부 신교도는 비록 붓다가 개혁가였다고
하더라도, 그가 고취시킨 전통은 정적주의적靜寂主義的이라고 계속
주장했다. 그럼에도 불구하고 이 시기 신교도의 불교 해석은 영향력
있는 유럽 학자들의 해석을 따랐으니, 불교가 지배적인 빅토리아 문화의
행동주의와 모순되지 않는다고 제시하기가 한결 용이해졌다. 당시의
다양한 '자비스런' 사회운동에 매우 커다란 관심을 기울였던 자유주의자
와 급진주의자들은 불교 창시자가 높은 도덕적 가치에 영감을 받고
평등주의 정신으로 가득 찬 개혁가라는 권위 있는 해석에 호소할 수
있었다. 그럼에도 불구하고 그들은 여전히 무신론적이고 반反개인주의
적이며 침울하다는, 불교에 대해 정설定說이 되다시피 한 견해에 직면해
야만 했다.

자유주의적 유니테리언과 종교적 급진주의자들

당대의 신념을 지닌 채 붓다의 가르침과 화해하려고 애썼던 미국의
자유주의자와 급진주의자들은 종국적으로는 이에 실패했지만, 조화를
이루게 하려던 갈망과 찬사를 보내고자 하는 흔쾌한 마음속에서 그들은
하나로 결집되었다. 그들은 정신적 스승과 사회개혁가로서의 붓다에
대한 긍정적 해석에 호소하였다. 그들은 인간본성으로부터 끌어낸
뮐러의 주장을 활용하였고, 주류 신교도쪽 인사들보다 훨씬 더 불교
전통이나 불교 창시자가 지닌 몇 가지 측면에 찬사를 보냈다. 그들은
가장 느슨한 의미에서만 그룹을 이루었는데, 대부분 북동부 출신으로
불교를 환영했던 중류층과 상류층 인사들이었다. 많은 이들이 남북전쟁
전후에 개혁운동에 종사했다. 그중 한 사람은 유대인이었지만, 대부분
은 하버드 신학대학원(Havard Divinity School)에 다녔고, 초월주의와
자유종교협회(the Free Religious Association)라는 전통으로부터 갈라져
나온 유니테리언주의나 빅토리아 정신에 반대하는 운동과 연결되어
있었다. 대부분 직접 접촉했고 서신왕래를 할 만큼 충분히 서로 잘
알고 지냈다. 이들 종교적으로 가장 보수적인 인사들은 유니테리언
모임의 지도자나 구성원으로 남았다. 다른 한편으로, 전혀 관습적이지
않았던 이들은 심지어 자유종교협회(the Free Religious Association)
같은 매우 급진적인 조직에서조차 불편함을 느꼈다. 기질과 관점에서
실질적 차이가 있었던 것이다. 하지만 그들은 가장 근본적인 빅토리아의
신념과 가치에 대한 헌신 및 불교에 대한 해석과 평가에서 비록 똑같다고
말하기에는 거리가 있었지만 유사한 접근법을 공유했다. 이 해석자들
중 소수는 여전히 '부정의 수사학'에 호소했다. 비록 그들이 주류 신교도

보다는 훨씬 마지못해 그렇게 했지만 말이다. 오직 한 사람만이 불교를
더 우수한 종교라고 공식적으로 옹호했지만, 하나의 그룹으로서 그들은
후기 빅토리아 시기에 드러나게 될 불교 전통에 대한 공감을 앞서서
드러낸 셈이었다.[29]

　불교 전통의 어떤 측면, 대개 불교의 도덕적 가르침에 매료된 그들은
불교와 개신교의 차이점을 최소화하고 싶어 하는 듯했다. 그러나 마침내
일부 유럽 학자와 신교도 선교사들만큼이나 거의 부정적이라 할 목소리
를 내는 인사들이 생겨났다. 예를 들어 제임스 프리먼 클라크(James
Freeman Clarke, 1810~88)의 해석이 그랬다. 유명한 유니테리언 목사였
던 클라크는 아마 미국에서 최초로 비교종교학 관련 대학 강의를 한
사람이고, 19세기 미국의 가장 영향력 있는 아시아 종교 해석자 가운데
한사람이었다. 사실 종교 관련 그의 저서는 필시 같은 세대의 여느
유니테리언 못지않게 널리 읽혔을 것이다. 그리고 대부분의 유니테리언
들과 마찬가지로 클라크는 빅토리아 문화의 기초적 신념과 가치를
공유했다. 클라크에게 세상에서 실행하는 확고한 도덕적 행동은 종교의
심장부에 속하는 문제였다. 한 편지에서 클라크는 삶을 바라보는 자기
철학을 간단히 표현한 적이 있었다. "우리의 세상과 삶 속에서 인류에게
아주 조금이라도 봉사하기 위해, 심지어 아주 불완전하게나마 그리스도
를 드러내기 위해 선을 행하는 삶만이 우리가 살아갈 만한 가치가
있지, 그 밖의 다른 길은 없습니다." 클라크는 이런 원리에 따라 행동했
다. 클라크는 절제와 평화를 위한 운동을 위해 일하였으니, 남북전쟁
이전 시기에 노예제 반대운동이 그의 사회개혁을 위한 노력의 중심을
차지했다. 예를 들어 노예제를 반대하는 143인의 유니테리언 목사들이
서명한 공식적 항의서한을 작성한 사람이 바로 클라크였다. 1845년

국회로 전달된 이 서한은 클라크의 종교적·도덕적 입장을 반영하는 한 구절로 끝맺고 있다. "그리고 이 문서로 신과 형제들 앞에 진정 맹세하는 바이니, 우리는 노예제도가 철폐되어 모든 노예가 해방될 그날까지 결코 피곤해하는 기색 없이 인간의 권리와 자유를 옹호하기 위해 매진할 것입니다." 클라크는 또한 캘빈주의적 비관주의를 거부했고, 역사적 진보에 찬동했다. 그래서 클라크가 불교 전통의 소위 비관주의와 수동성 때문에 당황하였음은 놀랄 일이 아니다. 비록 자신의 성향과는 반대된다 하더라도, 클라크는 분명히 불교를 정적주의적이고 침울한 것으로 해석해야만 한다고 느꼈다. 그러나 인간본성에 입각한 밀러의 주장에 의지해, 클라크는 그럭저럭 '신'(God)과 '불멸성'에 대한 믿음을 찾아낼 수 있었다. 그리고 예상했던 대로, 클라크는 불교 창시자의 도덕적 가르침과 개혁의지를 칭송했다. 클라크는 통상적 비판을 피해 불교를 종교일반이 지닌 표준적 견해와 조화시키려고 했던 듯하다. 하지만 마침내 클라크는 불교가 지닌 부정성(negativity)을 인정해야만 한다고 느꼈다. 클라크는 이렇게 결론지었다. "얼마 지나지 않아 허무주의(Nihilism)가 도래할 것이다. 신도 아무 것도 아니게 될 테고, 사람도, 생명도 아무 것도 아니게 될 것이며, 영원성도 마찬가지일 것이다. 이런 점에 불교의 깊은 슬픔이 있다."[30]

찰스 드베라드 밀즈(Charles DeBerard Mills, 1821~1900)와 펠릭스 아들러(Felix Adler, 1851~1933)를 비롯한 이런 느슨하게 연결된 부류의 급진주의자들 가운데는 클라크 수준만큼 불교에 호응하는 이들이 있었다. 설사 속내로는 더 큰 공감을 지녔을지도 모르지만 말이다. 밀즈와 아들러는 미국에서 주도적인 종교적 견해에 반대했고, 둘 다 대안을 찾고 있었다. 책 (한 권) 분량으로 붓다와 불교를 다룬 글(1876년)을

쓴 최초의 미국인 필자인 밀즈는, 일부 신교도 연구자들이 그가 실제로
는 "불교도가 아니겠지"라고 요란하게 궁금증을 표현할 만큼, 그들에게
까지 아주 긍정적으로 보인 붓다에 관한 초상을 그려냈다. 그러나
밀즈는 붓다를 위대한 개혁가로 칭송한 후, 불교 철학자들이 모든
것을 "철폐하였고, 모든 긍정적 존재를 소멸시켰으며, 단지 부정적인
것들이 지닌 냉담함과 냉기서린 분위기만 남겨 놓았다"고 불평했다.
자유종교가로 변신한 개혁파 유대교 신자이자 '윤리문화협회'(Ethical
Culture Society)의 창시자로 변모한 아들러는 기존의 어떤 종교적 구조
내에서도 자신이 설 자리를 발견할 수 없었다. 따라서 아들러는 스스로
의 관점을 세웠고, 자신의 그룹을 조직했다. 아들러는 또한 불교 관련
논평도 했다. 밀즈와 마찬가지로, 아들러는 불교 창시자의 도덕적 가르
침과 개혁의지, 그리고 뒤따르는 불교 전통이 지닌 관용과 평등주의
정신 때문에 불교에 매료된 듯 보이지만, 부정적인 불교의 형이상학은
너무 불안하게 만드는 것으로 인식했다. 아들러는 붓다를 모범적인
정신적 스승이자 사회개혁가로 찬미했다. 하지만 아들러는 인간본성에
서 출발한 뮐러의 주장을 자신으로선 받아들일 수 없음을 인식했다.
아들러는 종교의 본성과 인간의 특성에 관한 지배적 신념과 가치에
반대되는 것으로서, 불교 창시자의 가르침을 분명하게 제시해야만
한다고 느꼈다. 붓다의 도덕적 인격과 개혁활동에도 불구하고, 불교
전통 그 자체는 "수동적이고 현재의 관심사에 무심한" 것으로 비쳤다.
인격의 계발과 사회개혁에 헌신하는 한 조직의 창립자인 아들러에게는
이런 점이 불교에 대한 더 큰 공감을 막는, 어쩌면 넘을 수조차 없을
장애물이었다. 그리하여 마침내 아들러와 밀즈 두 사람 모두 붓다의
가르침을 무신론적이고 허무주의적이며 비관적인 것으로 인식했고,

붓다의 훌륭한 자질에도 불구하고 수동성으로 이끌고야 만다고 해석했다.[31]

하지만 여타 종교적 자유주의자와 급진주의자들은 이 두 사람과는 다른 길을 택했다. 불교 전통에 매료된 소수의 중기 빅토리아인들은 붓다와 불교에 대한 공감을 그럭저럭 유지하고 확대시켜 나갔다. 그런 과정은 거의 대부분의 정평 있는 부정적 해석들을 거부하고, 암묵적으로나 공공연하게 불교가 빅토리아적 신념 및 태도와 나란히 양립할 수 있음을 긍정함으로써 가능했다. 여기서 다시 인간본성으로부터 나온 뮐러의 주장이 유용했다. 이 그룹에는 유니테리언 설교가인 윌리엄 라운스빌 앨저(William Rounseville Alger, 1822~1905), 사회개혁가이자 자유종교가인 히긴슨Higginson이 포함되었고, 또한 매사추세츠에서 독립적이고 자유로운 모임에 봉사했던 맹렬한 개인주의자이자 열렬한 개혁주의 설교가 사무엘 존슨(Samuel Johnson, 1822~82)이 포함되었다. 비록 보스턴 불핀치 가에 있는 앨저Alger의 유니테리언협회(Unitarian Society)가 음악 홀을 사이에 둔 자리에 위치한 시어도어 파커Theodore Parker의 급진적인 조합주의협회(Congregational Society)와 합쳤지만, 앨저의 신학적 입장은 여러 측면에서 전통적 크리스천의 입장이었다. 앨저는 또한 여러 가지 점에서 전형적 빅토리아인이기도 했다. 앨저는 모든 인간이 본성적으로 신과 영혼을 통한 합일을 갈망한다고 하는, 빅토리아 그리스도교의 전제를 공유했다. 그리고 앨저는 당시의 개혁정신을 구체적으로 표방하였다. 즉 1857년 보스턴에서 행해진 앨저의 7월 4일(독립기념일) 노예제 반대 연설은 너무나 강력하여 시의회 의원들로 구성된 위원회가 통상적인 감사 표시를 거절할 정도였다.

앨저가 1856년에 출판한 『아시아 시 걸작선』(The anthology of Asian poetry)에는 이슬람교와 힌두교 및 유교의 운문이 들어 있지만, 불교 전통에서 나온 것은 하나도 없었다. 그러나 앨저는 2년 후 〈북아메리칸 리뷰〉(North American Review)지를 위한 글에서 불교를 다루었다. 불교에 관한 논설에서 앨저는 인간본성에 입각한 주장에 의거했고, 신념에 따른 논리적 귀결에 호소했으며, 불교 후기의 전통을 참작했다. 앨저는 무신론적이고 허무주의적인 불교 해석을 고찰한 뒤 이를 거부했다. 무아無我와 열반(nirvana)에 대한 교리의 설명은 정확한 것일 수 없다고 주장했다. 실체적 자아를 부인함은 사후死後의 개체성에 대한 모든 개념을 해체시킬 테고, 이는 차례로 도덕성의 토대를 좀먹을 터였다. 앨저는 인간이란 존재가 그런 식으로 창조되지 않았으며, 종교가 그런 식으로 기능할 수는 없다고 믿었다. 뮐러의 주장을 반복하면서 앨저는 "고의적인 영혼의 자살이 수억 명 인간의 가장 깊은 욕망을 붙잡고 있는 이상理想일 리가 없다"고 선언했다.[32]

1850년대에 행해진 히긴슨Higginson의 강연 중 하나에 등장하는 구절을 살펴보면, 그 당시에 그가 동양과 서양의 다양한 전통을 함께 뭉뚱그려, 죽음을 면할 수 없는 운명이라는 보편적 공포를 다루려는 오도誤導된 시도라 간단히 치부해 버렸음을 드러낸다. "가장 앞선 브라만교에서부터 가장 최근의 모르몬교에 이르기까지 모든 미신의 큰 동기가 되는 힘은 죽음의 공포와 그 공포를 없애려는 노력이라는 점에서 똑같다……." 그러나 낙관주의에 대한 히긴슨의 헌신은 이미 명백했다. 정신주의(Spiritualism)에 대한 미국인의 관심이 거의 절정에 이르렀을 때 행해진 연설에서 히긴슨은 '기쁨의 복음'이라고 이 운동을 찬양했다. 히긴슨은 전통적인 교회들의 '우울한' 설교와 정신주의의 낙관주의적 가르침을 대비시켰다. 히긴슨은 대부분의 그리스도교 목사들은 진정으로 불멸성을 믿을 경우 수반될 수밖에 없는 큰 기쁨을 드러내지 못한다고 꼬집었다. 히긴슨의 낙관주의에는 거의 한계가 없었다. 히긴슨은 확신에 차 '세상의 진보'를 말했고, "인간성의 추세가 향상의 길에 들어서 있다"고 과감하게 단언하였다. 나아가 히긴슨은 사회가 완벽한 상태를 향해 조금씩 나아가도록 자신이 맡은 역할을 수행했다. 이 하버드 신학대학원 졸업생은 뉴베리포트의 제일종교학회(First Religious Society of Newburyport)와 그 후 우스터Worcester의 '자유로운 교회'(Free Church)에서 봉사했음에도 금주운동, 교육개혁, 여성 투표권 쟁취운동, 노예제 반대운동에서 활동할 시간도 할애했다. 남북전쟁 동안 히긴슨은 연합군 제1 사우스캐롤라이나 자원부대에서 제1 아프리카계 미국인 연대를 이끌었다. 여러모로 히긴슨은 모범적인 빅토리아 개혁가였는데, 한 잡지의 권두언에서 그는 실천 활동의 중요성을 설명했다. "우리는 모두 활동을 필요로 한다. 이는 활동이 우리를 변모시킨다는 사실로부터 확연해진다. 마치 보통의 하천바닥을 따라 흙탕물로 지루하게 흘러가던 시냇물이 바위들 사이의 폭포 위로 길을 내야만 할 때, 빛을 발하며 태양 같은 순수한 상태로 되듯이." 많은 동시대인들은 히긴슨이 자신의 행동주의적 투쟁으로부터 바로 그 '태양 같은 순수함'을 배양하였다고 믿었다. 1903년, 한 프랑스인 전기 작가는 히긴슨의 행동주의 정신을 아낌없이 찬양하였고, 심지어 더 나아가 그를 '전형적 미국인'으로 그렸다. 물론 전형적인 빅토리아 미국인이란 존재하지 않았다. 하지만 히긴슨은 유신론, 개인주의, 낙관주의, 행동주의를 비롯한 많은 지배적인 신념과 태도를 드러냈다. 히긴슨은 인생 후반기에 이르기까지 이런 참여정신을 계속 견지했다.[33]

그러나 불교나 다른 종교를 대하는 히긴슨의 태도는 1870년대 무렵에 변한 듯했다. 불교라는 이 아시아 종교는 1850년대에는 성가셔하며 떨쳐버려야 할 정도로 충분히 히긴슨의 마음에 자리하고 있지 않았음이 분명했다. 나중에 히긴슨은 일부 주류 신교도를 질색하게 만들었던 이런저런 전통에 개방성을 보였다. 1871년에 처음 행해져 이후 출판물로도 나온 히긴슨의 영향력 있는 강연 「종교들에 대한 공감」(Sympathy of Religions)에서 히긴슨은 종교를 향한 관용 정신을 옹호했고, 포괄적 신학을 제시했다. 그리고 〈라디칼〉Radical지와 〈인덱스〉Index지에서 불교를 다룬 두 논문에 크게 공감하며 불교 전통을 소개했다. 예를 들면, 「불교도가 걷는 덕성의 길」(Buddhist Path of Virtue)에는 불교 전통을 다루는 간단한 논평과 당시 뮐러가 출판한, 번역된 『법구경』(Dhammapada) 가운데 일부가 들어 있었다. 히긴슨은 이 중요한 불교 경전의 아름다움과 통찰을 칭찬하였고, 다음과 같이 결론을 내렸다. "이와 같은 책을 읽고도 영혼의 깊은 곳이 꿈틀거리지 않는 사람을 나는 전혀 부러워하지 않는다." 분명하게 히긴슨의 영혼은 꿈틀거렸으며, 그것도 아주 크게 그랬고, 사무엘 존슨Samuel Johnson의 영혼도 또한 그랬다.[34]

히긴슨은 존슨의 『동양종교 및 그것의 보편종교와의 관계』(Oriental Religions and Their Relation to Universal Religion) 세 권 중 첫째 권을 칭찬했다. 존슨이 최신 유럽 전거典據에 의거했기 때문에, 그 첫째 권이 차일드Child의 『종교적 관념의 진보』(Progress of Religious Ideas)보다 더 우수하다고 히긴슨은 단언했다. 이 책은 또한 클라크Clarke의 『10대 종교』(Ten Great Relisions)보다 더 우수한데, 왜냐하면 존슨이 클라크의 '논쟁적' 분위기를 피했기 때문이다. 사실 존슨은 포괄적이고 비종파적이며 관용적인 데 관심이 커서, 심지어 자유종교협회(Free Religious Association: 이 조직은 무엇보다 통합성, 비종파주의, 관용에 헌신적이었다)에조차 공식적으로 가입할 마음을 먹을 수가 없었다. 저 급진적 그룹의 첫 회동에서 연사 중 한 사람이었던 랄프 왈도 에머슨 Ralph Waldo Emerson은 어느 종교조직에도 가입하기를 거부했던 하버 드 신학대학원 동창인 존슨을 소문대로 '황야의 사나이'(a man of the desert)라 불렀다. 존슨은 에머슨에게서 확고한 인상을 받았다. 어느 종교를 신봉하는지 질문을 받았을 때, 한번은 존슨이 이렇게 대답한 적이 있었다. "자네는 아무데도 나를 포함시키면 안 될 테지만, 그러나 어디에서도 나를 배제해서도 안 돼. 나는 모든 시대에 만인이 누리는 자유를 누릴 테지만, 내 자신만의 동의하에 그 어떤 특별한 유대도 갖지 않을 것이고, 어느 누군가가 붙이는 그 어떤 특별한 꼬리표도 달지 않을 작정이거든." 이런 태도를 통해 사람들은 아시아 종교를 다루는 존슨의 해석상의 특징을 엿볼 수 있었다. 그러나 인도(1872)와 중국(1877)을 다룬 존슨의 책이 클라크의 『10대 종교』에 드러난 종파주 의적 분위기를 겉으로 드러내지 않았다고 해서, 존슨의 저서가 특별한 종교적 통찰에 정통하지 못했음을 뜻하는 것은 아니다. 존슨은 첫째 권 서문에서 자신의 접근법을 설명했다. "그리스도교나 여느 다른 특정 종교의 옹호자로서가 아니라, 한편으로는 모든 위대한 역사적 형태의 지배를 받는 종교적 감정의 정체성에 매료되었으며, 다른 한편으로는 통일의 더 높은 차원을 향하는 징조가 드러나는 운동에 매료되어 나는 글을 써왔다. 통일의 더 높은 차원을 염두에 두면서 다양한 종교가 내세우는 배타적 주장은 사라져야만 한다."[35]

모든 종교가 지닌 본질적 통일성에 대한 신념에 책임을 다한 뒤,

존슨은 "불교의 무無가 드러내는 외면적 변칙성"에 익숙해지기 위해 애썼다. 많은 해석자들이 주장했듯이, 불교는 '보편 종교의 원리'에서 제외된다는 말인가? 불교는 빅토리아 미국인들이 소중하게 여겼던 여러 가치와 공존할 수 없단 말인가? 존슨은 불교 내부의 다양성을 비교적 바람직하게 이해했고, 궁극적 실체의 본성과 자아의 운명에 관한 서양인들의 질문에 답하는 불교의 응답이 종파에 따라 다양할 수 있는 방식 중 일부를 지적해냈다. 그러나 존슨은 이런 다양성에 대한 인식을 통해 '불교의' 독특함과 관련된 질문을 해소시키는 데까지 나아가지는 못했다. 가능할 수도 있을 법했는데도 그랬다. 그 대신 존슨은 인도와 중국에 관한 저서에서 그 당시 대부분의 서양인들이 정식화시켰던 대로 질문을 자세히 다루고자 노력했다. 인간본성으로부터의 주장에 의거해 존슨은 붓다의 가르침, 인간본성, 보편적 종교 사이의 공존 가능성을 확언했다. 존슨은 만약 불교 신봉자들이 사실상 "비실재(非實在: nonentity)를 숭배한다면 인류의 운명 위에 드리워진 이 신앙에 의해 훈련된 막대한 힘"을 설명할 수 없으리라고 단언함으로써 무신론적이고 허무주의적 해석을 거부했다. 이런 해석은 부정이 아니라 긍정을 추구하는 존재로서의 인간에 대한 널리 받아들여지는 이해와 모순될 터였기 때문이다. 인도를 다룬 책에서 존슨은 다음과 같이 썼다. "적어도 일부는 문명화되었던 4억의 사람들이 비실재에 대한 사랑으로부터, 혹은 진정 단순한 무無로부터 하나의 종교를 만들었다고 믿을 수밖에 없다고 한다면, 이는 인간본성에 거는 우리의 희망에 당연히 치명적일 것이다."[36]

「신을 찾아서」(The Search for God)라는 제목을 단 1870년의 한 시론試論에서 존슨은 "나는 본질적으로 신을 찾기를 바라지 않는 사람은 아무도

94

없다는 점을 긍정해 마지않는다……"라고 주장했다. 사후에 출판된
존슨의 선집選集을 놓고 익명의 연구자가 언급했듯이, "사람들에게
무신론의 죄를 선고하는 것이 결코 존슨의 기쁨은 아니었다. 존슨은
사람들이 말하는 비실재 속에 함축되어 있는 본질적 유신론을 찾아내는
것을 훨씬 더 좋아했다." 스스로 무신론자라 공언한 소수의 서양인들을
존슨은 이런 방식으로 취급했고, 똑같은 원리를 불교도에게 적용했다.
존슨은 불교에서 인격의 창조자에 대한 어떠한 긍정도 발견하지 못했지
만, 그러나 '영원한 존재'에 대한 믿음을 밝혀낼 수는 있었다. 비슷한
식으로 존슨은 불교의 열반에서 소멸에 대한 그 어떤 욕망도 발견하지
못했으며, 오직 지복至福의 상태에 대한 추구만을 찾아냈다.[37]

　행동주의와 낙관주의에 대한 존슨의 헌신은 또한 그의 입장을 해명해
주었다. 신비주의와 자유사상의 감정이 혼재해 있던 존슨은 하버드
신학대학원에서 배운 유니테리언 신학의 많은 부분을 거부하고 초월주
의와 자유종교, 특히 파커Parker 식의 종교적 급진주의에 찬동했다.
존슨은 또한 다양한 개혁운동을 지지했다. 예를 들어 1848년과 1858년
사이에 존슨은 매사추세츠 노예제 반대협회(Massachusetts Anti-Slavery
Society)를 위해 강연했다. 그의 종교적 급진주의와 정치적 행동주의는
연관되어 있었으니, 둘 다 인간 삶의 모든 분야에서 자유에 대한 긍정과
모든 인간이 신의 이미지로 만들어졌다는 신념에 근거해 있었기 때문이
다. 그랬기 때문에 개혁가 친구 중 일부가 그의 관습적이지 않은 종교적
관점을 오해하는 듯하자 존슨이 그렇게나 난처해했던 것이다. 존슨은
1869년에 저명한 개혁가 웬델 필립스Wendell Phillips에게 보낸 한 편지
에서 스스로를 다음과 같이 변호했다. "노예제를 반대하는 내 친구들이
이 문제를 놓고 나를 이해하는 방식과 관련해 내가 좀 예민하다는

점을 고백합니다. 왜냐하면 나의 종교적 급진주의는 나의 정치적인 급진주의와 같은 뿌리에서 싹터 나온 것이기 때문입니다." 존슨은 또한 행동주의의 추진력을 금하는 것 같은 종교적 관점에 대해서도 "좀 예민" 했다. 그리고 존슨은 불교를 수동적이라고 비난하는 이들이 있었음을 알고 있었다. 「운명」(運命: Fate)이라는 제목의 소론小論에서 존슨은 불교 전통을 훌륭하게 옹호함과 동시에, 업(業: karma)의 교리를 통해 전통불교가 개인의 도덕적 책임을 강조한다는 점을 대충이나마 고찰해 보았다. "불교도가 그네들의 운명론을 아주 사소한 행동과 사건들로까 지 끄집어 내렸다"고 존슨은 주장했다. "그러나 불교도는 동양의 가장 활기차고 헌신적인 전도자들이고, 가장 진취적이고 활동적인 식민지 개척자들이다. 모든 것이 운명으로 정해져 있다는 교리로부터 그들은 모든 인류의 당면한 복지와 궁극적 해탈을 추구해야 하는 의무를 이끌어 냈다." 동양종교에 관한 저서에서 존슨은 불교가 환생과 업이라는 인도 식 관념 속에 자리 잡은 '운명론'(fatalism)의 잠재적 요소를 물려받았다 고 제시했다. 하지만 이 논의에 가담한 대부분의 다른 중기 빅토리아 참여자들처럼, 존슨은 붓다와 그의 전통이 드러내는 도덕적 가르침, 관용적 분위기, 개혁정신을 찬양했다.[38]

중국에 관한 존슨의 저작을 비평한 한 크리스천은 "대담하게 존슨은 공자, 붓다, 예수 그리스도를 비교했고, 자기 생각으로는 셋 중에서 가장 위대한 이가 공자라고 나직하게 선언했다"며 불평하였다. 환멸을 느낀 많은 계몽사상 지식인과 나중의 종교적 급진주의자들과 마찬가지 로, 존슨은 공자 가르침의 인간주의적이고 윤리적인 취지를 흠모했다. 그럼에도 불구하고, 존슨 역시 붓다의 삶과 그의 가르침에 대한 존중을 분명하게 표현했다. 사실 아들러, 밀즈, 히긴슨, 존슨까지 네 사람 모두 일정 정도의 불교에 대한 공감을 표명했으며, 몇몇 구절을 통해서는 불교에 아낌없는 찬사를 보내기까지 했다. 하지만 종교적으로는 급진주의자이고 정치적으로는 무정부주의자였던 다이어 다니엘 룸 (Dyer Daniel Lum, 1839~93)만큼 불교에 더 동조적인 사람은 없었다. 사실 룸은 불교에 대한 충성을 공개적으로 선언한 최초의 유럽 혈통 미국인이었다. 비록 불교를 다룬 룸의 논설이 빅토리아 초기에 〈인덱스〉 지에 게재되었다 하더라도, 대부분의 경우 그는 그 다음 시기에 속했다. 불교에 대한 룸의 응답은 후기 빅토리아기에 확립되게 될 패턴을 따랐다. 룸은 불교의 근저에서 "인간본성의 무한한 완성가능성"에 대한 찬양을 발견했다. 그리고 이 낙관주의적 기초가 불교의 숭고한 도덕적 코드를 지탱한다고 단언했다. 이 논의의 많은 다른 미국인 참여자처럼, 룸도 붓다의 윤리학과 개혁의지를 칭송했고, 그 전통의 관용적 분위기를 찬미했다. 룸은 심지어 불교가 "역사의 테스트"를 통과할 수 있었다고 단언했다. 즉 불교는 아시아에서 유익한 문화적 영향력을 미쳤다는 것이다. 그럼에도 불구하고 존슨과 불교에 공감한 다른 중기 빅토리아 급진주의자들처럼, 개인 인격신과 불멸하는 영혼에 대한 이른바 불교의 거부와 빅토리아의 가치를 화해시키고자 애쓰기보다는 오히려 인격신과 불멸의 영혼을 부정하는 불교를 찬양했다. 이런 점으로 인해 불교는 "서양 과학"과 더 잘 조화될 수 있다고 룸은 공언했다. 많은 후기 빅토리아 미국인 옹호자들처럼, 룸은 불교가 지녔다고 하는 과학 및 관용성과의 조화가능성 때문에 불교에 매료되었다. 한편, 비록 룸이 인격의 창조주나 실체가 있는 자아라는 신념을 버리려고 했다 하더라도, 그는 여전히 불교와 빅토리아 문화의 자기신뢰, 낙관주의, 행동주의 간의 조화를 강조해야만 한다고 느꼈다.[39]

룸이나 히긴슨만큼 불교에 공감하는 중기 빅토리아인은 거의 없었다. 그러나 더욱 관심을 끄는 생생한 묘사가 1870년대를 통해 미국의 정기간 행물과 책들에 등장하기 시작했고, 더 많은 주류 신교도가 방어적 항변을 내놓았다. 룸이 공식적으로 불교를 옹호했던 같은 해에, 존 오그던 고든(John Ogden Gordon, 1850~1923)은 "우리는 불교 체계가 지녔다는 다채로운 아름다움에 관한 많은 말을 듣게 되는" 시절에 살고 있다고 기록했다. 이 젊은 장로파 목사는 "불교를 신앙과 실천의 온화한 체계라고 칭찬했던" 사람들을 호되게 꾸짖어야만 한다고 느꼈다. 선거 選擧와 지옥에 관한 전통적인 '정통' 신교적(그는 캘빈주의자를 겨냥했다) 관점의 가혹함에 환멸을 느낀 이들이, 지옥에 대해 한없이 더 싫어하는 견해를 가진 불교 전통 쪽으로 부지불식간에 끌려가고 있는 형편이라고 고든은 생각했다. 그는 불교가 정말이지 "아주 높은 도덕성을 가르친다 는" 점을 인정했지만, 그러나 지옥의 수와 체류 기간, 그리고 감수되는 고통의 강도에 대한 과장된 묘사로 볼 때, 불교는 결코 온화한 종교가 아니라고 했다. 건조한 유머를 구사하며 고든은 불교에 흥미를 갖게 된 이들에게 "높이 찬양되는 이런 종교로 개종할 경우, 그들은 거의 문자 그대로 프라이팬에서 불로 뛰어드는 셈"이라 경고했다. 1875년에 출판된 이 논설의 가장 두드러진 요소는, 글을 쓴 신교도 저자가 이미 이 외국 전통에 동조하는 설명들이 점점 증가하는 상황에 직면해 그리스 도교를 방어해야만 한다고 느꼈다는 점이다.[40]

공감하는 생생한 묘사와 방어적 대응의 또 다른 사례는 히긴슨 Higginson과 헝거포드Hungerford 사이에서 벌어진 공개토론에서도 엿 볼 수 있다. 1872년 3월 3일 일요일, 보스턴 소재 원예 홀에서 열린 강연에서 히긴슨은 '붓다의 인격'을 칭송했다. 히긴슨은 아소카 대왕이 붓다의 무덤을 발견한 사실을 언급하며 아주 수준 높은 연설을 마무리 지었다. 히긴슨의 이야기에 따르면, 아소카 무덤을 열었던 이들은 200년 전의 등불이 여전히 타고 있으며, 공양된 꽃들이 여전히 싱싱하고 향기가 나는 것을 발견했다고 한다. 히긴슨은 자기가 사는 시대와의 유사점을 인식했다. "이제 2,000년 이상이 흘렀고 우리는 이 무덤을 다시 열고 있다. 등불은 여전히 타고 있고, 꽃들도 여전히 싱싱하며, 그 고귀한 삶의 향기는 여전히 불멸한 채로 남아 있다." 미국인들은 거의 30년 전에 '붓다의 무덤'을 열고 동정을 살피기 시작하였지만, 모두가 히긴슨처럼 갑작스런 광휘에 눈이 멀거나 달콤한 향기에 압도당한 것은 아니었다.[41]

예를 들어 헝거포드 목사(Reverend Hungerford)는 불교에서 자신의 감각을 흔들어 놓을 만한 것을 거의 발견하지 못했다. 사실 이 주류 신교도는 불교에 대한 히긴슨의 긍정적 평가와 다른 급진주의자들이 내놓은 평가에 짜증이 났다. 직접적으로 히긴슨을 겨냥한 듯한 공식 답변에서 헝거포드는 다음과 같이 불평했다.

그런데 그리스도교 신앙의 의심할 바 없는 우월성을 지적한 학자들의 거의 보편적 증언에도 불구하고, 보스턴의 원예 홀을 자기네 사원으로 만든 그러한 계층의 작가와 연사들의 경우에 한 손으로는 비난하기 위해 그리스도교를, 나머지 한 손으로는 칭찬하기 위해 불교를 들어 올리는 것이 커다란 유행처럼 되었습니다. 설사 그리스도교에 대한 불교의 우월성을 주장하는 버릇을 지니지는 않았다 해도, 그네들은 연설이 끝난 뒤 독자나 청중들이 돌아갈 때 하나가 나머지 하나와 거의 비슷할 정도로 좋다는 인상을 갖게끔 만드는

습성에 젖어 있습니다.[42]

　정신적으로 환멸을 느낀 이들이 그리스도교에 대한 불교의 우월성을 주장하는 버릇을 갖게 된 것은 그리 오래된 일이 아니다. 내가 다음 장에서 논의할 테지만, 히긴슨과 헝거포드의 교류가 있은 지 불과 몇 년도 안 돼 불교에 관한 공개토론은 더욱더 활발하고 광범위하게 벌어졌다. 그리하여 그리스도교의 미몽에서 깨어난 수천 명의 미국인은 자신이 저 아시아 종교 쪽으로 이끌려가고 있음을 깨닫게 되었다.

제2장

우리 모두 불교도가 되는 게 어때요?

불교에 관한 대화와 불교 개종자들, 1879-1912

인도에서 시카고 대표단을 맞이하는 리셉션에서 받은 인상이 옳을지 모른다. 좀 더 구체적으로 말해, 우리 미국인들 사이에 종교적 불안이 커졌고 그리스도교에 대한 불만이 쌓였으며, 사람들은 또 다른 더 만족스런 신앙을 갈망하고 있으므로, 지금이 바로 불교적 관점의 확산을 위해 가장 좋은 시점일 수 있다는 것이다. 데이비스Davids 교수의 이 나라 방문은 시기적으로 가장 섭리적인 것일 수 있고, 그의 청중들 중 한 사람이 그의 과제에 속한다고 생각했던 목표, 즉 우리들 모두가 불교로 개종하는 일이 실현될지 모른다. 우리들 중에 가장 탁월한 이들조차, 불교를 통해 불안정하고 불가지론不可知論적인 그들의 현재 정신상태가 개선될 수 있을지 모른다. 어쨌든, 우리가 할 수만 있다면 불교에 대해 신선하고 공정하게 비평하는 일은 바람직할 수 있다…… 그리고 나서 "우리 모두 불교도가 되는 게 어때요?"라고 진지하게 질문해 보는 것도 좋으리라.

헨리 M. 킹(Henry M. King, 1895)

유명한 제1 프로비던스 침례교회(First Baptist Church of Providence) 목사였던 헨리 멜빌 킹(Henry Melville King, 1838~1919)은 현실이 걱정스러웠다. 당시 잡지, 서적, 강연 홀을 통한 킹의 논의에 그런 우려의 징후가 조금이라도 드러났다면, 다른 주류 신교도 역시 그랬다. 다윈주의와 성서비판, 그리고 비교종교학과 같은 지적인 힘과 산업화와 도시화, 그리고 이민과 같은 사회적 힘을 통해 '영적 위기'가 가속화되고 있었다. 이러한 전개과정을 통해 학식 있는 상당수 미국인들은 신교에 문제가 있다고 여겼다. 동시에, 많은 평자評者들은 특히 1893년에서 1907년 사이에 불교가 점점 더 좋은 평판을 얻었던 점에 유의했다. 1883년, 한 셰이커 추종자가 불교에 대한 관심의 고조에 주목해 말했다. "불교는 현재 학자와 자유사상가들로부터 대단한 주목을 받고 있다." 감리교 목사이자 대학교수였던 윌리엄 데이비스(William Davies, 1848~1922)는 1894년에 〈애틀랜틱〉Atlantic지에 기고한 글에서 "동양종교 중 불교가 가장 유명하고 가장 평판이 좋다"고 썼다. 그런데 4년 뒤 〈미국 교회 리뷰〉(American Ecclesiastical Review)지에서 한 익명의 논평자가 가톨릭교도 독자들에게 필시 그들 대부분이 듣고 싶어 했던 말을 했다. 즉 불교에는 '많은 불합리성'이 있는데, 특히 예컨대, 실론에 있는 붓다의 이빨과 관련된 '기이한 미신들'이 그러하다는 것이다. 물론, 이 논평자는 개종자들에게 설교하고 있었다. 하지만 아마 그의 많은 독자들과 심지어 스스로조차도 미국에 불교를 신봉하는 '열성적인 다수의 찬미자들'이 있다는 사실을 인정하지 않을 수 없다고 느꼈을 것이다.[1]

수많은 도시들에서 신문도 역시 불교에 대한 관심의 증대를 드러내는 증거를 인용했다. 1899년 8월 8일자 〈시카고 레코드〉Chicago Record지는 27살의 덴마크 이민자, 해리 홀스트Harry Holst가 시카고 거리 곳곳에서 정기적으로 불교를 주제로 연설했다고 보도했다. 그리고 다가오는 일요일에 홀스트가 다룰 주제는 업業과 환생還生이 될 것이라고 알렸다. 시카고에는 진지한 관심을 가진 이들을 교육하기 위해 1891년 인도에서 설립된 국제적 불교도 조직 마하보리협회(Maha Bodhi Society)의 작은 지부가 있었다. 게다가 시카고에서는 아랑곳하지 않는 보행자들조차 불교 교리 강연을 들을 수 있었다. 이로부터 자라나는 서양 불교의 씨앗들을 보았던 불교 지지자들도 있었다. 그들은 세기 전환기의 개선된 교통통신 체계를 통해, 불교도의 드러남과 불교에 대한 관심을 다루는 신문보도가 널리 퍼지게 했다. 아마도 그들은 이식된 불교가 배양을 거쳐 미국 토양에 뿌리를 내리고 싹을 틔울 수 있으리라 생각했던 것 같다. 그래서 예를 들어 독일계 미국인 철학자이자 편집자였던 폴 카루스(Paul Carus, 1852~1919)는 이 거리 설교자에 대한 뉴스를 전했다. 카루스는 이 이야기와 미국인의 불교에 대한 관심을 보여주는 다른 증거를 마하보리협회의 영향력 있는 설립자 아나가리카 달마팔라 (Anagarika Dharamapala〔Don David Hewavitarne〕, 1864~1933)에게 전했다. 이어 실론에서 온 달마팔라는 자신의 잡지 〈마하보리〉Maha Bodhi 에다 시카고 신문에서 오려낸 것들을 다시 인쇄함으로써 불법 전파 뉴스를 퍼뜨렸다. 미국 잡지들은 홀스트의 불교 전도를 다룬 〈마하보리〉 지의 기사를 재인쇄하여 계속 전했다.[2]

그러나 불교의 가시화可視化를 다룬 기사와 불교의 인기에 대한 공표 는 오직 시카고에서만 발견된 것이 아니었다. 평자들은 보스턴, 뉴욕, 그리고 샌프란시스코와 같은 다른 주요 도시의 관심을 보도했다. 1883 년도 날짜로 자기 처제에게 보낸 편지에서, 영향력 있는 감독파 교회 목사이자 주교인 필립스 브룩스(Phillips Brooks, 1835~93)는 인도의 주요 불교성지 방문 경험을 다음과 같이 빈정대는 투로 쏟아냈다. "대부분의 보스턴 사람들이 스스로를 크리스천이기보다는 불교도로 더 여기고 싶어 하는 요즈음, 나는 그런 현상을 숙고해 보는 것이 보스턴 사람들에게 설교하는 목사로서의 책무라 생각합니다." 또한 막 등장하고 있던 신사고 운동(New Thought Movement: 더욱 고차원적 힘이 모든 존재에 스며들어 있으며, 개인은 명상과 기도를 통해 자기 자신의 현실을 창조해낼 수 있다고 믿었던 영성운동)의 한 추종자는 한 신문의 보스턴 관련 연재물에서 "'미국인 불교도(American Buddhist)'라는 용어가 머지않아 특별하지 않게 될 것이다"라고 넌지시 말했다. 이와 마찬가지로 〈뉴욕 저널〉New York Journal지도 높아지고 있는 불교에 대한 관심을 보도했다. "요즈음 자신을 불교도로 칭하는 뉴요커를 접하는 것은 특별한 일이 아니다."[3]

아시아계 미국인과 유럽계 미국인 불교도는 대체로 이런 보도를 환영했다. 예를 들어 불교유행의 절정기에 글을 쓴 토마스 B. 윌슨 Thomas B. Wilson은 낙관주의로 현기증이 날 정도였다. "불교철학은 미국의 사유하는 이들에게 틀림없이 지속될 깊은 인상을 심어주고 있다"고 선언했던 것이다. 또 다른 한편으로, 킹과 같은 주류 신교도는 불교에 대한 높아지는 공감대를 골칫거리로 여겼다. 내가 앞으로 지적하게 될 것처럼, 그 당시 평자들은 불교의 인기를 과장하는 경우가 있었다. 하지만 1879년과 1912년 사이에는 불교 전통에 대해 대부분의 학자들이 인정하는 것보다 훨씬 더 커다란 개인적 관심이 있었다. 불교의 인기를 알아챈 한 역사가는 이 시기에 불교가 '유행'했다고 제시했다. '유행'이라는 용어가 너무 강한 것일 수도 있지만, 실제 많은 이들이 자기도 모르게 불교에 이끌렸다. 동시에, 그런 보도에 놀란 크리스천 비평가들이 그렇게나 많은 관심을 불러일으키고 있던 불교 전통의 가치와 성격에 대한 열기가 지속되었던 공식적 토론에 다양한 관점을 가진 미국인들(학구적인 학자, 여행 작가, 그리고 불교옹호자들)과 합류했다.[4]

불교에 관한 대화, 1879~1912

1853년 7월, 코모도어 매튜 캘브레이쓰 페리Commodore Matthew Calbraith Perry는 11척의 무장한 배와 황제에게 보내는 피어스Pierce 대통령의 편지를 가지고 일본 해안에 도착했다. 몇 년 안에 선택의 여지가 많지 않으리라 느낀 일본인들은 항구와 통상 개방을 허용하는 조약에 서명했다. 일본에서 공식적인 미국의 이익을 도모할 다양한 이유가 있었지만(나가사키가 샌프란시스코에서 상하이로 항해하는 선박들을 위해 편리한 연료공급지가 될 것이었다), 그러나 불교 교리의 통찰이나 불교명상의 효력에 대한 맹렬한 호기심은 그 이유 중에 포함되지 않았다. 그럼에도 불구하고 일본의 '개방'을 통해 미국인들은 바로 불교라는 아시아 종교에 대한 토론방향을 결정하는 데 도움을 받았다. 조약으로 인해 도쿠가와 막부가 지켜온 쇄국정책이 종식되었고, 그에 따른 정치적 불안정으로 지도력의 변화를 위한 길이 모색되었다. 그러다 새로운 메이지(明治) 지도력(1868~1912) 아래 일본은 점점 서양인들에게 개방되었다. 1870년대가 시작되면서 많은 미국 지식인들이 다양한 이유로 스스로 이국적인 동양을 살펴보기로 결심했다. 에드워드 모스Edward Morse, 어네스트 페놀로사Ernest Fenollosa, 윌리엄 스터지스 비글로우 William Sturgis Bigelow, 퍼시벌 로웰Percival Lowell, 헨리 아담스Henry Adams, 존 라파즈John Lafarge, 그리고 라프카디오 헌Lafcadio Hearn이 그들이었다. 이 여행자들은 일본인의 '특징과 관습'에 대해 글을 썼고, 이를 '서양'의 특징 및 관습과 비교했다. 그들은 모두 일본에서 직접 불교와 접했고, 나중에 하나나 또 다른 형태의 일본 불교 전통에 관한 글을 썼다. 그들 중 몇몇은 심지어 불교 옹호자가 되어 귀국하기까지

했다. 그들의 저서는 불교에 관한 미국의 공식적 논의를 촉발시키는 데 이바지했지만, 수많은 그 밖의 사람들, 경전, 기관 및 사건 역시 중요한 역할을 수행했다.[5]

1879년, 영국인 작가 에드윈 아널드(Edwin Arnold, 1832~1904)는 자유로운 운문으로 된 붓다의 일대기를 출판했다. 아놀드의 공감어린 설명은 석가모니와 예수의 삶 사이의 유사점을 강조했다. 그렇다고 두 교조의 생각과 삶이 비슷하거나 동일하다고 노골적으로 주장하지는 않았다. 아널드의 『아시아의 빛』(The Light of Asia)이 학식 있는 미국인들에게 끼친 영향은 강력하고 직접적이었다. 한 역사가에 따르면, 이 책은 "즉각적인 성공과 더불어 19세기 후반의 문학적 대사건 중 하나를 장식했다." 아널드의 전기 작가는 이 작품이 미국에서 50만 부에서 100만 부 정도 팔렸으리라 추정했다. 이 추정치가 맞을 경우 이 추정치를 전체적 관점에서 살펴본다면, 이 작품은 프랜시스 허드슨 버넷Frances Hodgson Burnett의 『소공자』(Little Lord Fauntleroy)와 헬렌 헌트 잭슨 Helen Hunt Jackson의 『라모나』Ramona와 같은 베스트셀러만큼, 그리고 아마도 마크 트웨인Mark Twain의 『허클베리 핀』Huckleberry Finn만큼이나 팔린 셈이었다. 〈신지학회 회원〉(Theosophist)지에서 〈가톨릭 세계〉(Catholic World)지에 이르는 종교 정기간행물 리뷰들도 시평을 실었고, 대단히 많은 세속적 잡지 기고가들도 마찬가지였다. 사실, 이 책과 불교에 대한 관심은 많은 뉴잉글랜드 지식인들, 예를 들어 윌리엄 헨리 채닝William Henry Channing, 조지 리플리George Ripley, 프랭클린 벤저민 샌본Franklin Benjamin Sanborn, 프랜시스 엘링우드 애벗Francis Ellingwood Abbot, 그리고 올리브 웬델 홈즈Oliver Wendell Holmes 등이 쓴 열성적 리뷰들에서 촉발되었다.[6]

아널드 시의 인기, 불교적 관심의 정도, 미국인들을 불교 전통으로 끌어들이는 이 책의 영향력이 사무엘 헨리 켈로그(Samuel Henry Kellogg, 1839~99: 장로교 목사이자 펜실베이니아주 앨러게니 소재 서부 신학세미너리 조직신학 교수)가 쓴 책 한 권 분량의 반박문 도입부에서 확인된다.

수많은 지성적인 사람들의 불교에 대한 관심은⋯⋯ 우리 시대의 가장 특이하고 시사적인 종교현상 중 하나다. 미국에서 자신이 불교의 중요 내용을 숙지했다고 인식하거나 그런 생각을 하는, 다소 제한된 수의 사람들 사이에서 이런 관심이 상당 기간 지속되었다. 무엇보다 1879년 이래 에드윈 아널드의 『아시아의 빛』 출판을 계기로 불교의 인기가 아주 특기할 정도로 증대되었다.

그 후 몇 년 지나, 아널드는 미국에서 널리 강연을 하며 자신의 영향력과 불교에 대한 미국인의 관심을 증대시켰다.[7]

그와 동시에 유럽의 불교 연구는 1877년 무렵 이후 더욱 정교해졌으며, 미국에서 계속해 영향력을 발휘했다. 한 세대 동안 유럽에 의존해 온 미국학자들 역시 1890년대 동안 그들만의 국제적 기여를 하기 시작했다. 노아 웹스터Noah Webster의 『영어사전』(Dictionary of the English Language) 초판에는 "아시아 불교도의 교의"라는, 불교에 관한 한 문장짜리 기술이 포함되었다. 미국동양학협회(American Oriental Society)와 관련된 학자들은 훗날 이 사전을 위한 더욱 풍부한 기재사항을 작성함으로써 불교에 대한 '공식적' 이해를 확장시키는 데 이바지했다. 에드워드 솔즈베리Edward Salisbury가 1848년에 제3판 사전의 불교 정의를 작성했는데, 1줄에서 18줄로 늘었다. 솔즈베리의 후계자인 예일대학 윌리엄 드와이트 휘트니(William Dwight Whitney, 1827~94)는 1859년의 제4판 사전에 관여해, 불교 정의를 더욱 정교하게 정리한 내용으로 덧붙였다. 이런 대단찮은 방식으로 미국 학자들은 서서히 불교 전통에 대한 미국인들의 인식을 확대시켰으니, 이 사전의 항목을 작성하고 여타 표준적 정보의 원천을 작성했다. 솔즈베리와 휘트니 같은 초기 학자들 역시 자기네 저작활동을 통해, 그리고 특히 가르침을 통해 미국 내 학술적 불교 연구의 발전을 자극함으로써 훨씬 오랜 영향력을 지닌 인식의 확대를 가능케 했고 심지어 관심까지 증폭시켰다. 솔즈베리는 유럽의 위대한 학자들과 더불어 연구했으며, 자신이 배웠던 것을 예일 대학의 휘트니에게 전수했다. 휘트니는 하버드 대학의 찰스 로크웰 랜만(Charles Rockwell Lanman, 1850~1941)을 가르쳤고, 이어 랜만은 헨리 클라크 워런(Henry Clarke Warren, 1854~99)을 지도했다. 다름 아닌 워런이야말로 『번역불교』(Buddhism in Translations)를 출판함으로써 팔리어 불교와 관련된 국제적 대화에 중요한 공헌을 한 사람이었다.[8]

가장 영향력 있는 수많은 19세기 아시아 종교학자들은 신교 선교사들이었다. 초창기에 불교에 관한 논의를 촉발시키는 데 도움을 주었던 외국 선교활동은 1880년과 1920년 사이에 지속되며 강화되었다. 초창기와 마찬가지로, 아시아에서 미국과 유럽 선교사들의 기록은 독서대중이 불교에 관한 이미지를 형성하는 데 이바지했다. 〈선교 헤럴드〉(Missionary Herald), 〈세계 선교 리뷰〉(Missionary Review of the World), 그리고 유사한 미국의 정기간행물들에 실린 불교에 대한 설명은 일반적으로 부정적이었다. 사실상 거의 모든 선교사들의 불교 해석은 적대적이었다. 하지만 선교사들은 자기네 스스로의 설명과 유행하는

불교에 공감하는 해석에 대한 빈번한 정열적 응답을 통해 불교에 관한
미국적 대화에 활기를 보탰다.[9]

　지속적으로 불교에 공감하는 해석을 내놓았던 한 그룹이 신지학협회
(Theosophical Society)였다. 사실상 신지학협회는 불교를 대중화시키
는 데 매우 중요한 역할을 수행했다. 헨리 스틸 올콧(Henry Steel Olcott,
1832~1907)과 헬레나 페트로브나 블라바츠키(Helena Petrovna
Blavatsky, 1831~91)가 정식으로 1880년 5월 25일 실론의 한 사원에서
신앙서약을 공언했을 무렵, 신지학자들과 그들의 활동을 추종하는
이들은 불교 쪽으로 방향을 맞추었다. 거대한 불상과 수많은 구경꾼들
앞에 무릎을 꿇은 채, 이 신지학협회 설립자들은 많은 여타의 장로불교
도가 과거 그랬듯이 5계(pansil)를 받았다. 두 사람은 다섯 가지 기본적
도덕규범을 지키겠노라 서약했고, 부처님(佛)과 부처님의 가르침(法),
그리고 불교 공동체(僧)에 귀의하겠노라 선언했다. 올콧은 나중에 이
의식의 의미를 축소시켰다. 올콧은 자신과 블라바츠키가 "오래 전에
미국에서 불교도임을 사적으로나 공적으로 선언했으므로, 이 의식은
이전 서약의 공식적 확인일 뿐"이라고 말했다. 올콧의『불교 교리 문
답』(Buddhist Catechism)이 올콧의 공식서약 1년 뒤에 출간되었고, 협회
기관지〈신지학회 회원〉지에는 정기적으로 불교 전통에 호의적인 글이
실렸다. 실론에서 거행된 의식이 올콧의 첫 충성서약이든 아니든, 그런
의식과 블라바츠키와 올콧이 전개한 여타 불교 진작의 노력을 통해
불교에 대한 미국인의 관심이 촉발되었다.[10]

　이 모든 전개과정을 통해 1879년과 1912년 사이에 불교에 대한 주목이
증대되었다. 그런대로 괜찮은 영향을 미쳤던 아널드의『아시아의 빛』
출판을 제외하고, 어떤 단일한 사건도 1893년에 개최된 '세계종교의회'

만큼 더 커다란 영향을 미친 것은 없었다. 1893년 9월 11일에 개최되어 9월 27일에 끝난 이 의회는, 1893년 콜롬비아 박람회와 연동해 시카고의 '화이트 시티'에서 열렸다. 이 행사에서 아시아에서 온 불교도는 자기네 불교 전통을 청중에게 봇물 쏟아 붓듯이 전달할 기회를 얻었다. 수많은 아시아 불교도가 논문을 읽었다. 가장 영향력 있는 인사 중에는 달마팔라와 일본에서 온 임제종 선사 소옌 샤쿠(1856~1919)도 있었다. 의회가 끝난 뒤, 두 사람은 강연을 위해 다시 미국으로 돌아왔다. 소옌은 1905년에서 1906년 연간이었고, 달마팔라는 1897년, 그리고 1902년에서 1904년 연간이었다. 그리하여 두 사람 모두 미국에서 불교에 대한 호기심을 자극하고, 불교에 지속적 관심을 불러일으켰다. 예를 들어 소옌의 법문은 1906년에『한 불교 주지의 법문』(Sermons of a Buddhist Abbot)으로 출판되었고, 소옌은 다이세츠 테이타로 스즈키(1870~1966)가 미국으로 오는 데도 큰 역할을 했다. 일본의 재가在家 선 수행자인 스즈키는 지속적으로 서양에서 불교를 진흥시킨 가장 중요한 인사 중 한 사람이 되었다. 내가 이미 시사했듯이, 달마팔라 역시 매우 영향력이 컸다. 1897년, 두 번째 미국 방문 동안 달마팔라는 마하보리협회 미국 지부를 설립하고자 했고, 몇 년이 채 지나지 않아 시카고, 뉴욕, 샌프란시스코에 지부들이 생겨났다. 이 카리스마적 불교 지도자는 수많은 유럽과 미국의 불교 지지자들에게 강력한 개인적 영향력을 끼쳤다.[11]

   이런 다양한 사태의 전개로 시작된 대중적 논의가 온갖 종류의 포럼과 출판물을 통해 전개되었다. 이런 포럼과 출판물 중에 아무거나 살펴보면, 불교에 관한 논의가 얼마나 광범위하게 벌어졌고 생기를 띠었는지가 드러날 것이다. 그러나 19세기가 잡지의 시대였으므로 나는 중요한 주간, 월간, 계간 출판물의 지면에 등장한 논의에 초점을 맞추고자

한다. 이후 장章들에서 나는 이런 논의의 내용과 토론자들의 면모를
자세히 살필 것이다. 그래서 여기서는 단지 이 논의의 강도와 참여자들
의 수 정도를 밝히고 싶을 뿐이다.

 매우 광범위한 미국의 정기간행물들이 1879년과 1912년 사이에 이런
논의를 위해 집필된 글을 게재했다. 서부 해안지역에서 출판된 영어로
쓰인 두 가지 불교잡지가 있었다. 산타크루즈의 〈불교도의 빛〉(Buddhist
Ray, 1888~94)과 샌프란시스코의 〈법의 빛〉(Light of Dhrama, 1901~7)
이었다. 보다 전통적인 불교적 주제와 더불어 신비적 경향을 혼합시켰던
〈불교도의 빛〉지는 미국에서 출간된 최초의 영어 불교잡지였던 듯하다.
일본의 정토불교 선교단이 출간한 〈법의 빛〉지는 훨씬 질이 뛰어났고,
더욱 커다란 영향력을 미쳤다. 불교에 관한 국제적 논의에서 가장
영향력 있는 많은 참가자들이 이 잡지에 기고했으며, 그들이 쓴 과거의
글이 잡지에 다시 수록되었다. 잡지에 글이 실렸던 이들 가운데는
스즈키와 소엔, 그리고 달마팔라와 같은 영향력 있는 아시아 불교도,
토마스 윌리엄 리스 데이비즈(Thomas Williams Rhys Davids, 1843~
1922)와 미국의 랜만Lanman 같은 저명한 서양 불교학자들, 카루스와
올콧과 마리 데수자 카나바로(Marie deSouza Canavarro, 1849~1933)를
포함한 가장 영향력 있는 미국 불교 호교론자護敎論者들 여럿이 있었다.
좀 덜 알려졌지만 마찬가지로 영향력 있던 수많은 아시아계 미국인
불교 지도자들이 잡지에 기고했는데, 대부분이 일본인이었다. 이 잡지
는 여러 주요 대학과 가장 탁월한 다수 종교학자에게 발송되었다.[12]

 당연한 일이겠지만, 신지학협회 및 미국동양학협회와 연관되었던
잡지들이 불교에 관한 글을 실었다. 예를 들어 블라바츠키 여사는
인도에서 출간된 〈신지학회 회원〉지에 '뉴욕의 불교도'라는 제목의

글을 기고했고, 유사한 글들이 〈행로〉(Path)지와 미국에서 출간된 기타 신지학적 잡지들에 등장했다. 비록 〈미국동양학협회 저널〉(Journal of the American Oriental Society)지가 결코 불교에 초점을 맞추진 않았어도, 여러 학자와 철학자들이 잡지 지면을 통해 비교적 정교하게 불교를 다루었다. 보스턴의 〈애틀랜틱 먼슬리〉Atlantic Monthly지로부터 샌프란시스코의 〈오버랜드 먼슬리〉Overland Monthly지에 이르는 문학적이고 사람들이 널리 흥미를 갖는 잡지들 또한 불교에 관한 논의를 개재했었다. 이를테면, 〈애틀랜틱〉지는 독자들에게 '고타마 붓다의 종교'에 대한 개관을 제공했다. 도쿄 태국 공사관의 미국인 가정교사 데이비드 브레이너드 스푸너는 〈애틀랜틱〉지에 상응하는 서부 해안지역 잡지 독자들을 위해 "매우 아름답고 매우 흥미진진한" 붓다의 것으로 여겨지는 유물을 받아들이는 일본식 의식을 묘사했다.[13]

〈인덱스〉Index지는 심지어 공리주의조차 너무나 편협하고 비과학적이며 독단적이라 여겼던 뉴잉글랜드의 종교적 자유주의자와 급진주의자들이 설립한 그룹인 '자유종교협회'(Free Religious Association) 기관지였다. 이런 〈인덱스〉의 계승자로 발간된 잡지 〈오픈코트〉(Open Court, 1887~1936)지에 한 가지 흥미로운 기고문이 게재되었다. 〈오픈코트〉 편집자인 카루스는 소옌과 세계종교의회 막후에서 지도적 역할을 했던 신교 목사 존 헨리 배로스(John Henry Barrows, 1826~1908), 그리고 뉴욕시립대학 비교종교학 장로교 강사인 프랭크 필드 엘린우드(Frank Field Ellinwood, 1826~1908) 사이에 벌어진 의미심장한 논쟁을 정리해 출판했다. 그 과정은 다음과 같았다.

세계종교의회가 열린 그 다음 해, 배로스는 시카고 대학교에서 비교종교학에 관한 해스켈 강사직(Haskell Lectureship: 캐럴라인 E. 해스켈

[Caroline E. Haskell] 여사의 유산으로 지원되는 미국에서 가장 저명한 종교 관련 강사직 가운데 하나)에 임명되었다. 이어 1896년 1월, 포용과 관용으로 칭송이 자자했던 배로스가 시카고 대학에서 불교에 관한 대중강연을 했다. 같은 달, 카루스는 배로스의 강연이 '기묘한' 그리스도교적 편향을 드러냈다고 불평하는 편지를 일본의 소엔에게 써보냈다. 편지에는 카루스의 실망감과 초조감이 뚜렷이 드러났다. 그러나 자신이 정정하는 대신, 카루스는 소엔에게 "배로스를 교정해 주도록" 요청했다. 자신도 직접 응수하겠지만, 배로스가 그의 그리스도교적 편향을 공유하는 권위 있는 서양학자인 모니어 모니어-윌리엄스 경Sir Monier Monier-Williams이 발견한 사실들을 인용하며 반박하리라고 카루스는 설명했다. 그래서 카루스는 "불교 옹호를 저명한 외국 불교도에게 맡기기로" 결심했다. 하지만 소엔은 너무 신경을 쓴 나머지 빈약한 어휘 선택이나 부지불식중 적대적 어조로 인해 사과조의 강점이 크리스천 비평가들에게 돌아가게 만들었다. 그래서 카루스는 소엔에게 정확한 지침을 주었다. "편지 쓸 때, 가능한 한 공손하세요." 심지어 첫 번째 답장의 초안까지 보냈다. "당신께 가능한 한 용이하게 일이 풀리도록 배로스 박사를 감동시킬 수 있으리라 생각되는 견본 답장 하나를 동봉합니다." 그렇다고 카루스는 소엔에게 모욕을 주거나 그의 표현의 자유를 제약하고 싶지는 않았다. "물론 편지는 당신이 적합하다 생각하는 식으로 쓰셔야 합니다." 그러나 너무 적나라한 소통 시도에는 상당한 문제점이 있다고 카루스는 생각했다. 어쨌든 소엔은 답장을 발송했다. 이어 카루스는 배로스와 엘린우드가 쓴 편지와 함께 소엔의 답장을 〈오픈코트〉 1893년 1월호에 '불교에 관한 논쟁'이란 제목 아래 실었다. 한 달 뒤, 달마팔라 또한 엘린우드의 불교에 관한 부정적 언급에 응답함으로써 논쟁에

참여했다. 1893년에서 1907년 사이 불교에 관한 여타의 많은 글이 이 잡지에 게재되었는데, 〈오픈코트〉지는 과학과 종교의 조화 및 포용과 관용의 진작에 헌신했다. 이런 토론은 다른 자유주의적이고 급진적인 종교 정기간행물을 통해서도 이어졌다. 새로이 출간된 〈다이얼〉Dial, 〈크리스천 시험관〉(Christian Examiner), 〈아레나〉Arena, 〈국제윤리저 널〉(International Journal of Ethics), 〈유니테리언 리뷰〉Unitarian Review 가 주요 무대였다.[14]

불교 관련 주제에 관한 글과 논평들이 광범위한 주류 신교잡지에도 게재되었으니, 〈앤도버 리뷰〉Andover Review, 〈계간침례교〉(Baptist Quarterly), 〈성서의 세계〉(Biblical World), 〈크리스천 문학〉(Christian Literature), 〈감리교 리뷰〉(Methodist Review), 〈프린스턴 리뷰〉Prince-ton Review 등에 실렸다. 그리스도교와 불교의 역사적 관계와 상대적 장점들이 윤리협회 운동가(Ethical Culturists: 윤리적 원칙에 따라 살고 만인의 공동선을 위해 살고자 하는 이들)와 유니테리언들뿐만 아니라, 조합교회 신도와 감리교도에 의해 토론되었다. 예를 들어 1898년에 코네티컷 주 메리던 소재 제1 감리교 감독파 교회 목사인 존 웨슬리 존스틴John Wesley Johnston이 〈감리교 리뷰〉에서 그리스도와 붓다 사이의 '유사점과 차이점'을 논의했다. 〈앤도버 리뷰〉는 1880년대 동안 불교에 관한 여러 글을 게재했다. 1872년에 미국 해외선교 이사회의 선교사로 일본에 파견되었던 라파예트 고든 백작(Marquis Lafayette Gordon, 1843~1900)이 쓴 두 편의 글은, 19세기에 출판된 학자 아닌 사람이 쓴 가장 정교한 글에 속한다.[15] 로마 가톨릭은 교회와 학교를 건설하고 직원을 두는 일과, 신교도의 적대감에 맞서 싸우는 일, 그리고 도시의 빈곤과 같은 여타의 절박한 관심사에 몰두했다. 그러나 이런 가톨릭조차 불교에 주목했다. 미국적 맥락에서 독일-미국식 로마 가톨릭의 옹호자로 가장 잘 알려진 존 그마이너(John Gmeiner, 1847~1913)는 1885년에 〈가톨릭 세계〉(Catholic World)에다 에드윈 아널드 경의 『아시아의 빛』에 대한 논평을 실었다. R. M. 란Ryan은 1895년에 "『아시아의 빛』에다 더 많은 빛을" 던졌으며, 같은 해에 "『아시아의 빛』의 빛남"이라 불리는 또 다른 글을 덧붙였다. 두 종교의 전통과 교조들 간의 유사점에 관한 보고서들을 충분한 정보에 입각해 주의 깊게 논의한 분석이 1897년에 〈미국 가톨릭 계간 리뷰〉(American Catholic Quarterly Review)지에 게재되었다. 또한 비타협적으로 배타적인 로마 가톨릭 신자인 메르윈-마리 스넬Merwin-Marie Snell은 가톨릭 정기간행물들뿐만 아니라 신교 정기간행물을 위해 불교에 관한 수많은 글을 썼다.[16]

　외국 저자와 정기간행물들 역시 미국 불교 논의에서 중요한 역할을 수행했다. 미국의 불교 주창자들은 외국잡지를 읽었는데 특히 영국, 인도, 실론에서 출판된 것들이었다. 소수의 미국인들 역시 이 정기간행물에 글을 실었다. 이런 잡지 중 마하보리협회의 기관지 〈마하보리〉는 불교에 대한 미국적 관심의 정점에서 가장 중요한 잡지 중 하나였다. 유럽 학자들과 아시아 불교도 역시 미국 정기간행물에 기고함으로써 미국 불교논의에 기여했다. 예를 들어 초창기에 그렇게나 영향력이 컸던 글을 쓴 F. 막스 뮐러와 저명한 영국 불교학자 리즈 데이비스 두 사람 모두 〈북아메리카 리뷰〉에 불교에 관한 글을 게재했다.[17]

미국의 불교 동조자와 신봉자들

1879년과 1912년 사이에 불교가 널리 토론되었을 뿐 아니라, 스스로를 불교인으로 인식하거나 불교 전통에 대해 공감을 표시했던 수많은 아시아계 미국인들 이외에 유럽계 미국인들도 있었다.

아시아계 미국인 불교도

캘리포니아 몬트레이의 스페인 주지사(캘리포니아는 1848년에야 미국 소유로 됨)의 요리사인 아남(Ah Nam, 1817년 사망)은 기록된 최초의 중국인 이민자다. 중국인 이민 사례는 그 다음 약 40년 동안 얼마 되지 않았다. 하지만 상당한 규모로 미국에 도착한 최초의 아시아인으로서 중국인들은 1850년대부터 1880년대까지 미국 서부 해안을 따라 눈에 띨 정도로 증가했다. 한국인, 필리핀인, 그리고 훨씬 많은 수의 일본인 역시 19세기와 20세기 초엽에 하와이와 태평양 연안에 도착했다. 1902년과 1905년 사이에 파업하는 일본인 플랜테이션 농업노동자들을 대체하는 '파업파괴 노동자'로서 하와이로 이민 왔던 한국인 중에 불교도가 있었다. 또한 다른 아시아 국가 출신의 불교도도 있었으니, 실론의 K.Y. 키라Kira는 뉴욕에 살면서 마하보리협회에서 적극적 역할을 했다. 그러나 이런 후자의 이민자들은 미국 아시아 불교도 가운데 소수였고, 다수는 미국 서부해안과 하와이에 거주하는 중국인과 일본인들이었다. 하와이는 1898년에 미국령이 되었고, 일찍이 1889년에 이미 불교 포교사들을 환영했다.[18]

가장 최초로 기록된 중국인 이민자 아남의 종교적 믿음과 수행을 재현해 본다는 것은 불가능할 성싶다. 그래서 한 세기 동안 아남의 뒤를 이었던 수천 명의 중국인을 상대로 그렇게 해보는 것이 조금이라도 더 용이할 것이다. 우리는 19세기 중국계 미국인들의 종교생활을 재현하는 데 도움을 얻기 위해 당시 사람들이 출판한 글을 참고할 수 있다.

예를 들어 1892년에 프레더릭 J. 마스터스Frederick J. Masters는 〈캘리포니아〉California지에 샌프란시스코의 15개 '비기독교 사원'에 대해 서술한 글을 기고했다. 비록 마스터스의 기독교적 충실성이 항상 전면에 드러났지만, 그는 비교적 중국 종교에 관해 박식했고, 그의 설명은 자신이 묘사한 사원과 조각상들만큼이나 풍요로웠고 화려했다. 그러나 모든 세부 묘사에도 불구하고, 마스터스는 불교와 도교 및 유교의 인물과 주제들을 서로 구별하지는 못했다. 그런데 이는 몇 가지 측면에서 놀라운 점은 아니다. 즉 오랫동안 확립된 양식을 따라, 중국계 미국인들은 혼합주의적이었기 때문이다. 중국인들은 동시대 미국인 크리스천들보다 자기네 종교성을 단일한 하나의 전통에 대한 배타적 충실성으로 한정짓는 성향이 훨씬 덜했다. 그러므로 중국 이민자들의 종교생활에서 불교를 도교, 유교, 그리고 토착적인 민속적 요소와 구별하기는 어렵다.[19]

불교가 여러 중국계 이민자들의 종교생활에서 중요한 부분을 차지했다고 말해도 무난할 것이다. 하지만 또 다른 이유로 불교도의 수를 추산하기가 어렵다. 중국계 미국인 불교가 제대로 조직되지 않은 상태에 머물렀기 때문이다. 어떠한 신도 통계자료도 얻을 수 없으므로, 미국 인구조사국에 보고된 '사찰' 수와 인구수에 기초해 추정해 볼 수밖에 없다. 어쨌든, 1850년대와 1910년대 사이 어느 시점에서나 집안의 유산을 근거로, 또는 확신을 근거로 중국인 불교도가 수십만 명은 되었던 듯하다. 그러나 중국인 불교도는 일본인 불교도의 경우처럼 자기네 미국 이민 공동체를 지원하기 위해 포교사를 파견하지는 않았는데, 이로 인해 2세대, 3세대 중국계 미국인들 사이에서 불교도 간의 유대가 느슨해졌다. 불교의 영향력은 중국인들 사이에서 완전히 혹은 갑작스럽게 사라지지는 않았지만, 제도적 지원의 결여로 말미암아 불교 신앙생활의 활력은 제1세대 사이에서 가장 높았다. 1890년대 접어들어 상당수 일본인들이 미국에 도착하기 시작할 무렵, 중국계 미국인 불교의 유포와 생기生氣는 이미 쇠퇴하기 시작했다.[20]

일본인 이민자 가운데 불교도 수를 확정짓기는 조금 덜 어려운 편이다. 물론 이는 불교 '신봉자'를 어떻게 정의하느냐에 좌우된다. 만일 이 말이 일본에서 불교도로 등록된 개인이나 부모가 불교도였던 개인을 가리킨다면, 이민자 내에서 불교도 비율은 상당히 높았다. 한편, 이 말이 미국 내 어느 특정 불교사원의 공식적 신도만을 가리킨다면, 그 수는 그보다 적었을 것이다. 우리가 확보한 그 당시와 관련된 유일한 센서스 수치는 1906년 센서스에서 얻을 수 있는데, 일본인 불교도를 3,165명으로 기록해 놓았다. 그러나 느슨하게나마 여전히 불교 전통에 친밀감을 느끼는 일본계 미국인 수는 이보다 훨씬 더 많았을 것이다.[21]

앞서 지적했듯이, 일본인은 중국인보다 이민자 불교사회를 훨씬 더 크게 지원했다. 일본인들이 그렇게 한 데는, 부분적으로는 크리스천 선교사들의 분투에 자극받은 바 있었음이 분명했다. '샌프란시스코 일본인복음협회'(The Japanese Gospel Society of San Francisco)가 1877년에 설립되었고, 그 다음 10년 동안 장로교와 침례교 선교회가 공식적으로 일본인들 사이에서 복음 설교를 떠맡았다. 일본의 정토진종(淨土眞宗, True Pure Land Sect)의 유파 중 하나인 홈파 홍완지 본부는 이민자들의 영적 상태를 면밀히 조사하기 위해 미국으로 두 명의 대표자를 보내기로 결정했다. 이 그룹의 지도자들은 이민자들의 3분의 2가 정토 불교 신앙이 지배적인 일본의 현縣 출신들이라, 미국에서 정토진종 발전에 실질적 이해관계가 있다고 느꼈다. 이 그룹에서 서품을 받은 대표자 에류 혼다와 에준 미야모토는 1898년 7월 6일에 샌프란시스코에 도착했다. 곧 이어 '샌프란시스코 청년불교도협회'가 조직되었고, 9월 17일에 미국 내 최초의 불교사원이 샌프란시스코 메이슨 스트리트에 설립되었다. 그러나 이 모든 활동은 비공식적이었으니, 혼다와 미야모토는 오직 문제를 조사할 권한만을 지녔기 때문이었다. 일본 본부가 수예 소노다와 카쿠료 니시지마 두 대표자를 보냄으로써 미국에서의 불교적 임무를 공식적으로 승인한 때는 1899년 9월 2일이 되어서였다. 1906년 무렵, 12개 정토불교 그룹이 조직되었다. 캘리포니아에 9개, 워싱턴에 2개, 오레곤에 1개였다. 1912년 무렵이면 8개의 사원이 더 추가될 터였다.[22]

　이런 일본 불교도는 미국 내에서 이질적으로 여겨졌고, 인종과 종교 둘 다로 인해 적대적 대접을 받았다. 몇몇 학자들이 제시했던 대로, 여러 측면에서 아시아계 미국인들은 "종국적인 외국인들"이었다. 중국인 이민자처럼 일본인 이민자도 "미국 시민권자가 될 자격이 없는 외국인"이었다. 1970년 제정된 최초의 귀화조례 이래, 귀화할 권리는 "자유로운 백인"으로 한정되었다. 이런 백인들의 특징은 종교적 유대로 강화되었다. 그리하여 일본이나 미국 서부 해안에서 신교 선교사에 의해 그리스도교로 개종했던 일본인은 많은 미국인에게 덜 이국적이고, 혐오감을 덜 일으키며, 덜 위험한 듯이 보였다. 요컨대, 그리스도교 개종자들은 훨씬 미국적으로 보였던 것이다. 아시아에서 선교사였던 여러 미국 신교 목사들은 그런 중국인과 일본인들의 옹호자 가운데 두드러졌다. 하지만 바로 이 목사들은 또한 이민족 동화를 개종과 동일시하는 경우가 많았다. 이런 목사들의 예로는 오티스 깁슨(Otis Gibson, 1826~89)이 있는데, 그의 지도하에 일본인 이민자들은 '샌프란

120

시스코 복음협회'를 조직했다. 또 다른 목사로 '대일對日 관계에 관한 교회자문 연방위원회'의 시드니 루이스 굴릭(Sydney Lewis Gulick, 1860~1945)이 있었다. 일본에 파견된 전직 조합교회 선교사였던 굴릭은 일본계 미국인 그리스도교 개종자들에게서 태도상의 중요한 한 가지 차이를 발견했다. 그는 "그리스도교 신자인 일본인들은 어정쩡한 입장을 넘어서까지 미국인 이웃들과 합당한 관계를 맺는다"고 주장했다. 이들 신교도에게 미국은 그리스도교 국가였으므로, 미국인이 된다는 것은 민주정부뿐만 아니라 신교라는 종교와 관련되어 있는 신념과 가치도 채택한다는 의미였다.[23]

일본인 상당수가 미국에 도착하기 시작할 무렵, 1882년에 제정된 '중국인 입국불허법'(Chinese Exclusion Act)에서 공식화된 중국인에 대한 적대감이 내내 맹위를 떨치고 있었다. 그리하여 일본인 이민자는 종종 중국인에 대한 미국인의 비난을 되풀이하면서, 동화될 수 없을 듯이 보였던 '하층 계급' 중국인과 자기네를 구별 지으려 애썼다. 제1세대 일본인 이민자들인 '잇세이'(いっせい: 一世)는 일본으로 귀국하고자 했지만, 일본계 미국인 정착 역사 초기(1885~1907)에 미국문화에 동화되고자 했던 시도를 보여주는 몇 가지 증거가 있다. 일찍이 1892년에 철도건설 노동자를 공급했던, 문맹이지만 영리한 일본계 미국인 청부업자인 타다시찌 타나카가, 일본인 노동자는 모름지기 미국 옷을 입고 미국 음식을 먹어야 한다고 고집했던 것 등이 그 사례다.[24]

제한된 미국화와 신교화가 1차 세계대전 이전의 일본 정토종 공동체에서도 발생했다. 이 그룹의 공식 명칭은 1944년까지는 '미국 불교사원'(Buddhist Churches of America: 신교 지배적 미국 사회에 뿌리내리려 'church'를 사용해, 사실상 '미국 불교교회'라 번역해야 하나, 한국독자에게 자연스런 '불교사원'으로 번역함. 이하 동문)이란 이름으로 바뀌지 않았지만, 이미 1905년에 이르러 제4대 책임자는 '홍완지 지부 사무실'이란 이름을 '샌프란시스코 불교사원'으로 개명했다. 이런 개명은, 같은 해에 〈샌프란시스코 크로니클〉San Francisco Chronicle지가 일련의 물의를 일으키는 기사에서 반反일본인 운동에 착수했던 일과 무관하지 않았다. 하지만 일본에는 선례들이 있었다. 1891년에 도쿄에서 한 신교 목사가 불교의 '기생적' 성격에 대해 불평했으니, "여타의 그리스도교적 선교 방법을 채택한 이외에, 불교는 크리스천 이름까지 도용하고 있다. 예를 들어 자기네 종교적 목적을 위한 장소를 지칭하는 말로 '사원'(temple)이라는 말을 사용하는 대신 현재 '교회'(church)라는 말을 쓴다"고 투덜댔다. 비교적 피상적인 신교화를 드러내는 그 밖의 증거들도 존재한다. 청년불자협회(Young Men's Buddhist Association)는 자의식적으로 신교의 상대역인 YMCA를 본떴다. 불교 성직자들은 '님'(Reverend: 미국에서 보통 목사나 신부에게 붙이는 경칭)으로 불릴 때가 간혹 있었다. 미국 신교에서 19세기에 그렇게나 두드러졌던 '주일학교'(Sunday School)가 1913년 무렵 일본 불교도 내에도 출현했다. 마지막으로, 초창기에 건설된 대부분의 불교 건물은 서양식을 따랐다. 이는 주로 경제적 이유 때문이었는데, 고향땅으로 돌아갈 생각인, 제한된 재산밖에 없는 이민자들은 보통 거대한 종교 건축물에 투자하지 않는 법이다. 그러나 다른 고려사항이 필시 작용했을 텐데, 동양식 지붕은 주목을 끌지는 모르지만 차이를 상기시켰기 때문이다. 1920년대 무렵, 일부 일본계 미국인 불교도는 영어로 하는 법회에서 '믿는 사람은 군병 같으니'(Onward Buddhist Soldiers: 기독교의 복음성가 'Onward Christian Sodiers'를 본뜸)를 노래했다.[25]

불교에 공감하는 소수의 유럽계 미국인들은 미국의 일본계 정토교 공동체 지도자들에게 개인적 영향력을 끼쳤다. 자생적인 두 불교 포교사 중 한 명인 소노다는 1899년에 불교에 관한 글을 두고 폴 카루스에게 감사의 편지를 썼다. 카루스의 저작은 세기 전환기에 일본의 일부 불교도 사이에서 꽤 영향력을 끼쳤음이 현재 확인된다. 소노다는 일본 대학에서 영어강좌의 주교재로 카루스가 불교경전에서 뽑은 선집을 지정했다고 말했다. 또한 그 영향력은 지속되어 미국 각지로 확대되었는데, 샌프란시스코의 '불교 포교회'(Buddhist Mission)에 관계하는 또 다른 기고자가 1903년에 카루스에게, 자기네 그룹이 법회를 위해 카루스의 불교선집과 불교 찬송가를 활용한다고 말했다.[26]

그러나 현재 연구에 보다 중요한 의미를 지니는 것은, 그 영향이 다른 방향으로도 미쳤다는 점이다. 이 연구는 불교에 관한 (영어로 된) 공공연한 대화를 분석하며, 유럽계 미국인 불교도에 초점을 맞춘다. 남성이 주가 된 아시아계 미국인 불교의 대변자들이 미국적 토론을 구체화하고, 아시아계 미국인 불교 지도자와 제도 및 출판물이 유럽계 미국인에게 영향을 미치는 정도만큼 아시아계 미국인 불교는 유럽계 미국인 불교와 관련성을 지닌다. 사실상 그런 명확한 영향력의 증거가 존재하며, 분명 이는 우발적이지 않았다. 소노다는 카루스에게 자신의 관심사가 일본계 미국인 불교 공동체 너머로 확대되었다고 털어놓았다. 그는 "서서히 우리의 교리가 미국인 사이에 유포되길" 희망했다. 1900년 1월 4일, 샌프란시스코의 불교 포교회는 서양 탐구자들을 위해 매주 강연을 개최함으로써 유럽계 미국인들에게로 공식적으로 손길을 뻗쳤다. 그해 4월, 일본인 승려들은 샌프란시스코 지역 백인 불교도를 위한 그룹인 '붓다달마상가'(Dharma Sangha of Buddha)의 설립을 지원

했다. 같은 해, 샌프란시스코 포교회는 영어로 된 불교 교리와 수행에 관한 개관적 책자를 발간했다. 일본인 이민자 불교도를 겨냥한 잡지인 〈미국의 불교〉(Buddhism in America: べぃーこく ぶっーきょう) 역시 같은 해에 창간되었으며, 영향력 있는 영어 불교잡지 〈법의 빛〉지가 1901년에 뒤를 이었다. 더욱이 샌프란시스코의 일본인 승려들이 남긴 일상의 기록들(日誌: にっーし)은 불교에 관심 있는 백인과 선교단의 일본 승려들 간에 빈번한 비공식적 접촉이 있었음을 보여준다. 이런 일지들에는 불교달마승가의 사업상 만남뿐 아니라, 백인 가정방문도 언급되어 있다. 심지어 승가가 백인들과 친하게 지냈다는 증거까지 있다. 한 기록에 따르면, 한 일본인 승려가 백인 후원자와 크리스마스 선물을 교환하기도 했다. 또한 한 편지에서 소노다는 불교달마승가의 회원이자 '독실한 불자'로 불교성가를 작곡한 제니 워드 헤이스를 '내 친구'라 기술했다.[27]

샌프란시스코의 또 다른 최초의 일본 선교사인 니시지마는 아시아의 달마팔라에게 유럽계 미국인들 사이에서 자기네 노력이 거둔 성공에 관해 편지로 전했다. "오늘날 불교에 아주 관심을 지닌 미국 원어민 영어 사용자들이 상당수 존재함이 사실입니다." 하지만 이런 평가를 별도로 칠 경우, 유사한 노력을 통해 일본인들에 대한 무제한적인 공감대가 형성되거나 불교에 대한 제대로 된 보편적 평가가 이루어지지는 않았다. 예를 들어 한 가지 행사를 통해 일본인 이민 공동체와 그들의 외래 신앙에 대한 미국인들의 태도에 끼친, 복잡한 성격을 지닌 일본인들의 다양한 정도의 영향력이 드러난다. 1900년 4월 8일, 샌프란시스코 정토종 그룹은 붓다 탄신일을 기리는 공들인 축제를 후원했다. 2시에 영어로 된 법회가 열렸는데, 대략 150명의 백인이 참석했다. 청중 가운데는 샌프란시스코 지역의 명사와 공무원 들이 있었다. 이들 명사 중에는 나중에 '일본치들 몰아내기 운동'(drive out the jabs)에 가담했던 이들이 있었고, 훗날 일본계 미국인과 친교를 맺고 불교 쪽으로 이끌리게 된 이도 있었다. 대부분의 유럽 혈통의 미국인들은 아시아 이민자와 불교를 냉담하거나 적대적으로 대했지만, 제니 헤이스처럼 일본의 정토종 승려들과 그들의 기관이 기폭제가 되어 존속했던 불교에 관심을 나타내는 이들도 있었다.[28]

유럽계 미국인 불교 신봉자와 동조자들

킹 목사(Reverend King)가 자신과 동시대인들이 불교로 개종해야 하는지 큰소리로 의구심을 표현했을 때, 그는 아시아 전통에 대한 감추어진 이끌림을 표출한 게 아니었다. 킹은 불교에 대해 거의 공감하지 못하는 독실한 크리스천이었기 때문이다. 그러나 킹의 솔직하지 못한 의문은 처음만큼은 불합리해 보이지 않았다. 불교가 미국의 주류 종교로서 그리스도교를 대체하려는 것이 아님은 분명했지만, 킹조차 암묵적으로는 불교가, 윌리엄 제임스 용어로 영적으로 환멸을 느끼는 이들에게 "시세를 타는 선택종목"이 되었음을 인정했음이다. 일본불교 포교의 영향력을 통해 불교 전통에 처음으로 이끌렸든 그렇지 않든(대부분은 그렇지 않았다), 상당수 유럽혈통 미국인들은 1879년과 1912년 사이에 불교를 매력적이라 생각했다.

농촌의 캠프 회합에서, 도시의 교회부흥 전도 집회에서, 그리고 오늘날의 풋볼 경기장 집회 등에서, 미국인들의 개신교적 신앙심을 선포하고 재확인하기 위해 의례적으로 개신교 부흥목사들은 죄와 참회 및 구원과 같은 수사적 표현을 썼고, 미국인들은 이에 자극받아 왔다.

불교에 관한 달마팔라Dharmapala와 신지학회의 대중강연 이후, 유대인 후손으로 스위스 출신 미국인 사업가 C.T. 슈트라우스Strauss는 부흥집회에서 참회하는 개신교도처럼, 시카고 어느 강당 앞으로 짐짓 성큼성큼 다가가 의례에 따라 그리스도교와 매우 다른 신앙에 귀의하겠노라고 고백했다. 시카고 홀에 운집한 이들에게 슈트라우스 씨가 정식으로 불교를 받아들이게 되었다고 선포되었다. 분명 설교 전에 짜놓았던 대로 슈트라우스 씨는 달마팔라를 따라 불교의 신조를 되뇌었고, 붓다와 붓다의 가르침, 그리고 승가에 귀의하겠다고 선언했다. 대중적 의식을 치른 뒤, 슈트라우스는 달마팔라와 다른 아시아 및 서구 불교인들과 정기적으로 서신왕래를 하고 간헐적으로 만났으며, 평생토록 독실한 불교인으로 살았다.[29]

여러 기사를 통해 슈트라우스가 미국 토양에서 공식적으로 개종한 최초의 미국인으로 기술된다. 이는 올바른 듯하다. 그러나 앞 장에서 언급한 대로, 비록 개인적 귀의를 공식화하고 적법하게 하는 어떠한 의식도 거행되지 않았지만, 다이어 대니얼 럼Dyer Daniel Lum이 불교를 공공연하게 지지한 최초의 미국인이었던 듯하다. 럼은 1875년 4월 8일 매사추세츠 노샘프턴의 채닝클럽을 상대로 한 강연에서 "진정한 구원의 방법"으로 불교를 옹호한 바 있으며, 죽을 때까지 자신을 불교인으로 여겼다. 1893년 이전에 공공연하게 불교를 지지했지만 그런 귀의를 전통적인 불교의식으로 공식화하지는 않았던 이들도 있었다. E. D. 루트Root는 1880년에 출간된 붓다에 관한 시적詩的 전기인 『사캬 붓다』Sakya Buddha에서 자신을 '미국 불교인'이라 기술했다. 필란지 다사(Philangi Dasa; Herman C. Vatterling, 1849~1931)는 1884년 무렵에 자신을 불교신자로 여기게 되었으며, 1880년에 간행된 저 최초의 미국 불교잡지 〈불교도의 빛〉의 편집자로서 공공연하게 불교 전통을 홍보했다. 미국 바깥에서 거행된 전통적 불교의식을 통해 불교를 공식적으로 받아들인 올콧 같은 미국인들도 있었다. 미적 취향을 지닌 두 명의 보스턴 지식인으로 여러 해 일본에서 살았던 어니스트 프란시스코 페놀로사(Ernest Francisco, 1851~1903)와 윌리엄 스터지스 비글로우(William Sturgis Bigelow, 1850~1926)는 1885년 9월 21일 일본 천태종(天台宗, Tendai Buddhism)에서 계를 받았다.[30]

비글로우나 페놀로사처럼 권위 있는 아시아 불교도에 의해 집전되는 전통의식 속에서 귀의를 선언하는 이들의 종교적 정체성을 확정짓기는 그다지 어렵지 않다. 그럼에도, 예를 들어 그들이 얼마나 깊이 있게 불교 전통을 이해했으며 얼마나 꾸준하게 그 전통을 지켰는지에 관해 의문이 남긴 하지만, 어떤 의미에서도 그들이 불교도가 아니라 주장할 사람은 거의 없으리라. 여타의 많은 경우, 종교적 정체성을 확정짓기가 더욱 까다롭다. 내가 나중의 장들에서 더욱 풍부하게 예시하듯, 많은 백인 불교도가 전통적 불교 교리를 서구적 원천에서 이끌어 낸 믿음과 결합시켰다. 제설諸說 혼합주의적인 많은 이들은 비밀스럽게 전하는 영성의 형태를 불교적 주제와 뒤섞었다. 한편, 이를테면 영국 철학자 허버트 스펜서Herbert Spencer의 저작이나 프랑스 실증주의자 오귀스트 콩트Auguste Comte의 저작을 통해 구축된 틀 속에다 전통 불교 교리를 설정함으로써 자기 식 불교를 만들어내는 이들도 있었다. 두 경우 모두, 특히 오컬트(occult: 과학적으로 해명할 수 없는 신비적·초자연적 현상. 또는 그런 현상을 일으키는 기술)에 기울어지는 성향의 사람들의 경우, "그들이 '진정한' 불교도일까?" 하는 의문이 제기되었다. 서양 불교학자, 불교 전통에 대한 신교적 비판자, 그리고 심지어 몇 안 되는 유럽계 미국인 불교도는 일부 불교도라 자칭하는 이들의 진정성에 의문을 제기했다. 미국학자 에드워드 워시번 홉킨스(Edward Washburn Hopkins, 1857~1932)의 경우, 소위 미국 불교도의 신앙과 수행이 서구적 학문에서 출현하고 있던 불교 전통에 대한 기술에서 벗어났다고 불평이 대단했다. 홉킨스는 "스스로가 불교도라 칭하는 많은 이들에게" 그들이 "실제와 거리가 먼 불교"를 채택했음을 상기시킬 필요성을 느꼈다. 조합주의 교회 선교사인 M.L. 고든Gordon 역시 진짜가 아닌 불교에 대해 우려했다. 고든은 시적 전기인 『아시아의 빛』이 야기하는 흥분을 우려스럽게 지켜보았으며, 시에 드러난 아널드의 눈길을 끄는 불교가 일상적인 일본의 대승불교 신앙 및 수행을 담은 실제가 아님을 경고했다. 실제 불교는 그보다 매력이 훨씬 덜했기 때문이다.[31]

유럽계 미국인 불교도의 진정성에 대한 고든의 비난은, 더욱 순수한 불교를 보존하고 유포시키기 위해서가 아니라 흔들리는 그리스도교를 지지하고 확대하기 위한 것이었다. 그런데 불교를 옹호했던 소수 인사들조차 미국의 제설 혼합주의자들의 진정성에 의문을 제기했다. '진짜' 불교도로서 허먼 베터링(Herman Vetterling: 앞서의 '필란지 다사'의 본명)의 진정성은 많은 이들로부터 의문이 제기될 수 있었다. 왜냐하면 베터링이 불교 전통 이해에서 스베덴보리주의(Swedenborigianism: 스베덴보리가 최후의 심판과 예수의 재림을 목격했다는 믿음에 근거한 신교회 운동), 동종요법(homeopathy: 인체에 질병 증상과 비슷한 증상을 유발시켜 치료하는 방법), 신지학(Theosophy:신의 심오한 본질이나 행위에 관한 지식을 신비적인 체험이나 특별한 계시에 의하여 알게 되는 철학적·종교적 지혜 및 지식), 정신주의를 포함한 수많은 여타의 관점을 뒤섞었기 때문이었다. 그런데 베터링은 1890년대에 보스턴 같은 도시 센터 주위를 분주히 돌아다니는 불교도 패거리가 있었다는 널리 퍼진 견해에 의문을 제기하는 〈보스턴 레코드〉지의 비평을 자기 잡지에다 게재했다. 이 재수록 된 글을 쓴 확인되지 않은 저자는 보스턴에는 "실제 불교도가 두세 명밖에 안 된다"고 주장했다. 이 글은 필시 "보스턴 시내에서 유일하게 철저한 불교인"은 페놀로사라고 하며 끝을 맺었을 것이다. 같은 잡지에 베터링 자신이 쓴 또 다른 글은 (영적으로 절충주의적인 저자를 겨냥했을지도 모르는) 똑같은 비판의 화살을 스스로 불교도라 칭하는 이들에게로 향하게 했다. 베터링은 아시아 불교 형제들에게 "걸음마다 불교도와 마주치기 위해 거리로 나가보기만 하면 된다"고 결론내리지 말도록 주의시켰다. 왜냐하면 소위 많은 불교도가 단순히 신비주의적 호사취미에 젖은 이들이거나, 이 주제에 관한 또 다른 글에서 그가 거명했던 "신경증적 여성, 심약한 남성, '아리안-불교도-점성술'에 심취한 보스턴 패거리로 이루어진, 불교를 도용하는 이들"이었기 때문이다.[32]

진짜 불교도가 아니라고 비난받던 이들이 베터링 등이 유포시킨 혐의에 대해 염려가 컸다는 증거는 거의 없으며, 그런 우려가 역사가에게 커다란 불안을 낳을 리도 없다. 불교 전통에 대한 미국인의 해석이 19세기의 학문적 문헌에서 얼마나 벗어나 있는지, 혹은 오늘날 불교학자들의 일치된 견해에서 얼마나 멀리 벗어났는지를 아는 게 유효할지 모른다. 개인이나 그룹이 아시아 불교사에서 새로워 보이는 식으로 다양한 신앙과 다양한 수행을 결합시켰음을 아는 게 유용할 수는 있다. 하지만 불교 및 여타 종교를 이식할 때의 쇄신이나 제설 혼합주의는 도무지 새로운 게 아니다. 그간 말했던 대로, 여러 세기에 걸쳐 중국인들은 인도불교를 상당한 정도로 개조했다. 쇄신 그 자체와 관련해서는

거의 진지한 어떤 의혹도 제기하지 않을 것이다. 일부 불교도의 확실성
에 의문을 제기했던 19세기 저자들은, 암묵적으로나 명시적으로 서로
경합을 벌이는 개인적인 종교적 확신을 표현한 셈이거나, 불교의 진정한
'본질'에 관해 소박하게 스스로 확신하는 관념을 표현했던 셈이다.

　다양한 이유로 인해 20세기 저자들 역시 신도라고 고백하는 일부
불교도의 확실성에 의문을 제기해 왔다. 예를 들어 빅토리아 영국에서
가장 광범위하게 불교를 다룬 저자는 신비주의적 불교도를 완전히
무시했다. 자신의 논문 각주에서 필립 C. 알몬드Philip C. Almond는
말했다. "나는 블라바츠키와 그녀의 영국인 제자 알프레드 씨네트Alfred
Sinnett의 비밀스럽게 전하는 불교(Esoteric Buddhism)를 취급하지 않았
다. 그들의 불교는 비전秘傳 불교였을 수 있다. 그런데 적어도 대부분의
19세기 말 불교 해석자들의 눈에 불교는 절대로 그렇게 비치지 않았다."
그러나 나로서는 이런 근거로 수많은 개인과 그룹을 배제함은 유용하지
않다고 제언하는 바이다. 만일 그렇게 하는 것이 오늘날 연구처럼
불교에 대해 공감하는 반응을 이해하고, 가능한 한 빅토리아의 종교와
문화의 정체성을 밝히려는 것이라면, 올콧과 베터링이 정통신앙이나
정통적 행위의 일부 기준을 충족시켰는지는 중요하지 않다. 더욱 중요한
수많은 질문이 있다. 그들은 왜 불교에 이끌렸는가? 그들과 그들의
반대자들은 불교를 어떻게 해석했는가? 어떤 전제, 어떤 믿음, 어떤
가치관이 그런 해석을 특징지었는가? 그들의 설명을 통해 더욱 넓은
문화의 윤곽에 대해 어떤 점이 밝혀지겠는가? '신봉자'(adherent)라는
용어를, 예를 들어 열반에 관한 특정의 해석을 긍정하고, 아시아 출신
불교 스승과 더불어 공부하며, 정식으로 공개적 의식에서 불교에 귀의함
을 고백하거나, 부지런히 어느 특정 종파의 수행을 따르는 이에게만

적용함은 불필요할 정도로 제한적이다. 그런 기준을 적용하는 것은 불교 전통의 진정한 본질과 관련된 다루기 어려운 쟁점에 얽혀 들어가게 된다. 이는 또한 명백하지 못한 결론으로밖에 이끌지 못하니, 대부분의 19세기 불교신봉자들이 오해를 했다든가, 오직 몇 안 되는 사람만이 '진짜' 불교도였다든가, 그들보다는 우리가 불교에 대해 더 많이 안다든가 하는 식이다. 불교적 범주들에 의해 구체화되었으리라 보이는 경험을 지닌 많은 사람이 무시될 테고, 19세기 동안 불교 전통에 대한 미국인들의 관심의 정도를 파악하기가 어려울 것이다. 이에 따라 우리는 이 시기 미국의 종교와 문화를 충분하게 밝혀내지 못하게 될 것이다. 이 19세기 미국인들의 종교적 정체성을 규명하는 가장 유용한 방식은, 가능한 한 자기규정(self-definition)에 의존하는 것이라 제시하는 바이다. 그리하여 이런 식의 연구를 위해, 유럽계 미국인 불교 신봉자들이란, 스스로를 불교도로 여기는 유럽 혈통의 미국인이나 다른 믿을 만한 증거를 통해 스스로를 이런 식으로 생각했음이 드러나는 사람들이었다고 제시하는 바이다.[33]

물론, 자기규정에 의존하기가 언제나 가능하지는 않으며, 항상 위험이 도사리고 있는 법이다. 확실하고 엄밀하게 종교적 자기이해를 재구축할 정도로 충분한 증거가 남아 있지 않은 경우가 많다. 더욱이, 스스로를 불교도로 생각한 이들 가운데는 자기 믿음을 고백하지 않은 이들도 있을 법한데, 그런 공공연한 선언이 자주 불러일으키는 비난을 회피하고자 그랬을 수 있다. 다른 한편으로, 자신의 귀의를 공공연하게 긍지 높게 선언했으면서도, 불교 전통에 거의 진정한 책임을 다하지 않았던 사람들도 있을 수 있다. 그런 이들은 다른 것보다 이국적인 것에 대한 애호나 주목을 끌 만한 것에 대한 탐구심으로 인해 불교에 이끌렸을 수 있다. 그럼에도 불구하고 자기규정은 여전히 신봉자를 규명하는 가장 귀중하고 유용한 방법인 듯하다.

하지만 신봉자가 이야기의 전부는 아니었다. 스스로를 불교도로 인식하지 않았지만 불교에 공감했던 이들 또한 미국이 불교와 조우했던 역사의 중요한 부분을 차지했다. 불교에 이끌렸지만 불교를 온전하게 배타적으로 수용하지 않았던 이들을 나는 '동조자들'(symphasizers)로 부른다. 동조자들을 무시하는 것은 이 시기 동안의 불교에 대한 관심의 정도를 온전하게 평가할 수 없게 만들며, 빅토리아 시대의 종교문화를 이해할 또 다른 기회를 상실하게 만든다. 물론, 신봉자들이 불교에 이끌렸던 이유를 규명하는 것이 긴요하다. 그러나 동조자들이 왜 불교에 이끌렸고, 왜 그들은 불교를 온전하고도 배타적으로 수용할 수 없었는가 에 대한 탐구는 신봉자를 규명하는 것 못지않게 중요하거나 그 이상으로 많은 것을 밝혀줄 수 있다.

'동조자'라는 말은 꽤 넓은 범위의 관점과 실천을 내포할 수 있을 좀 애매한 용어다. 가장 느슨한 의미에서 이 용어는 붓다와 불교에 대해 몇 가지 긍정적인 사항을 말했을 뿐인 개인들을 가리킬 수 있다. 이런 의미에서 정신주의 지도자인 앤드루 잭슨 데이비스(Andrew Jackson Davis, 1826~1910), 신사고 운동의 공동창립자인 워런 펠트 에번스(Warren Felt Evans, 1817~89), 그리고 많은 여타 인사들이 동조자 로 분류될 수 있을 것이다. 그렇지만 나는 일반적으로 이 용어를 조금은 더 제한적으로 사용한다. 동조자들이란 논문, 저서, 강연, 일기 혹은 편지 등에서 불교에 이끌렸다고 고백하는 개인들이었다. 혹은 설사 자기평가가 없더라도, 동조자들이란 불교 교리에 매력을 느꼈다는 믿을 만한 증거가 있는 이들이다. 예를 들어 동조자들은 열렬하게 대중적으로 불교를 옹호했을 수 있고, 정기적으로 불교 전통에 관한 강연회에 참석했거나, 지속적으로 불교 문헌을 읽었을 수 있다. 믿음과 의심 사이의 기로에서 동요하느라 지샐 필요까지야 없었겠지만, 그러나 동조자들이 불교에 이끌렸다고 생각할 몇 가지 이유가 틀림없이 존재한다. 동조자들이 다른 여타 종교 그룹에 속하든 속하지 않든 그렇다. 물론 불교에 관한 글을 읽고 불교를 공공연하게 옹호하거나 불교 관련 주제의 강연회에 참석했던 사람들로, 불교 전통에 대해 거의 혹은 전혀 공감을 하지 못했던 이들도 있었으리라. 아마 그 가운데 일부는 어떤 종류인가의 영적 스파이 활동에 개입되었던, 불교에 반대하는 크리스천이었을 수도 있다. 그러나 일반적으로 이런 식으로 관심을 표현했던 많은 이들, 혹은 대다수가 불교에 동조적이었다고 가정함은 공정하다는 생각이 든다.[34]

일부 동조자들, 예를 들어 폴 카루스 같은 이들은 불교에 이끌렸지만, 어느 특정한 종교나 종파에 가담하지는 않았다. 불교에 상당한 관심을 드러냈지만, 그리스도교 이외의 또 다른 종교 전통에 자기네 주된 충절을 바치지는 않았던 이들도 있었다. 1836년 8월, 제1장에서 논의했던 미얀마로 간 최초의 미국인 선교사 아도니람 저드슨 목사는 미국에 있는 아들에게 자신의 새로운 딸 애비 앤 저드슨(Abby Ann Judson, 1835~1902)에 관해 편지를 썼다. "너의 어린 여동생 애비가일은 사랑스럽고 통통한 갓난아기란다. 만일 네가 이곳에 있다면 이 애를 아주 좋아할 거야. 여동생을 위해 그 애가 오래 살아남아 하느님의 자녀가 되게 해달라고 기도하렴." 불교 동조자인 애비는 그녀의 신앙심 깊은 신교도 아버지가 희망했던 바대로 정확히 똑같이 되지는 않았다. 애비는 "붓다의 종교가 그리스도교로 알려진 것에 비해 훨씬 우월하다"고 믿게 되었다. 그러나 애비가 맨 처음에 충성을 다했던 건 정신주의였고, "정신주의 개념으로 포착되지 않는" 불교의 요소들은 거부했다.[35]

애비 저드슨은 오랜 뉴잉글랜드 가문 출신이었다. 하지만 많은 불교 신봉자와 동조자들은 제1세대 혹은 제2세대 미국인들로, 적어도 24개 주와 두 개의 미국령에 분포했으니, 메인 주와 버먼트 주로부터 오레곤 주와 캘리포니아 주에 이르렀다(말미의 표1 참조). 남부와 중서부에 흩어져 있던 이들도 있었지만, 대부분은 북동부와 태평양 연안을 따라 집중되어 있었다. 메인 주의 마운트버논, 텍사스 주의 브라운스빌, 사우스다코타 주의 버밀리언 같은 작은 시골 사회의 일부 인사들이 불교 전통에 관심을 드러냈다. 예를 들어 스스로 불교인이라 자처한, 버밀리언에 사는 이는 사우스다코타 대학교 학생 프랭크 그레임 데이비스Frank Graeme Davis였다. 데이비스는 샌프란시스코 일본인 불교도와 서신왕래를 했고, 그들이 출간하는 잡지를 정기 구독했다. 한 편지에서 데이비스는 불교에 충성하겠노라 선언했고, 미국에서의 포교활동을 촉구했다. "당신은 크리스천들 중에서 개종자를 만들고자 시도하지 않노라 말하지만, 그러나 이 땅에는 만일 접할 수만 있다면 부처님 가르침을 환희롭게 받아들일 수많은 사람이 분명 존재합니다. 저는 당신과 당신의 일에 전적으로 공감합니다. 제 희망은 언젠가 제가 똑같은 대의大義를 위해 활동하는 데 일조할 수 있고 도움이 되었으면 하는 것입니다. 저로선 불교가 인류의 종교라 믿기 때문입니다." 하지만 사우스다코타에서 불교인이 되는 데는 어려움이 뒤따랐다. 데이비스가 불교 승려에게 보낸 편지다. "지난 세월, 부처님의 가르침을 따르고자 애쓰는 이들을 전혀 모른 채 제가 얼마나 큰 외로움을 느꼈던지, 그리고 제가 얼마나 부처님의 대의에 이바지하고 싶은지 당신은 모를 겁니다."

데이비스는 자신만의 작은 비공식 그룹을 조직함으로써 갈망하던 불교 공동체를 추구했다. 사우스다코다 대학교에서 네 명의 학생이 "불교를 공부하기 위해" 데이비스 친구 중 한 명의 방에서 매주 금요일 저녁마다 만났다. 데이비스와 그의 친구들만큼 고립되어 있는 불교도는 거의 없었다. 대부분의 불교도는 보스턴, 뉴욕, 샌프란시스코, 호놀룰루, 필라델피아, 시카고 같은 대도시 지역 안이나 주위에서 살았기 때문이다.[36]

앞서 지적했듯이, 시카고에 사는 이들은 공식 조직의 지원을 누렸다. 예를 들어 1898년 5월에 시카고 마하보리협회 지부는 붓다 탄신일 축하행사를 계획했다. 이 그룹의 부회장 아르바 N. 워터맨(Arba N. Waterman, 1836~1917)은 넓은 자기 집에서 행사를 갖는 데 동의했다. 그 당시 워터맨은 쿠크 카운티 순회재판소 판사로 봉직했다. 모든 동조자가 전문직업인은 아니었지만, 대부분은 중류층과 상류층 출신이었던 듯하다. 자료 부족으로 인해 대중토론에 참여하지 않았거나 비교적 높은 사회적 지위나 경제적 지위를 누리지 않았던 사람 중 많은 이의 직업을 규명하기 어려울 때가 빈번하다. 그러나 설사 더 진전된 연구를 통해 더 많은 노동자를 밝힌다 해도, 변호사와 교수 및 내과의사가 어울리지 않을 정도로 많이 표본으로 등장했다고 말하는 것이 무난하리라.[37]

사업계 인사 역시 연구 표본으로 잘 등장했던 것 같다. 예를 들어 앤드루 카네기(Andrew Carnegie, 1835~1919)는 불교인은 아니지만, 불교에 동조적이었다. 이 대단히 영향력 큰 제조업자이자 박애주의자는 아널드의 『아시아의 빛』이 "내가 근자에 읽었던 어떤 유사한 시적 작품보다 더 커다란 기쁨"을 주었다고까지 말했다. 카네기는 또한 시적인 붓다의 일대기를 다룬, 자신이 소장한 원고의 원본을 "내가 가장 귀중하게 여기는 보물 중 하나"라고 말했다. 책과 쌓아놓은 보물에 대한 카네기의 애착을 잘 아는 이로부터 듣건대, 그런 말은 대단한 찬사였다. 그밖의 비교적 저명한 지역 사업 지도자 및 시 지도자들은 동조자로 셈에 넣을 수 있을 것이다. 보워스 고무공장 판매 책임자로 일했고 나중에 부동산과 광산투자로 돈을 벌었던 샌프란시스코의 알렉산더 러셀(Alexander Russel, 1855~1919)은 〈법의 빛〉지를 정기 구독했다. 러셀과 그의 아내 아이다Ida는 일본을 방문했을 때 소옌으로부터 명상을 배웠고, 1905년에 소옌이 그들 저택에 몇 달 머무는 동안 전 가족이 정기적인 참선 명상에 참여했다. 사업 분야나 재정 분야에서 일하는 이들 모두가 카네기나 심지어 러셀만큼 부유하고 저명하지는 않았다. 미네소타 주 세인트폴에 사는 찰스 W. G. 위디(Charles W. D. Withee, 1848~1911)는 〈법의 빛〉지를 정기 구독했으며, 마하보리협회 프로젝트에 돈을 기부했다. 위디는 변호사로 개업하기 전에 서점 점원으로 일했던 듯하다. 카루스에게 보내는 분노의 편지에서 자신을 "미국인 불교도"라 기술한 클래런스 클로위Clarence Clowe는 "직물, 식료잡화, 신사숙녀의 장신구"를 파는 상점에서 일했으니, 워싱턴의 보스버그 소재 '광부물품 공급회사'였다.[38]

　미국 불교도 중에는 또한 언론인, 출판인, 제본업자, 영매靈媒, 학생, 공무원, 사서, 미술가, 인쇄업자, 시인, 교사, 여자 가정교사도 있었다. 그러나 내가 신원을 확인한 많은 이가 가정주부였던 것 같은데, 로스앤 젤레스의 I. W. 가드너, 시카고의 루이스 I. 홀, 뉴올리언스의 로사 영, 브라운스빌의 힐러 미레레스, 메인 주 포틀랜드의 아이네즈 G. 카프론 등이었다. 물론 이 명단의 각 이름이 남성이냐 여성이냐는 의문이다. 일부 여성, 예를 들어 마리 카나바로 같은 이는 불교 전통의 저명한 옹호자였다. 하지만 대략 동일한 수의 남녀가 불교 전통에 관심을 표명했던 듯하다. 〈법의 빛〉지 미국 정기 구독자 중 대략 40퍼센트가 여성이었고, 대체로 그들은 필시 신봉자와 동조자의 반 이상을 차지하지는 않았던 듯하다. 이런 점을 전체적 관점에서 살펴보려면 1906년에 크리스천 사이언스, 정신주의자, 신지학 그룹들 내에서 여성이 명백하게 다수를 차지했던 듯한 사정을 고려해야 한다. 심지어 감리교도 같은 일부 주류 신교도 그룹에도 60퍼센트 이상이 여성이었다. 그리하여 잡지 구독 여성의 비율은 특별할 정도로 높은 편은 아닌 것 같다.[39]

나는 성, 계층, 민족성, 지역의 견지에서 불교 신봉자를 잠정적으로 특성화해 왔는데, 다음 장에서 이 쟁점으로 되돌아갈 것이다. 그러나 너무도 빤한 한 가지 질문이 여전히 의문에 쌓여 있으니, 불교 지지자 수가 얼마나 되었는가? 하는 질문이다. 나는 스스로 확립한 기준에 따라 유럽계 미국인 불교 동조자나 신봉자였던 수백 명에 관한 적어도 일부 정보를 밝힌 바 있다. 그러나 그보다 훨씬 많은 사람이 불교에 이끌렸거나 스스로를 불교인으로 여겼다. 소수의 중요 정기간행물과 서적 발행부수 및 불교신도를 포함한 종교 그룹의 신도수를 통해 어느 정도 단서가 제공된다. 매년 〈법의 빛〉지가 500부에서 1,000부 발행되었다. 하지만 정기 구독자 명단에 오르지 않은 이들이 이 잡지를 보았을 수 있고, 잡지를 받아보았던 여러 대학도서관, 출판사, 불교 단체에서 훨씬 더 많은 이가 잡지를 읽었을 수 있다. 그런 가정에 입각해 동조자 수에 관한 결론을 내리기는 어렵지만, 불교에 관한 대중적 논의에 기고된 많은 글을 출판했던 〈오픈코트〉지의 발행부수가 거의 5,000부였

고, 다수의 미국인 또한 더욱 많은 발행부수의 비非종교적 잡지와 종교잡

지에 정기적으로 등장하는 불교 관련 글과 논평을 접할 수 있었다.[40]

만일 우리가 세 가지 책(아널드의 『아시아의 빛』(1879), 올콧의 『불교

교리 문답』(1881), 카루스의 『붓다의 복음』(1894))의 인기만을 고려한다

면, 우리는 상당수 미국인이 불교에 개인적 관심을 지녔다고 결론

내려야 할지 모른다. 이 세 권 모두 상당한 발행부수를 기록했으며

빈번히 인용되었기 때문이다. 카루스의 『붓다의 복음』은 1910년까지

13판을 거듭했고, 올콧의 『불교 교리 문답』은 저자가 1907년에 사망하

기 전까지 40판 이상을 기록했다. 또한 앞서 언급한 대로, 아널드가

붓다의 생애를 시적으로 다룬 책은 50만 부에서 100만 부가 팔렸다.

이 책은 미국 판본으로 80판을 거듭했다. 설사 이 책들의 독자 중

일부가 불교에 대해 아무런 진지한 관심이나 개인적 공감을 지니지

않았다 해도, 또한 독자 일부가 설사 종교적 경쟁자를 연구하는 신교

비판자였다 해도, 수많은 사람이 역시 불교에 공감했을 것임이 틀림

없다.[41]

달마팔라가 1902년 어느 일요일에 법문을 할 때, 골든게이트 로지의

홀과 샌프란시스코 신지학회 그룹의 홀은 '인산인해'를 이루었다. 이들

단체의 도서관과 독서실은 오후마다 대중에게 개방되었고, 신지학

문헌과 신사고(New Thought) 문헌 곁에 불교 정기간행물과 책이 자리

잡았다. 한 게시물에 발표된 대로, "〈법의 빛〉지는 방문객 사이에서

호평을 많이 받았다." 그리고 다음 장에서 내가 주장하듯이, 이런저런

신지학 협회가 불교에 대한 색다른 관심의 조짐을 보였다. 모두 합해,

필시 수천 명의 유럽계 미국인 불교 동조자와 신봉자가 있었던 것

같다. 그들은 이런저런 종교 그룹과 관련되었는데, 신지학협회, 정신주

의자, 자유종교협회, 윤리적 문화협회, 정토불교사원, 혹은 마하보리협회 등이었다.[42]

그리하여 내 추산으로, 불교에 대한 미국식 관심이 최고조에 달한 시기에 매년(1893년에서 1907년까지) 스스로를 최우선적으로나 2차적으로 불교도로 여기는 2,000명에서 3,000명의 유럽계 미국인이 있었던 듯하고, 불교에 동조적이었던 수만 명이 있었던 듯하다. 그러나 주지하다시피 대안적 그룹에 속하는 지지자 수를 추산하기는 어렵다. 이 경우, 신봉자 수를 헤아릴 어떠한 권위 있는 회원명부도 없고, 또한 '동조자'라는 정의 자체가 애매하므로 동조자 수를 헤아릴 어떤 확실한 방법도 존재할 수 없기 때문이다. 수량적 분석이 지니는 일반적 애매함과 잠재적 모호함도 그런 어려움의 일부를 야기시킨다. 예를 들어 불교에 대한 관심이 정점에 이르렀던 직후인 1908년에 하버드 대학교에서 루터교회, 네덜란드개혁교회, 퀘이커 성원들만큼이나 많은 불교도가 있었다고 주장하는 것이 가능하다. 어떤 의미에서 이런 추정이 정확하다고 말할 수도 있다. 그해 하버드 대학 4학년생들이 벌인 한 조사에 따르면, 두 학생이 자신을 불교도로, 또 각각의 두 학생이 자신을 루터교 신도로, 네덜란드개혁교회 신도로, 퀘이커 신도로 밝혔기 때문이다. 하지만 이런 추정은 쉽사리 과대평가로 이끌 수 있다. 우리로선 이 불교도가 유럽계 미국인인지 알지 못할 뿐 아니라, 수치 자체를 통해서도 이런 그룹의 영향력과 분포에 대한 공정한 면모가 드러나지 않음이 당연하기 때문이다.[43]

그런 추정치에는 또 다른 잠재적 난점이 존재한다. 신지학적 불교도인 올콧은 1889년에 미국에 "적어도 5만 명의" 불교 신봉자가 존재한다고 주장했다. 만일 올콧이 백인 불교도를 의미했다면, 이 수치는 아주 과장되었던 듯하다. 신봉자가 과대평가되는 것은 놀랍지 않으며, 많은 여타의 중립적이거나, 심지어 적대적인 논평자들이 마치 미국 불교도가 거리에 넘쳐나는 듯이 말한다 해도, 역시 놀랄 일은 아니다. 공감하든 적대적이든, 현대인들은 외국에서 이식된 새로운 종교 운동과 종교 전통에 소속된 이들을 과대평가하는 경우가 많은 법이다. 1790년대의 이신론자들이나 1970년대의 "문선명 교도들"(Moonies)의 경우와 마찬가지로, 대중적 주목과 우려 및 영향력의 정도는 실제 교도 수에 어울리지 않을 수 있다. 올콧의 추정치는 분명히 틀렸지만, 그러나 설사 200명밖에 안 되는 불교 신도가 있었다 해도, 사람들의 이목을 끄는 데는 거의 5만 명만큼이나 두드러졌을 수 있다. 나는 200명보다는 더 많았다고 제시하고자 노력해 왔다. 대부분의 새롭거나 이식된 종교 운동의 경우처럼, 빅토리아 미국에서 불교의 이목끌기는 소수의 영향력 있는 대중적 신봉자들이 활약한 결과로 추적될 수 있지만, 그러나 수천 명의 더 많은 무명의 미국인들이 불교에 이끌렸다.[44]

　이 외래 신앙에 이끌린 미국인들은 어떤 사람들이었을까? 이미 소개된 빈약한 정보를 가지고서도 어지러울 정도로 다양한 특징과 관점이 등장했음을 알 수 있다. 캘리포니아의 동종요법적 내과의사인 베터링은 아시아 불교의 주제와 서양의 신비주의적 주제를 결합시켰다. 심미적 경향을 지녔던 보스턴 사람 비글로우는 일본에서 천태종과 진언종 수행을 했다. 일리노이 주의 독일계 미국인 철학자 카루스는 불교 창시자에 대한 공감어린 묘사를 제시했으며, 불교에 대한 합리적 해석을 내렸으니, 불교를 서구에 소개하고자 열망했던 아시아 불교인들로부터 찬사를 받았다. 그러나 카루스는 결코 불교나 여타 종교에 직접 가담하지는 않았다. 각각의 양식을 식별하기 위해, 그리고 각각의 특질을

부각시키기 위해, 다음 장에서 나는 유럽계 미국인 불교 동조자와
신봉자의 유형학을 제시하고자 한다.

제3장

비전秘傳 불교도, 합리적 불교도, 낭만적 불교도

1875~1912년 동안 유럽계 미국인 불교 동조자와 신봉자들의 유형학

1891년에 출간된 한 단편소설은 불교와 초자연적 현상을 탐구하는 데 헌신하는 협회인 '불교 탐구자들'(Buddhist Inquirers)의 회합장소를 방문한 맥스웰 로렌스Maxwell Lawrence를 자세히 다룬다. 제목이 "보리수 아래서"(Under the Bodhi Tree)인 이 단편소설의 무대는 어디일까? "아들을 예일이나 하버드로, 딸을 바사르 대학(원래 여자대학으로 설립되었다가 현재는 남녀공학임)으로 보내고, 이런저런 종류의 새로이 수입된 신흥 종교에 대한 빈번하게 생겼다 사라지는 관심"을 지닌, "교양 있고 이상을 추구하는" 이들 상당수가 사는 작은 도시 스톤빌 시내가 이 단편의 무대다. 한 친구가 날카로운 지성과 현란하지 않은 재치를 지녔고 제법 회의주의적 시각의 소유자인 로렌스에게, 이 "지혜의 종교"를 탐구해볼 것을 요청한다. 이에 로렌스는 답한다. "내가 일처리 할 때 다른 것들을 탐구하는 식으로 그 종교도 탐구해봤어. 그런데 믿음이 안 가더라고. 왜냐하면 아마도 내가 태어나서 자라났던 저 지혜의 종교로도, 끊임없이 훈련만 한다면 성자가 되기에 충분할 테니까 말이야."[1]

　유보적 태도에도 불구하고, 로렌스는 그룹 사회를 맡은 외국 태생의 여성 레그니어Regnier 부인에게 비전秘傳 불교의 진리를 자신에게 설득할 기회를 주는 데 마지못해 동의한다. 그녀가 회합을 시작하기 위해 안락의자에 앉았을 때 "신비스런 침묵"이 그룹에 드리워진다. "이제 제가 음악적으로 말할 테니, 친애하는 친구들이여, 영적 지식에 관한 우리의 연구를 재개하도록 합시다. 우리가 우주적 공간으로 재흡수될 때까지, 우리가 지닌 지구적 부분을 정복하고 우리의 영적 감각을 온전하게 계발하는 법을 배우는 것보다, 힘겨운 순간을 보낼 수 있을 더 나은 길이 뭐가 있겠습니까?" 이어 레그니어 부인은 불행한 사태의 전개를 그룹한테 알려준다. 인도의 전문가인 쿠마라 세리스가 언젠간 올 수 있을 테지만, 오늘은 오지 못한다는 소식이었다. 그들 모두가 희망했던 "비밀스럽게 전해지는 현시顯示"를 좀 더 기다려야만 할 터였다. 그들은 자기네 믿음에 의지해야만 했다.

　현재로서 우리는 겸허한 신앙과 소박한 진실을 간직한 채 자족自足할 줄 알아야 한다. 우리는 앉아 있었고, 레그니어 부인은 진리의 빛이 우리에게 임하기를 기다리며 성스러운 나무 그늘 아래서 바로 고타마 붓다처럼 우아한 열정으로 말했다! 그러는 동안 우리는 우리 식 불교 교리 문답을 한다. 이런 용두사미 식 진전에 로렌스가 자기 입술을 깨물며 웃음을 지었을 수도 있겠지만, 그는 자신을 바라보는 레그니어 부인의 눈초리를 느꼈다. 그녀는 실제로 이곳에 '교리 문답'이라 표지가 붙은 작은 책 한 권을 만들었던 바, 한 반의 어린 소년들에게 질문하기 시작했다.

이 그룹은 올콧이 대중들이 접할 수 있게 요약한, 불교적 신앙에 관한 기술임에 분명한 교리 문답서의 내용을 암송한다.

여사: 불교도는 오계(五戒, Panch-Sila)를 준수함으로써 어떠한 이득을 얻습니까?
스타인펠드: 계율을 지키는 태도와 시간, 그리고 준수되는 계율의 수에 따라 공덕이 더 많기도 하고 더 적기도 합니다.

이어 그들은 아널드의 『아시아의 빛』에서 발췌한 대목을 큰 소리로 읽었다. 이 소설에서 의심을 품은 관찰자인 로렌스는 나오는 웃음을 참아야만 했다. 그들을 제지하는 레그니어 부인의 눈길이 없었다면, "보리수 아래서"를 읽는 미국 독자들 상당수가 이 장면에서 아마 웃음 지었을 것이다. 로렌스는 그럴 수 없었지만 말이다.[2]

이 단편소설의 저자인 지니 드레이크Jeanie Drake는 레그니어 부인의 협회 회원들을 남의 말을 잘 믿는 사람들로 희극적으로 그렸다. 하지만 이런 고찰에서 가장 중요한 점은, 그녀가 미국 불교인임을 식별할 수 있게 해주는 한 가지 특징을 지적해냈다는 사실이다. 드레이크는 불교에 공감하지 않았지만, 심지어 공감을 느꼈던 사람 중 많은 이들조차 이런 불교도의 특징을 설명할 필요성을 느꼈다. 그러나 그렇게 했던 대부분의 신봉자들은 좋은 웃음을 공유하는 데는 주된 관심을 두지 않았다. 신봉자들은 그보다는 훨씬 더 진지했다. 그런데 비법을 전수받는다는 이런 불교도가 아시아의 신앙을 왜곡했으며, 아시아 불교 전통이 서구에서 좋은 발언의 기회를 얻는 걸 더욱 어렵게 만들었다고 생각하는 일부 미국 불교 지지자들이 있었다. 예를 들어 이런 불교의 영향을 우려한 C. T. 슈트라우스는 카루스가 미국 방문길에 오르는 달마팔라에게 "모든 신비주의, 신지학 등을 제쳐둘 필요성"에 대해 조언할 것을 촉구했다. 이 불교도에 대한 평가가 어떠하든, 대부분의 후기 빅토리아 논평자들은 "신비주의, 신지학 등"을 긍정했던 불교도는 식별 가능한 유형을 드러내었다는 사실에 동의하는 것 같다. 나는 그런 불교도를 비전 불교도라 부른다. 또한 다른 유형 역시 존재한다고 말하고 싶은데, 합리적 불교도와 낭만적 불교도다(말미의 표2 참고).[3]

막스 베버는 '이념형'(理念型, ideal types)이란 용어를 종교 해석에 자의식적으로 사용한 최초의 인물이었다. 이 책에서 내가 적용하는 이념형 이론은 베버의 이론과 최근의 이론 재구축에 토대한다. 내가 사용하는 바의 이념형이란 용어는 적잖게 유용한 해석적 도구로 기능하는 이론적 개념을 가리킨다. 이념형은 경험적 현실의 일부 특징을 부각시키고 과장한 다음, 논리적으로 일관된 개념을 정식화함으로써 만들어진다. 그런데 어떠한 역사적 개인, 입장, 그룹도 어떠한 이념형에도 완벽하게 일치하지는 않을 것이다. 또한 이념형은 언제나 탐구자의 특정 관심사항과 안내하는 질문에 연결되어 있다. 일부 학자, 특히 역사가는 이념형을 언급할 때 어색해한다. 이런 유형의 해석적 개념이 역사와는 무관한 듯싶기 때문이다. 이런 개념에는 불가피하게 각 시기와 문화의 특이점에 대한 고려가 결여된 것 같다. 이런 고려는 납득될 수는 있지만, 그러나 최종적으로 정당성이 보장되지는 않는다. 베버가 자기 연구에서 활용한 여러 기본적인 이념형적 개념 가운데는 다양한 문화와 시기를 비교하여 탐구한 끝에 고안된 것들이 있으며, 광범위한 믿음이나 행동을 조명하려는 의도를 지녔다. 하지만 베버는 또한 역사적 유형이나 문맥상의 개념 역시 활용했으니, 이런 개념은 역사적 분석에서 잠재적 어려움을 훨씬 줄여준다. 이런 개념은 특정 문화와 특정 시대에 관한 연구로부터 나오고, 그런 연구에 활용된다.[4]

이 장에서 내가 구축했던 역사적 유형이, 빅토리아 후기 미국에서 불교 동조자와 신봉자의 특징과 관점을 이해하는 데 도움을 줌과 동시에, 특정 개인의 특징과 입장의 독특함을 부각시킬 수 있다는 점을 드러내길 희망한다. 그런 유형이 개인이나 그룹이 불교에 대해 드러낼 수 있을 모든 공감할 법한 반응을 대표하지는 않는다. 또한 그런 유형이 개인이나 집단이 드러냈던 모든 반응을 재구축해 놓지도 않는다. 오히려 그런 유형은 어느 한 시기와 장소에서 불교 옹호론자 간에 식별될 수 있는 가장 중요한 양식 중 일부를 지적할 뿐이다. 그러므로 이런 유형학은 20세기 미국에서, 혹은 다른 문화적이거나 역사적인 맥락에서 불교와의 만남을 해석하는 데 도움이 될 수도 있고, 그렇지 않을 수도 있다. 또한 이런 유형학은 다른 대안적 종교 전통으로 개종한 19세기 사람들의 관점을 분석할 때 도움이 될 수도 있고 아닐 수도 있다. 어쨌든 나로서는 이런 유형학을 통해 1875년과 1912년 사이 미국에서 불교에 대해 공감하는 반응의 범위와 복잡성을 조명할 때 도움을 받을 수 있다는 점만을 주장하는 바이다.[5]

각각의 유형에 대해 나는 문화적 원천, 조직으로의 드러남, 개별적 전형을 규명한다. 나는 또한 임시적으로 종교적 믿음과 가치관을 이념형적으로 편집한 세 가지 유형과 남녀 성, 사회경제적 처지, 지역, 민족성 같은 일정한 범위의 비지성적 요인들 간에 (베버의 용어를 빌리면) "선택적 친화력"(elective affinity: 원래 화학에서 화학종이 특정 물질을 다른 물질보다 선호하는 특성을 말함)을 탐구한다. 베버의 용어를 사용함으로써 나는 믿음을 단순히 사회적이거나 경제적인 관심의 표현으로만 해석하지 않고, 지적 요인과 지적이지 않은 요인의 접합 지점에 주목하고자 한다. 비록 베버가 사회적 처지와 경제적 처지 간의 상호 관련성에 크게 관심을 지녔지만, 나는 이런 세 가지 이념형적 믿음의 양식과 여타의 지적 요인 간의 친화성 역시 지적하려 한다.[6]

비전 불교도 유형

지니 드레이크의 단편소설 속 가상의 "불교 탐구자들"은, 내 용어로 말하면 비전 불교도 혹은 오컬트occult 불교도였던 셈이다. 이 첫 번째 유형은 그 영향력이 2차적일지라도 신플라톤주의, 신지학, 최면술, 정신주의, 스베덴보리주의를 통해 구체화되었던 경향을 지닌 관점의 소유자들을 가리킨다. 특히 에마뉴엘 스베덴보리(Emanuel Swedenborg, 1688~1772)의 사상은 19세기 미국에서 상당수 대안적 형태의 영성에 매우 중요한 지적 원천이었는데, 특히 비전 불교의 경우에 그러했다. 불교에 관한 미국적 토론에서 수많은 동조적 참여자들은 허먼 베터링, 알버트 J. 에드먼즈(Albert J. Edmunds, 1857~1941)와 심지어 D.T. 스즈키를 포함해 스베덴보리의 가르침에 관심을 보였다.

비전적 유형 또는 오컬트적 유형은 부분적으로 종교적 진리와 의미의 숨겨진 원천에 대한 강조로 특징지어졌다. 또한 이 유형은 이런저런 수행이나 특별한 의식 상태를 통해 접촉할 수 있는 대다수 인간 이외의 실재나 초인간적 실재가 거주하는, 영적이거나 비물질적 영역에 대한 믿음으로 특징지어졌다. 『옥스퍼드 영어사전』에 따르면, '오컬트적'이란 말의 주된 의미는 '숨겨진'이거나 '감추어진'이다. 일반적으로 '비전적'(秘傳的, esoteric)이라는 용어는 '심오한'이나 '난해한'이란 의미가

덧붙여진다는 점을 제외하고 '오컬트적'이란 말과 동의어로 사용될
수 있다. '오컬트'에 담긴 숨겨진 의미 중 일부를 캐기 위해 우리는
로버트 갈브리드Robert Galbreath의 정의에 기댈 수 있다.

현대의 오컬티즘은 하나나 그 이상의 다음과 같은 의미에서 "숨겨졌
거나 비밀스런" 문제와 관련된다. (1) 세속적 세계로 밀고 들어옴으
로써 특별한 중요성을 지니는 것으로 생각되는 특별한 문제(예를
들어 전조, 조짐, 유령, 예언적 꿈). (2) 충분한 경험이 없는 이와
자격 없는 이들로부터 감춰진, 소위 신비학교의 가르침과 같은
문제. (3) 본질적으로 평상시의 인지와 이해로부터 벗어나 있지만
그럼에도 적절한 민감성을 지닌, 숨겨진 잠재적 기능의 각성을
통해 인식될 수 있는 문제.[7]

비전 불교도는 하나나 또 다른 비밀리에 전하는 종교 운동과 연계를
갖는 경우가 간혹 있었다. 제2장에서 나는 애비 저드슨Abby Judson이
불교에 대한 관심을 정신주의와 결합시켰음을 지적한 바 있다. 다른
이들 역시 그랬다. 1890년대 "정신주의 강연자"인 안나 에바 페이Anna
Eva Fay는 자신이 "불교에 깊이 흥미를 느끼게" 되었다고 고백했다.
샌프란시스코 붓다달마상가의 초기 간부의 일원인 엘리자 R. H. 스토다
드Eliza R. H. Stoddard는 영매靈媒였다. 많은 비전 불교도는 신지학협회
회원이기도 했다. 몇몇 동시대인들은 비전 불교, 심지어 서구 불교를
마치 신지학과 동의어인 듯이 취급했다. 사실상 블라바츠키 여사가
"신지학은 불교가 아니다"라고 밝힐 필요성을 느낄 정도로 이런 확신이
광범위하게 유포되었다. 블라바츠키는 시네트의 『비전 불교』(Esoteric

Buddhism)의 영향력에 대한 오해 탓으로 돌렸지만, 그러나 실론에서 블라바츠키와 올콧의 공식적인 불교 귀의 선언, 그리고 불교와 신지학을 명시적으로 연결시키려는 뒤이은 올콧의 시도로 인해, 통상적 인상을 척결하는 데 별 소득이 없었다. 블라바츠키는 "우리 중 일부는 불교도"라는 점을 인정했고, 붓다가 설한 '비밀스런' 종교적 가르침과 고매한 윤리적 원리는 신지학의 그것과 동일하다고 인정했다. 하지만 블라바츠키는 소승불교의 '널리 알려진' 원리가 신지학회 회원들의 두 가지 기본적 믿음("첫째, 신성의 존재에 대한 믿음, 둘째, 의식적 사후 생활, 혹은 심지어 인간 내부에 자의식적으로 살아 있는 개체성에 대한 믿음")과 상반된다는 점을 지적했다.

블라바츠키는 이 원리의 양립 불가능성의 일부 내용을 제대로 지적했다. 신과 자아의 거부는 가장 기본적인 신지학적 가르침에 대항하는 듯이 보였다. 오히려 여타의 아시아적 전통, 특히 베단타 힌두교는 훨씬 더 신지학적 가르침과 양립 가능한 듯이 보였다. 실제로 20세기 들어 신지학회는 단연코 힌두교 전통으로 회귀했다. 그러나 개인들이 항상 논리적으로 행동하지는 않는 법이며, 역사는 선례를 참고함으로써 드러날 수도 있는 진로를 택하지 않는 법이다. 블라바츠키와 올콧을 포함한 많은 빅토리아 시대의 비전 불교도는, 스스로 불교에 대한 공감을 드러냈을 때 대개 원리상의 불연속성을 가볍게 여겼거나 과소평가했다. 미국 신지학협회의 수천 명 회원 가운데 일부(얼마나 되는지 말하는 건 불가능하다)는 스스로를 가장 근본적 의미에서 불교도로 간주했고, 신지학과 불교를 구별할 수 없는 것으로 여겼다. 결국, 많은 후기 빅토리아 시대 신지학회 회원은 블라바츠키가 천명한 입장을 취하는 것 같다. 즉 불교와 신지학은 똑같지는 않지만, 그러나 가장 대중적인 남아시아의 불교조차도 모든 여타의 전통보다는 우월하다고. "그러나 그 밖의 어떤 교회나 종교의 가르침보다, 심지어 사문화死文化되다시피 한 가운데서도, 이 가르침은 얼마나 훨씬 장대하고 고귀하며 더욱 철학적이고 과학적인가." 몇 년 뒤, 여러 불교 잡지에 글을 게재했던 오레곤 포틀랜드의 윌리엄 H. 갈바니William H. Galvani가 똑같은 입장을 취했다. "불교가 신지학은 아니지만, 그러나 발전과정 속에서 신지학의 근본원리로부터 이탈했던 정도는 다른 어떤 종교사상 체계보다 훨씬 덜하다."[8]

둘 사이의 관련성이 아무리 의식되었다 해도, 불교는 대략 1881년과 1907년 사이(즉 올콧의 『불교의 교리 문답』이 출간되었던 해로부터 그가 사망할 때까지)에 그룹의 가르침에서 두드러졌다. 둘 사이의 연관은 다른 무엇보다도 신지학협회 창시자와 마하보리협회 신할라인 창설자 간의 연관성으로 인해 강화되었다. 지속적으로 당시 가장 영향력 있는 아시아 불교도 중 한 사람이었던 달마팔라는 올콧과 블라바츠키에 의해 오컬트 연구와 불교 공부를 동시에 추구하도록 자극받은 바 있었다. 올콧과 블라바츠키가 3귀의三歸依와 5계를 수지했던 대중적 의식의 현장에 달마팔라가 함께 자리 했었다. 두 사람이 도착하기 이전에조차 청년 달마팔라는 둘로부터 영감을 얻었으니, 그들이 실론 불교도한테 도움을 제공하겠노라고 쓴 편지가 그의 고향땅에서 번역되어 유포되었기 때문이다. 달마팔라의 회고다. "너무도 멀리 떨어져 있지만, 그럼에도 너무나 공감이 되는 이 두 이방인을 향해 제 가슴은 열의를 품게 되었죠. 저는 그들이 실론으로 오면 합세하리라 마음먹었습니다." 몇 년 뒤 16살이 되었을 때, 달마팔라는 콜롬보에서 두 사람을 만나 신지학협회에 가입했다. 사실 1884년 19살 때 달마팔라는 "오컬트 과학 연구에"

평생을 바치기로 결심한 바 있었다. 그런데 그렇게 하는 대신에 달마팔라가 팔리어를 공부하고 "인류에게 봉사하도록" 권유했던 이는 다름 아닌 블라바츠키였다. 자신의 삶을 이 새로운 목표에 바치기로 하면서, 달마팔라는 1889년에 올콧과 함께 일본에서 각지를 여행하며 강연했다. 달마팔라가 1891년에 마하보리협회를 창설한 이후에조차도, 아시아 불교와 신지학 간의 관련성은 지속되었다. 그런 관련성은 올콧이 신지학협회 회장인 동시에 마하보리협회의 "이사이자 상임고문"으로 봉직함으로써 공식적으로 지속되었다. 그런 연관성은 비공식적으로도 지속되었으니, 두 그룹과 관련된 정기간행물인 〈신지학회원〉지와 〈마하보리〉지는 서로와 관련된 뉴스와 광고물을 상당수 게재했던 것이다. 이런 유대는 점차 느슨해질 테지만, 그러나 1890년대 동안은 강력했다.[9]

　마하보리협회와 관련되지 않았던 신지학회 회원과 불교도 간에도 접촉이 있었다. 예를 들어 올콧이 1901년에 샌프란시스코의 일본 정토 불교 포교원에서 연설하였고, D.T.스즈키는 1903년에 같은 도시의 신지학협회에서 연설했다. 그리하여 블라바츠키와 타인들의 항변에도 불구하고, 빅토리아 후기 미국에서 신지학과 불교 사이엔 부인할 수 없는 연결고리가 있었다. 그렇지만 상당수 비전 불교도는 오컬트 그룹에는 가입하지 않았던 듯하다. 한편, 마하보리협회와 붓다달마상가의 일부 회원 역시 비전 불교도로 분류될 수 있을 것이다. 그런데 신지학협회는 이런 종류의 불교적 관점을 규정했는데, 그 정도는 논의 중인 세 가지 유형의 불교도 가운데 어느 유형이든 단일한 조직체 내에 모습을 드러냈던 만큼이었다.[10]

　신지학협회 회원이든 아니든, 비전 불교도 그룹과 비전 불교도 개인들한테는 일정한 공통점이 있었다. 무엇보다도 그들 가운데서 여성들이 훨씬 두드러졌고 수가 많았다는 점이다. 여러 여성 비전 불교도가 이 전통의 확산에 기여했다. 마리 카나바로Marie Canavarro가 가장 눈에 띄는 사례지만, A. 크리스티나 알베르스(A. Christina Albers, 1866~1948), 매리 엘리자베스 포스터(Mary Elizabeth Foster, 1844~1930), 새라 제인 파머(Sarah Jane Farmer, 1847~1916), 캐더린 시어러(Catherine Shearer, 1909년 사망)를 포함해 그 밖의 사람들도 나름의 역할을 했다. 그렇다고 여성 비율이 압도적으로 높은 것은 아니었다. 그 비율은 정신주의자와 신지학회 회원 및 바하이 신자 같은, 인습에 얽매이지 않는 그룹 사이에서 발견되는 비율인 55퍼센트에서 65퍼센트 사이에 근접했음에 틀림없다. 그러나 이 비율은 합리주의적 불교도와 낭만주의적 불교도 사이에서 발견되는 비율보다 더 높았다. 이런 불균형한 모습은 우리가 19세기 미국 종교에 관해 아는 사실과 부합된다. 많은 빅토리아 여성은 오컬트 그룹과, 예를 들어 셰이커주의와 크리스천 사이언스를 포함해 대안적 형태의 영성이 자기네 평등주의적 충동과 종교적 요구에 더욱 적합하다고 여겼던 것이다.[11]

오컬트 동조자들 역시 다른 유형의 불교도보다 시골 지역에서 더 많이 발견되는 편이었으니, 지역적 양식 역시 존재했던 듯하다. 내 기준에 의하면 비전 불교도임에도 카나바로는 1900년에 샌프란시스코 백인 동조자들 사이에서 눈에 띄었던 "신비적인 것에 대한 갈망"을 비판했다. 다른 한편, 카나바로가 몇 달 뒤 시카고로 이주했을 때 드러난 현저한 차이로 인해 그녀는 깜짝 놀랐다. 카나바로는 일요 법회(아마 지역 마하보리협회 모임을 의미한 듯)가 "성공을 거두고" 있다고 말했다. 카나바로는 또한 "이곳으로 다양한 계층의 사람들이 오는 듯한데, 대체로 의사와 교수층이고 다수가 남성이다"라고 말했다. 만일 카나바로의 인상 설명이 올바르다면, 동조자들의 사회적·경제적 처지는 지역마다 다소 달랐던 것 같다. 이 증거와 여타의 증거에 따르면, 더욱 많은 여성과 더욱 많은 비전 불교도, 그리고 더욱 소수의 전문직 종사자가 샌프란시스코에서 불교를 신봉했다. 시카고 의사와 교수 중 일부는 비전 불교도였을 수 있고, 저명한 미국 가문 출신인 부유하고 교육 잘 받은 오컬트 동조자들도 분명 있었다. 마틴 E. 마티Martin E. Marty가 1970년대에 다른 부류의 오컬트주의자들에 관해 주목했듯이, 빅토리아의 비전 불교 동조자들은 '미국 중부' 출신인 경우가 많았다. 예를 들어 플라톤주의, 신플라톤주의, 불교에 관심을 지녔던 토마스 무어 존슨 (Thomas Moore Johnson, 1851~1919)은 자신이 태어나고 사망한 농촌 지역인 미주리 주 오시올라의 저명인사였다. 존슨은 석사학위를 받았고, 지방검사로 일했으며, 지역 학교 이사회 임원이었고, 13년 동안 시장으로 봉직했다. 그러나 대체로 보아 비전 불교도는 비록 하층은 아니어도 사회적으로 주변적 지위에 머무른 경우가 많았으니, 공식적 교육을 덜 받았고 더욱 민족적 다양성을 지닌 편이었다. 비전 불교도는 이민자나 이민자 자녀인 경우가 훨씬 많았다.[12]

비전 불교도는 또한 영적으로 보다 절충주의적인 편이기도 했다. 많은 이들이 동양과 서양의 여러 그룹에게로 동시에 이끌렸고, 한 전통에서 다음 전통으로 충성의 마음을 바꾸었다. 주목을 불교로 돌렸을 때, 비전 불교도는 남아시아, 특히 실론의 불교 형태에 초점을 맞추는 편이었다. 어떤 의미에서 이는 기묘한 듯하다. 올콧이 1889년에 일본에서 진언종의 종정宗正과 회담했을 때 주목했듯이, 신지학과 몇몇 형태의 불교는 "많은 공통적 사상을 지녔다." 보다 분명히 말하면, 올콧과 같은 비전 불교도를 '숨겨진' 진리와 수행을 강조하는 티베트와 일본의 밀교 전통에 좀 더 치우치리라 생각하기가 십상이다. 그러나 여러 가지 이유 때문에 실론의 장로불교가 올콧과 블라바츠키를 사로잡았다. 그리하여 이러한 초점은 19세기의 미국 및 영국의 저명한 불교학자들 사이에서 불교 전통 가운데 가장 초기의 것이자 가장 원래 모습을 간직한 것으로 팔리어 경전과 장로불교를 옹호하려는 강한 성향에 의해 강화되었다. 물론, 일본 대승불교 중 '비전 불교적' 형태에 관심을 보이는 이들도 있었고, 그런 형태의 불교가 보다 내재적으로 양립할 수 있게 보일 수도 있었다. 그러나 대부분은 신할라인의 장로불교를 가장 권위 있게 여겼다. 그러므로 예를 들어 신지학회 회원이자 필라델피아에서 하숙집을 운영하던 불교 동조자 안나 M. 브라운이 불교 전통을 공부하러 아시아로 여행하고자 했을 때, 그녀가 영적 자양분을 얻으러 갔던 곳은 다름 아닌 실론이었다.[13]

  불교에 매력을 느낀 유럽계 미국인 다수가, 그 중에서도 필시 대다수가 이런 비전 불교적 유형이 지닌 특성의 일부나 대부분을 공유했다. 한때 안나 브라운의 하숙집에 여러 달 묵었던 알버트 J. 에드먼즈Albert J. Edmunds는 학문적이지는 않지만 팔리어 불교 해석자였으며, 종교를 지속적으로 추구했다. 그의 친구인 D. T. 스즈키는 에드먼즈를 "독실한 크리스천으로, 퀘이커교도, 스베덴보리주의자이면서 대단한 불교 동조자"로서 묘사했다. 그런데 이 '독실한'이란 용어는 오해를 낳을 법하다. 에드먼즈는 거의 어떠한 기준으로 보더라도 정통적 크리스천과는 거리가 멀었으며, 결코 어떠한 전통에 대해서도 배타적이거나 최종적 충실성을 표명할 수 없었기 때문이다. 사실상 에드먼즈는 수많은 종교적 관점에 담긴 원리들에 이끌렸다. 하지만 평생에 걸친 자신의 종교적 탐구를 통해 일정한 통일성이 존재했으니, 자신이 성장했던 퀘이커 전통과의 연관성은 결코 완전히 단절한 적이 없었다. 이 대목에서 가장 중요한 점은 에드먼즈가 성년의 삶 대부분을 통틀어 지속적으로 오컬트 그룹이나 비전 불교적 그룹에 대해 관심을 지녔다는 사실이다. 19세기 후반에 에드먼즈는 정기적으로 스베덴보리 교회에 참석했다. 그는 정신주의, 신지학, '심령현상'에 대해 지속적으로 관심을 드러냈다. 에드먼즈의 일기에는 자신이 죽은 이들로부터 메시지를 받았으며, 살아 있는 사람들로부터 '정신 감응적으로'(텔레파시를 통해) 목소리를 들었다고 믿는 증거가 넘쳐 난다. 이 특이한 불교 동조자는 선택된 불교의 가르침을 다양한 서구의 오컬트 영성의 교사들(특히 스웨덴의 신비주의자 스베덴보리)의 가르침과 뒤섞었다.[14]

그 밖의 비전 불교도로 조셉 M. 웨이드(Joseph M. Wade, 1833~1905)와 위에서 언급했던 여성인 A. 크리스티나 알베르스가 포함된다. 웨이드는 일본인들의 친구였으며, 오컬트를 배우는 수련생이었다. 웨이드는 비교적秘敎的 경향성을 띤 잡지 〈오컬티즘〉Occultism을 주재했고, 심지어 무덤을 넘어선 곳에서 전해오는 블라바츠키 여사의 메시지를 출판하기까지 했다! 웨이드 역시 개인적으로 불교에 관심을 지녔다. 웨이드는 〈법의 빛〉지를 정기 구독했으며, 이 불교잡지 편집자들은 그가 쓴 글과 그에 관한 글을 게재했다. 웨이드는 매사추세츠 도체스터에 있는 자기 집의 '오컬트룸'에다 일본 불교인들로부터 선물로 받았던 고대 일본 아미타불阿彌陀佛 불상을 안치했다. 웨이드의 불교에 대한 관심은 오컬티즘에 대한 몰두라는, 더욱 커다란 맥락 속에서 설정되었던 듯하다. 알베르스의 경우는 그보다는 좀 덜했다. 이 독일계 미국인 마하보리협회 회원은 몇 년 동안 인도에 살았으며, 여러 불교 국가를 방문했다. 그녀는 영향력 있는 많은 동양과 서양의 불교인과 접촉했고,

아이들을 위해 불교에 관한 책을 썼으며, 수많은 불교 잡지에 시를 기고했다. 알베르스의 비전 불교에 대한 관심은 그녀를 잘 아는 이들에게 괄목할 만한 것이었다. 알베르스와 서신 왕래를 했던 폴 카루스는 이 점을 이렇게 표현했다. "그녀는 아주 지능이 뛰어났지만, 대체로 신지학적이라고 특징지어질 수 있을 그녀의 믿음에는 특이한 탈선적 요소는 없었다."[15]

이런 유형을 닮은 많은 개인 중 헨리 스틸 올콧, 시스터 상가미타(마리 데수자 카나바로), 필란지 다사(허먼 C. 베터링)가 전형으로 여겨질 수 있다. 그들이 이런 딱지를 받아들이지 않을 수 있지만(베터링과 카나바로 두 사람 다 오컬트 불교도의 진정성에 의혹을 품었던 점을 기억하라), 그러나 그들은 내가 이 유형과 연관 지었던 특징들을 명확하게 드러냈다. 이미 여러 차례 언급되었던 올콧은 이 세 사람 가운데서 더할 나위 없이 가장 잘 알려진 인물이다. 대부분의 비전 불교도와는 달리 올콧은 오랜 미국인 가문에서 태어났고, 코네티컷 주 하트포드의 설립자 중 한 사람인 토마스 올콧의 후손이었다. 헨리 올콧은 오하이오, 뉴저지, 뉴욕에서 농부(1849~61)로서 인생의 첫발을 내딛었는데, 나중에 〈뉴욕 트리뷴〉New York Tribune지 농업분야 부편집장(1861~65)이 되었다. 올콧은 잠시 뉴욕시티 대학교에 다니다 미 육군 장교로 봉직했다 (1861~65). 남북전쟁 후 뉴욕으로 돌아간 올콧은 이번에는 뉴욕 회사에서 법률을 배웠는데, 1868년 사법고시를 통과한 뒤 여러 해 동안 그곳에서 변호사 일을 했다.[16]

올콧의 개인적 삶과 직업적 삶의 전환점은 1874년 여름에 다가왔다. 여전히 법률관계 일을 하고 있으면서도, 올콧은 정신주의에 대해 다시 관심을 기울이기로 결심했다. 정신주의적 경향의 잡지에서 "믿기 어려운 몇 가지 현상"에 관한 기사를 읽은 뒤, 조사를 해보기 위해 그런 현상이 벌어진 버몬트의 에디농장을 향해 떠났다. 이어 올콧은 〈뉴욕 선〉New York Sun지와 〈뉴욕 데일리그래픽〉New York Daily Graphic지에 '에디농장'에서 벌어지고 있었던 신비로운 현상에 대해 공감하는 기사를 썼다. 그런데 바로 올콧이 쓴 '에디 유령들'에 관한 기사로 인해 블라바츠키 여사가 버몬트 농장으로 오게 되었다. 두 사람은 절친한 진구가 되었고, 이듬해 둘은 무엇보다도 영성주의, 최면술, 힌두교, 불교를 뒤섞은 신지학협회를 설립했다. 경건한 장로교 집안에서 양육되었던 올콧이 19세기의, 가장 인습에 얽매이지 않고 영향력 있는 대안적 형태의 영성운동에서 지도적 인물로 되었던 것이다.[17]

올콧의 의도에 대해 계속해서 회의적인 이들이 있었지만, 미얀마, 일본, 미국, 실론의 여러 불교 인사들은 아시아적 전통을 대표해 그의 활동을 환영했다. 또한 올콧의 공헌은 중요했다. 그는 지면의 상당 분량을 불교에 할애했던 신지학적 경향을 지닌 잡지를 편집했다. 올콧은 또한 여러 대륙에 걸쳐 불교에 관해 강연했으며, 대중적 인기를 끈 『불교의 교리 문답』(1881)을 집필했고, 불교깃발을 고안했으며(1886), 일본 불교인들의 범교파적 회동을 조직했고(1889), 실론과 미얀마 및 일본에서 온 불교인들이 서명한 '불교인 강령'의 초안을 썼으며(1891), 실론에서 교육개혁과 불교의 부흥을 촉진시켰다. 많은 아시아 불교인들은 올콧을 정통으로 여겼고, 그는 죽는 날까지 언제나 스스로를 불교인이라 여겼다. 그럼에도 올콧은 정신주의와 심령현상에 지속적 관심을 기울였고, 전통적인 불교적 주제를 다양한 오컬트적 믿음 및 수행과 조화시켰다. 예를 들어 그의 저서 『불교의 교리 문답』에는 '아라한'(열반을 증득한 불교의 성인)과 '아비달마'(불법에 관해 논한 논장)뿐만 아니라

'오라'(사람이나 물체에서 발생하는 독특한 기운)와 '점성술'에 대한 언급이 있고, '프라즈나'(반야般若: 대승 불교에서, 만물의 참다운 실상을 깨닫고 불법을 꿰뚫는 지혜)뿐만 아니라 '심령현상'에 대한 언급이 들어 있었다. 그리하여 여러 측면에서 올콧은 전형적인 비전 불교도였다.[18]

실론과 미국에서 불교를 진흥시킨 또 하나의 비전 불교신자는 마리 데수자 카나바로였다. 불명佛名이 시스터 상가미타인 카나바로는 여러 곳에서 강연을 했고, 여러 논문과 책을 썼으며, 세기 전환기 무렵 불교 진흥에 중요한 역할을 했음에도 실제로는 별로 기억되지 않는다. 카나바로의 삶과 활동에 관한 사실은 이따금 상충되는 다양한 자료를 종합해야만 알 수 있다. 그럼에도 전기에 드러난 차이와 불확실성은 그대로 남아 있다. 심지어 카나바로의 출생지조차 불확실하다. 당시 기술을 통해 카나바로는 유럽, 멕시코, 미국, 남미 출신이라고 번갈아 제시되었다. 카나바로 스스로는 명백히 고귀한 스페인의 후손이라 주장했다. 가장 신빙성 있는 설에 따르면, 그녀는 텍사스 샌안토니오에서 멕시코 출신 아버지와 버지니아 출신 어머니 사이에서 태어났다. 카나바로는 멕시코에서 대부분의 유치원 시절을 보냈을 수 있으며, 몇 가지 기사가 제시하는 대로 멕시코시티에서 태어났을 수 있다. 어느 경우이든, 카나바로가 어렸을 때 가족들이 캘리포니아 마리포사 카운티로 이주했음은 거의 확실한 듯하다. 카나바로가 16살에 "미국인 신사" 사무엘 C. 베이츠와 결혼한 장소는 분명 그곳이었다. "이른 나이에" 과부가 되었거나 이혼한 뒤에(또 다시 기록들이 일치하지 않음), 샌드위치 아일랜즈의 포루투갈 대사 세뇰 A. 데수자 카나바로 각하와 결혼했다. 이어 카나바로는 남편과 호놀룰루에서 몇 년을 함께 살았다. 비록 부와 높은 지위를 누렸지만, 바로 호놀룰루야말로 카나바로가 "충족되지 않는 무언가에

대한 갈망"을 느끼기 시작한 곳이었다. 바로 그곳에서 그녀의 종교적 탐구가 진지하게 시작되었다.[19]

그 밖의 여러 비전 불교도와 마찬가지로, 카나바로는 진리의 순례 길을 따라가며 여러 전통 쪽으로 관심을 보였던, 평생에 걸친 종교 순례자였다. 순례 길의 첫 번째 단계는 신지학협회의 가르침을 선호해 물려받았던 로마 가톨릭을 거부하는 것이었다. 협회 및 달마팔라와의 개인적 접촉을 통해, 백작부인(카나바로가 신문에서 빈번하게 언급되었던 방식)은 스스로 불교 쪽으로 이끌림을 느꼈다. 달마팔라의 집전으로 카나바로는 정식으로 뉴욕 5번가 뉴센추리 홀에서 열린 대중적 의례를 통해 불교로 개종했다. 카나바로는 미국 땅에서 불교에 충성하리라 정식으로 서약한 두 번째 미국인이었고(슈트라우스가 첫 번째였음), 여성으로서는 첫 번째였다. 이 행사가 지역 언론과 해외 언론의 주목을 끌었던 것은 전혀 놀랄 일이 아니다. 이 의식이 끝난 뒤 카나바로는 아시아 불교 부흥을 돕고, 신할라족 여성들을 보살피고자 실론으로 떠났다.[20]

실론에 살았던 3년 동안(1897~1900) 카나바로는 고아원, 여학교, 불교 여성 수도원을 운영했으며, 실론과 인도 및 미얀마에서 불교에 관해 강연했다. 정확히 무슨 일이 있었는지를 판단하기 어렵긴 하지만, 대략 1900년경에 카나바로는 상가미타 학교와 고아원을 떠나지 않을 수 없었던 듯하다. 카루스에게 보낸 편지에서, 카나바로는 일을 도와주러 왔던 캐더린 쉬어러가 자신을 음모에 빠트렸다고 말했다. 카루스는 이 설명을 받아들였음이 분명했다. 카루스가 이 이야기를 반복해서 언급했기 때문이다. 어쨌든, 카나바로는 1900년 가을에 미국으로 돌아왔다. 미국에서 카나바로는 샌프란시스코, 시카고, 뉴욕 같은 도시에서 강연을 하며 작은 명사名士로서 활약했다. 1900년과 1901년 사이 카나바로는 미국에서, 특히 시카고와 뉴욕에서 불교 진흥에 매우 적극적이었다. 카나바로는 사실상 이 시기 마하보리협회 미국지부 지도자 중한 사람이었다.[21]

나중에 잠시 실론으로 되돌아가기도 했지만 서구적 불교 해석자로서 영향력의 정점에 있던 1901년 경, 카나바로는 불교에 대한 관심을 상실하기 시작했던 것 같다. 혹은 좀 더 정확히 표현하면, 카나바로는 또 다른 전통에 더욱더 매력을 느끼게 되었다. 설사 카나바로가 여전히 불교도 활동에 관한 뉴스를 폴 카루스에게 요청하고 적어도 1909년까지 마하보리협회 저널을 구독했지만, 그녀는 바하이 신앙 쪽으로 이끌리게 되었다. 카나바로는 시카고와 메인에서 열린 새라 파머의 그린에이커 대회에서, 이 관용적이고 혼합주의적인 페르시아의 종교 전통으로 개종한 미국인들과 만났다. 카나바로는 바하이 신자들의 거동과 바하이 교의 가르침에 너무도 감동받아, 이 페르시아 종교 전통을 일으켰던 바하올라(Bahá'u'lláh, 1817~92)의 아들 압둘바하Abdu'l-Bahá와 만나 대화하고자 중동으로 여행했다. 카나바로는 미국 바하이 공동체 내에서 세기 전환기 직후부터 알려지게 되었고, 바하이 전통에 관해 강연하기까지 했다. 사실상 카나바로는 바하이 역사가들 사이에서 그 당시 그녀의 동료인 마이런 펠프스의 저작으로 여겨졌던, 바하이 전통에 관한 중요한 책의 익명의 공동저자로서 기억되고 있다.[22]

카나바로의 영적 여행은 바하이와 더불어 끝나지 않았다. 1920년대에 다시 대중의 눈에 띄었을 때 카나바로는 베단타 힌두교에 아주 공감을 느끼던 터였다. 캘리포니아 라 크레센타의 아난다 아쉬람에서 주석했던 베단타 스승 스와미 파라마난다는 1925년에 출간된 그녀의 영적 자서전에 서문을 썼다. 카나바로는 글렌데일에 있는 자기 집 위 언덕 위에 위치한 스와미 파라마난다의 공동체를 방문했고 그의 가르침에 이끌렸다. 그러나 카나바로는 불교와의 과거 유대를 결코 절연하지는 않았다. 그리하여 대중적 불교 창도자로서 일하는 동안 카나바로는 가장 영향력 있는 6명의 불교 대중 포교사 가운데 한 사람이었다.

카나바로의 오컬트에 대한 관심은 그녀가 불교를 해설하고 진흥시켰던 세월 동안은 다소 억제되었던 듯했지만, 오컬트 가르침과 수행에 대해 장기간 관심을 지녔다는 증거가 있다. 카나바로는 실론에서 보낸 세월 동안, 그리고 불교 대표자로서 나쁜 평판의 정점에 있을 때도 언제나 신지학협회 회원이었다. 나중에 카나바로는 분명히 통상적이지 않은 힘을 지녔다고 천명하기도 했으니, 1908년에 한 정신주의자는 〈오픈코트〉지 편집자에게 "목소리가 카나바로에게 전달되었는데, 세 경우에 명확하고 정확하며 통상적이지 않은 정보가 전달되었다"는 카나바로의 주장을 옹호하기 위해 편지를 썼다. 편집자이자 카나바로의 친구인 카루스는 그런 사건을 "귀에서 들리는 소음"이라며, 분명하고도 공공연히 무시했다. 카나바로는 계속해서 '신지학적' 관심을 지닌 다른 이들(그녀의 친구 크리스티나 알베르스처럼)과 평생 밀접한 관계를 가졌다. 그리하여 인생의 마지막 10년 동안 출간되었던 영적 추구에 관한 카나바로의 감상적 소설들은 '오컬트적인 것들'을 공감어린 시선으로 그렸다. 그러므로 팔리어를 공부했고 정통으로 인정되는 용어로 장로불교의 원리를 토론할 수 있었다 해도, 카나바로는 분명 비전 불교도 유형의 여러 특징을 공유했다.[23]

필란지 다사(Herman Carl Vetterling) 또한 그랬다. 미국에서 영어로 된 최초의 불교잡지 〈불교의 빛〉지를 편집했지만, 베터링(필란지 다사는 필명임)은 카나바로만큼이나 거의 알려져 있지 않다. 하지만 그의 인생에서 새로운 전환과 변화의 대부분은 재구축될 수 있다. 베터링이 스웨덴에서 미국으로 이민 온 직후, 그는 (스베덴보리적인) 뉴 예루살렘 처치(the Church of the New Jerusalem)의 신도가 되었다. 이어 베터링은 목사가 되고자 공부했고, 1877년 6월 10일에 이 교회로부터 서품을 받았다. 베터링은 오하이오의 그린포드, 펜실베이니아의 피츠버그, 미시간의 디트로이트에 있는 뉴 처치 공동체에서 1881년까지 띄엄띄엄 목사로 봉직했다. 그러나 논쟁과 스캔들로 인해 그의 목사로서의 경력이 훼손되었다. 1880년대 중반 베터링은 뉴 처치와의 관계를 단절했다. 그는 신지학협회에 가담했고, 〈신지학회 회원〉지에 "스베덴보리에 관한 연구"라는 제목이 붙은 논문을 연재했다. 바로 이 무렵쯤 해서 베터링은 자신을 불교도로 규정했다.[24]

이 비전 불교 신봉자는 불교로 개종한 전후로 수많은 직업을 거쳤으니, 식자공, 목사, 동종요법 내과의사, 농부 등으로 일했다. 그러나 이 글에 가장 상응하는 베터링의 직업은 저자이자 편집자이다. 1887년, 『불교도 스베덴보리: 혹은 보다 고차원적인 스베덴보리주의: 그 비밀과 티베트 기원』(Swedenborg the Buddhist: or, The Higher Swedenborgianism: Its Secrets and Tibetan Origins)이 로스엔젤리스에서 출간되었다. 이 저서에서 필란지 다사란 필명으로 글을 쓴 베터링은 불교의 가르침과 신지학협회 및 엠마뉴엘 스베덴보리의 가르침을 결합시킨 종교적 견해를 제시했다. 이 책에는 수많은 인물(중국인, 배화교도, 미국 여성, 브라만, 불교 승려, 아즈텍 인디언, 아이슬랜드인, 필란지 다사, 에마뉴엘 스베덴보리)이 종교 문제에 관한 영적 토론에 참여하는, '필란지 다사'가 꾸는 꿈이 자세히 설명된다. 이 책 서문에서 화자話者인 필란지 다사는 자신과 스베덴보리가 '비非크리스천'이라고 도전적으로 선언한다. 스베덴보리는 "비크리스천 영혼의 징표"는 "마음대로 숨을 멈출 수 있는" 능력이라고 했고, 스베덴보리에겐 태어나면서부터 이런 비범한 능력을 지닌 이래로 "내면에 아시아적인 것"을 지녔다고 주장한다. 필란지 다사는 직·간접적으로 비전 불교의 한 형태가 가장 고차원적인 영적 가르침이며, 스베덴보리는 실제로 불교인이었다고 주장한다. 다사는 스웨덴 신비주의자들의 저작에 그리스도교적 주제가 들어 있음을 인정하지만, "순수하고, 소중하며, 축복받은 불교 진리가 유대-그리스도교적 이름, 구절, 상징 아래 숨겨져 있고, 따분하고, 독단적이고, 하품하게 만드는 8절판 책들 곳곳에 흩어져 있다"고 말한다. 만일 불교 문헌을 결코 읽어본 적이 없다면, 어떻게 스베덴보리가 이 아시아 종교의 진리를 알게 되었을까? 다사는 스베덴보리가 초감각적 측면에서 "위대한 불교 수도자들"과 직접적으로 접촉했노라고 주장한다.[25]

말할 필요도 없이 이 저작은 신지학협회와 다른 비전 불교 그룹과 연관된 정기간행물들에서 칭송을 받았지만, 베터링(필란지 다사)의 특이하고 인습타파적 해석이 스베덴보리주의 서클 내에서 충심으로 받아들여지지는 않았다. 뉴 처치 정기간행물에 다루어진 이 저작에 대한 논평을 통해, 베터링은 신에 대한 인격적 차원의 개념, 그리스도의 신성神聖, 유대-그리스도교 경전의 권위 등을 거부했다고 거세게 비판 받았다. 그런데 스베덴보리주의자들은 베터링이 자기네 영적 창시자를 불교에 연결 짓는 데 가장 격분했다. 베터링의 저서에 자세히 설명되는 꿈속에서, 크리스천들이 필란지 다사(베터링)를 살해했듯이 만일 논평자들이 "주님의 이름으로 그를 살해하지" 않았다 해도, 그게 이 책이 스베덴보리주의자들 내부에 그렇게 할 정도의 분노를 불러일으키지

않아서가 아니었다.[26]

　저서 『불교도 스베덴보리』의 말미에서, 필란지 다사는 자기 꿈에서 깨어나 친숙한 불교적 신앙고백을 반복한다. "나는 내 안내자로서 붓다를 따른다. 나는 내 안내자로서 불법을 따른다. 나는 내 안내자로서 승가를 따른다." 필란지 다사는 다음으로 스스로 천명한 불교인으로서 캘리포니아 산타크루즈 카운티에 모습을 드러냈다. 거기서 다사는 〈법의 빛〉지의 발행자이자 편집자로서 자신만의 특색을 갖춘 비전 불교를 홍보했다. 베터링은 계속해서 자신이 기고한 글과 그가 잡지에 넣기로 선택한 내용 속에 신지학적 영향과 스베덴보리주의적 영향을 혼합시켰다. 사실상 이런 다양한 원리의 종합은 이미 발간 취지문에 분명하게 드러났다.

　〈법의 빛〉지는 불교철학과 불교적 생명력을 드러내는 데 헌신할 것인 바, 업(Karma)에 관해, 윤회에 관해, 인류 안에서 신성과의 신비적 교류에 관해 다룰 것입니다…… 이 잡지는 몽고 불교도가 엠마뉴엘 스베덴보리에게 전하고 그가 출간한 신비적 저작을 통해 드러난 가르침을 설명할 것입니다…… 사랑을 담은 잡지로서, 우리는 고대의 지혜를 사랑하는 모든 이의 도덕적 협력과 금전상의 지원을 요청합니다. 또한 우리는 고대의 지혜에 의거해 전 세계에 걸쳐 '갱생한 영혼들'이 축복해 주시길 기원합니다![27]

합리주의적 유형

폴 카루스는 한 편지에서 공표했다. "만일 제가 불교를 돕는다면, 그건 오로지 오컬티즘에 대항하기 위해서입니다. 진정한 불교는 전혀 오컬티즘과는 상관이 없습니다." 비전 불교도에 맞서 가장 정력적으로 '대항했던' 불교 신봉자들은 합리주의적 불교도였다. 합리주의자들이란 말로, 나는 계몽적 합리주의, 오귀스트 콩트의 실증주의, 허버트 스펜서의 사회진화론에 가장 강하게 영향을 받은 이들을 가리키고자 한다. 이런 이념형적 무리를 이룬 지적 경향성은 이신론理神論을 통해 그 기원을 찾아볼 수 있고, 정도는 좀 덜해도 영국의 '초자연적-합리주의' 흐름과 미국의 공리주의에서 그 기원을 찾아볼 수 있다. 볼테르 및 흄과 같은 프랑스와 영국 철학자들의 저작에 표현된, 종교에 관한 더욱 우상타파적인 계몽적 사상이 미국에서는 약간의 추종자밖에 거느리지 못했으며, 미국에서 조직화된 이신론적 흐름을 진작시키려는 시도 역시 그다지 성공적이지는 못했다. 그럼에도 불구하고, 여러 형태의 계몽사상(특히 스코틀랜드의 상식철학)은 거의 남북전쟁 무렵까지 미국 지성인들 사이에 중대한 영향을 끼쳤다. 이러한 합리주의적 종교성의 보다 급진적인 경향뿐만 아니라 온건한 경향도, 공리주의 내의 합리주의적 흐름에 의해서, 또한 시어도어 파커Theodore Parker나 훗날 자유종교연합(Free Religious Association)과 윤리문화협회(Ethical Culture Society) 회원들에 의해서도 명맥이 유지되었다. 그리하여 불교사상이 최초로 학식 있는 미국인들이 널리 접근할 수 있게 되었을 무렵(1879~1912), 이런 형태의 종교적 급진주의가 여전히 통용되었다. 그리하여 콩트의 실증주의와 스펜서의 사회진화론은 이런 급진주의를 개조하고 활성화시켰다.[28]

내가 사용하는 용어로 합리주의자들이란 종교적 진리와 의미를 획득하는 데서, 계시적이거나 경험적 수단과 상반되는 합리적-논증적 수단에 초점을 맞추었고, 종교적 문제에서 신조信條, 경전, 단체의 간부,

기관 등의 권위보다 개인의 권위를 강조했다. 그들은 또한 (리엘(Lyell: 지질학을 통해 균일론을 제창함)의 과학이든 다윈의 과학이든) '과학'에 대한 때로는 무비판적 긍정과, 지속적인 종교적·정치적 관용의 열렬한 옹호로 특징지어질 수 있다. 이러한 전반적 흐름을 통해, 관심의 초점이 신학적·형이상학적 쟁점보다는 인류학적·윤리적 쟁점에 맞춰지게 되었다.

합리주의자라 불릴 수 있을 정신적으로 각성된 후기 빅토리아인 중에는, 모든 형태의 종교로부터 벗어나 스스로를 무신론자나 불가지론자로 인식하는 이들이 있었다. 어떤 측면에서 여전히 종교적이 되고자 하는 이들도 있었는데, 이들은 자기네 신앙 및 가치관과 양립할 수 있는 형태의 종교성을 탐색했다. 이런 그룹 가운데 일부가 불교에 이끌렸다. 그저 예의를 갖추었을 뿐일는지 모르지만, 심지어 악명 높았던 자유사상가이자 "위대한 불가지론자"인 로버트 그린 잉거솔(Robert Green Ingersoll, 1833~99)조차 불교의 진가를 인정하는 말을 했다. 잉거솔은 카루스에게 저서 『붓다의 복음』(Gospel of Buddha)을 보내주어 감사하다고 했다. "저로선 이 책을 더할 나위 없이 흥미롭게 읽었습니다."라고. 그에 따르면 불교의 독창성은 "많은 이들을 놀라게 하고 교육할" 터였다. 내 기준에 따르면 잉거솔은 불교 동조자는 아니었다. 그러나 정말이지 불교에 공감하는 합리주의자들은 잉거솔처럼 원칙과 개성으로 인해 종교기관에 대해 의혹을 품는 경우가 많았다. 그러나 다수는 자유종교연합과 윤리적 문화협회와 같은 자유주의적·급진적 종교 그룹들과 연결되어 있었다.[29]

자유종교연합의 의장으로 봉직했고 윤리적 문화협회를 창립한 펠릭스 아들러Felix Adler는 1879년 이후 불교에 대한 관심의 증대를 목격할 만큼 충분히 오래 산, 빅토리아 중기 토론에 참여한 여러 급진주의자 중 한 사람이었다. 아들러는 초기 논문에서 제도화된 불교의 명백한 '수동성'에 실망감을 표현한 바 있었지만, 그러나 그는 붓다의 메시지에 담긴 원리에 감동을 받았음이 분명하다. 스스로를 불교 동조자로 여기지는 않았지만, 그러나 아들러의 후기 사상에 불교에 영향 받은 흔적이 분명하게 드러난다는 생각이 든다. 1905년에 출간된 강연집에서 불교에 관한 아들러의 몇 차례 언급은 모두 긍정적이었다. 또한 비록 유사한 쟁점과 주제가 서구의 종교적·철학적 전통으로부터 출현했을 수 있지만, 아들러가 지속적으로 씨름했던 쟁점과 그가 계속해 강조했던 주제 중에는 불교 전통에 입각한 쟁점과 주제에 공명하는 것들이 있었다. 아들러는 대승불교의 지배적 주제인 자비慈悲를 강조했으며, 심지어 자신의 논점을 예증하기 위해 불교 문헌으로부터 나온 우화를 활용하기까지 했다. 그는 또한 '비관주의'에 빠지지 않으면서도 고통의 보편성과 불가피성을 받아들이는 인생에 관한 '비극적' 관점을 옹호했다. 붓다의 '중도(中道, Middle Path)' 옹호를 연상케 하듯, 아들러 역시 도덕적 길이란 금욕주의와 자기탐닉이라는 양극단 사이로 나 있다고 주장했다. 한편, 심지어 수동성(이 점에서 아들러는 자신에게 권유되었던 '정적주의적' 불교를 거부한 듯하다)과 상반되는 행동주의에 대한 끊임없는 초점 맞추기 속에서조차, "불교는 수동적 경향을 지닌 부정적 모델"이라는 선입견으로 인한 어떤 지속적 영향력이 조금은 있는 듯하다.[30]

　이러한 영향력의 징표로 인해 설사 아들러가 불교 신봉자는 아니었다 해도, 그가 설립한 그룹과 관련된 정기간행물들은 불교 논의에 기여했고, 다른 윤리적 문화론자들은 불교에 대해 상당한 정도로 공감했던 듯하다. 아들러가 '비극적' 인생관과 '비관주의적' 인생관 간의 차이에 대해 1904년 봄에 윤리협회 필라델피아 지부에서 '특별한' 강연을 하리라는 소식을 들었을 때, 알버트 J. 에드먼즈는 똑같은 단체를 상대로 불교에 관한 일련의 강연을 막 끝마친 상태였다. 필라델피아 협회는 이런저런 아시아 종교에 관심을 좀 지닌 편이었다. 불교 전통에 대해 보다 관심을 드러냈던 여타 지부들도 분명 있었다. 1896년 11월 22일, 달마팔라는 브룩클린 윤리연합을 상대로 강연했다. 그 다음 해, 신문과 잡지들에 이 그룹의 관심사에 관한 기사가 났다. "그리스도교의 대체물로서의 불교란 주제를 진지하게 고려하고 있는 단체가 '브룩클린 윤리협회'다. 이들은 초자연적인 것에 신물이 나서 순수하게 과학적인 기반을 가진 것을 갈망한다. 신약성경으로 인해 그들의 쉽게 믿는 성향이 견딜 수 없을 정도로 혹사당하자, 지성적인 동시에 합리적인 것에 대한 강렬한 열망을 간직하고서 붓다의 면전에 몸을 엎드린다." 대부분에게 아마 이런 기도의 충동이 스쳐갔을 것이다. 그런데 이 브룩클린 그룹 성원들 가운데는 아시아적이고 대안적인 영성과 지속적으로 관련을 맺었던 이들이 있었다. 4년 뒤(1901), 지부의 통신 담당자 헨리 호이트 무어Henry Hoyt Moore가 메인의 엘리엇에서 '비교종교를 위한 농부학교의 자문위원회'에 봉직했으며, 자유종교연합과 브룩클린 윤리연합의 전前의장인 루이스 G. 제인스Louis G. Janes 박사는 이 위원회의 이사였다. 제인스는 미국과 여타 나라에 소재한 여러 불교기관의 회원들에 의해 불교 동조자로, 혹은 적어도 불교에 개방적인 서양인으로 인정받았다. 〈법의 빛〉지에 실린 제인스의 부고에는 "제인스 박사는 불교의 충실한 벗이었다."고 되어 있었다. 제인스는 편집자한테 충분히 중요한 인물로 여겨져, 〈마하보리〉지는 1901년 11월호의 전면에다 〈보스턴이브닝트랜스크립트〉지에 난 부고기사를 그대로 게재했다.

이와 같이 자유종교연합과 윤리적 문화협회 같은 그룹과 관련된 합리주의적 불교 동조자들이 존재했다. 이런 이들 가운데는 마하보리협회 회원들도 있었다. 그러나 상당수의 합리주의자들은 공식적으로는 어떠한 종교 그룹에도 속하지 않았다.[31]

한 그룹에 소속되었든 아니든, 보다 소수의 여성 신봉자만이 이런 이념형적 패턴에 적합할 듯하다. 합리주의자들 사이에서 남성의 우세는 윤리적 문화협회 회원의 패턴을 반영한다. 예를 들어 1906년 센서스에 기록된 윤리적 문화협회 회원들의 대략 36퍼센트만이 여성이었다. 이는 여성 지배적인 신지학협회의 통계수치를 거의 뒤집어놓는다. 그 밖의 유사점을 지목한다면, 합리주의자들은 비전 불교도보다는 전문직업 종사자들일 가능성이 더 높았다. 비록 몇 가지 예외는 있었지만, 그들은 또한 급진적인 정치적·경제적 견해들에 가장 개방적인 듯이 보였다. 물론 그들의 종교적 견해 역시 많은 측면에서 '급진적'이었다. 합리주의자들은 콩트와 같은 급진적 사상가들의 가르침과 자유종교연합 같은 급진적 그룹의 문헌과 불교의 유사성을 강조했다. 무엇보다도 그들에게 불교는 팔리어 경전과 장로불교 전통을 의미했다. 이런 경향이 놀랍거나 조화롭지 않는 경우란 거의 없는 듯하다. 일본 대승불교와 같은 아시아의 불교 대표자 중에 백인 개종자들의 호감을 사려는 노력 속에서 유사한 주제를 다루는 이들이 있긴 했지만, 장로불교는 서양 학자와 아시아 신봉자들에 의해 자조, 관용, 심리학, 윤리를 강조하는 합리적 전통으로 제시된 바 있었다. 장로불교 전통은 실체가 있는 자아自我라는 개념과 인격적 신성神聖이란 개념과 같은, 그리스도교가 지닌 비과학적이고 미신적인 교리를 거부한다고 널리 알려졌다.

대중적 논의에 참여한 수많은 기고자들은 어느 정도 합리주의적 유형에 적합하다는 생각이 든다. 몬큐어 대니얼 콘웨이(Moncure Daniel Conway, 1832~1907)는 19세기 마지막 시기 지속적으로 불교에 대한 공감을 드러냈던 빅토리아 중기 급진주의자 가운데 한 사람이었는데, 그의 해석은 합리주의자들의 해석과 아주 닮았다. 콘웨이는 결코 자신을 불교인으로 여기지는 않았지만, 그러나 불교 전통에서 자신의 매력을 끄는 여러 가지를 발견했다. 자신의 성장배경이었던 신교의 분파주의와 '미신'을 경멸했던 이 자유사상가는 초창기에 출간된 한 논문에서, 크리스천 선교사들의 이신론보다는 아시아 불교도의 무신론을 선호한다고 빈정대는 투로 말했다. 훗날, 콘웨이는 직접 아시아 불교도와 조우할 기회를 가졌다. 사실상 젊은 불교도 대표단의 요청으로 콘웨이는 1883년 크리스마스 날에 실론에서 강연까지 했다. 콘웨이의 주제는 예수와 고타마의 탄생설화였다. 강연 도중에 콘웨이는 현세에서의 행복을 강조하는 불교와 내세에서의 보상을 강조하는 그리스도교를 대비시켰다. 불교가 콘웨이를 개종시킬 정도로 성에 차지는 않았지만, 그러나 그는 팔리어 경전과 신할라인들의 불교에서 자신의 찬양을 불러일으키기에 충분할 만한 자유사상과 합리주의를 발견했다. 예를 들어 콘웨이는 실론의 한 의례에서 낭송되는 소리를 들었던 경전 한 구절에 감동을 받았다. "사람들에게 신앙을 자신의 이성에 근거하게 하고, 영생의 삶을 자신의 의식에 뿌리박은 미덕에 의탁하도록 요청하는 이런 목소리(즉 붓다의 목소리)가 70세대의 과거로부터 울려 나온다니, 나로선 정말이지 전율하지 않을 수 없었다."

이런 합리주의적 유형의 거의 모든 요소를 필라델피아의 내과의사이자 의과대학 강사, 언론인, 강연자였던 엘리너 히스탠드 무어(Eleanor Hiestand Moore, 1859~1923)의 저작들에서 찾아볼 수 있다. 당시 한 전기적 사전에 무어의 신앙이 성공회로 올려져 있지만, 그러나 샌프란시스코 거주 일본인 불교도는 그녀를 "친구, 기고자, 숙녀, 불교 신봉자"로 인식했다. 샌프란시스코의 불교잡지에 기고한 글 중 하나에서, 무어는 합리적이고 과학적인 종교전통으로서 불교를 굳건히 옹호했다. 개종할 무렵, 뉴욕시에서 "레이스 달린 커튼 판매상"이었던 C. T. 슈트라우스의 저작에는, 합리주의적 충동이 훨씬 선명하게 담겼다. 불교로 개종하기 전에 슈트라우스는 윤리적 문화협회에 관여한 적이 있었다. 몇 년 후 마하보리협회 회원으로서 슈트라우스는 『붓다와 그의 가르침』(The Buddha and His Doctrine)이라는 제목이 붙은, 불교도의 믿음을 한결같이 설명하고 옹호하는 책을 썼다. 이 책에서 슈트라우스는 서양의 '비전 불교도'를 진짜 불교도가 아니라고 힘주어 비판했다. 슈트라우스는 불교를 자주성과 자유를 강조하고 과학 및 이성과 조화를 이루는, 윤리적·관용적·경험적 전통으로 묘사했다. 그런데 미국에서 합리주의적 불교 동조자 및 신봉자 중에서는, 다이어 대니얼 럼Dyer Daniel Lum, 폴 카루스, 토마스 B. 윌슨이 특히 대표적이다.[32]

1870년대에 중요한 논문을 썼던 급진적인 럼은 이어지는 수십 년 간 지속적으로 불교에 관심을 지녔다. 이 합리주의적 신봉자는 뉴욕 제네바에서 태어나, 뉴욕 주의 "더 태울 곳 없는 지역"(burned-over district: 모두 복음화되어 더 이상 새로운 개종자가 나오기 어렵다는 뜻에서 만들어진 용어)에서 자랐다. 뉴욕 주의 이 지역에 사는 대부분의 다른 젊은이와 마찬가지로 럼은 적극적인 노예제도 폐지론자였다. 럼은 노예해방을 위한 전쟁에 참전키 위해 군대에 지원해, 보병과 기병으로 미 육군에서 4년 간 복무했다. 전쟁 후, 럼은 제본 견습생활을 거쳐 제본 일을 잠시 했다. 1870년대 후반 무렵, 럼은 점점 경제에 관심을 갖게 되었고 정치에도 관여하게 되었다. 말년에 럼은 재정적 불안정과 씨름했고 알콜 중독과 고투했지만, 그는 비교적 다작의 작가였고 당시의 많은 대중적 논쟁에 적극적으로 가담했다.[33]

미국의 정치적 좌파 역사가들은 럼을 무정부주의와 노동조합주의의 주도적 대변인으로 인식하지만, 그의 종교적 입장에는 거의 주목을 기울이지 않았다. 1870년대와 1880년대 동안 럼은 정신주의를 비판하고 모르몬교를 옹호하는 글을 썼다. 럼은 분명 정신주의자도 아니었고, 모르몬교도도 아니었다. 럼은 "비판적이고 분석적인 성향"을 지녔다고 고백하는 우상 파괴자였다. 럼의 사고방식은 계몽주의의 급진적 전통과, 새롭게 전개된 몇 가지 철학을 통해 형성되었다. 콩트와 스펜서의 연구가 특히 영향력을 미쳤고, 럼은 주기적으로 그들에게로 회귀했다. 죽기 3년 전, 럼은 이렇게 썼다. "나는 다시 새롭게 옛날 내가 좋아했던 철학인 콩트의 '실증주의 철학'으로 뛰어들었다." 럼의 글들은 〈가톨릭 세계〉(Catholic World)지와 〈일원론자〉(Monist)지처럼 다양한 잡지에 게재되었지만, 대부분의 그의 논설은 종교적이거나 (또는 종교적인 동시에) 정치적인 급진주의에 헌신하는 정기간행물들, 즉 〈경고〉(Alarm), 〈자유〉(Liberty), 〈라디칼 리뷰〉, 〈인덱스〉, 〈오픈코트〉, 〈20세기〉(Twentieth Century)지 등에 실렸다.[34]

불교에 관한 럼의 글은 특히 합리주의적 유형을 잘 드러내는 전형을 제공한다. 중요한 논설인 "그럼에도 불구하고 불교"에서 럼은 "불교적 관점에서 불교를 해석"하려고 시도한 바 있었다. 자유종교연합의 "과학적 이신론자" 지부와 관련된 잡지에 게재되었던 이 글에서, 럼은 불교를 "이성의 종교"로 제시했다. 럼의 불교 해석은 합리주의적 유형의 특징이 드러나는 표현으로 채색되었으니, 그는 개인이 지닌 권위를 옹호했고,

윤리에 초점을 맞추었으며, 관용을 진작시켰고, "현대적 과학"을 수용했다. 럼의 경우, 생물학적 진화와 도덕적 진화는 서로 얽혀 있으므로, 인류의 도덕적 완성의 길, 즉 윤리는 자연세계의 법칙 속에서 발견되었다. 모든 윤리적 체계와 모든 종교 역시 현대적 지질학과 생물학에 의해 밝혀진 법칙에 의해 판단되어야 하고, 이런 법칙과 양립되어야만 했다. 이런 기준에 의해 불교는 그리스도교와 다른 종교 전통보다 우월하다고 럼은 주장했다. 불교도는 현대과학에 모순되는 관념인, 이를테면 초자연적 존재와 불멸의 영혼의 존재에 대한 믿음으로 "이성을 희생시키도록" 강요받지 않는다. 예를 들어 인과적인 도덕율(업설業說)의 교리는 생물학적 진화, 자연선택, 유전과 완벽하게 조화를 이루는 종교적 견해의 기초를 제공한다. 업설의 교리 속에서 불교는 "인격적 통치자 없이도 세계의 도덕적 통치"를 설명할 수 있다.[35]

오로지 불교에 초점을 맞춘, 발표된 유일한 글들("그럼에도 불구하고 불교"〔1875〕와 "열반"〔1877〕)이 활동 중반기에 나왔지만, 럼은 나중의 철학적 논문들에서도 지속적으로 불교 전통을 긍정적으로 언급했다. 그리하여 럼은 죽을 때까지 계속해서 불교 전통에 충실했던 것 같다. 럼을 기리는 추도사에서, 누구보다 그를 잘 알았던 조카는 럼이 "삶의 수수께끼를 읽어내려는 모든 의식적 노력을 불교라는 통로로 향하게 했다"고 말했다. 럼의 신념과 가치관을 관통했던 '통로'를 이룬 것이 서구화된 장로불교이든 우상타파적인 진화론적-실증주의적 철학이든, 불교가 그의 세계관의 중요한 일부였음은 분명한 듯하다.[36]

설사 럼이 불교를 공공연하게 옹호한 최초의 유럽계 미국인으로 인정받을 자격이 있다 해도, 철학자 폴 카루스는 훨씬 더 영향력 있는 불교 해석자이자 홍보자였다. 올콧이라는 가능한 예외를 염두에 둘 경우, 카루스는 필시 미국에 살고 있던 다른 어떤 이보다 불교에 대한 미국인의 관심을 촉진하고 지속시키는 데서 더욱 커다란 영향력을 발휘했다. 불교에 관한 저서와 논문, 아시아 및 서구 불교도와의 접촉, 〈오픈코트〉지 편집자로서의 활동을 통해, 카루스는 불교의 본질과 가치에 관한 대중적 논의에 긴요한 공헌을 했다. 카루스는 독일에서 태어나고 거기서 교육 받았다. 튀빙겐 대학에서 1876년에 박사학위를 받은 이후, 카루스는 육군에 복무했고 이어 학교에서 가르쳤다. 카루스는 경건한 정통 신교도 집안에서 양육되었지만, 그러나 그는 점차 자신의 물려받은 종교 전통으로부터 이탈하기 시작했다. 1884년에 카루스는 미국으로 건너갔고, 미국에서 자신의 자유주의적 종교관을 보다 자유롭게 선언하고 진작시킬 수 있으리라 생각했다. 1887년 12월 무렵, 카루스의 평생에 걸친 직업이 확정될 터였으니, 〈오픈코트〉지의 편집자이자 또한 출판사의 편집장이 되었다. 카루스는 이 직책을 1919년 2월 사망할 때까지 계속 맡았다.[37]

카루스가 미국으로 건너오기 전에 불교에 관해 알고 있었다는 증거가 있지만, 그러나 특히 불교와 아시아 종교에 대한 그의 관심은 미국에서 열린 1893년의 세계종교의회에서 강화되었던 듯하다. 이 행사 뒤 몇 년 지나 카루스는 불교 사상을 옹호했고, 불교 성가를 작곡했으며, 불교 포교사들을 격려했다. 그러나 많은 여타 합리주의자들처럼 불교나 다른 특정 종교에 배타적으로 헌신하지는 않았다. 카루스가 불교나 다른 어떤 특정 종교 전통에 헌신하길 거절한 점은, 전적으로 용인되지는 않아도 그의 불교도 친구들을 보면 알 수 있다. 예를 들어 카나바로가 불교를 대표해 카루스의 해석 작업과 그의 저작에 대해 감사를 표시한 한 편지에서처럼. 카나바로는 심지어 카루스는 진작부터 달마팔

라를 제외한다면 다른 누구보다 서양에서 불교 진작을 위해 더욱 많은
일을 한 바 있다고 말하기까지 했다. 더욱이 카나바로는 만일 카루스가
공개적으로 불교에 대한 충성을 공언한다면 훨씬 더 도움이 될 것이라는
암시도 했다. 그러나 카나바로는 카루스의 입장을 받아들이는 듯이
보였다. "진정 당신은 분파주의적이 될 수 없으니, 당신이 모든 여타
종교를 배제하고 한 종교를 옹호할 수는 없는 노릇일 테니까요." 그리하
여 카루스는 강력한 불교 동조자였다고 말할 수 있다.[38]

　카루스를 합리주의적 동조자로 부를 때, 나는 그저 그 스스로가
자신의 입장을 설명한 내용을 반복하고 있을 뿐이다. 예를 들어 런던의
합리주의자언론연합 명예회원증을 받으면서 카루스가 천명했듯이.
"나는 합리주의 사상에 완벽하게 동의합니다. 다시 말해 나는 종교의
문제에 이성적이고 과학적인 사유를 적용하며, 내 모든 저작은 이런
원칙을 실천에 옮긴다는 의향의 증거입니다." 세계종교의회를 전후한
저작들에서, 카루스는 자신의 합리적 종교관 혹은 그가 "과학의 종교"라
불렀던 것의 개요를 밝혔는데, 불교가 그것과 양립될 수 있다고 주장했
다. 불교는 과학의 발견, 이성의 결론, 도덕성의 요구, 종교 상호 간의
협력에 필요한 것과 조화를 이룬다는 것이다.[39]

　이 합리주의적 동조자의 관점은 다른 무엇보다도 계몽주의의 유산,
다윈의 진화론적 관점, 자유방임주의적 자본주의 정신, 그리고 '일원론'
의 원리에 의해 구체화되었다. 일원론적 철학을 가장 영향력 있게
명료히 표현한 독일 생물학자 에른스트 헤켈(Ernst Haeckel, 1834~1919)
처럼, 카루스는 감각으로부터 (즉 과학과 경험으로부터) 이끌어 낸
지식의 신뢰성을 강조했다. 카루스는 또한 유기체든 비유기체든, 물질
뿐 아니라 정신을 포함한 전체 우주가 똑같은 자연법칙에 의해 규제되므

로 '통일적'이라는 헤켈의 주장(이 대목에서 '일원론자'라는 딱지가 붙었다)
을 받아들였다. 물론 카루스의 '일원론'에는 훨씬 더 많은 내용이 들어
있지만, 그러나 본 저서에서는 그의 철학 가운데 단지 이런 대체적인
개요만이 유의미하다.[40]

사실상 여러 측면에서 카루스의 합리주의적 불교 해석은 계몽주의의
유산과 자유사상과의 유사점을 부각시킴으로써 가장 잘 드러날 수
있다. 볼테르와 여타 계몽주의 사상가들처럼, 카루스는 종교의 진정한
본질을 규정하는 데 관심을 지녔다. 그런 본질은 독단적이고 미신적인
요소가 제거된 뒤에 남게 되는 종교적 진리의 핵심이 될 터였다. "회의주
의적 계몽주의" 정신의 또 다른 후계자 시어도어 파커Theodore Parker처
럼, 카루스 박사는 "우연적인 것으로부터 본질적인 것을, 무상한 것으로
부터 영원한 것을 가려내고" 싶어 했다. 이런 관심은 카루스가 편찬한
불교경전 선집을 위해 경전 구절을 선택한 방식에 분명하게 드러났다.
토마스 제퍼슨의 성서에서 그리스도교가 드러난 것처럼, 카루스의
『붓다의 복음』(1894)은 미신적이고 독단적인 부가물이 없어진 불교를
제시했다. "공통의 지반으로서, 모든 진실한 불교도가 입각할 수 있을
이상적 입장"을 구축하기 위해, 카루스는 다양한 구절을 "조화롭고
체계적인 형태"로 배열하고자 애썼다. 이 과정에서 불교 지도자들이
대중에게 다가가기 위해 애썼을 때 덧붙여졌으리라 생각되는 대승불교
전통이 지닌, "전거典據에 입각하지 않은 장식물 대부분을 제거해야만"
했다. 불교 경전에 대한 이런 비판적이고 선택적인 접근은 또한 전체로
서의 불교 전통과 사실상 모든 종교에 대한 그의 접근방식의 특징을
드러냈다. 카루스는 종교란 시간이 지나면서 진화한다고 생각했다(여
기서는 다윈, 스펜서, 자유방임적 자본주의의 영향력이 뚜렷한 듯하다).

살아남으려는 투쟁을 거치면서 "보편적 진리를 지닌 우주적 종교"가
등장하게 될 것이었다. 카루스는 비교, 경쟁, 대화를 장려했는데, 특히
"세계의 가장 위대한 두 개의 종교 전통" 사이의 비교, 경쟁, 대화를
장려했다. 왜냐하면 이런 과정을 통해 각 전통의 본질 규명에 속도가
더해지고, 보편적·비분파적·합리적 종교의 출현이 가속화될 것이라
믿었기 때문이다.[41]

　내가 말한 대로, 카루스의 영향력은 매우 대단했다. 대중적 논의에서
카루스의 불교 해석을 읽고 내면화시켰던 미국 참가자들 중 한 사람이
토마스 B. 윌슨Thomas B. Wilson이었다. 설사 불교에 대한 윌슨의
이해를 특징짓기가 비교적 단순하더라도, 그가 불교를 주제로 많은
논설을 썼고 그의 해석이 합리주의적 유형에 아주 근접하기 때문에,
그의 전기를 재구성하기는 다른 이들보다 훨씬 더 어렵다. 1905년에
윌슨은 서부 해안 지역에서 가장 일류 잡지인 〈오버랜드 먼슬리〉지를
편집했음이 분명한데, 윌슨은 계속해서 그 이후로도 이 정기간행물에
기고했다. 비록 1905년 샌프란시스코시 주소성명록에 그의 직업이
'언론인'으로 등재되어 있고, 구독하는 〈법의 빛〉지가 샌프란시스코
주소로 우송되었지만, 그는 다른 직업에도 종사했던 듯하고 다른 지역에
서도 살았던 듯하다. 나중 논설들에 쓰인 제목 아래 필자 명을 적는
줄을 보면, 윌슨이 명예 법학박사 학위를 받았음을 알 수 있다. 〈법의
빛〉지와 〈오버랜드 먼슬리〉지에 기고한 글들에 드러났던 기업체들에
대한 대단히 공감하는 태도와 부의 축적을 옹호하는 윌슨의 입장은,
그가 부유했거나 부유하고자 하는 열망을 지녔다는 점을 시사한다.
또한 아시아와 아시아인들에 관한 윌슨의 기술은, 특히 중국인의 경우에
비서구적 문화에 대한, 체험으로 얻은 친밀감을 내포한다.[42]

샌프란시스코 일본 정토종 포교단과 관련 있는 승려들의 일상 기록에 따르면, 윌슨은 아시아계 미국인 불교도 및 유럽계 미국인 불교도와 정기적으로 비공식적인 접촉을 가졌다. 윌슨은 필시 샌프란시스코 포교단과 연관되었던 백인불교 그룹인 붓다달마상가의 일원이었던 것 같다. 윌슨은 1901년의 어느 여름철 일요일에 포교단에서 강연했다. 윌슨이 강연과 논설에서 불교를 힘주어 강조하고 공감을 드러내는 식으로 불교를 해석했다 해도, 그가 스스로를 불교 신봉자로 여겼는지를 판단하기는 불가능하다. 어쨌든, 윌슨은 적어도 강력한 불교 동조자였다.[43]

또한 윌슨은 합리주의자였다. 베이지역(Bay Area: 샌프란시스코 인근 태평양 연안 지역)에 자유종교연합이나 윤리적 문화협회 지부가 전혀 없었지만, 윌슨은 필시 이 그룹들에 편안함을 느꼈을 터였다. 이런 종교적 자유주의자, 급진주의자, 합리적 불교 옹호자들처럼, 윌슨은 윤리의 중심적 역할, 관용의 중요성, 개인의 권위, 이성의 우위를 강조했다. 윌슨에 따르면, 불교는 절대 누구에게라도 타인의 권위에 입각해 우주 및 자아의 본성이나 궁극적 실재에 관한 주장을 신봉하라고 요구하는 법이 없다. "모든 불교도는 불교의 원리가 도출되었던 사실을 자유로이 탐구한다." 윌슨은 크리스천들이 믿을 수밖에 없는 계시적 '독단론'(인격적 신에 관한 개념 따위)은 비논리적이고 비과학적이라 주장했다. 반면에 불교는 그리스도교보다 합리적이고 과학적이다. 왜냐하면, 예를 들어 불교는 변덕스런 신의 자의적 규칙을 원인과 결과의 도덕적 법칙(업설)으로 대체하기 때문이다. 카루스의 견해로부터 빌려와, 윌슨은 사실상 "종교와 과학 간의 갈등이란 불교에서는 불가능하다"고 단언했다. 그렇지만 신에 대한 일부 관념은 윌슨의 해석에 남아 있다. 왜냐하면 윌슨의 체계 내에서는 우주의 직물 속으로 짜여 들어간 원인과 결과의 법칙인 '인과관계'가, 유대-그리스도교 체계일 경우에는 신이 담당하는 역할을 떠맡기 때문이다. 하지만 말할 필요도 없이, 윌슨의 논설을 어쩌다 힐끗이라도 살펴보았던 정통 크리스천 독자 중에서, 윌슨의 '신'을 지적으로나 정서적으로 만족스럽게 여겼던 이들은 거의 없었을 터였다.[44]

불교는 보다 합리적이고 덜 독단적이었을 뿐만 아니라, 우월한 윤리적 체계도 제공했다. 대부분의 합리주의자들에게서처럼 윌슨에게 종교의 핵심은 윤리였다. 종교란 자아와 세계에 관한 개념을 제공하는 바, 불교적 견해는 경험적으로 입증될 수 있고 과학과 양립하기 때문에 가장 우위에 있다. 그러나 윌슨은 종교란 가장 근본적인 차원에서 개인이 더욱더 "인격의 고결함"을 획득하고자 분투하는 현세적인 길이라고 여겼고, 그렇게 주장한 경우도 간혹 있었다. 종교는 도덕적 성품의 도야를 위한 지침을 제공하며, '윤리의 종교'로서 불교는 우주가 어떻게 도덕적 진화를 뒷받침하는가에 대한, 주목하지 않을 수 없는 설명(업설)을 제시한다. 불교는 또한 도덕적 온전함을 이룰 효과적인 지침(8정도八正道)도 제공한다.[45]

낭만적 유형

윌슨은 내가 합리주의적 유형과 연관시켰던 모든 주제들을 강조했을 뿐 아니라, 불교에 대한 비전 불교적 해석을 단호하고 분명하게 반대했다. 불교는 어떠한 '비밀스런 교리'도 선언하지 않으며, 불교는 '오컬티즘', '신비주의', '심령력心靈力'이나 '비교주의秘敎主義'와 아무런 관련이 없다. 윌슨에 따르면, "붓다는 공개적이고 적극적인 윤리와 철학체계를 가르쳤고, 어디에도 신비주의나 숨은 뜻을 주입할 여지를 남기지 않았다." 좀 상이한 관점을 지닌 미국 불자인 어니스트 페놀로사는 이에 동의했다. 그는 오컬트주의자들에 대한 윌슨의 우려에 공감했고, "조금 희석된 헤겔과 뒤섞인 신지학"에 불과한 듯한 형태의 불교를 강하게 비난했다. 이 논점에 관한 공통점에도 불구하고, 페놀로사의 불교적 관점은, 이를테면 올콧의 비교주의뿐만 아니라 윌슨의 합리주의에서 상당한 정도로 벗어났다. 몇몇 비교주의자와 합리주의자들이 불교문화의 비종교적 영역에 관심을 드러냈고, 일부는 그런 전통이 살아 있는 나라를 방문하기까지 했지만, 그들의 관심사는 종교적 믿음과 수행에 집중되었다. 그런데 세 번째 유형의 불교 신봉자인 낭만적 유형이나 이국문화 취향적 유형의 경우, 불교로의 이끌림은 전체로서의 불교문화(불교라는 종교뿐 아니라 불교 미술, 건축, 음악, 드라마, 관습, 언어, 문학)에 대한 몰입과 애착의 일환이었다. 2차 세계대전 이후 미국 불교에 더욱 특징적인 방식으로, 이들 19세기 동조자들은 특정 불교국가의 문화를 연구하고 심지어 그 나라의 관습 중 일부를 채택하기까지 하는 편이었다. 역사적 환경 탓에, 그들에게는 티베트와 특히 일본에 초점을 맞추는 경향이 있었다. 더욱 중요하게 지적되어야 할 점은, 그들은 종교적 의미와 관련해 비밀리에 전하거나 합리적인 접근방식보다는 오히려 심미적 접근방식에 초점을 두었다는 사실이다. 이런 유형의 불교 옹호론자들이 과학에 헌신하고 스펜서한테 영향을 받았다 해도, 그들은 이성보다는 상상력에 더 초점을 맞추었다. 더욱이 그들은 종교적 진리의 숨겨진 원천에 대한 통상적이지 않은 접근보다는, 통상적인 인간의 심미적 기능의 작용에 더 관심을 지녔다.[46]

이런 유형의 개인들은 부분적으로는 낭만주의에 신세를 졌다. 유럽과
미국에서 낭만주의 운동에 연관되었던 이들 중 다수가 이국적인 것과
멀리 떨어져 있는 것에 매력을 느꼈다. 그들은 문자 사용 이전의 민족들
이 지닌 문화와 고전 그리스 및 로마의 문화뿐만 아니라, '동양의 문화에
관한 책을 읽고 글을 썼다. 미국에 산재한 이국문화를 선호하는 불교도
는 괴테와 같은 독일 낭만주의자와 에머슨 같은 미국 낭만주의자들의
지적 후손이었다. 그들은 계속해서 감정, 상상력의 탐구, 미학에 대한
고려를 강조했다. 또한 그들은 아시아 문화에 대한 낭만적 관심을
지속적으로 유지하고 강화시켰다.

이런 이국문화를 선호하는 유형의 등장은 더욱 확대된 아시아 나라들
과의 접촉을 통해서도 역시 촉진되었다. 미국의 선원, 상인, 선교사들은
일찌감치 아시아 문화와 맞닥뜨렸다. 그러나 통신수단의 발전, 교통의
발전, 이민 패턴의 변화, 그리고 특히 일본의 서양에 대한 문호개방
선포 등으로 인해 아시아로 여행 가기가 훨씬 용이해졌고, 또한 여행
갔던 이들의 설명이 담긴 글을 읽느라 여가 시간을 보내기가 수월해졌
다. 물론 대부분의 미국인들은 여전히 아시아 문화에 대해 적대적이거나
냉담했지만, 아시아 문화에 관해 배우는 것에 매력을 느끼는 이들도
있었다. 예를 들어 서구의 문학계와 미술계에서 '일본풍'(Japonisme)이
유행했다. 프랑스, 영국, 독일, 미국에서 대략 1865년부터 1895년까지
일본풍이 맹위를 떨쳤다. 좀 더 구체적으로 말해, 일본의 목판인쇄가
수많은 미국 미술가에게 끼친 영향력을 통해 이런 일본풍의 유행을
엿볼 수 있다. 이런 미술가들로 프레더릭 에드윈 처치, 제임스 애벗
맥닐 휘슬러, 매리 카삿, 윈슬로 호머, 윌리엄 메리트 체이스, 존 라파지
등을 꼽을 수 있다.[47]

　많은 낭만주의자들은 동양으로부터 영감을 얻은 서양 미술을 좋아했지만, 아시아 미술 그 자체에 훨씬 더 매혹되었다. 또한 낭만주의자들은 이런 관심을 추구할 시간과 교양 및 수단을 지녔다. 낭만주의자들은 대체로 주요 도시의 중심지, 특히 보스턴과 뉴욕의 엘리트층에 속했다. 예를 들어 다른 유형의 불교 옹호자들에 비해 균형이 맞지 않을 정도로 많은 낭만주의자가 탁월한 미국 가문 출신이었다. 그들은 또한 더욱 보수적인 정치적·경제적 견해를 지닌 편이었으니, 공산주의 문헌을 배부하고 노동소요를 일으키거나 거리 모퉁이에서 무정부주의적 견해를 주창하는 모습이 발견될 가능성은 거의 없었다. 낭만주의자들의 불교적 관심은 동아시아에서 발견되는 심미적으로 풍부한 형태의 대승불교에 집중되었다. 일본불교에 특별히 초점이 맞춰진 것은, 낭만주의자들의 심미적 관심사의 논리적 귀결인 동시에, 이 시기 동안 일본문화와 접촉할 보다 많은 기회를 낳았던 영향력이 합류한 자연스런 귀결이기도 했다. 만일 역사가들 사이에 공유되는 빅토리아 불교도의 이미지가 하나 있다면, 권태와 호기심, 그리고 정신적 혼란이나 그저 단조로운 적막감으로 인해 이국적 종교를 취미삼아 접해 보는, 부와 영향력을 지닌 '제멋대로의 보스턴인'이란 이미지다. 세 가지 유형 중에서 낭만적 불교 옹호자들은 이런 묘사에 가장 잘 들어맞는다. 그러나 이런 이미지는 사람들을 오해하게 만들 수 있다. 이런 이미지는 낭만주의자를 정확하게 설명하지 못하며, 미국인 신봉자 중 낭만주의자의 비율을 부적절하게 기술한다. 예를 들어 이런 낭만주의자 가운데는 그저 취미삼아 해보는 수준 이상으로 불교를 추구했던 이들이 있으며, 그들은 진지하고 지속적으로 불교에 관심을 쏟았다. 천태종과 진언종 불교에 관한 페놀로사의 기록에 나타난 정교함이나, 비글로우가 쓴 출판된 불교 해석을 고려해 보라. 또한 이런 낭만적 불교도는 불교라는 종교에 이끌린 이들 중 단지 일부(필시 가장 작은 비율)를 이루었을 뿐이었다.[48]

존 라파지(John LaFarge, 1835~1910)는 일본 문호개방의 혜택을 누렸으니, 낭만적 유형이 지닌 특징의 일부를 분명하게 드러냈던 미국인이었다. 라파지는 자신과 헨리 아담스(Henry Adams, 1838~1918)가 1886년에 일본에서 조우했던 미술작품의 아름다움에 매혹되었다. 『일본에서 보낸 어느 미술가의 편지』(An Artist's Letters from Japan)에서 라파지는 자신이 일본에서 본 모든 미술작품 가운데 "열반에 대한 명상 속에 몰두해 있는 것으로 드러났을 때의" 관세음보살 이미지에 가장 감동을 받았다고 말했다. 두 사람은 심지어 1891년에 아시아로 두 번째 여행을 떠나기까지 했고, "미술작품을 보기 위해" 실론의 불교사원을 찾아다녔다. 이를 통해 느낀 매력이 로마 가톨릭의 전통에서 벗어날 만큼 충분히 강력하지는 않았지만, 라파지 역시 불교에 공감했고 관심을 지녔다. 아담스 역시 그랬다. 아내가 자살한 바로 직후, 아담스가 1886년에 처음 일본으로 건너갔을 때, 아담스는 이국적인 영적 자양분에 굶주린 듯이 보였다. 아담스는 심지어 일본에 도착하기 전에 불교에 아주 공감했었다고 말하기까지 했다. 아담스는 페놀로사를 좋아하지 않았지만, 페놀로사와 일본에서 빈번히 접촉했는데, 그는 페놀로사가 자신을 개종하지 못하게 만들었노라고 농담 식으로 고백했다. "페놀로사는 불교종파에 참여했죠. 그런데 나 자신은 미국을 떠날 때는 불교인이었음에도, 페놀로사로 인해 감리교 성향인 칼뱅주의로 개종해버렸습니다." 아담스는 친구 존 헤이한테 자신의 시 "붓다와 브라흐마"를 보냈을 때 불교에 대한 자신의 초창기 관심을 조롱했지만, 그럼에도 그는 아내를 기리는 유명한 기념조각을 의뢰했던 아우구스투스 세인트-고덴스에게, 모델로 일본의 보살상을 활용하도록 요청했다. 생애 말년에, 아담스는 자신이 친구 비글로우의 불교에 관한 새로운 책을 '칭송'했었노라 고백했다. 아담스는 책을 보내준 비글로우에게 감사를 표했다. "여느 때처럼 나는 연꽃에 귀의할 걸세. 거기서 우리 만나세. 우린 외롭지 않을 걸세." 한 학자는 여기서 연꽃은 열반의 고요를 상징하며, 아담스의 시체를 열반과 결합시키는 "고요의 철학"은 불교와 불교의 목적에 관한 신비적 이해에 기반 해 있다고 말한 적이 있었다. 불교로 인해 아담스의 견해가 이렇게 급진적이 되었는지는 몰라도, 그의 반어적 고백과 냉소적 독백 및 불교에 대한 부인과 잘못된 방향에도 불구하고, 아담스는 불교를 진지하게 생각했던 듯하다.[49]

어니스트 페놀로사의 두 번째 아내인 매리 맥닐 페놀로사(Mary McNeil Fenollosa, 1954년에 사망) 역시 일본을 방문할 기회가 있었던 낭만적 불교 신봉자였다. 1896년 봄, 그녀는 남편이 공식적으로 천태종에 충성을 서약했던 사찰로 남편과 함께 갔고, 두 사람 모두 거기서 케이엔 아자리와 함께 공부했다. 당시 그녀 역시 개종했다. 3년 뒤에『둥지 바깥에서』(Out of the Nest)에 등장하는 시의 절반이 '동양의', 특히 일본의 종교 및 문화와 조우한 데서 영감을 얻어 씌어졌다. 예를 들어 그녀는 독실한 신자의 기원에 응답하는, 불교에서 자비의 보살인 관세음보살을 모신 관음전을 방문한 일 중 하나를 시적 재해석을 통해 제시했다. 그 장면의 아름다움, 신비스러움, 단순성에 매료되어, 그녀는 자신만의 기원을 종이에다 서툰 시로 써서 다른 순례객들의 기원문이 바람에 펄럭이는 관음전에다 묶어두었다. "아, 순박한 신앙이여! 태양이 서쪽으로 가더니, 어둠이 도리깨질을 하며 파르르 떨면서 희미해져가는 빛에 엄습해 왔다. 어둠이 몰려드는 길목 곁에 나는 무릎 꿇었으니,

편안하게 무릎 꿇었으니, 내 이국적 기도가 한 밤 중에 심어진 셈이네."
티베트 문화를 공부하고 불교에 공감했던 윌리엄 우드빌 록힐(William
Woodville Rockhill, 1854~1914)과, 열반에 대한 시적 찬사의 글을 썼고
보스턴에서 비글로우와 함께 명상했던 조지 캐벗 로지(George Cabot
Lodge, 1873~1909)는 '이질적 기도'를 불교사당에다 '심어두었던' 어떤
증거도 남기지 않았다. 하지만 그들 역시 낭만주의자로 분류될 수
있을 것이다. 그런데 이런 낭만주의적 유형의 특징을 다른 누구보다
뚜렷하고 온전하게 드러냈던 이들은, 아내에게 불교 전통을 소개했던
어니스트 프란시스코 페놀로사, 윌리엄 스터지스 비글로우, 라프카디
오 헌, 이렇게 세 사람이었다.[50]

어니스트 페놀로사는 시인이자 동양미술 연구자로, 문학잡지에 기고
한 글과 시 선집 및 동아시아 미술에 관한 고전적 저작, 그리고 보스턴
순수미술 박물관의 동양미술 분야 큐레이터로 봉직했던 경험을 통해,
19세기 미국에 아시아 문화를 소개하는 데서 중요한 역할을 했다.
페놀로사는 두 차례 장기간에 걸친 방문(1878~89년과 1896~1900년)을
통해 일본문화와 의미심장한 만남을 경험했다. 일본에 체류하는 동안
페놀로사는 정치경제와 철학을 가르쳤고, 나중에 영문학을 가르쳤다.
해외에 있던 두 해 동안(1878~80년) 페놀로사는 도쿄의 박물관 및
순수예술 아카데미의 관장을 지냈다. '여성적' 동양과 '남성적' 서양의
결합을 갈망했던 페놀로사는 일본의 문화, 특히 일본의 미술, 건축,
시, 고전 드라마에 드러난 섬세한 윤곽의 미에 이끌렸다.[51] 당연히
페놀로사는 일본불교에도 역시 이끌렸다. 내가 언급했던 대로, 페놀로
사는 1885년에 윌리엄 스터지스 비글로우와 더불어 천태종에서 계를
받았다. 페놀로사는 하버드 학부생이었을 때 헤겔과 스펜서 철학을

공부했는데, 심지어 도쿄대학의 강연에서 스펜서의 체계를 널리 알리기까지 했다. 그러나 페놀로사는 형이상학보다는 미학美學에 더 관심을 지녔던 듯하다. 페놀로사는 진리에 대한 탐구보다는 아름다움의 추구에 더 고무되었다. 사실상 페놀로사의 아내는 그가 일본의 미술과 건축에 대한 높은 평가를 통해 불교를 처음 접하게 되었다고 말했다. "바로 이 사원에 체류하는 동안 종교로서와 동시에 건설적 철학으로서의 불교에 대한 그의 관심이 생겨났어요." 또한 페놀로사의 전기작가가 말했듯이, 미적 관심이 천태종 불교와 진언종 불교에 대한 페놀로사의 매력을 자극하고 지속시키는 데 긴요했다. 치솔름Chisolm의 견해다. "불교숭배와 관련된 아름다운 것들이 설득력을 더해 주고 아마 결정적이었을 겁니다." 페놀로사는 이런 불교집단의 상징물과 의례에서 로마 가톨릭의 대성당을 연상했고, 뉴잉글랜드의 아이보리 색깔을 띤 신교도 교회에는 없는 풍요로움과 관능성官能性을 발견했다.[52]

　일본문화와 일본불교에 드러난 심미적 요소들에 이끌렸던 또 다른 낭만적 불교 신봉자는 페놀로사의 친구 윌리엄 스터지스 비글로우였다. 비글로우는 오래되고 명성이 자자한 뉴잉글랜드 가문에서 태어났다. 비글로우는 하버드 칼리지와 하버드 의과대학을 다녔고, 부와 신분이 제공할 수 있는 이점을 향유했다. 1874년에 의과대학을 졸업한 뒤, 비글로우는 과학과 의학 분야 훈련을 계속 더 쌓기 위해 여러 유럽 도시를 돌아다녔다. 비글로우는 유럽의 다양한 도시에서 살았는데, 파리에서 루이 파스퇴르와 1년 이상 연구하기도 했다. 직업생활을 시작하기 위해 미국으로 돌아왔을 때, 비글로우는 아버지의 요청을 받아들여 매사추세츠 종합병원 외과 의사이자 하버드 의과대학 외과 조교가 됨으로써 아버지의 뜻을 이었다. 하지만 비글로우는 단지 2년 동안만(1879~81년) 의사생활을 했다. 좋지 않은 건강을 탓하며, 비글로우는 그다지 흥미를 느끼지 못한 의사 직을 포기했다. 비글로우를 아는 이들이 말하듯, 그가 연구자로서 지냈다면 행복하고 생산적이었을 수 있었을 테지만, 그에겐 아버지의 요청을 거절할 만한 용기가 없었음이 분명했다.[53]

결코 풀타임으로 급료를 지불하는 직위를 얻지 못했지만 에드워드 모스의 일본에 관한 로웰 강연에 고무된 후 1882년에 일본이라는 나라로 출발했을 때, 비글로우는 여생 동안 삶의 방향을 맞출 새로운 초점을 발견했다. 비글로우는 원래 잠깐 방문하려 했지만, 일본에 7년을 머물렀다. 그 기간 동안 비글로우는 일본문화에 대한 감식력 있는 학생이었고, 천태종 불교와 진언종 불교에 이끌렸다. 비글로우는 천태종 불교 스승 사쿠라 케이토쿠한테서 공부했으며, 친구 페놀로사와 함께 공식적으로 충성을 서약했다. 3년 뒤인 1888년, 비글로우는 '재가자 서품'이라 말할 수 있을, 어쩌면 비글로우 자신이 한때 말했던 불교식 '성사'(聖事, sacrament)에 참석했다. 비글로우는 건강과 기질이 허락했다면 불교승려가 되었으리라 자주 친구들한테 말했다. 어쨌든 비글로우는 자기 불교 스승의 서거에 뒤이어 1889년에 일본을 떠난 후, 참선을 하고 진언종과 천태종의 밀교적 수행에 충실했다. 이런 밀교적 수행에는 주문이나 성스러운 불교적 신조 반복하기, 수인手印이나 의례적 몸짓의 활용, 불교적 우주의 만다라나 상징적 표현 명상하기 등이 포함되었다.[54]

비글로우는 여러 측면에서 낭만적 불교 신봉자로 간주될 수 있다. 우선, 비글로우는 문학적·철학적 낭만주의에 신세를 졌던 듯하고, 페놀로사처럼 특히 에머슨의 저작에 힘입은 바 컸던 듯하다. 에머슨의 관념론과 범신론은 비글로우에게 천태종과 진언종 불교의 통찰력을 통합시켜낼 수 있을 지적 관점을 제공했다. 비글로우에게 이런 형태의 불교는 의식의 우위와 힘, 그리고 모든 실재의 궁극적 통일성을 강조하는 것으로 비쳤다. 불교를 보스턴의 필립스 브룩스 목사님에게 설명하려는 시도 속에서 비글로우는 유사점을 강조했다. "제가 여태 이해해 온 바로, 불교철학은 일종의 영적 범신론으로 거의 에머슨의 철학과 정확히 일치합니다." 비글로우는 또한 일본 문화(무엇보다도 일본의 인쇄, 옷, 칼, 조각, 정원)의 여러 측면에 심취했고 매료되었던 한에서 낭만적 불교 신봉자였다. 비글로우는 1870년대에 파리에서 공부할 무렵, 일본미술을 탐구하고 작품을 수집하기 시작했고, 처음 일본에 머무는 동안 이런 추구를 지속하느라 많은 시간과 돈을 쏟아 부었다. 일본에 체류하는 동안 비글로우는 일본인들에게 미술 방면의 자기네 고유 전통을 유지하도록 격려했고, 오늘날까지 비글로우는 일본미술연구소 설립기금으로 1만 달러를 기부한 일로 치하를 받고 있다. 일본미술에 끼친 공헌을 인정받아, 1909년에 비글로우는 일본정부가 사적私的 외국인에게 수여하는 최고 영예인 제3 욱일장旭日章이라는 훈장을 받았다. 페놀로사가 좀 더 널리 알려져 있었지만, 일본미술 이해에 끼친 비글로우의 공헌 또한 미국에서 인정되었다. 비글로우는 결국 보스턴 미술박물관 이사로 봉직했고, 극동의 미술작품 수십만 점을 박물관에 기증했으니, 이를 통해 모스와 페놀로사-웰드 수집품과 더불어 보스턴 박물관은 미국에서 가장 훌륭한 초창기 일본미술의 보고寶庫로 되었다.[55]

페놀로사의 경우와 마찬가지로 일본 미술에 매료됨으로써 비글로우의 불교적 관심에도 불이 당겨졌다. 비글로우의 친구 중 한 사람은 "그를 불교로 이끌었던 것은" 다름 아닌 일본 정원에 대한 탐구였다고 말했다. 경로야 어떠하든, 천태종과 진언종 불교의 심미적 매력이 비글로우의 불교에 대한 관심을 지속시키는 데 긴요했다. 이런 점이 비글로우의 불교적 헌신을 낭만적이라 할 수 있는 또 다른 측면이다. 한 학자가 페놀로사와는 달리 비글로우가 "불교의 심미적 측면에 대해 침묵의 대응"을 했다고 말했지만, 비글로우의 서신과 여타 출판되지 않은 자료들은 그가 불교적 도상법圖像法과 의례의 풍요로움에 대한 페놀로사의 평가를 공유했다는 점을 드러내준다. 예를 들어 비서가 기록한 불교에 관한 한 대화 속에서, 비글로우는 자신이 연구해 왔고 수행해 왔던 일본불교의 형식이 지니는 심미적 특성을 찬양했다. "천태종과 진언종에서 사람들은 오래된 북방불교의 형식을 활용합니다. 그 의례를 딱 그대로 보존해 왔죠. 매우 아름다운 의례입니다."[56]

　　낭만적 불교 동조자인 라프카디오 헌(Lafcadio Hearn, 1850~1904)은 하버드나 다른 어떤 대학도 다니지 않았으며, 비글로우와는 달리 뉴잉글랜드 청교도라는 유령과 씨름할 필요가 없었다. 그럼에도 영국계 아일랜드 아버지와 그리스계 어머니 사이에서 태어난 이 이민자의 자식 또한 일본문화의 아름다움과 풍요로움에 이끌렸다. 헌은 아마도 당시의 다른 어떤 서양인보다 더 전면적으로 일본문화에 심취해 14년 간 (1890~1904) 일본에 살면서, 일본 여성과 결혼하고, 일본 이름을 택했으며(야큐모 코이즈미), 일본 시민으로 사망했고, 도쿄의 불교 선원에 매장되었다.(『힐끗 바라본 일본』(Glimpses of Unfamiliar Japan, 1894)으로부터 『일본: 하나의 해석시도』(Japan: An Attempt at Interpretation1904)에 이르는) 12권의 저서에서, 헌은 서양 독자를 위해 일본문화 전반을 해석했다.[57]

　　이런 저작들에 산재한 것이 불교에 대한 해석이었다. 불교에 대한

대단한 관심에도 불구하고, 헌은 결코 자신을 신봉자로 여긴 적은
없었다. 한 예일 대학교 학부생이 그랬듯이 헌의 독자들이 그를 불교
신봉자로 오해할 때, 그는 그들을 교정해 주었다. "나는 불교도가 아니라
여전히 허버트 스펜서 추종자입니다." 종교에서 비非종파주의에 헌신하
고 상당한 정도로 스펜서 철학의 불가지론적 입장에 동조하면서, 헌은
특정 종교나 종파를 받아들일 수 없었거나 받아들이려 하지 않았음이
분명했다. 그러나 자신이 접할 수 있는 서구적 전통과 동양적 전통
가운데 불교가 가장 매력적이었다. 한번은 헌이 "만일 내가 신앙을
택할 수 있게 된다면, 나는 불교를 택할 것입니다"라고 말한 적도 있었다.
헌이 불교에 매력을 느꼈던 중요한 원천은 다름 아닌, 천태종과 진언종
이 "헤켈 교수의 학파가 지닌 독일 일원론"(이는 카루스 역시 지목했었다)
및 스펜서 철학의 진화론적 일원론과 확실하게 양립할 수 있었기 때문이
다. 스펜서의 생각은 특히 헌이 "고차원적 불교"를 해석하는 데 영향력이
컸다. 지성인 엘리트를 겨냥한 이러한 "철학적 불교"는 거칠게 표현해서
스펜서의 불가지론적(不可知論的, agnostic) 진화론 체계에 대한 영지주
의적(靈知主義的, gnostic) 판본인 셈이다. 열반에 의한 주객관의 초월
속에서 드러나는 궁극적 실재에 대한 체험이, "미지의 실재"(Unknown
Reality) 및 유전이 아닌 업(karma)과 조우하지 못하는 이중적 의식의
무능력에 대한 스펜서의 인식을 대체했고, 진화적 변화의 메커니즘으로
기능했다. 헌의 "고차원적 불교"에 관한 해석 속에서, 심지어 비非유기적
물질의 발전조차 도덕적 법칙의 인과론적 권능 아래 포섭된다. 이어
헌은 이런 고차원적 불교를 스펜서의 생각과 양립 가능하며, 따라서
이성 및 과학과도 양립 가능한 영적 진화론의 한 형태로 여겼다.[58]
　비록 내가 헌의 입장을 낭만적이라 기술했지만, 헌의 불교 해석에는

또 다른 유형을 보다 특징적으로 드러내는 요소 역시 들어 있었다. 헌과 거의 모든 불교 옹호자들이 어떤 단일한, 기라성 같은 이념형적 특성에 완벽하게 들어맞지는 않는 실상을 제대로 파악하는 것이 중요하다. 거의 모든 개인이 한 가지 유형 이상의 경향성을 드러냈기 때문이다. 헌이 결코 오컬티스트가 아님은 확실했으니, 서양의 '비전' 불교도에 대한 그의 반감은 뚜렷하고도 강력했다. 하지만 헌의 저작은 합리주의자들과 일정한 유사점을 드러냈다. 헌은 일본문화의 여러 측면에 심취했고 그 미술과 문학에 관심을 지녔지만, 그는 또한 합리주의자들처럼 개인의 권위와 윤리의 중심적 역할을 강조했다. 헌은 또한 보편 종교의 출현을 희망했고, 이성의 원리와 과학의 발견을 척도로 종교를 평가했다. 그러므로 어떤 의미에서 헌의 견해는 내가 시사했던 대로 합리주의적 경향성을 지닌 낭만적 유형의 한 사례나, 합리주의적 유형의 한 변형으로 특징 지워질 수 있을 것이다.[59]

낭만적이면서 동시에 비전 불교적 유형의 요소를 드러냈던 불교 신봉자들도 있었다. 비전 불교적 동조자인 조셉 웨이드는 불교문화에 대한 낭만주의자들의 애정을 공유했으니, 그는 일본 미술작품을 수집했고, 일본식 정원을 가꾸었으며, 일본 학생을 후원했고, 비글로우처럼 일본문화 선양에 공헌하여 일본정부의 존중을 받았다. 다른 한편으로 낭만적 신봉자인 비글로우의 출판되지 않은 저작들에서 약간의 '비전' 불교에 대한 공감의 기미 역시 엿보인다. 이를테면 비글로우는 자신의 일본인 멘토 중 한 사람에게, 불교에 신비주의적 성향의 로렌스 올리펀트Laurence Oliphant와 서양 정신주의자들의 사상과 유사한 점이 있다는 생각이 든다고 말했다. 이에 칸료 나오바야시는 비글로우의 잘못된 인상을 교정하는 식으로 응답했다. 비글로우는 또 다른 편지에서 이렇게 썼다. "저는 티베트가 지식의 위대한 중심지라고 생각하는 편입니다. 티베트에서 지식은 두 방향으로 퍼졌죠. 알렉산드리아 도서관이 불타고 장미십자회원(Rosicrucian: 독일에서 창설했다고 전해지는 연금마법의 기술을 부리는 비밀 결사 회원)들의 절멸로 인해 서양이 상실해 버렸던 사실들이, 어쨌든 티베트에는 보존되어 있습니다." 한 학자는 비글로우에게 "위대하고 비밀리에 전해지는 오컬트적인 지식의 원천으로서 불교에 대한 거의 파우스트적(인간은 어떠한 미망迷妄에 빠져 헤매더라도 진리를 향해 꾸준히 노력한다면 종국에 가서는 신에게 귀의하여 구원을 얻는다는 의미) 호기심"이 있었다고 지적하기 위해 이 마지막 언급을 예로 들었던 적이 있었다. 정말이지 이 구절은 비전 불교적 유형에 대한 일정한 애호를 드러내지만, 그러나 대다수의 증거는 그런 유사점이 지나치게 강조되어서는 안 된다는 점을 보여준다.[60]

이 대목에서의 난점은 부분적으로, '비전'(秘傳, esoteric)이라는 용어를 복합적으로 사용하는 데서 발생한다. 1887년에 처음으로 만난 뒤, 나중에 절친한 친구가 될 시어도어 루스벨트는 다음과 같이 비글로우를 '비전' 불교도라 말했다. "하지만, 캐봇, 왜 자네는 나한테 그가 비전 불교도라 말해 주지 않았나? 말해 주었다면 어쩌다 종교가 화제로 되었을 때 아주 허둥대던 상황을 줄일 수 있었을 텐데 말일세." 그런데 이 말을 통해, 루스벨트는 비글로우가 종종 "비밀리에 전한다"고 언급되는 일본의 불교 종파에 속한다는 의미를 드러냈을 가능성이 가장 높다. 밀교 전통과 관련된 불교의 여러 형식이 이런 식으로 기술되어 왔고, 비글로우가 관련되었던 진언종과 천태종에는 이런 밀교전통에서 유입된 요소가 남아 있었다. 그러나 밀교적 신앙 및 수행과 서양의 오컬트적인 요소를 구별하는 게 중요하다. 비글로우 자신이 이런 구별의 중요성을 인식하게 되었다. 왜냐하면 비글로우는 신지학 그룹과 정신주의 그룹들과 관련된 보스턴의 '비전' 불교도와 거리를 두고 싶었기 때문에, 지속적으로 자신의 출판물에서 '널리 전하는'(exoteric)이란 용어와 '비밀리에 전하는'(esoteric)이란 용어를 회피했다. 예를 들어 1908년의 잉거솔 강연에서 비글로우는 대승불교의 두 가지 기본 관점을 구별했다. 현교(顯教, Kengyo), 즉 "분명하게 밝혀놓은 가르침"과 밀교(密教, Mikkyo), 즉 "분명하지 않은 가르침"이 각각 별도로 존재했다. 진언종과 천태종 불교의 "분명하게 밝혀놓지 않은" 지혜와 수행을 옹호하면서, 여느 때처럼 비글로우는 밀교를 "비밀리에 전하는" 불교라 해석하는 것을 회피했으니, 이런 표현으로 인해 "일부 대중적 오해가 생겼기" 때문이었다. 밀교적 불교의 비글로우적 판본과, 예를 들어 올콧의 신지학 불교에 대한 이해 둘 다에 "숨겨지거나 비밀스런" 신앙과 수행에 관한 언급이 들어 있다. 이런 의미에서 일정 정도의 부분적 일치가 존재한다. 그러나 비글로우를 비전 불교 신봉자의 전형적 사례로 기술함은 잘못이리라.[61]

비교주의秘教主義와 합리주의 역시 겹치는 부분이 있었다. 예를 들어 엘리너 M. 히에스탠드 무어Eleanor M. Hiestand Moor 박사는 불교를 현대 과학적 탐구의 최신 결과와 '조화'를 이루는 합리적 전통으로 제시했다. 그러나 그녀는 또한 놀라운 혼잣말로 현대과학의 결론 중 일부를 기대했었을, "비밀리에 전하는 진리를 추구하는 현명한 제자들"을 찬양하기도 했다. 다른 한편으로, 수많은 비전 불교도가 합리주의적 유형의 일부 특성을 명확하게 드러냈다. 예를 들어 에드먼즈는 서양의 합리주의적 전통의 몇 가지 측면을 아주 매력적으로 여겼다. 에드먼즈는 영국에서 자유교회(Free Church: 교회 신도 좌석의 임대와 구입을 폐지하려는 운동으로 출발한 교회)에 속했던 적이 있고, 유니테리언 목사 서품을 고려하다가, 윤리적 문화협회에 참여하기로 '결심했다.' 사실 필라델피아의 스베덴보리주의적인 교회 목사가 에드먼즈에게 다중적多重的인 종교 정체성을 허용하는 데 동의했더라면, 그는 교회에 참여했을 수 있었다. 마지막 예로 비전 불교도인 카나바로는 〈법의 빛〉지에 기고한 글에서 비전 불교의 영향을 조금밖에 보이지 않으면서, 장로불교의 '합리적'이고 '과학적'인 가르침을 찬양했다. 내가 이런 애매하고 중첩되는 사례를 드는 이유는, 이런 유형들이란 단지 적잖게 유용한 이론적 구성물일 뿐임을 독자들에게 상기시키기 위해서다. 그와 동시에 나는 이런 유형학이 여러 관점 사이에 드러나는 양상들을 어떻게 규명해 낼 수 있고, 또한 특정한 입장의 독특함을 어떻게 강조할 수 있는지를 보여주고 싶다. 이런 유형학의 견지에서 불교 옹호론자들의 입장을 해석함으로써, 그런 입장이 지니는 불교에 대한 여타의 동조적 대응과의 연속성과 불연속성이 보다 명확해진다.[62]

앞 장에서 나는 불교에 관한 활기 넘치는 대중적 논의가 존재했으며, 불교 전통이 영적으로 미몽에서 깨어난 이들에게 진지하게 선택할 대상으로 되었다고 주장한 바 있다. 이 장에서는 개별적 차이가 상당하지만 동조자와 신봉자들의 세 가지 주된 유형이 두드러졌다고 나는 제시해 왔다. 널리 퍼져 있는 가정과는 반대로, 나는 대다수가 낭만적 불교도가 아니라 비전 불교도라 주장해 왔다. 나아가 낭만적 불교도의 관심은 아시아 불교 스승과 기관들이 부재함으로 인해 그만큼 더 진지하고 지속적인 경우가 많았다. 그러나 나는 이들이 세기 전환기의 미국에서 접근할 수 있을, 전통적이고 대안적인 영성의 다양한 형태 중 하필이면 불교를 움켜잡았는지에 관해서는 거의 말하지 않았다. 다음 장에서 나는 불교가 지닌 매력의 원천을 분석하고, 그와 동시에 불교 옹호자들이 지배적인 문화와 맺었던 관계를 고찰하고자 한다.

선경仙境 속을 걷기

불교의 매력과 문화적 견해 차이

1890년대 동안 "보스턴의 주도적인 주의주장은 '남에게 상처 주지 않기'였다"는 주장 속에는 상당한 진실이 들어 있다. 윌리엄 스터지스 비글로우는 바로 이런 정통 보스턴 사람이 되고자 분투했다. 그러나 비글로우에게 이 일은 쉽지 않았다. 정통 보스턴 사람뿐 아니라 충실한 불교인이 되고자 열망했기 때문이다. 두 말할 필요 없이 비글로우는 완전히 성공하지는 못했다. 비글로우는 저명한 보스턴의 목사한테 보내는 편지에다 자신이 정식 불교인으로 개종하자 아버지가 보인 반발을 써놓았다. "아버지는 불교에 전혀 관심이 없는 상태여서, 제가 미쳐버리기 직전 상태에서 방황하고 있다고 생각하시죠. 제가 규율이 잘 선 보스턴 사람처럼 집으로 돌아가 당신을 위해 손주를 낳아주지 않기 때문입니다." 아버지의 반발로 인해 비글로우는 분명 노심초사했다. 민감한 비글로우 같은 일부 불교 신봉자들은 상대방의 생색내는 듯한 웃음, 경멸적 눈초리, 당황해하는 표정으로 인해 상처받거나 괴로워했다. 물론 별로 어려움을 겪지 않게 보였던 이들도 있었다. 하지만 비글로우가 치른 대가는 헤어짐과 외로움이었다. 비글로우는 미국불교, 심지어 서양불교 지도자로서 역할을 하는 독특한 처지에 놓였다. 비글로우가 시간, 돈, 하버드 학벌, 영향력 있는 인간관계, 정식 불교훈련 등을 갖추었기 때문이다. 하지만 비글로우는 불교 대중화에서, 이를테면 카루스나 올콧보다 미약한 활약을 보였다. 비글로우가 천태종과 진언종 불교에 귀의하자 그에게 막강한 영향력을 행사했던 아버지 말고도 보스턴의 다른 이들 역시 당황해하고 흥미로워하거나 불편해하는 모습이 역력했다. 비글로우는 더 이상의 반대를 피하고자 비큰 스트리트의 자기 집과 터커넉 섬의 여름 별장에 틀어박혀 지냈다. 좀 더 정확히 말해, 비글로우는 한편으로 대중 앞에서 "규율이 잘 선 보스턴인"의 사회적 관습에 잘 어울리는 자아를 내보였고, 다른 많은 경우에는 이와 정반대되는 사적私的 자아를 배양했던 것이다. 보스턴 미술박물관에서 일하고, 친구 마거릿 챈러와 오후 연주회를 관람하며, 메사추세츠 종합병원 이사로서의 의무를 이행하고, 백악관에서 시어도어 루스벨트와 함께 머무르며 비글로우 박사는 "아름다운 신사용 장신구와 멋진 영국 옷"을 착용하고서 화장수의 미묘한 향내를 내뿜었다.[1]

사망 후 평소 바람에 따라, 비글로우는 화장된 뒤 재 가운데 반은 보스턴에 묻혔고 나머지 반은 일본으로 보내졌다. 보스턴의 삼위일체 성공회에서 하버드 급우들로부터 찬사를 받았던 자아自我는 비글로우가 바로 대중 앞에서 내세운 자아였는데, 이를 상징하는 재의 반이 그의 할아버지가 조성했던 유명한 마운트 오번 공동묘지에 묻혔다. 일본식 가옥인 자신의 보스턴 집이나 섬 별장에 격리된 채, 게신 코지(비글로우의 불명佛名)는 최종적으로 마운트 오번에 묻히게 된 빅토리아적 자아를 자신의 불교적 자아와 조화를 이루게 하려고 분투했다. 저

불교적 자아는 비컨 스트리트 거실에 법복法服을 입은 채 놓여 있다가,
비글로우가 페놀로사와 함께 공부했던 천태종 사원의 말사인 일본
호묘인 사찰에 묻힐 예정이었다. 대체로 비글로우는 보스턴 엘리트의
시야에서 멀어진 상태로 불교 생활을 영위했다. 비글로우는 터커넉
섬에서 천태종과 진언종 전통을 통해 "비밀스럽게 전하는" 수행에 전념
했고, 조지 캐벗 로지에게 불교 명상을 가르쳤다. 다양한 일본식 거처에
머무르는 동안 비글로우는 전통 일본식 의상을 입었다. 비컨 스트리트의
자기 집에서 비글로우는 흠모해 마지않던 일본인 불교 스승 케이토쿠
사쿠라이의 영정 아래 잠들었다.[2]

비글로우는 헨리 캐벗 로지와 시오도어 루스벨트와 같은 절친한
친구들에게 자신의 불교적 헌신을 인정했지만, 그러나 자신의 가장
깊은 종교적 관심사는 단지 몇 사람하고만 논의할 수 있었다. 비글로우
에게 가장 중요한 존재는 당연히 스승 사쿠라이였다. 비글로우는 또한
자신의 불교적 헌신을 페놀로사, 조지 캐벗 로지, 와조 치먼, 그리고
보스턴 박물관에서 중국 및 일본 미술부서 큐레이터인 카쿠조 오카쿠라
와 공유했다. 그러나 이들 모두가 한 사람 한 사람씩 비글로우보다
먼저 사망했다. "마치 효성스런 자식이 자애심 많은 아버지를 돌보는
듯한" 비글로우의 돌봄을 받은 뒤에 1889년 12월에 사망한 그의 스승을
필두로 사망 행렬이 시작되었다. 1890년부터 1921년까지 비글로우는
영적 충고를 얻기 위해 호묘인 사찰의 사쿠라이 계승자인 칸료 나오바야
시에게 편지를 쓰기도 했다. 그런데 사쿠라이가 죽은 때(1889)로부터,
그리고 친구 오카쿠라가 죽었을 무렵(1913)엔 보다 더 강렬하게, 비글로
우는 1885년에 세웠던 맹세에 충실하기 위해 고투하며 홀로 남아 있는
처지였다. 사망하기 5년 전, 육체적으로 쇠약해지고 영적으로 '사망

상태인' 죄의식에 짓눌렸던 비글로우는 일본에서 사쿠라이의 계승자한 테 불교인으로서 자신의 실패를 고백했다. 비글로우는 또한 자신의 외로움을 표현했다. "오카쿠라 씨가 사망한 이래로 제가 불교에 관해 이야기 나눌 수 있는 사람이 이 나라에는 하나도 없습니다."[3]

그리하여 미국 불교도는 F. 그래이엄 데이비스처럼 사우스다코타 버밀리언에 살아야만 외로움을 느끼는 건 아니었다. 미국 불교도는 또한 많은 이가 관례적이지 않은 믿음과 수행을 버렸다는 사실을 알아채 기 위해 비글로우만큼 예민할 필요까지는 없었다. 물론 모든 불교 동조자와 신봉자들이 거부의 징표에 접해 비글로우처럼 반응했던 건 아니었다. 그런 신앙의 저버림을 자기 견해의 올바름과 인격의 고매함을 정당화시켜 주는 것으로 환영하는 듯한 이들조차 있었다. 설사 아무리 반발하는 이들이 있었다 해도, 한 가지는 분명한 듯하다. 즉 그들의 자연스런 기행奇行 및 세속과의 우아한 거리두기나 진정한 문화적 불일 치 속에서, 대부분의 유럽출신 미국 불교 동조자와 신봉자들은 동시대인 들로부터 떨어져 지냈다는 점이다. 불교적 주제에 관해 나름의 견해를 지닐 만큼 충분히 관심을 지녔던 대부분의 미국인들은, 불교가 "온갖 유형의 종교적 배교자와 사회적 불평분자들"의 매력을 끌었다는 프랭크 필드 엘린우드의 통찰을 공유한 듯했다.[4]

사실상 비글로우를 포함, 불교에 이끌렸던 많은 이들에게는 다양한 종류의 개인적 특이점이 있었는데, 이런 점은 그들이 유별나다는 평판에 정말이지 더욱 빌미를 제공했다. 이런 평판을 더욱 뒷받침하면서, 대중 토론 자리에서 불교 옹호론자들은 격렬한 이의제기의 수사학을 구사하 는 경우가 많았다. 불교가 지니는 매력의 원천을 설명하는 가운데, 불교 옹호론자들은 자주 불교의 독특함을 강조했다. 물론 크리스천 비평가들 역시 불교가 지닌, 상궤에서 벗어난 특성을 강조했으며, 클레어런스 에드가 라이스Clarence Edgar Rice 목사님 같은 일부 인사들은 마지못해서긴 해도 불교가 지닌 이국적이고 이질적인 세계가 주는 매혹을 인정했다.

내가 처음 일본에 도착했을 때, 나는 유럽계 및 미국계 거주자들과 좀 떨어진 한 도시에다 거처를 잡았다. 좁다란 골짜기 건너편으로 100야드(약 90m)도 채 떨어지지 않은 곳에 소나무에 휩싸인 불교 사찰이 있었다. 저녁이 되어 바람이 소나무한테 속삭일 때면 부드러운 음조의 사찰 종소리와, 윙윙거리는 염불소리, 그리고 호칭 기도 (사제가 읊은 기도문을 따라 신도들도 읊는 형식) 소리가 내 서재 유리창께로 흘러들어 왔다. '색다른 환경', 고즈넉한 저녁, 종소리와 노랫소리가 율동적으로 흐르는 가운데, 펼쳐진 장면의 '특이한 매력'이 더욱 이채를 띠었다. 누구든 그 자리에 있으면 '또 다른 세계'로 옮겨온 게 아닌가, 혹은 중세 시대의 '기묘한 행사'를 목격하는 듯한 환상에 빠질 수 있다. 이런 환경에서 불교를 처음 힐끗 보았던 경험을 통해, 몇몇 사람들이 느끼는 불교의 '특별한 매력'을 부분적으로나마 설명해 줄 이 종교의 한 측면이 드러난다.

크리스천 반대자처럼 일부 불교 옹호론자 역시 불교를 말로 설명하기 위해, 매혹적인 이국적 언어를 활용했고 심지어 참신한 관용적인 부정否定의 어구를 사용했다. 불교인으로 사는 것은, 주민들이 친숙해 하고 소중해 하는 모든 것의 부재不在를 찬미하는, 멀리 떨어진 '선경仙境'에 머무는 셈이었다. 요컨대 불교에 관심을 가진 이들은 기존 관습에 대한 반대자들인 듯이 보였다. 이 제4장에서 필자는 불교에 대한 유럽계 미국인들의 반응 속에 표현된 의견 일치와 불일치의 복잡한 패턴을 정리하기 시작할 것이다. 필자는 1879년과 1912년 사이에 불교 동조자와 신봉자들이 의식적으로 주도적인 사회적·정치적·경제적·문화적 패턴을 거부했던 방식의 일부를 분석할 것이다.[5]

정치적·경제적·사회적 이의제기

불교에 대한 의미심장한 관심의 시기(1879~1912)는 또한 사회적·정치적·경제적으로도 소란한 시기였다. 한 학자가 제시했던 대로, 남북전쟁에 뒤이은 20년 세월은 "고통스런 시절로, 변화가 너무나 빠르고 철저해 많은 미국인들이 격변의 정도를 파악할 수 없을 정도"였다. 산업화, 회사 설립, 도시화, 이민, 급속한 과학기술적 혁신으로 인해, 20세기 미국 경제와 사회를 특징짓는 온갖 것이 등장하기 시작함에 따라 미국인이 영위하는 일상생활의 성격이 변화되었다. 주기적으로 경영진과 노동자들 간의 긴장이 폭력적으로 분출됨에 따라, 1870년대와 1880년대에 많은 이들이 '노동문제'를 숙고하지 않을 수 없었다. 공무公務와 정치의 타락과 관련한 냉소주의와 좌절감 또한 만연했다.[6]

여러 미국 역사가들이 마크 트웨인과 찰스 더들리 워너가 사용한 '도금시대'(The Gilded Age: 통화 인플레이션, 과대한 투기, 산업의 대확장, 포말泡沫기업의 붐, 실업 및 정치 도덕의 이완弛緩, 도덕적 타락 및 부정부패 등으로 특징 지워지는 1865년부터 1890년까지의 시기, 마크 트웨인의 소설에서 유래함)란 문구를 써서 1870년으로부터 1900년까지의 시기를 기술했으며, 교과서들은 대체로 이어지는 시기(1901~17)에다 '진보의 시

대'(Progressive Era) 혹은 '개혁의 시대'(Age of Reform)라는 딱지를 붙인
다. 그런데 이런 딱지는 기만적일 수 있다. 온갖 종류의 개혁을 위한
노력이 '도금시대' 동안 시작되었고, 정치적 타락, 경제적 불안정, 사회
적 혼란이 '진보의 시대' 동안 지속되었기 때문이다. 나는 마지막 장에서
이 대목으로 돌아갈 것이다. 여기서는 1879년과 1912년 사이에 다양한
원천으로부터 이의제기가 나타났다는 점만을 지적하는 게 중요하다.
예를 들어 무신론적 무정부주의자들의 연합에 의해서뿐만 아니라,
더욱 전통에 입각한 종교적 유대를 지닌 농부와 노동자 집단이 주도하는
저항이 시작되었다. 가장 대중적이고 효과적인 저항 중에는 직·간접적
으로 신교 주류파와 연결된 것도 있었다. 당시 불교도는 이 시기에
가장 시끄러운 이의 제기자가 아니었으며, 가장 효과적인 이의 제기자도
아니었다. 그러나 불교에 이끌렸던 사람 중에는 명백한 사회적·경제적·
정치적 반대를 표현하는 이들이 존재했다. 예를 들어 만연해 있는
식사습관, 의료관행, 연구절차, 민족적 관계, 남녀의 역할 등에 이의를
제기하는 이들이 등장했던 것이다. 한편, 소수지만 자본주의와 민주주
의와 같은, 누구나 받아들이는 근본적 질서의 요소까지 거부하는 이들도
있었다.[7]

　규모는 작아도 의미 있는 숫자의 후기 빅토리아 사람들은 인간 이외의
세계를 대하는, 광범위하게 유포된 태도에 도전했다. 예를 들어 필라델
피아에선 미국 '생체해부반대협회'가 1883년에 설립되었다. 이 협회는
"동물을 재료로 한 모든 생체해부실험과, 고통을 일으키는 그 밖의
실험의 전면적 폐지"에 헌신했다. 세기 전환기에 필라델피아에는 이런
저런 식으로 동물을 좀 더 자비롭게 대하는 풍조를 진작시키는 데
헌신하는 조직이 최소한 16개는 되었다. 이 조직의 성원들은 자기

건강을 증진시키거나 동물학대를 피하고 싶어 했다. 그리하여 소수 필라델피아 인으로 구성된 한 그룹은 심지어 관습과는 다른 식으로 식사하기로 결심하기까지 했다. 〈음식, 가정, 정원〉(Food, Home, and Garden)이라 불리는 잡지를 출판한 '미국채식인협회'가 1886년에 필라델피아에서 설립되었다. 그런데, 관습적이지 않은 식생활에 대한 입장을 기치로 필라델피아에는 훨씬 일찍부터 공공단체가 설립된 바 있었다. 필라델피아 성서-크리스천 교회, 혹은 소위 채식인 교회가 41명으로 이루어진 과거 영국 샐포드의 성서 크리스천 교회 성원들이 미국에 도착한, 일찍이 1817년에 설립되었다. 그들은 모태가 되는 교회로부터 갈라져 나왔는데, 스베덴보리주의의 영향을 받았음에 분명했다. 왜냐하면 이들과 그들의 담임목사가 성경의 가르침에 따라 전쟁, 사형제도, 노예제도를 금지해야 할 뿐만 아니라 고기와 술도 금지해야 함을 믿게 되었기 때문이다.[8]

공개적으로 채식주의에 반대하고 동물해부실험에 찬성하는 불교 추종자들도 있었다. 합리주의적 불교 동조자인 카루스는 "동물해부실험 반대운동은 잘못되었다."는 결론에 이르렀다. 카루스는 채식주의와 동물해부실험에 관해 자신이 받아놓은 많은 글 중 일부를 출간했지만, 그러나 분명 이 운동에 관여한 이들을 만족시킬 정도로 충분치는 않았다. 예를 들어 특유의 공손함과 온화함으로 카루스는 불교 동조자이자 열렬한 채식주의자요 동물해부실험 반대인 H. 갈바니Galvani에게 "동물에 대한 인간의 도덕적 태도"에 관한 그의 생각에 감사를 표했지만, 그러나 자신으로선 의견개진을 허락할 수 없다고 생각했다. 잡지에 "그 주제에 관한 논쟁"을 실을 만한 충분한 공간이 없기 때문이었다.[9]

갈비니는 자신의 신조에 대단히 충실했으므로 오레곤 소재 농장에 채식인 촌을 건설하려는 계획을 발표하는 등, 확고했다. 또한 집요한 추구 속에서 자신의 경고와 글을 환영하는 정기간행물을 찾아냈다. 〈음식, 가정, 정원〉지에 게재된 한 작은 메모에서 갈비니는 매년 미국인들의 돼지고기 소비와 관련된 통계수치를 인용했고, 이어 식사와 성격 간의 연관성을 이끌어 냈다. "그렇게나 많은 돼지살로 이루어진 몸을 지닌 수많은 이들이 세련되고, 관대하며, 사랑스럽고, 친절할까? 나로선 그런 경우를 본 적이 없다." 갈바니의 논리에 내포된 대로 돼지고기를 먹지 않는 불교도가 돼지고기를 먹는 불교도보다 더욱 세련되고 친절한지 어떤지를 말하기란 어렵다. 그러나 수많은 불교 옹호자들, 특히 갈바니와 베터링 및 웨이드와 같은 비교적秘敎的 경향성을 지닌 이들은 인간 이외의 세계를 다루는, 사회적으로 용인된 방식에 이의를 제기했던 후기 빅토리아 인들에 속했음이 확실하다. 그들은 채식주의를 옹호했고, 불교도에게 흔하듯이 동물해부실험을 거부했다. 이러한 주제에 관한 글들이 〈법의 빛〉, 〈마하보리〉, 〈불교도의 빛〉과 같은 불교잡지에 게재되었다. 〈불교도의 빛〉지의 초간본에서 괴벽스런 편집자인 베터링은 불교의 매력적 특징 중 하나가 "살아 있는 생물을 죽여 해당 생물이 누려야 할 정의正義를 부인하지 않는" 점이라고 말했다. 생의 말년에 베터링은 캘리포니아 산호세에 동물 수용소를 설립하기 위해 당시로선 상당한 금액인 5만 달러를 기부함으로써 동물에 대한 자비로운 대접을 계속 지지했다.[10]

동부 해안 뉴욕시에 사는 합리적 불교도라 할 C. T. 슈트라우스와 비전 불교도인 필라델피아의 앨버트 에드먼즈는 필라델피아에 기반을 둔 미국채식주의자협회에 관여했다. 예를 들어 에드먼즈는 그리스도교와 불교에 개인적 관심을 지녔고, 두 종교 모두 인간 이외의 세계와 더욱 자비로운 관계를 요구한다고 믿었다. 이 문제에 관한 불교의 관점은 명확하고 모범적인 것 같다는 생각이 에드먼즈에게 들었지만, 그리스도교 역시 유망했다. 전통적 그리스도교의 인간중심주의는 성경의 왜곡에 기반 했으며 수정되어야만 했다. 에드먼즈는 집필과 강연을 통해 이러한 왜곡을 바로잡는 데 일익을 담당했다.(에드먼즈는 심지어 1893년 어느 일요일에 목사가 부재한 가운데 필라델피아 '채식주의자 교회'의 설교단에 오르기까지 했다.) 또한 에드먼즈는 종교적 믿음이 요구하는 식사를 따르고자 분투했다. 결혼을 하지 않은 그는 분명히 자신을 위해 요리하지는 않았다. 그리하여 에드먼즈는 그럭저럭 1891년 어느 봄날 아침에 10마일(16km)을 걷기 직전 아침식사로 '과일과 견과류'를 먹을 수 있었다. 하지만 가장 깊숙이 자리 잡은 믿음과는 상반되게, 식당과 하숙집에서 많은 비非채식주의 음식을 착실하게 먹어치운 뒤에 생겨나던 '번뇌'를 인내하지 않을 수 없다고 느끼는 경우가 많았다.[11]

만일 에드먼즈가 그런 하숙집 요리사에게 로라 카터 할로웨이 랭포드 Laura Carter Holloway Langford의 『불교음식에 관한 책』(Buddhist Diet Book)을 제공했더라면, 그의 분투노력이 좀 수월했을지 모른다. 이 책에는 영국과 프러시아의 서양 불교도와 함께 몇 달을 보내는 동안 랭포드가 수집했던 채식 요리법이 들어 있다. 저명한 언론인이자, 편집자, 여성주의자, 작가, 강연자인 랭포드는 남부 대규모 농장의 풍요로움 속에서 자랐다. 랭포드의 아버지는 테네시 주지사였고, 그녀는 한 동안 같은 테네시 출신인 앤드류 존슨 대통령 및 영부인과 함께 백악관에서 살았다. 백악관에 거주하는 동안, 랭포드는 아주 인기를 끌었던 책 『백악관의 여성들』(The Ladies of the White House)을 썼다. 랭포드는 또한 전기를 집필했고, 가사 일에 관한 소책자 및 여러 권의 시집을

냈다. 랭포드는 여러 측면에서 유능한 '내막에 밝은 사람'으로 보였지만, 그러나 종교와 여성 및 음식에 관한 그녀의 식견은 관습에 얽매이지 않았다. 신지학협회 회원인 이 비전秘傳 불교 동조자는 셰이커 선배 남성인 프레드릭 W. 에반스와 선배 여성인 안나 화이트를 포함해 종교적 주류 외곽 그룹에 속하는 이들과 서신왕래를 했다. 비록 랭포드가 이 그룹에 합세하라는 초대를 수용한 적이 결코 없었지만, 채식주의는 그녀가 서신왕래를 하는 셰이커 교도와 의견이 일치했던 한 가지 주제였다. 랭포드처럼 에반스와 화이트는 채식주의를 옹호했다. 레바논산山에 자리 잡은 셰이커 공동체에 속하는 다른 이들 역시 그랬다. 실제 미국채식주의협회 기관지는 1889년에 에반스로부터 온 편지의 일부를 게재했다. 이 편지에서 에반스는 '북부 가족' 60명 중 거의 모든 신도가 고기를 먹지 않는다고 전했다. 그러나 화이트가 자신의 '친애하는 친구' 로라에게 보낸 한 편지에서 말했던 대로, 에반스가 1849년에 이 공동체에 채식주의를 맨 처음 소개했을 때, "그것은 대단한 혁신이었고 엄청난 논의를 촉발했다." 비록 랭포드의 친구 안나 화이트가 "건강에 해로운 음식"을 포기했다고 그녀를 축하했지만, 그녀가 공공연하게 채식주의를 권고하자 몇몇 지역에서도 의심할 바 없이 '엄청난 논쟁'이 벌어졌다. 설상가상으로 랭포드는 채식주의를 외래 신앙인 불교와 연관시키기까지 했다.[12]

『불교음식에 관한 책』에서 랭포드는 서구 불교도와 그 밖의 관심 있는 독자에게 그들의 육체적·영적 발전을 위한 요리법을 제공했다. 랭포드의 책과 관련해 대부분의 논평자들은 그녀의 불교적 신앙 및 수행의 옹호와 특히 채식주의의 종교적 근거에 관한 설명에 당혹스러운 듯했다. 그러나 대부분은 여전히 이 책을 추천했다. "저자가 독실한 불교인인 것 같지만, 그러나 랭포드의 요리법은 신앙이 다른 이들과 채소를 삶의 지침으로서가 아닌 고기의 보조물로 활용하는 이들에게도 높은 평가를 받을 수 있다." 어느 논평자는 이 책이 "모든 선량한 주부"에게 추천하기에 충분할 정도로 좋은 책이라 했고, "음식을 준비하는 지침이 미국의 어떤 부엌에서나 이미 유행하고 있는 방식과 아주 비슷하다"며 독자를 안심시켜 주는 논평자도 있었다. 그러나 대부분의 논평자와 또한 이런 채식주의 요리법 선집을 읽는 대부분의 독자에게 불교는 분명 요리 관습에 대한 하나의 도전을 연상시켰다.[13]

백인 불교도, 게다가 대부분의 비전 불교도는 의료관행에도 이의를 제기할 때가 간혹 있었다. 19세기 중반과 말엽에, 허가법률의 완화를 통해 의료계에 다양한 대안적 형태의 치유법에 다가갈 수 있는 길이 열렸다. 사실상 당시 한 역사가는 "대증요법 의사, 동종요법 의사, 절충주의 의사, 접골사 등과 같은 일반 대중의 의사들이 이 땅을 마음대로 배회했다"고 주장했다. 베터링이야말로 이와 관련된 탁월한 사례를 제공하는데, 필라델피아의 하네만에서 의학 학위를 손에 거머쥔 그는 개업하여 동종요법을 주창했다. 동종요법이란, 건강한 사람들에게서 질병의 징후를 나타나게 할, 치유책의 미세한 분량을 투여함으로써 질병을 치유하는 의료시술의 한 형태였다.[14]

앨버트 J. 에드먼즈 같은 비전 불교인과 다이어 대니얼 럼 같은 합리적 불교인 등 얼마 안 되는 불교 동조자와 신봉자들은, 민주주의와 자유방임적 자본주의만큼이나 널리 퍼진 정치적·경제적 질서의 중요한 요소에 이르기까지 예외 없이 이의를 제기했다. 1885년, 영국에서 오는 배에서 막 내리자마자 에드먼즈는 뉴욕주의 한 침례교회에서 "사업에 적용된 그리스도교"라는 주제에 관해 연설했다. 3일 전, 에드먼즈는 일기에다 (먹을 게 없어) "눈을 음식 삼아 먹었다"고 기록해 놓았다. 에드먼즈는 임대한 땅에서 어려운 시기를 보내고 있었다. 연설하던 저녁, 한 양복장이의 13형제 중 장남으로서 가난했던 어린 시절에 대한 오래 지속된 기억에 재정적 상황에 대한 염려가 중첩되면서, 에드먼즈는 자신의 경제적·정치적 견해를 평소보다 더욱 과격하게 표출했을지 몰랐다. 어쨌든 에드먼즈는 "나의 사회주의로 인해 부호들의 감정이 상했으므로" 유복한 청중에게서 희망했던 헌금보다 조금밖에 모으지 못했노라 불평했다. 주州 방위군이 1902년에 펜실베이니아 석탄광부 파업 현장에 파견되었을 때, 에드먼즈의 유별난 견해가 다시 표출되었다. "노동조합은 혁명을 이야기하기 시작했으며, 나는 1884년 이래로 믿어왔던 사회적 전쟁이 그리 먼 일이 아님을 진작부터 예견한 바 있다."[15]

럼 또한 '사회적 전쟁'을 희망해서 아마 정치적·경제적 이의제기 가운데 가장 분명한 사례를 제공한 듯하다. 1870년대 내내 럼은 제본업자들을 노동조합으로 조직하는 역할을 했는데, 이 시기는 그가 불교를 수용했던 때이기도 하다. 하지만 세월이 흐름에 따라 럼은 더욱더 자신의 주목을 정치적·사회적·경제적 문제 쪽으로 향했다. 럼은 1870년대와 1880년대에 노동자들 사이에서 활활 타올랐던 반反동양적 정서에 공공연하게 반대 주장을 폈다. 1876년에 럼은 노동개혁가이자 노예제 폐지론자인 웬델 필립스와 함께 그린백노동당 공천후보자로 메사추세츠 부지사에 출마했다. 이듬해 럼은 '노동자의 우울증'을 조사하기 위한 의회 위원회의 비서로 봉직했다. 이어 럼은 1877년의 철도파업과 그에 수반된 피츠버그 폭동을 통해 급진적 정치 경력에 더욱 깊숙이 발을 내딛었다. 럼은 널리 퍼져 있는 경제적·정치적 제도에 대한 신망을 버렸으며, 그러한 제도가 내부로부터 점차 변화되리란 믿음을 내던졌다. 럼은 사회주의 쪽으로 기울어 갔으며 마침내 무정부주의로 전향했다. 1883년, 럼은 교회와 국가 및 학교들이 노동자들의 가난한 생활조건을 영속화시키려 한다고 비난하는 새로이 조직된 '무정부주의자국제노동대중연합'에 가담했으며, 평화주의적 잡지(*Liberty*)뿐만 아니라 폭력을 요구하는 무정부주의적 잡지(*Alarm*)에 기고했다. 〈경고〉지 편집자가 붙잡히고 시카고 헤이마켓 광장에서 열린 무정부주의자 대회의 여러 지도자들이 체포되어 1886년 5월의 폭탄투척 이후의 불법공모 혐의로 유죄판결을 받았을 때, 럼은 잠시지만 무정부주의자 출판물 〈경고〉지 편집자로 봉직하기까지 했다. 럼은 "헤이마켓 희생자들"을 옹호했고 그들을 석방시키기 위한 테러리즘을 지지했으며, 전해진 바에 따르면 유죄선고를 받은 수감자가 자살에 활용할 수 있도록 다이너마이트 한 개를 몰래 전달했다고 한다. 그 밖의 유죄선고를 받은 무정부주의자들이 처형되었을 때, 럼은 〈경고〉지를 통해 격렬한 복수를 부르짖었다. 럼은 이어 저 유명한 헤이마켓 재판의 '역사'를 잡지에 게재했다.[16]

이 저작 이외에 럼은 당시의 정치적·사회적·경제적 쟁점에 관한 여러 권의 저서를 집필했다. 단 한 권도 인기를 끌려는 목적으로 집필하진 않았는데, 반反모르몬교 정서가 정점에 이르렀을 때, 럼은 무정부주의적 관점에서 모르몬교를 옹호하는 글도 썼다. 생애 말년에 다다르면서 럼은 폭력을 거부하게 되었지만, 계속해서 무정부주의를 옹호했다. 일찍이 1890년, 『무정부주의적 경제학』(The Economics of Anarchy)을 썼고, 영향력 있는 『노동조합의 철학』(Philosophy of Trade Unions)이 출판되기 2년 전에 럼은 스스로를 "사회 혁명가"라 했다.[17]

불교 옹호론자들은 다른 측면에서도 동시대인들과 분명히 달랐다.

빅토리아적인 "진정한 여성스러움의 숭배 운동"(Cult of True Woman-
hood)이 1820년과 1850년 사이에 출현했다. 이 새로운 운동은 한 유력한
학자가 표현한 대로 "부엌과 육아실에 갇혀 경건함과 순수함으로 덧씌워
진 채 아첨으로 장식된" 여성한테 새로운 역할을 부여했다. 빅토리아
시대 남녀 중 이런 '새로운 운동'의 믿음에 이의를 제기하고자 그리스도
교에 호소하는 이들이 있었으며, 그들은 이미 이룩한 진보의 공로를
그리스도교에다 돌렸다. 여성들에 관한 대중적 논의에 참여한 그 밖의
영향력 있는 인사들, 예를 들어 엘리자베스 캐디 스탠턴 같은 이들은
여성의 지위 향상을 전혀 종교의 공로로 여기지 않았으며 어떤 종교
전통에도 거의 희망을 두지 않았다. "여성은 한 발자국의 진보를 위해,
혹은 하나의 새로운 자유를 위해 어떠한 종교에도 신세지지 않는다.······
모든 종교는 지금까지 남성의 지도력과 우위를 가르쳤고, 여성의 열등함
과 복종을 가르쳐 왔다.······ 우리가 여성의 발전을 위해 시선을 돌려야
할 곳은 어떤 형태의 종교가 아니라 물질문명이다." 에드먼즈 같은
일부 불교 동조자들은 정말이지 '여성의 발전'에 대해선 좀 관심이
없는 듯했다. 어느 일요일에 독일인 마을인 힉사이트프렌즈의 모임에
참석한 뒤, 예를 들어 에드먼즈는 정기적으로 발언을 하는 데 감동을
느꼈던 한 여성의 '간결한 연설'을 칭찬했다. 그러나 에드먼즈는 모임
뒤에 한 친구에게 고백했다. "나는 일상적이 되는 여성 목회를 믿지
않는다네." 이어 에드먼즈는 이런 점을 자신이 퀘이커 그룹에 가담하지
않으려 하는 이유의 하나로 제시했다. 그러나 불교에 동조적이었던
수많은 남녀는 한편으론 스탠턴의 입장에, 다른 한편으론 에드먼즈의
입장에 동의하지 않았다. 에드먼즈와는 달리 그들은 여성의 신분과
역할의 지배적인 개념에 이의를 제기했다. 그리고 스탠턴과 달리 그들은

종교의 개혁적 힘에 대한 믿음을 지녔다. 불교에 동조적이었던 많은 남녀는 부분적으로나마 여성 신분의 향상과 양립되리라는 믿음 때문에 불교에 이끌렸던 듯했다.[18] 일부 크리스천 선교사와 불교학자들은 붓다가 여성을 교단에 받아들이길 꺼렸던 점을 지적하면서, 교조 붓다와 그의 전통에서 볼 때 불교가 그리스도교보다 평등주의가 미약하다는 의견을 내비쳤다. 다른 한편으로, 불교의 평등주의적 해석과 관련해 당시 불교 학문 쪽으로부터도 일부 지지가 있었다. 예를 들어 저명한 영국학자 리즈 데이비스는 여성의 초기 공헌과 영적 능력을 인정하는 듯한 팔리 불교 경전의 구절을 지적했다. 불교 학자들의 말에 관심을 가졌던 (실제 일부 존재했던) 불교 옹호론자들은 남녀 성에 관한 자기네 견해에 부가되는 권위를 발견할 수 있었다.[19]

이러한 사회적 이의제기는 비글로우 같은 낭만적 불교인보다는 베터링 같은 비전 불교인이나 럼 같은 합리적 불교인으로부터 솟아나왔다. 불교에 대한 별도의 옹호 속에서, 예를 들어 합리주의적 불교인인 마이라 위디Myra Withee와 C. T. 슈트라우스는 일부 서양인들의 주장과는 달리 불교가 여성을 비하시키지 않는다고 말했다. 사실상 불교 전통은 이 점에서 그리스도교보다 우월하다고 위디는 제시했다. 왜냐하면 불교 경전에는 성 바울처럼 여성에게 침묵을 지키고 복종하라는 권고의 말이 들어 있지 않기 때문이다. 엘리너 히에스탠드 무어Elnear Hiestand Moore 역시 사도 바울의 권고를 성가시게 여겼던 또 다른 합리적 불교인이었다. 무어는 엘리트 여자대학인 브린마와 바사 칼리지에 다녔고, 여성 내과의사가 여전히 희귀했던 시절에 의학 학위를 받았다. 무어는 또한 펜실베이니아의 '평등참정권협회'의 적극적인 회원이기도 했다. 아마 무어의 여성주의에 입각한 견해는 대학시절에 형성되었을 수 있다. 아니면 나중에 무어가 여성 내과의사, 화학강사, 강연자, 언론인으로서의 경험을 거치면서 급진적으로 되었을지도 몰랐다. 어느 쪽이든, 전통적 태도와 역할에 대한 무어의 이의제기는 분명하고 단호했다.[20]

이 주제에 관한 마리 카나바로의 견해는 상호 모순적이었다. 그러나 이 비전 불교인은 결혼과 가족, 그리고 심지어 더욱 확대된 사회 내에서 여성의 역할에 대해서조차 중요한 방식으로 지배적 개념에 이의를 제기했다. 카나바로는 불교가 특히 여성 지위향상에 적합하다고 믿었다. 여성을 "남성과 동일한 수준에" 둔 최초의 종교가 불교라고 카나바로는 말했고, 불교의 평등주의적 원리를 행동으로 전환시키기 위해 최선을 다했다. 개종한 뒤 카나바로는 다 자란 아이들과 두 번째 남편 곁을 떠나 아시아로 가서 학교와 고아원 및 수도원을 운영했다. 몇 년 지나 카나바로는 자신이 인도로 갔던 이유 중 일부가 인도와 실론의 여성들이 "해방될 필요가 있다고" 느꼈기 때문이라고 설명했다. 아마 자신의 행위에 스스로 놀랐음인지, 카나바로는 1897년에 카루스에게 편지를 썼다. "내가 무얼 했는지 아십니까, 친구여! 사랑하는 남편, 자식, 가정, 풍요, 지위, 친구, '이 모든 것을' 진리를 위해 내주었어요." 예상대로 가족과 친구로부터 떠나려는 결정으로 인해, 카나바로는 비난을 받았고 어려움에 직면했다. 그리하여 카루스처럼 실론에서 벌이는 카나바로의 활동을 후원했던 이들은, 그녀가 빅토리아적 사회관행에 반대하는 전면적 반란을 획책하고 있다는 비난에 맞서 그녀를 옹호해야만 한다고 느꼈다. 다소 주류적인 사회적·경제적·정치적 견해를 지닌 종교적 급진주의자인 카루스는 〈오픈코트〉지 독자들을 안심시켰다. "카나바로는 아내들로 하여금 남편을 떠나게 만들거나 어머니들로

하여금 자식을 등한히 여기도록 부추길 사람과는 거리가 멉니다. 그와 반대로, 여성이 자기 가정을 떠나려는 충동을 보였던 특정한 경우에, 자신은 반복적으로 남편과 함께 머무는 것이 여성의 의무라 주장했노라고 말합니다."[21]

그러나 카나바로는 불교 동조자이자 뉴욕 변호사이며 메인의 비교종교몬살바트학교 이사인 마이런 헨리 펠프스(Myron Henry Phelps, 1856~1916)와의 비밀스런 '영적 결혼'을 시도했을 때, 더욱 노골적이고 강도 높게 빅토리아적 사회규범의 경계를 넘어섰다. 카나바로의 친구와 멘토들은 두 사람 관계의 초창기 동안에도 카나바로가 여전히 타인과 결혼한 상태였으므로 이런 비밀결혼에 경고를 보냈지만, 그러나 카나바로는 충고를 무시하고 펠프스와 동거하기로 결심했다. 비록 카나바로가 남편 세뇨르 카나바로의 거듭된 이혼 요청에 결국 동의했지만, 그녀와 펠프스는 결코 결혼한 적이 없었다. 결혼이라는 절차를 밟을까 고려하긴 했지만, 두 사람이 결혼이라는 관습을 신봉해서는 아니었다. 카나바로는 행복한 결혼생활을 하는 카루스에게 편지를 썼다. "개인적으로 결혼이란 내 욕망과는 아주 거리가 먼 것입니다." 카나바로는 또한 펠프스와의 관례적이지 않은 관계를 정당화시켰다. "하지만 결혼이란 치안판사나 목사 앞에서 검사를 받는 단순한 공식이 아니라, 내겐 그보다 훨씬 더 많은 것을 뜻합니다. 우리의 시민적·종교적 결혼의 10분의 9가 그렇듯이, 그릇된 서약으로 속박되는 건 내게 허가받은 간음에 불과하답니다." 그리하여 카나바로에게 간음이란 자신이 '영적' 유대감을 공유하지 않는 사람과 친밀한 관계를 지속하는 것으로 정의되었다. 다른 한편으로, 펠프스와 맺은 그녀의 혼외婚外 관계는 여성과 남성 간의 친밀한 관계의 당위적인 모든 모습을 구현한 관계였다. 1902년 5월의 편지에서 카나바로는 자신이 "사회적 속박을 가하는 법률의 한도를 넘어섰다"고 인정했다. 이어 카나바로는 체념한 듯 "여론에 공공연하게 반항하지 않겠다"고 밝혔다. 그러나 한 달 뒤, 카나바로는 몇 년 동안 자신의 입장을 특징짓게 될 도전적 표현을 내뱉었다. "그저 세상 사람들을 즐겁게 해주기 위해 나 자신에게 별스런 구속을 부과할 필요가 무어란 말입니까!" 그러나 카나바로에게 이런 사회적 규범에 대한 도전은 대가를 치르게 했다. 불교를 선택함으로써 그랬던 것과 꼭 마찬가지였다. 카나바로는 카루스에게 비밀을 지키라고 맹세케 했고, 심지어 그에게 자신의 부정한 관계의 세부사항을 담은 편지들을 불살라버리라고 요구했다. 대중적 감시와 당혹스러움을 피하기 위해 펠프스와 카나바로는 실론으로 여행하는 내내 오누이 행세를 했고, 뉴저지 미들섹스 카운티의 농장에서 펠프스와 함께 격리된 채 지내지 않을 수 없겠다고 느꼈다. 펠프스가 1907년에 그녀의 곁을 떠났을 때, 카나바로는 계속해서 '브룸필드 농장'으로 그리고 나중엔 버지니아의 한 농장으로 스스로에게 부과한 시골로의 유배생활을 계속 감행했다.[22]

카나바로나 그녀와 비슷한 이들은 19세기 미국에서 수많은 주변적 영적 그룹들로부터 솟아나온 사회적 이의제기의 전통에 이끌렸을 수 있다. 남북전쟁 이전의 다양한 유토피아적 종교 공동체들이 이따금 상호 모순되는 이유로 인해, 그리고 상반되는 목표를 향해 성, 결혼, 가족과 관련한 빅토리아적 사회관습에 이의를 제기했다. 그러나 상반되는 가치와 관행을 지닌 카나바로와 같은 비전 불교도를 떠받쳤던 이론과 사례들을 제공했던 것은, 필시 다름 아닌 정신주의와 신지학이었다. 정신주의자들은 자유연애를 진작시킨다는 비난에 맞서 빈번하게 스스로를 방어해야만 했다. 비록 그들이 그런 비난을 받아들일 수 없다고는

214

했지만, 정신주의에는 일부 그런 내용이 들어 있었다. 많은 이들이 성적 관심, 결혼, 가족을 규제하는 관례적인 법적·도덕적 규범 중 일부를 확실하게 거부했다. 그들은 카나바로의 경우처럼 '영적 친밀감'을 공유하는 사람끼리는 자의적이고 오도된 사회적 관행이 막든, 용인하든 서로 결합되도록 허용되어야 한다고 생각했던 것이다. 신지학회 회원들의 남성적이면서 동시에 여성적인 우주적 원리의 균형을 맞추려는 관심, 그들의 어머니 여신에 대한 헌신, 신지학회 지도자들 사이에서 드러나는 평등주의적 관계의 모범을 통해, 여성의 처지와 역할에 대한 표준적 개념에 불만을 느꼈던 이들에게 자양분이 공급되었다. 수많은 비전 불교도는 불교 내의 전통뿐 아니라 이런 토착적 전통에 이끌리며 관행적 사회관습에 의문을 제기했다. 하지만, 비록 유럽계 미국인 불교도가 다양한 방식으로 지배적인 사회적·정치적·경제적 양식에 이의를 제기했다 해도, 그들의 이의제기는 가장 근본적으로 문화적이었다.[23]

불교의 매력과 문화적 이의제기

제4장에 들어서면서 비글로우가 불교로 개종한 사실이 미친 결과에 대한 설명으로 서두가 전개되었다. 필자로서는 이 아시아적 전통을 수용함으로써 비글로우가 대가를 치렀다고 제시한 바 있다. 그런데 애시 당초 비글로우가 왜 불교에 이끌렸던 걸까? 또한 왜 그 밖의 다른 이들이 불교에 이끌렸던 것일까? 비글로우는 일본 정원과 미술 탐구를 시작으로, 심미적 관심을 통해 불교에 다가갔다. 비글로우는 분명 천태종과 진언종의 상징과 미술 및 의례의 아름다움에 감동을 받았다. 비글로우는 자신이 강렬하고도 지속적인 애정을 지니게 되었던

사쿠라이의 후견 아래 불교에 입문했고, 부분적으로는 그의 스승의 개성이 지닌 강력한 영향력으로 인해 더욱 깊은 곳으로 이끌려 들어갔다. 아시아로 갔던 페놀로사와 같은 다른 낭만적 불교도 역시 유사한 내력을 지녔다.

그렇지만 미국인들이 불교에 접근했던 방식은 다양했다. 카나바로는 불교적 영향력을 지닌 비전 그룹인 호눌룰루 신지학협회의 지원을 받았다. 이 그룹을 통해 카나바로는 달마팔라를 만났다. 몇 년 뒤, 카나바로는 불교로 전환하게 된 직접적인 계기를 다음과 같이 말했다. "이 도반道伴과의 연결을 통해 나는 실론불교를 알게 되었다. 나는 달마팔라에게 오랜 나의 진리 탐구 과정에 대해 말했고, 내가 찾고 있던 걸 여태 발견하지 못했노라고 설명했다. 그러자 달마팔라는 내게 붓다에 대해 말했고 자신의 오랜 진리 탐구에 대해 말했다. 달마팔라는 어떤 사람도 비난하지 않았고, 살아 있는 모든 것에 대해 연민의 정을 지녔다. 나는 관심을 갖게 되었고 불교경전 연구를 시작했다." 당시 호눌룰루에 아시아계 불교도가 있긴 했지만, 카나바로가 그들과 직접 접촉하거나 의례를 직접 경험하지는 못했음이 분명했다. 당시였다면 카나바로로선 의례의 아름다움에 이끌리지는 않았을 수 있다. 하지만 비글로우처럼 카나바로에게도 한 아시아 스승의 카리스마가 중요한 역할을 했던 듯하다.[24]

의례가 거행되는 모습을 참관하고 스스로 아시아 불교도 사이에서 의례를 거행해 본 뒤, 비글로우는 일본에서 정식으로 불교에 충성할 것을 서약했으며, 카나바로는 달마팔라와 접촉했고 나중에 실론의 불교도를 만났다. 그러나 스스로 불교도로 여겼던 많은 미국인들이 불교 지도자나 불교 단체 어디와도 거의 접촉하지 않았거나 전혀 접촉하지 않았다. 예를 들어 1870년대에 불교의 우위에 대한 럼의 과감한 선언은 서양어로 된 번역서와 설명만을 통해 불교와 순수하게 지적으로 접촉한 결과였다. 25년 지나 사우스 다코타 버밀리언의 데이비스, 그리고 워싱턴 보스버그의 클레어런스 클로위와 같은 일부 개종자들은 불교적 관심이 증대되기 이전에 럼만큼이나 여전히 고립되어 있었던 듯했다. 이런 사정에다, 결코 완전하게 혹은 정식으로 불교를 수용한 적이 없었던 카루스나 에드먼즈와 같은 불교 동조자들을 염두에 둬보면, 미국인들이 어떻게 그리고 무슨 이유로 불교에 이끌렸는지 일반화하려는 시도에 더욱 어려움이 가중된다.

그럼에도 다양한 수준의 헌신, 다양한 유형의 개종, 매력의 다양한 원천이 존재했음이 분명하다. 제2장에서 발견되는 동조자와 신봉자들 간의 차이에 관한 분석은 다양한 수준의 헌신을 인식하려는 한 가지 시도였다. 제4장과 앞서의 장들에서는 다양한 유형의 개종이 기술된 바 있다. 불교 옹호자들의 유형학은 비전 불교도, 합리적 불교도, 낭만적 불교도 간의 매력원천에 관한 몇 가지 암시를 제공한다. 그러나 실제로는 다양한 요인이 작용했으며, 똑같은 개인 내부에서도 그런 경우가 많았다. 비글로우는 미국인의 불교 수용에 관해 질문했던 한 일본 불교인에게 보낸 편지에서, 불교가 지니는 매력의 원천 가운데 일부를 규명했다. "귀하께서 불교를 공부하고 싶어 할 다른 미국인들에 관해 질문했는데, 상당수가 되리라 생각되지만 모두가 최상의 동기로부터 그렇게 하지는 않으리라 봅니다. 호기심으로 공부해 보려는 사람들 역시 있겠죠. 기적을 행하는 방법을 배우려는 희망에서 공부하려는 이들도 있을 겁니다. 또한 타인들에게 친절과 도움을 주려는 진정한 마음으로 불교를 공부하는 이들도 있겠지요."(비글로우는 자신이 불교로 전환하는 데서 후자가 결정적이었다고 생각했던 것일까?) 의식적이고 무의식적인, 지적이고 지적이지 않은, 고상하고 비루한, 그 밖의 다양한 동기가 비글로우의 목록에 덧붙여질 수 있을 것이다. 예를 들어 광범위한 무의식적인 심리학적 요인이 작용했던 듯하다. 비글로우와 카나바로 및 비전 불교인인 매리 포스터 같은 많은 불교 지지자들이 부분적으로는 달마팔라나 사쿠라이 같은 아시아 스승들의 카리스마적 매력에 이끌렸던 듯하다. 그리하여 잭슨 리어스Jackson Lears의 비글로우에 관한 심리학적 분석은 설득력을 지닌다. "불교를 포용하는 데서 비글로우는 엄격한 아버지를 떠나 자비로운 스승 아자리에게 감으로써 자신의 의존적인 배역을 보존했다." 이 경우보다는 설득력이 좀 떨어진다는 생각이 들긴 하지만, 카나바로가 불교로 개종했던 주요한 요인은 심리학적 불안정성과 정서적 필요였다고 주장하는 것 역시 가능하다. 카나바로가 달마팔라에게 집착할 정도로 이끌렸을 뿐 아니라, 그녀의 개종을 전후로 해 그녀에게 인성적 측면에서 문제가 있었다는 증거가 실재한다. 카나바로의 개종 후에 아시아의 동료 불교도가 그녀의 "특이하고 물의를 일으키는 기질"에 대해 불만을 표출했고, 심지어 그녀조차 자신의 행동이 "상궤에서 벗어났을" 수 있다는 점을 인정했다. 10년 정도 지나 한 친구는 카나바로가 "완전한 신경쇠약으로 병든 상태"라고 알려주었다.[25]

그러나 대안적 종교 전통으로의 개종을 다룬 대부분의 심리학적·사회학적 이론들은, 예를 들어 결핍이론, 세뇌이론, 인지발달 이론, 역할 이론 등은 이 경우에 해석상의 제한된 가치만을 지닌다. 그런 이론들은 빅토리아 불교도 가운데 동조자들의 반응이 드러내는 가장 중요한 측면 중 많은 것을 애매하게 만들어버린다. 개종자의 심리학적·사회학적·경제적 결핍을 강조하는 결핍이론은 병리학적 동기를 지나치게 강조하고, 개종자의 수동성을 전제하며, 지적 요인의 역할을 무시하고, 문화적 맥락의 중요성을 간과해버리기 때문이다. 세뇌이론은 유사한 이유에서 개종에 관해 제대로 해명하지 못한다. 종교 단체에서 연속되는 역할의 채택에 초점을 맞추는 역할이론은 제대로 조직화된 불교기관이 거의 없었기 때문에, 빅토리아 시기 미국에서 불교도의 관심을 이해하는 데 별 도움을 주지 못한다. 극소수의 불교기관 외부에 있었고 심지어 다중적 종교 정체성을 지니기까지 했던, 수천 명의 불교 동조자들의 반응을 분석하는 데 이런 이론은 거의 쓸모가 없다.[26]

사춘기에서 청년기로 이행하는 과정에 포함된 인지발달 과제의 중요성을 강조하는 J. 고든 멜Gordon Melton과 로버트 L. 무어Robert L. Moore 같은 이론가들은, 사우스다코타 대학교의 데이비스와 그의 작은 서클 친구들과 같은 대학생의 개종을 해석하는 데 도움을 줄 수 있을 것이다. 그러나 이런 이론들은 19세기 미국인 대다수 사이에서 발견되는 불교에 대한 관심에 거의 통찰력을 제시하지 못한다. 멜턴과 무어가 지적하듯이 현대 미국에서 대부분의 사람들은 20대 초반에 이식된 새로운 종교 운동에 가담한다. 그러나 19세기 불교 신봉자와 동조자들은 그런 패턴에 적합하지 않은 듯했다. 그리하여 빅토리아 불교도의 개종에 관한 인지발달 이론은 성숙된 성인으로부터 노인으로 이행하는 동역학을 강조해야만 할 터였다.[27]

활용할 수 있을 개종이론 가운데 사회학적·인류학적 방법으로 종교 전통에 접근한 수정된 '상호작용주의적' 접근을 통해, 가장 제대로 된 해석이 가능하다. 종교는 세상의 신봉자들에게 방향을 가리키는 의미의 틀을 제공한다. 따라서 빅토리아 인들의 불교로의 개종은 의미의 틀에서나 논의의 영역에서 점차적이고 적잖은 전면적 변화로 이해될 수 있다.

불교적 의미구조를 채택하는 것은, 예를 들어 도덕적 행위를 신, 죄, 은총보다는 업, 환생, 열반과 같은 범주로 해석하는 걸 포함했을 수 있다. 이렇게 불교를 상징적 영역에 채택함은 적잖게 완결적인 것으로 이해될 수 있다. 왜냐하면 서로 구별되고 심지어 모순되기까지 한 의미구조가 한 개인 안에서 작용할 수 있고 실제 작용하는 경우가 많기 때문이다. 동조자들은 불교적 구조를 신봉자들보다는 덜 완전하게 내면화시켰다. 동조자들은 통상적인 일과 우주적 진행과정의 해석을 위해 불교적 틀을 덜 체계적이고 덜 포괄적으로 활용했다. 그리하여 예를 들어 불교 동조자들은 도덕적 행동을 이해하기 위해 업의 개념에 호소하면서도 동시에 '영혼'으로서의 자아라는 개념에 집착했을 수 있는데, 이런 식의 개념은 거의 모든 형태의 아시아 불교와 양립할 수 없는 것이다.

필자로서는 새로운 의미구조를 사적으로 활용하는 이런 과정 속에서 심리학적 동역학, 개인적 선택, 문화적 힘이 상호작용했다는 생각이 든다. 이런 식의 이해는, 행위자를 통제할 수 없는 힘의 단순히 수동적인 희생자로 전락시키지 않은 상태에서 심리학적 기질의 역할을 인정하는 셈이다. 이는 중요하다. 왜냐하면 불교도의 세 가지 유형 모두 물려받은 종교 전통에 환멸을 느껴 정력적으로 다른 종교를 선택해 보고자 하는 적극적인 탐구자들인 경우가 많았기 때문이다. 또한 이런 접근방식을 통해, 보다 넓은 문화적 맥락 속에서 개별적인 종교 탐구가 자리 잡게 됨으로써 원래의 일부 복잡성이 회복될 수 있다. 마지막으로, 이런 접근 방식을 통해 지적 요인들에 대한 매력이 제시되는데, 필자로서는 이런 요인들이 긴요하다는 생각이 든다. 만일 자기 고백과, 출판되었건 출판되지 않았건 불교 전통에 대한 설명이 진지하게 고려되어야만

한다면, 불교적 의미구조의 매력이 대부분의 개종자에게 결정적이었던 듯하다.[28]

그렇다면 정확히 어떻게 대부분의 후기 빅토리아 동조자와 신봉자들이 다소 완전한 정도로 불교적 의미구조를 채택하게 되었을까? "서부 해안의 천년왕국설을 믿는 신흥종교"(문선명 목사님의 통일교)에 대한 빈번하게 인용되는 분석 속에서, 존 로프랜드John Lofland와 로드니 슈타르크Rodney Stark는 대안적 종교집단으로의 개종에 대한, 필요하지만 충분치는 않은 조건의 목록을 제시했다. 로프랜드가 나중에 인정했듯이, 이 원래의 모델에는 몇 가지 한계가 있었다. 예를 들어 저자들은 개종자의 수동성을 지나치게 강조했던 것이다. 19세기 미국 불교에 대한 관심을 분석하기 위해 그들의 분석방식은 불교라는 종교의 믿음과 가치가 지니는 매력의 중요성을 다소 불분명하게 만들어버린다. 그러나 그들의 모델을 수정해, 개종을 의식적 선택, 심리학적 영향력, 문화적 동역학의 상호작용으로 정보가 전달된 의미구조의 변화로 인식함으로써, 후기 빅토리아 시기 미국인들의 불교로의 이끌림에 대한 필요하지만 충분치는 않은 여러 조건의 파악이 가능하다. 그렇게 하면서, 필자는 지적으로 순응하지 못하는 이들이거나 문화적으로 이의를 제기하는 이들로서의 불교 신봉자와 동조자들을 부각시킬 것이다.[29]

우선 잠재적 개종자는 세속적이고 종교적인 다양한 해결책을 고려하게 만드는 어떤 종류인가의 개인적 위기를 대체로 경험했다. 그런 위기의 본질과 강도는 다양했지만, 그러나 필자가 규명했던 거의 모든 불교 신봉자들은 그들 시대의 광범위한 종교적 위기의 영향을 경험했던 듯하다. 카루스의 분투는 여러 측면에서 대표적이다. 카루스는 강력하게 종교적인 독일 집안에서 양육되었다. 저명한 신교 목사인 그의

제4장 선경 속을 걷기 221

아버지는 심지어 동양과 서양 프러시아 교회의 감독이 되기까지 했다. 이런 아버지를 둔 카루스도 그리스도교 선교사가 되고자 했다. 그러나 더 이상 자신이 천명해야 할 메시지를 믿지 않는다는 사실을 발견했을 때, 카루스는 그 계획을 당연히 포기해야만 했다. 카루스가 아주 어렸을 때 실제로 '이단으로' 되었다는 증거가 일부 있다. 바로 12살 때 카루스가 필라델피아의 에드먼즈에게 1906년 어느 저녁에 한 말이 그랬다. 어쨌든 소엔이 기록한 대로, 카루스는 "자기 아버지로 대표되는 전통적 그리스도교에서 상당한 정도로 벗어났다." 이런 신앙의 상실로 말미암아 카루스와 그의 아버지 사이에 거리가 생겼다. 이 여파로 카루스는 왕립색슨사관학교 내 육군사관학교 강사 자리를 내놓아야 했으므로, 처음엔 영국에서 좀 더 호의적인 종교적 풍토를 구하고자 하다가 1884년에는 미국에서 그렇게 했다.[30]

신앙의 상실로 인해 카루스는 괴로움에 처했다. 사적으로나 공적으로 신과 유아 시절의 세계를 상실해 슬퍼했던, 그리스도교에 환멸을 느꼈던 많은 여타 후기 빅토리아 인들처럼 카루스도 갈등과 향수에 젖어 있었다. 종교적 위기가 지나간 몇 해 뒤, 카루스는 한 보수적 신교 목사에게, 버릴 수밖에 없다고 느꼈던 견해들에 자신이 지속적으로 집착했노라고백했다. "나는 당신이 취한 입장 속에서 자라, 사실상 내 자신의 취향과 의도에 반反해 정말이지 마지못해 그 입장을 버렸습니다. 나는 이런 견해에 대한 커다란 존중을 품지 않을 수 없으며, 그와 동시에 그런 견해는 거의 시샘이 날 정도의 매혹을 지니고 있습니다." 그 밖의 많은 이들 역시 물려받은 믿음의 지속적인 매혹과 결정적인 도전이 지닌 파괴력 둘 다를 감지했다.[31]

신교에 입각한 세계관, 혹은 다른 어떤 집단적으로 구성된 의미구조이든, 그것이 작용하기 위해서는 내면화되어야만 하고 암묵적으로나 명시적으로 받아들여져야 한다. 그런 의미구조는 의미와 지향점을 제공할 정도로 "독특하게 현실적"인 모습을 띨 수밖에 없다. 문화적 질서 속에서 긴장이 계속되는 게 다반사이긴 하지만 가설, 신념, 가치관의 망이 특별히 문제가 될 수 있는 경우가 있다. 우리가 이런 상황을 너무 부풀리지 않도록 조심해야 하지만, 역사가들이 거의 모든 시대와 문화에서 드러난 위기를 식별하는 지치지 않는 능력을 보여 왔던 이래로, 수많은 학자들은 세기 전환기를 중심으로 절정에 이르렀던 유럽과 미국의 중대한 문화적 위기를 지적해 왔다.[32]

이런 좀 더 커다란 불안과 동요에 내포된 '영적 위기'로 인해, 미국인들은 일반적인 대안들에 보다 개방적으로 되었고 특히 불교에 대해 그랬다. 미국에서 주류 교회 신도 수가 지속적으로 증대되었던 것과 꼭 마찬가지로, 많은 교양 있는 미국인들은 크리스천 신앙의 기반에서 나타나는 급격한 동요를 동시에 감지했다. 초월주의자요 자유종교주의자인 O. B. 프로딩햄Frothingham이 1872년에 내린 다음과 같은 지적은 정당했다. "우리가 사는 시대는 재천명과 재구축의 시대이며, 개종과 여러 방면에서 '새로운 출발'을 하는 시대다. 신앙의 기반과 관련해 불안한 느낌이 존재한다. 그간 낡은 기반들은 심하게 요동쳐 왔다." 일부 미국의 관찰자들, 특히 유럽의 지적 경향성을 엄밀하게 추종했던 종교적 자유주의자와 급진론자들은 세기 초엽에 최초의 덜거덕거리는 소리를 감지할 수 있었지만, 그러나 영적 위기는 1870년 이후라야 쉽사리 탐지될 수 있었다. 그럼에도 10년이나 20년이 채 지나지 않아, 민족적이거나 지역적인 하부 문화의 보금자리에서 몸을 움츠리고 있던 사람들조차 적어도 희미하게나마 바깥쪽 어딘가에서 무언가 진행되고

있음을 지각하게 되었다.[33]

무슨 일이 진행되고 있었을까? 사회적·지적 영향력의 물줄기가 합류해, '정통' 크리스천 신앙의 기반이 흔들리고 있었다. 비유를 달리 한다면, 크리스천 신앙의 기반이 성서비판, 새로운 지질학, 새로운 생물학, 인류학, 비교종교학이라는 톡 쏘는 자극적인 것들에 의해 해체되고 있었던 것이다. 인간 세계와 인간 이외 세계의 연륜, 기원, 본질에 관한 성서적 설명의 정확성이 리엘의 지질학, 다윈의 생물학, 그리고 성서에 관한 고등비평으로부터 도전 받았다. 적어도 일찍이 17세기에 시작되었던 과정을 지속하던 신에 관한 교리가 지닌 해명의 능력 역시 점점 약화되는 듯했다. 그러나 비록 불확실성과 부족함이 남아 있었어도 전통적으로 우주의 인격적 창조주이자 유지자이며 완성자의 영역이었던 사건과 과정들에 대한 자연주의적 해명이 존재하는 듯했다. 마침내 3층짜리 우주가 붕괴되는 듯했고, 그와 더불어 인격적 신과 개인적 불멸성에 관한 믿음이 무너지는 듯했다. 정치적·종교적 급진주의에 헌신했던 잡지인 〈20세기〉 1892년 호에 게재된 한 시는 이 점을 간결하게 표현했다.

우리가 두려워하곤 했던 3층짜리 집을
과학이 사라지게 만들었다네!
위로는 하늘 아래로는 지옥,
그 사이 지구가 고통을 겪네.[34]

세기의 마지막 4반세기 동안 크리스천 교회 역시 산업화, 도시화, 회사설립, 이민에 의해 생겨난 사회적·경제적 문제에 응답해야만 했다.

예를 들어 이민의 파고로 인해 영국계 미국인 신교도의 수적 우세는 잦아들었고, 민족적·종교적 다원론이 증대되었다. 그러나 제한적 의미의 다원론뿐만 아니라, 서양 이외의 문화와 종교가 지닌 다양성에 대한 점증하는 인식이야말로 신교 신앙에 결정적인 지적 도전을 제기했다. 일찍이 시작되었던 연구에 토대해 미국, 영국, 유럽 대륙의 인류학, 비교언어학, 비교신학, 비교종교학 분야의 학생들이 그리스도교의 독특함, 절대성, 초자연적 기원에 이의를 제기했다. 물론 이 분야 학자 가운데 자기네 주된 과제를 크리스천이 내세우는 주장의 정체를 폭로하는 것이라 여겼던 이들은 거의 없었지만, 그럼에도 이런 정체 폭로가 그네들 연구가 초래한 결과 중 하나였다. 한나 아담스Hannah Adams가 크리스천이 종교 세계에서 소수라는 "대단하고도 슬픈 진실"을 인정했던 적어도 1784년 이래로, 문자를 사용하기 이전의 아시아 종교에 대한 인식으로 제기된 문제와 씨름해 왔던 소수의 미국인들이 있었다. 그리하여 19세기 후반에 그리스도교의 특징과 우위에 관한 전통적 주장을 옹호하는 방식과 관련된 쟁점이 미국신학 논의의 중심을 차지하게 되었다.[35]

불교와 그리스도교의 역사적 관련성과 상대적 장점에 관한 후기 빅토리아의 대화는 더욱 넓은 영적 위기로부터 생겨났으며, 그와 동시에 그런 영적 위기의 원인으로 되었다. 다음 장에서 보다 자세하게 제시할 예정이지만, 불교에 동조적인 설명을 통해 종교와 그 가르침 둘 다의 창시자들 간에 보이는 유사점이 강조되는 경우가 많았다. 이런 명백한 연속적 관계에 대한 발견은, 그리스도교를 많은 이들에게 문제시하도록 만든 요인 중 하나였다. 그런데 이런 다른 종교 전통에 대한 주목과 유사점의 탐구는, 종교적 위기로 인해 영국계 미국 문화에 만연된

영적 불안감에 의해서도 추동되었다. 일부 크리스천 옹호론자들이
교의상의 유사성과 역사적 영향력을 거부했던 강도는, 일부 지도자들이
이런 상황 전개를 얼마나 위협적으로 느꼈는가의 척도인 셈이었다.
이런 위협에 대한 크리스천들의 반응은 물론 다양했다. 크리스천 옹호론
자 가운데는 신앙을 새로운 지적 발전 과정에 적응시키고자 했던 이들이
있었다. 프리드리히 슐라이허마허Fredrich Schleiermacher의 접근 방식
을 활용한 이들도 있었으니, 그들은 사물의 본질에 관한 신조에 대한
동의여부가 아니라 '감정'이나 '정서'에 종교를 자리매김하는 비인지적
非認知的 견해에 이의를 제기했다. 모든 변형된 것들에 대해 격렬하고
의식적으로 저항하는 이들도 있었다. 그 밖의 많은 이들은 신자들이
앉는 자리와 설교단에서 마치 새로운 과학, 비교종교, 성서비판 등이
켄터키에서 복고주의자의 텐트 속으로 속삭이듯 부는 따뜻한 바람만큼
이나 알맹이가 없어 마음을 빗나가게 만들진 않는다는 듯이 행동했다.
그러나 필자가 제시했던 대로 수많은 사람들이 물려받은 신앙을 내던졌
다. 신교와 빅토리아주의 신앙과 가치관의 일부나 대부분을 거부했던,
세속적이고 종교적인 전망이 열렸기 때문이었다.

불교로 전향하기 위해 필요했지만 충분치는 않았던 두 번째 조건이
있었다. 앞서의 문제의식을 지닌 개인이 위기에 대한 해결책을 이런저런
종교 공동체 내에서 찾고자 했음은 의심의 여지가 없었다. 필자가
암시했듯이, 영적으로 환멸을 느꼈던 수많은 이들이 세속적 전망으로
향했고, 적잖게 편의주의적인 불가지론이나 무신론에 머물렀다. 불교
진흥론자들은 환멸을 느꼈던 이들 모두가 종교적 결단에 마음을 열지
않음을 인식했다. 예를 들어 1899년에 C. H. 커리어Currier는 보스턴의
한 신문에다 "현재의 신학에 만족하지 못하고, 그리하여 오늘날의 교회

공동체에서 의지할 곳을 전혀 발견할 수 없지만, 그럼에도 여전히 정의로움을 추구하려는 개인적 노력과 '연대'의 가치를 믿었던" 이들을 향해 불교 개종을 공공연하게 호소하는 글을 썼다. 커리어는 적어도 하나의 응답을 받았다. 카루스로부터였다. 카루스는 불교 문헌을 보내주기로 약속했고, "커리어씨가 도모하는 일에서 최상의 성공과 만족을 얻기를 앙망함"이라는 말로 편지를 마감했다. 카루스는 불교인이 될수는 없었지만, 그러나 커리어처럼 불교를 서양에 전파하고 동양 불교에 다시 생기를 회복시키려는 이들을 격려했다. 또한 종교기관에 가담하는데 대한 자신의 견해가 무엇이었든, 카루스는 동양과 서양의 종교에 호소함으로써 자신의 영적 위기를 해소하고자 했음이 틀림없었다.[36]

불교 옹호론자 중에는 영적 위기를 통해 직접적으로나 필연적으로 사람들이 불교로 이끌리게 되리라 생각한 이들이 있었다. 토마스 윌슨 Thomas Wilson은 불교의 향상된 처지와 증대된 인기가 납득할 만하고 심지어 불가피하다고 여겼다. "불교가 미국에서 깊은 사고를 하는 이들의 주목을 받는다는 건 전혀 놀랄 일이 아니다. 미국 국민 전 계층의 사색가들은 현재, 그리고 여러 해 동안 이미 크리스천 신학과 교회의 독단적 흐름으로부터 멀어져, 아주 자연스럽게 불안정하고 불확실성이 넘실대는 바다로 들어서고 있다." 불교는 그런 의심의 바다에서 간닥깐닥 움직이고 있는 이들에게 유일하게 안전한 피난처를 제공하리라고 윌슨은 믿었다. 그러나 빅토리아 인들은 다양한 형태로 자기네 위기 해소를 추구했다는 점을 기억하는 게 중요하다. 불교로의 전향은 결코 윌슨이 예측하는 만큼 필연적이지는 않았던 것이다.[37]

계속해서 어떤 식으로든 종교적이고자 원했던 이들에게 수많은 대안이 존재했다. 로지와 비글로우 같은 몇몇 낭만주의적 불교도는 로마

가톨릭의 관습이 지니는 심미적 매력에 이끌렸다. 로지는 『그리스도 모방하기』(The Immitation of Christ)를 읽었으며, 가톨릭교에 매력을 느꼈다. 로지는 가톨릭 전통을 "모든 그리스도교 중에서 가장 종교적인 분파"라고 칭했다. 비록 비글로우가 생애 말년에 다소 부정적인 지각을 강화시키는 듯했던, 한 가톨릭 사제와의 불유쾌한 조우를 경험했어도, 그 역시 분명 가톨릭교를 매력적으로 여겼다. 비글로우는 사실상 일본 불교 조언자에게 이중적 종교 정체성의 가능성을 놓고 질문할 정도로 가톨릭교를 매력적으로 생각했다. "만일 모든 종교에 똑같은 목표가 있다면, 다른 종교보다 어느 한 종교를 공부하는 게 더 나을 게 뭐란 말인가? 만일 한 사람이 한 종교보다 많은 종교에서 '카이(かい, 만족)'를 얻는다면 어떻단 말인가! 만일 내가 '로마쿄(ろうまきょう, 가톨릭교)'의 성찬을 받는다 해서, 그것이 나의 '부포'(ぶっぽう, 불법佛法)를 방해하겠는가?" 비전 불교적 경향성과 정신적 치유나 심령현상에 대한 관심을 지닌 이들은 정신주의, 스베덴보리주의, 신사상이나 크리스천 사이언스에 배타적으로 헌신하는 길을 선택했을 수 있었다. 다른 이들의 경우, 철학적 관념론을 통해 "개인적인 종교적 헌신을 과학과 양립시킬 수 있고 엄격한 철학적 사유와 대립하지 않게 할 수 있는 수단을 얻을 수 있었다." 합리주의적 성향을 지닌, 기존 종교에 환멸을 느꼈던 이들 가운데는 헤겔과 여타 철학자들의 관념론 철학에서 자기네 종교성의 토대를 발견하는 이들이 있었다. 설사 그들이 모든 종교단체의 경계 바깥에 머물렀다 해도. 필자가 제시했던 대로, 그 밖의 합리주의자들은 자유종교연합과 윤리적 문화협회, 그리고 다양한 종류의 '자유 교회들'과 같은 급진적 그룹 쪽으로 무작정 나아갔다. 미국 그리스도교의 자유주의적 주변에 위치한 공동체 가운데 유니테리언과 퀘이커 교도가

가장 매력적인 그룹에 속했다. 그러나 그들은 여전히 신교와 너무도 많은 독단론적 공통점을 지니고 있어서, 예를 들어 인격적 신이나 불멸의 영혼과 같은 개념을 받아들일 수 없는 이들을 끌어들이진 못했다. 다가갈 수 있는 비非그리스도교 종교 중에 이슬람교, 유대교, 바하이교는 제한적 매력을 지녔다. 이들 종교 전통 역시 인격적 신관神觀과 그리스도교를 벗어나고자 하는 그 밖의 믿음을 지지했기 때문이다. 특히 1893년 종교의회 이후, 베단타 힌두교와 불교가 세계 종교 가운데 가장 진지한 대안으로 등장했던 것으로 보인다.[38]

당연한 듯 보일 수 있어도 주목할 값어치가 있는 점은, 잠재적 불교도 역시 자기네 필요를 충족시킬 종교적 선택을 추구하기 위해 돈, 여가, 기술을 필요로 했다는 사실이다. 환멸감이란 어떤 의미에서 하나의 특전이었다. 그들로선 비글로우 정도의 재산과 시간 및 교육이 필요하진 않았어도, 최소한의 재원 정도는 필요로 했다. 불만족과 대안 탐색이 엘리트에게만 국한되지는 않았긴 하지만, 정말이지 아무리 못해도 책과 잡지를 읽고 강연과 모임에 참석하기에 충분할 정도의 지적 능력과 여가는 필요했던 것이다.

마지막으로 잠재적 동조자나 신봉자는 분명 간접적이든 직접적이든 불교적 믿음과 수행을 어떤 식으론가 접해야만 했고, 불교 전통과 자신을 동일시하게 되었던 이들은 적잖게 완전한 정도로 저 아시아 종교를 통해 영적 위기가 일정 정도 해소되는 것을 경험했다. 필자가 이 점과 관련해 단언했던 내용, 즉 많은 이들이 불교라는 외래적인 지적 개요를 통해 자기네 위기가 전적으로 혹은 부분적으로 해소됨을 경험했다는 대목은 현재 논쟁거리가 될 수 있다. 미국 팔리어 불교 학자인 헨리 클라크 워런Henry Clarke Warren은 신봉자는 아니었지만 불교에 매력을 느낄 수 있었다. "현재 내가 불교 연구에서 경험했던 즐거움의 상당 부분은, 내가 지적 배경이라 부를 수 있는 것으로부터의 낯설음에서 생겨났다. 모든 사상, 논쟁의 양식, 심지어 당연하게 여겨지고 논쟁이 붙지 않는 기본 원리들조차 언제나 너무나 특이하고, 그리하여 내가 그간 익숙해 왔던 것과도 너무나 다른 듯해서, 나는 늘 마치 선경仙境 속을 걷는 듯했다." 불교를 수용했던 이들이 항상 이런 매혹적 언어를 사용하지는 않았지만, 그러나 그들 역시 불교의 교리적 독특함에 주목했다. 그들이 바로 이런 교리적 독특함이야말로 자신을 끌어당겼다고 말했음은 주목할 만하다. 그들은 신교 경향의 그리스도교 및 그에 아주 밀접히 연결되었던 지배적 빅토리아 문화가 지닌 근본적 확신에 이의를 제기했던 불교 세계관의 요소에 이끌렸다. 불교적 관점이 남녀 간의 평등한 관계를 고려하고, 인간 이외의 세계와 자비로운 관계를 촉진시킨다는 지각을 통해 불교에 끌린 이들도 일부 있었다. 불교가 지닌 매력의 지적 원천 역시 세 가지 유형에 따라 어느 정도 차이가 났다. 정신주의자인 안나 에바 페이Anna Eva Fay 같은 비전 불교도는, 불교가 신비주의적 믿음 및 수행과 양립할 수 있다는 점에 매혹된 경우가 많았다. 이는 페이에게 불교의 환생에 관한 교리가 다른 세계에서 영적 드러남이 이루어지는 '논리적 근거'를 제공했던 것이다. 한편, 합리적 불교도는 특히 불교의 개인적 윤리규범에 이끌렸다. 예를 들어 슈트라우스는 "공부를 시작하는 이들에게 불교에서 가장 매력을 끄는 부분은 고상한 윤리"라고 말했다. 그러나 대부분의 일반 불교 옹호론자들에게, 그리고 아마도 글로 된 아무런 기록을 남기지 않았던 많은 이들에게, 두 가지 특별한 문화적-지적 요인들이 긴요했다. 즉 그들은 불교에서 단순히 영감을 불러일으키는 윤리적 전통뿐만 아니라, 가장

중요하게는 '과학적'이고 또한 관용적인 전통을 발견했다고 생각했던 것이다.[39]

그리스도교를 관용 및 과학과 조화를 이루게 하려는 자유주의적 신교도와 그 밖의 사람들의 시도를 인식하지 못했거나 그에 감동을 받지 못했음인지, 불교 옹호론자들은 스스로를 내재적으로 비과학적이고 관용적이지 못한 종교 및 문화를 거부할 수밖에 없는 문화적 이단자로 설정했다. 또한 불교 옹호론자들은 외래의 '지적 배경'이라는 특징적인 이점으로 인해 불교를 수용할 마음이 내켰다. 상당수 동시대인들이 그들과 더불어 '과학'과 관용에 대한 헌신을 공유했다는 점을 인식하지 못함으로써 동시대인들의 믿음과 가치관을 잘못 해석하는 한에서, 이런 불교 옹호론자들은 R. 로렌스 무어R. Laurence Moore가 주목했던 패턴을 따르고 있는 듯이 보였다. 즉 '외래적' 그룹은 자체의 밀착감과 정체감을 창출하고 유지하는 데 도움을 주기 위해, 반발의 대상으로 설정되는 지배적 문화를 '고안해 내는' 경우가 많다는 것이다. 불교 옹호론자들은 과학과 관용에 대한 헌신이라는 이름으로 지배적인 의미 구조를 거부하는 경우가 많았다. 그러나 이는 수많은 동시대인들 역시 공유하는 것이었다. 그럼에도 그들의 문화적 이의제기 역시 여러 측면에서 진심에서 우러나왔고 의미심장했다. 그리하여 좀 더 정확히 말해, 불교 옹호론자들은 반대하는 종교 및 문화를 '만들어 내었다'기보다는 불연속성을 과장했고, 연속성을 흐릿하게 했던 셈이다.[40]

가장 영향력 있는 종교와 문화가 지닌 가장 기본적인 믿음과 가치관 중 몇몇의 경우, 그 불연속성은 아주 실질적이었다. 결국 불교 신봉자들은 유대-크리스천 세계관에서 단지 사소한 수정을 제시하는 게 아니었다. 그들은 단지 정전正典에다 책 몇 권을 보태거나 빼는 정도가 아니라,

성서와 성서가 체현하거나 선언했던 계시의 권위에 철저하게 이의를 제기했다. 불교 신봉자들은 성서의 창조에 대한 설명의 연대기에 의문을 제기했을 뿐만 아니라, 비인격적 힘으로 규제되는 영원한 존재의 순환이라는 불교적 묘사를 선호하여 바로 창조라는 개념 자체를 거부했다. 그들은 아우구스티누스적(인간의 참된 행복은 신을 사랑하는 그 자체에 있다는 믿음)이거나 펠라기우스적(원죄를 부정하고 인간의 자유 의지를 믿음) 인간관이 보다 적합한지, 칼뱅주의적(신의 절대적 주권 강조, 예정설과 성찬론 등의 주요 특징을 지님)이거나 아르미니우스적(하느님의 은혜에 반응하는 인간의 능력을 강조함) 인간관이 보다 적합한지에 관해 주장하지 않고, 자아에 실체가 있으며 변화가 없다는 지배적인 서구적 관념에 이의를 제기했다. 그들은 유대-크리스천의 신이 일원적인지 삼위일체인지, 마음속에만 존재하는지 직관적인 것인지에 대해 신경 쓰지 않고, 인격적 창조주라는 관념과 우주의 유지자라는 관념에 도전했다. 사실상 불교 전통은 친숙했던 너무도 많은 생각에 모순되는 듯했으므로, 외국 선교를 위한 미국위원회 비서인 나다니엘 조지 클라크(Nathaniel George Clark, 1825~96) 같은 빅토리아 후기 크리스천 비평가들은, 불교가 도대체 종교로서 자격이 있느냐고 큰 소리로 의문을 제기하며 고색창연한 서양 전통을 고수했다.[41]

그리하여 역시 불교 옹호론자들이 주장하는, 크리스천 전통과 빅토리아 문화가 지닌 편협함은 역사적 실체 속에서 일정한 근거를 지녔다. 그리하여 종교적·윤리적·문화적 '이방인'들에 대한 지배적 태도와 정책에 맞서는 이의제기자라는 불교 옹호론자들의 자기 이해는 대체로 정확한 듯하다. 신교 옹호론자들은 중세의 종교재판과 유럽의 종교전쟁, 그리고 아프리카계 미국인들, 중국계 미국인들, 모르몬교도, 가톨릭교도, 유대인들에 대한 학대는 크리스천 전통과 빅토리아 문화 규범을 위반한 것이라고 주장할지 모른다. 그런데 그런 전통과 문화가 편협함과 배제, 그리고 폭력과 관련되었다는 점을 부인할 수 있는 사람은 거의 없을 것이다. 그러므로 불교 옹호론자들의 이의제기에는 그런 전통과 문화의 편협함을 '날조하지' 않았다는 중요한 의의가 있다. 불교 옹호론 자들은 냉혹한 현실, 즉 보수적 크리스천들의 배타주의, 자유주의자들의 생색내는 태도, 영국의 신교에 입각한 빅토리아 문화 경계 바깥에 처한 이들에 대한 학대의 지속적인 패턴에 맞서 이의를 제기했던 것이다.[42]

불교와 관용

불교가 포괄적 이념을 낳을 수 있는 보다 나은 이론적 기반을 제공하며, 외국 전통 및 문화와 평화적 관계를 맺은 더욱 우수한 역사적 전통을 지녔다는 지배적 인식을 통해, 불교는 당시 영적으로 환멸을 느꼈던 이들에게 매력적으로 다가왔다. 유럽인들에게는 적어도 일찍이 르네상스 시대의 항해를 통한 발견과 뒤이은 아시아로의 가톨릭 선교 활동을 통해, 비非서구 종교와 체계적으로 접촉한 경험이 있었다. 종교전쟁 시기(1559~1689), 유럽 전역으로 들불 번지듯 번졌던 종파적 투쟁에 대한 광범위한 피로감과 더불어, 이런 종교적 다양성에 대한 인식이 점차 증대되면서 종교의 공통적 '본질'에 대한 계몽주의적 탐구가 더욱 촉진되었다. 온건한 계몽 사상가나 급진적 계몽 사상가들은 한결같이 독단론의 지나친 강조로 인해 강압과 부조화가 생겨났던 것과는 정반대로 종교가 애오라지 본질로 환원됨으로써 자유와 관용의 분위기가 자리 잡을 수 있으리라는 희망을 품었다.

교회와 국가의 관련성에 관한 공식적인 미국적 개념은 물론 이런 이론적 맥락에서 사유되었으니, 미국헌법의 틀을 짠 이들은 관용의 제도화를 원했다. 최종적으로 미합중국으로 되었던 지역은 당시 대부분의 유럽 나라들보다 더 커다란 종교적 다양성과 자유를 누리던 지역이었다. 그럼에도 헌법의 초안이 만들어지던 시점을 전후로 신세계 정착민들은 종파적 투쟁이 없는 경우가 거의 없다시피 했다. 사실, 17세기와 18세기 미국의 종교사가 일련의 논쟁과 박해, 격리와 추방의 연속이었다고 말함은 좀 과장된 것이다. 최근 연구에 따르면 (나중에 미합중국을 구성한 동부 13주) 영국 식민지들은 미국 종교를 연구하는 대부분의 학생들이 인식했던 것보다 훨씬 광범위한 다원주의로 고동치고 있었다. 그러나 여러 측면에서 의미 있는 종교적 다양성은 19세기 중반과 후반에 이민의 물결이 밀어닥쳤을 때, 예를 들어 아일랜드와 이탈리아 및 폴란드의 로마 가톨릭교도, 동유럽의 유대교도, 심지어 중국과 일본의 불교도가 도래했을 때에야 비로소 시작되었다는 점은 여전히 유효하다. 그리스도교 종파와 18세기 말엽의 소수 이신론자들은 한 세기 뒤에나 등장했던 종교적·민족적 다원론의 정도에는 근접하지 못했다.[43]

포괄적 이론과 관용적 실천에 대한 미국 불교도의 헌신은 부분적으로는 19세기 영국 신교도가 미합중국에서 자행한 '외부인들'에 대한 괴롭힘과 박해, 그리고 추방에 맞선 일종의 항의표시였다. 그러나 지적·도덕적 어려움이 그보다 훨씬 더했으니, 많은 이들이 서양 외부 사람들에 대한 지배적 태도에 의문을 제기했고, 한 종교를 다른 종교보다 선호할 만한 어떤 확실한 근거가 존재하는지를 의아스럽게 생각하기 시작했다. 많은 불교 동조자들은 배타적 입장에 수반되는 지적 곤경은 극복하기 어렵다고 생각했다. 또한 어떤 특정 종교를 절대화시키는 데 필요한 견고한 이론적 근거가 상실되자, 그리스도교가 자행한 박해와 강압의 역사는 더욱더 비난받을 만한 것으로 여겨졌다. 이로 인해 관용적 종교 형태를 찾아내는 것이 더더욱 도덕적으로 긴요한 듯했다.

　이러한 인식은 어느 정도는 낭만적으로 인식된 불교에 기반했지만, 그러나 거의 모든 이들은 불교가 포괄적이고 포용적이라는 점에 동의하는 듯했다. 불교의 이런 이미지는 19세기 전체를 통틀어 반복적으로 부각되었다. 차일드, 클라크, 존슨 같은 빅토리아 중기 종교적 자유주의자와 급진론자들은 불교를 이런 식으로 제시했다. 후기 빅토리아 학자들도 이런 견해에 동의했다. 심지어 후기 빅토리아 크리스천 비평가들조차 마지못해 동의했다. 19세기에 아소카 왕(BC 272~232) 칙령이 재발견되어 번역 및 출판되었는데, 이는 서양인들이 불교를 특별히 포괄적이고 관용적인 종교로 예리하게 인식하도록 만드는 데 중요한 역할을 했다. 영향력이 지대했던 이 인도 불교 황제의 돌로 된 여러 비문에는 종교적 다양성을 수용하고, 심지어 찬양하기까지 할 필요성이 강조되었고, 나라들 간의 평화로운 관계가 요망사항으로 제시되었다. 예를 들어 바위칙령 12(Rock Edict ⅩⅡ)에는 이런 구절이 들어 있다. "타인의 신앙은 모두 이런저런 이유로 존중받을 값어치가 있다. 타인의 신앙을 존중함으로써 우리는 자기 신앙을 고양하고 동시에 타인의 신앙에 이바지한다. 다른 식으로 행동할 경우, 우리는 자기 신앙을 손상시키고 또한 타인의 신앙에 피해를 준다." 이런 구절과 여타의 구절을 통해 친절한 종교로서의 불교에 대한 평판이 어떻게 증대될 수 있었는지를 이해하기는 어렵지 않다.[44]

　비非불교적 전통과 나라들을 상대로 한 아소카 왕의 자비로운 정책에 관해 들어본 적이 있든 없든, 많은 이들이 불교에서 추구한 관용의 이론적 토대와 역사적 기록을 발견했다. 17세기와 18세기의 예수회 (Jesuit)의 다수 해석자들이 관용적인 '자연종교'의 뚜렷한 예증으로써 옹호했던 유교儒教에 많은 계몽적 지성인들이 이끌렸던 것과 꼭 마찬가지로, 많은 빅토리아 후기 불교 신봉자들(비전 불교도, 합리주의적 불교도, 낭만적 불교도)은 다른 전통에 대한 불교의 분명한 개방성에 매료되었다.

예를 들어 자신의 기다란 시 "동양과 서양"(East and West)에서 낭만적 불교 신봉자 페놀로사는 관용을 요청했을 뿐 아니라, 동양과 서양의 종교와 문화가 "미래에 통합되는 것"을 마음에 그렸다. 헌Hearn 역시 관용에 높은 가치를 매겼다. 헌은 편지에서 "선교사 멍청이들"을 비난했다. 이는 헌이 그리스도교를 완전히 거부해서가 아니라 크리스천 선교사들이 지닌 파괴성, 오만, 불관용에 분노가 치밀었기 때문이다. 헌은 불교와 일본인들의 부드러움에 관해 자주 언급했으며, 이와 관련된 불교 기록은 그리스도교 기록보다 훨씬 더 우월하다고 생각하는 듯했다. 그러나 헌은 이 아시아 종교 전통이 상호 존중의 유일한 이론적 토대를 제공한다고 생각하지는 않았다. 예를 들어 종교문제와 씨름하고 있는 한 젊은 일본인에게 보낸 편지에서 헌은 종교와 종파를 구별했다. "종교란 사람들이 정직하게 살고 서로에게 친절하고 선량하도록 이끄는 도덕적 신념이다. 종파란 무엇이 진정한 가르침인가에 대한 신념의 '차이'로 인해 생긴다." 그리스도교는 무수한 종파적 형태를 띠어 왔지만, 그러나 초기의 그리스도교는 불교처럼 다른 신앙인들을 관용적으로 대하고 존중했다. 선교사들을 비롯한 여러 크리스천들이 진정한 그리스도교 정신을 설교하거나 실천하지 못해 왔다고 헌은 생각했다. 헌은 그리스도교 쪽으로 기울어가고 있는 젊은이에게 "진정한 신사는 '모든' 종교를 존중한다"는 점을 상기시키면서 글을 맺었다. 또 다른 예를 든다면, 비글로우 역시 관용을 소중하게 여겼고, 불교에서 그런 관용을 가장 뚜렷하게 발견했다. 니치렌(日蓮: 13세기 일본 승려로 현재 일본 일련정종의 교조)이 강압을 승인한 것을 너그러이 봐주면서, 비글로우는 "불교의 특징은 사람들의 관심을 억압하거나 강요하지 않는 것이며, 먼저 찾아와 도움을 청하지 않는 사람을 결코 간섭하지 않는" 점이라고 제시했다. 또한 비글로우는 다시금 한 일본 불교신자에게, 심지어 제설 諸說 혼합주의에 가까운 포괄성을 지닌다 해도 자신은 관용이 지속적인 종교적 활력에 긴요하리라 믿는다고 전했다. "가장 오래 살아남을 수밖에 없는 형태의 믿음은 다른 형태의 믿음을 '포용'하고 '배척'하지 않을 수 있다."[45]

불교가 지녔다는 관용정신은 합리주의적 불교도와 비전 불교도에게 호소력의 중요한 원천이었던 듯하다. 계몽시대로부터 물려받은 패턴을 지속하면서, 합리주의적 불교도는 다양한 종교 전통에 합당한 권리를 부여하고 종교 간, 국가 간에 친근한 관계를 뒷받침해 줄 종교성을 요구했다. 예를 들어 카루스는 '종파주의'를 너무도 개탄한 나머지 어떠한 종교 전통에도 합류할 수가 없었다. 심지어 자신을 그토록 강하게 매료시켰던 관용적 불교에도 합세하지 않았다. 관용을 포용했던 이들 가운데 불관용자들을 포용하는 데는 실패한 경우가 많았지만, 그러나 카루스는 달랐다. 〈오픈코트〉 편집자로 일하면서 카루스는 어떠한 무시나 경시도 허용치 않았으니, 심지어 보수적이고 배타적인 형태의 그리스도교에 대해서도 마찬가지였다. 예를 들어 카루스는 한 유망한 저자에게, 만일 그가 "정통적 신앙인들에게는 너무도 모질게 들릴 수

있는 서두의 몇 단어를 뺄" 경우에만 그의 글이 게재될 것이라고 말했다.[46]

카루스는 심지어 아시아와 미국 불교도가 불교 전통과 불교 교주가 요구했던 명료함과 자비를 제대로 보여주지 못한다는 생각이 들 때 불교도를 꾸짖기까지 했다. 자신의 저서『붓다의 복음서』에 대한 한 미국 불교인의 거친 비판에 응답하면서, 카루스는 불교인 잡지 투고자에게 어조를 바꾸도록 간곡히 타일렀다. "만일 당신이 불교 원리를 인정한다면, 당신이 머무는 환경 안에서 독단적 광기의 성마른 분위기를 드러내지 않을 것입니다. 왜냐하면 그것보다 여래(붓다)의 원리와 거리가 먼 것은 없을 테니까요." 심지어 자기 내면에서 그리스도교와 그 선교사들에 대한 끓어오르는 적대감이 표출되도록 내버려두었던 달마팔라조차 카루스로부터 비슷한 꾸짖음을 들었다. 자신의 새로운 불교 조직에 대한 달마팔라의 인쇄된 성명서는 너무 지나치게 적대적인 듯이 보였다. "이 글에 나타난 어조가 저로선 아주 유감스러우며, 당신이 사용했던 표현들이 이내 망각될 수 있길 바랄 뿐입니다. 그리스도교에 적대적인 이런 언급 속에서 가해진 혐의들은 사실이 아니며, 설사 사실이라 해도 그 내용은 다른 식으로 표현되어야만 합니다. 붓다께서는 틀림없이 이런 말을 사용하지는 않았을 테니까요."[47]

다른 동조자 및 신봉자들과 마찬가지로, 카루스는 관용의 원리를 상호 존중을 넘어서까지 확대시켰다. 카루스는 이 원리를 절충주의, 심지어 제설 혼합주의 쪽으로 향하게 했고, "보편적 진리를 지닌 우주적 종교"를 갈망했다. 불교에 대한 헌신을 다룬 대중적 선언에서 애매하지 않고 좀 더 강력해지라는 달마팔라의 촉구에 답하면서, 카루스는 자신의 절충주의를 드러내고 붓다, 아소카 왕, 세계종교의회 모두가 동시에 지녔던 관용적 원리에 호소하는 답장을 보냈다.

나는 불교도라고 반복해서 말한 적이 있지만, 그러나 당신은 내가 그리스도의 특정한 가르침을 받아들이는 한에서 크리스천이기도 함을 잊어서는 안 됩니다.…… 나는 이스라엘 사람이며…… 한마디로 나는, 이를테면 육화된 종교 의회입니다. 나는 불교인이고 불교인 이외의 다른 어떤 존재도 아니라고 말함은 그릇된 진술일 텐데, 실로 그렇게 말함은 비불교적이 될 테고, 붓다 자신의 가르침에 위반될 테니까요. 이런 의미에서 우리는 아소카 왕의 12번째 칙령을 되새깁니다. "신들의 사랑받는 존재는 모든 형태의 종교적 신앙을 존중한다."

카루스의 해석에 따르면, 불교적 관용이란 너무나 온전한 것이어서 배타적 헌신을 배척한다. 설사 그 헌신이 불교 자체를 향한 것이라 해도.[48]

또 한 사람의 합리주의적 불교도인 다이어 럼Dyer Lum은 결코 '육화된 의회'가 아니었다. 하지만 럼은 클라크의 아주 널리 알려진 『위대한 10대 종교』(Ten Great Religions)로부터 한 구절을 호의적으로 인용했다. 이 구절을 통해, 대부분의 측면에서 그리스도교의 우월성에 찬성론을 폈던 공리주의자 클라크가 불교라는 아시아 전통을 칭찬했다. "불교는 인간 정신에 대해 합리적 호소력을 지니는 과정을 통해 영예롭게 사람들의 마음을 정복해 왔다. 불교는 결코 강제로 포교된 적이 없었다. 불교를 옹호하는 황제의 힘을 지녔을 때조차 그랬다.…… 이런 측면에서 불교는 크리스천들에게 한 가지 교훈을 가르칠 수 있다.…… 아소카 시대 불교도는 어떠한 종교재판소도 만든 적이 없었을 뿐더러, 왕국을 개종시켰던 그 열정을 우리 서양의 경험으로는 거의 설명할 길이 없는 관용의 정신과 결합시켰다." 협력을 진작시키기 위해 인위적인 국제어를 제안하기까지 한 C. T. 슈트라우스 역시 불교가 지닌 온유한 정신 때문에 타인들에게 불교를 권유했다. 인도 아소카 왕의 칙령을 언급하면서, 슈트라우스는 자신의 개론서를 읽는 독자들에게 비록 불교 전통이 중앙아시아와 동아시아를 거쳐 확산되었지만, 불교 신봉자들은 "교리 전파를 위해 단 한 방울의 피도" 흘리게 한 적이 없었다는 점을 상기시켰다.[49]

비전 불교도 역시 똑같은 반反종파주의 전통에 이끌렸으며, 그리스도교의 이론과 실천 윤리를 거부했고, 불교가 지녔다고 알려진 포괄주의와 관용정신을 매력적으로 여겼다. 많은 계몽적 사상가와 합리주의적 불교도와 마찬가지로, 비전 불교도는 규명될 수 있는 종교의 '정수精髓'가 존재한다고 믿었으며, 이 정수는 종교 상호 간의 통일성과 국제적 평화를 위한 이론적 토대를 형성할 수 있으리라 믿었다. 그러나 비전 불교 옹호자들은 이런 공통적 핵심에 대해 다른 설명을 제시하는 경우도 간혹 있었다. 예를 들어 『베일을 벗은 아이시스』(Isis Unveiled)에서 블라바츠키 부인처럼, 신지학회와 연관된 불교도는 이런 정수를 고대 비전적秘傳的 원리의 집합체로 여기는 편이었다. 그들의 종교적 절충주의와 관용정신의 이론적 토대가 되는 견해는 이랬다. "이런 고대 비전적 지혜의 핵심을 통해 모든 역사적 종교의 근거가 마련되었고, 비종파적인 미래 종교의 토대가 구축될 것이다."[50]

이런 입장이 반反종파주의의 토대였든 아니든, 많은 비전 불교도는 불교의 관용정신에 매료되었다. 예를 들어 베터링은 "불교가 사기, 고문, 칼, 불로 포교되지 않기 때문에" 불교를 옹호했다. 이에 비해 그리스도교는 이런 모든 방식을 활용한 바 있었다. 올콧 역시 크리스천 선교사들의 악습을 비난하기 위해 거친 언어를 사용했고, 아시아와 서양 독자들에게 아소카 왕의 칙령과 불교의 자비에 관한 기록을 상기시켜 주었다. "우리가 아는 한, 불교는 단 한 방울의 피도 흘리게 한 적이 없었다." 이 신지학적 지도자는 "이기성, 종파주의 혹은 불관용"의 기미를 전혀 띠지 않고 "고상한 관용, 보편적 형제애, 공정함과 정의의 종교"라며 불교를 칭송했다.[51]

올콧과 마찬가지로 에드먼즈 역시 "협소한 정통파의" 악습을 비난했고 불교를 온후함과 관용의 종교로 생각했다. 일기에서 에드먼즈는 '유순함'과 같은 '불교적 요소'를 지적함으로써 결코 완전히는 버리지 못했던, 자신이 물려받은 퀘이커 전통을 칭송했다. 사실상 에드먼즈는 이런 퀘이커의 특질을 발견하는 모든 곳에서, 그 특질을 불교 및 붓다와 연결시키는 편이었다. 예를 들면, 초창기에 기록된 것으로 에드먼즈는 자기 일기에다 서신왕래를 하던 찰스 R. 랜먼이 "뛰어난 사람으로 무저항과 자비심을 비롯한 붓다의 정신으로 충만해 있다"고 털어놓았다. 에드먼즈는 또한 동양과 서양의 종합을 희망했으며, 세계문화와 보편종교의 출현을 예견했다. 에드먼즈는 결코 불교에다, 혹은 다른 어떤 종교나 종파에다 배타적인 충성심을 바친 적이 없었다. 하지만 불교 전통이 에드먼즈에게 호소력을 지녔던 이유의 일부는, 불교가 그리스도교를 확장시키고 문화를 융합시킬 수 있을 듯해서였다. 예를 들어 이 불교 동조자는 다음과 같은 표현으로 국제불교도협회 미국 대표직 수락의 변을 밝혔다. "저는 쓸모 있는 존재가 되고 제 실존을 정당화시키기 위해 이 랭군 대표직을 받아들였습니다. 저는 불교인이 아니라 철학자입니다. 불교 지식이 그리스도교의 제약을 풀어주고 세상의 여러 부문을 통합시켜 내리라 믿는 철학자 말입니다."[52]

카나바로는 불교가 그리스도교의 "제약을 풀어주거나" 문화 간의 혼합을 성사시켜 주리라 기대하지는 않았지만, 불교가 지닌 타종교에 대한 관용을 높이 평가했다. 불교 개종의 변에서, 카나바로는 자신이 그리스도교를 거부했던 부분적 이유는 그리스도교가 "유연성이 너무 없고 뿔뿔이 흩어져 있기" 때문이라 했다. 로마 가톨릭으로부터 신지학회, 장로불교, 바하이교를 거쳐 마침내 베단타 힌두교로 이어지는 카나바로의 영적 여정에서 가장 중요한 요소는 사실상 포괄적이고 관용적인 종교 틀의 탐구였던 듯하다. 어떤 의미에서 카나바로는 당시 몇몇 사람들처럼 포괄주의와 관용정신 쪽으로 개종한 셈이었다. 이런 종교집단 내의 다양한 요소들로 인해 종교 간의 관계에 대한 (본질주의적 포괄주의, 성취적 포괄주의, 그리고 심지어 베단타 힌두 전통 속의 다원론적 입장과 유사한 입장에 이르는) 다양한 해석이 제시되는데, 그 모든 요소들은 어떤 식으론가 다른 신앙의 부분적 진리성을 확증해준다. 이런 각 집단이 포용적이라는 카나바로의 인식이 각 종교를 탐험할 때 긴요했음은 분명하다. 나는 이미 불교 개종과 관련해 카나바로가 관용의 정신을 언급했음을 인용한 바 있다. 1904년 시카고에서 바하이교도에게 행한 연설에서 카나바로는 자신이 가톨릭에서 신지학으로, 신지학으로부터 불교로 방향을 틀었던 동기를 비슷하게 설명했다. "저는 신지학회의 방향성을 연구하다 불교와 접하게 되었는데, 불교는 제 영혼을 아주 예리하게 건들었습니다. 왜? 그 이유는 불교가 너무나 보편적이어서 모든 것, 모든 사람, 모든 종교를 받아들였거든요." 이와 연관된 관심사가 카나바로의 나중 설명에도 작용했던 것으로 보인다. "하지만 여러분도 아시다시피 이 불교 안에는 모든 종교가 통합되어 존재합니다. 불교의 위대함은 모든 종교의 진리가 불교라는 종교 속으로 결합되고 통합된다는 점이에요." 마지막으로 1923년 영적 자서전의 결론 부분을 다루는 장에서 카나바로는 자신이 베단타 힌두교로 이끌렸던 내력을, 캘리포니아에서 만났던 스와미 파라마난다가 쓴 소책자의 다음과 같은 구절을 인용함으로써 설명했다. "베단타는 그 어떤 구도자의 자연스런 사고방식도 간섭하지 않고, 구도자가 어떤 입장을 지니고 있든 공감어린 도움의 손길을 건넴으로써 성장을 촉진시켜 준다. 베단타는 세상의 모든 성스러운 경전을 수용하고 모든 구세주와 예언자들을 향해 경배를 올린다. 베단타는 똑같은 진리의 복음이 모든 이들에 의해 설해졌으며, 유일한 차이란 언어적 차이일 뿐 본질적 의미의 차이가 아니라고 믿는다. 그러므로 베단타에는 개종의 어떠한 여지도 존재하지 않는다." 그리하여 1897년에 이루어진 공식적인 카나바로의 불교 지지는 이전의 신지학회로의 개종과 이어지는 바하이교와 베단타 탐구와 일체가 되었다. 그런데 그 일체의 매개는 그리스도교가 지닌 배타성과 불관용에 대한 보편적 거부와, 이런 영적 행로들이 지닌 포괄성과 관용의 정신에 대한 지지였다.[53]

불교와 과학

1899년 카루스는 자신이 편집하는 잡지에 두드러지게 드러나는, 위대한 프랑스 종교역사가 알베르 레빌Albert Réville적 경향성을 설명했다. "우리는 〈오픈코트〉지에서 '과학의 종교'라 이름 지은 개념을 옹호하는데, 이는 과학적 진리 그 자체가 인류가 지닌 종교적 개념의 최후의 잣대가 되리라는 의미다." 그리고 내가 본서 제3장에서 말했듯이, 카루스는 이 '과학의 종교'를 명백히 불교와 동일시했다. 달마팔라에게 보낸 한 편지에서 카루스는 이 점을 단순하면서도 과감하게 표현했다. "제 견해로는 붓다의 의도가 딴 게 아니라 우리가 말하는 종교의 과학을 확립하려는 것이었습니다. '깨달음'과 '과학'은 서로 바꾸어 쓸 수 있는 단어입니다." 필시 19세기 미국에서 불교가 지닌 매력의 가장 긴요한 원천은 불교 전통이 접근 가능한 다른 종교적 선택보다 훨씬 '과학적'이라는 점이었다. 비록 이런 매력의 힘이 카루스 같은 합리주의자한테 가장 강력했지만, 세 가지 유형의 동조자와 옹호자들 모두가 불교에 이끌렸던 부분적인 이유도, 예를 들어 새로운 지질학, 새로운 생물학, 새로운 심리학에서 발견된 사실에 불교가 훨씬 적응력이 뛰어난 듯했기 때문이었다.[54]

많은 합리적·비교적 불교도는 장로불교로부터 혹은 서구화된 장로불교로부터 새로운 종교성의 기반을 이끌어 냈다. 그런데 이 새로운 종교성은 형이상학적 쟁점에 대한 무관심에 토대했거나, 더욱 특징적이게는 '신'을 존재의 순환을 육화肉化시키는 개인과 상관없는 힘으로 이해하는 데 토대했다. 좀 더 정교한 우주론을 갖춘 일본 대승불교 전통에 이끌렸던 낭만적 불교도 역시, 불교에서 진화론과 양립할 수 있을 듯이 보였던 궁극적 실재에 대한 인식을 발견했다. 천태종, 진언종, 선종의 형이상학적 일원론에 따르면, 실재란 궁극적으로 하나이지만 우리 모두가 사는 관습적 영역은 도덕적 인과법칙인 업業에 지배된다. 많은 이들이 이 업의 '법칙'을 진화론적 과정을 규제하는 자연력 중 하나로 해석했다. 그리하여 후기 빅토리아 불교 옹호자들은 지배적인 다윈주의나 스펜서 식의 사회진화론을 장로불교나 대승불교의 틀과, 특히 업과 윤회라는 공통적 교리와 쉽사리 결합시켜 사고할 수 있었고, 이어 개인적 선택과 개인하곤 무관한 법칙을 통해 언제나 위로 나아가는 우주라는 이미지와 함께 등장하는 걸 편안하게 여겼다. 불교는 또한 출현하고 있던 심리학과 같은 '과학'에서 이루어지는 최신 발견과 양립하는 듯이 비치기도 했다. 심리학 방면에서 이루어진 최신의 발전을 통해, 자아란 과정 중에 있으며 역동적이고 실체가 없다는 관념이 분명해지는 듯했다. 그리하여 수많은 불교 옹호자들이 불교심리학을 실체론적 그리스도교의 심리학보다 훨씬 과학적으로 여기게 되었다.[55]

불교 전통을 유럽과 미국에서 대중화시키고 진흥시키려던 이들은, 불교가 자연과학 및 행동과학과 명백히 양립할 수 있다는 명목상의 이점과 잠재적 매력을 십분 인식하고 활용했다. 예를 들어 에드윈 아널드는 자기 당대에 가장 유명한 영국 과학자 다수와 친분이 있었으며, 이 불교 전파자는 "불교와 현대과학 사이에는 밀접한 지적 유대가 존재한다"고 천명했다. 한편, 소옌과 달마팔라 같은 세계종교의회에서 연설한 여러 아시아 불교도는 자기네 전통이 과학과 양립 가능하다는 점을 특별히 언급했다. 달마팔라가 종교의회가 열렸던 같은 해에 캘리포니아 오클랜드에 거주하는 "최상으로 알려졌고 가장 지적인 주민"들이 포함된, 홀을 가득 메운 군중에게 연설했을 때, 그는 심지어 과학적 태도를 통해 관용의 정신이 생겨나리라는 말까지 할 수 있었다. "그간 불관용의 정신이 편협하지만 널리 만연된 지고의 가치였다. 하지만 이제 헉슬리, 다윈, 틴들 및 금세기 위대한 과학자들 덕분에 서구인들은 깊이 사유할 입장에 놓이게 되었다. 그리하여 서구인들은 독단과 신학으로부터 해방되어, 아시아 형제들과 손을 맞잡을 준비가 되었다." 샌프란시스코불교선교회의 수예 소노다 스님은 백인 청중에게 행한 첫 불교 강론에서 이미 불교의 과학적 특징을 강조한 바 있었다. 개종자들을 상대로 한 C. H. 커리어Currier의 호소는 똑같은 주제에 의지했고,

샌프란시스코 백인불교 그룹인 붓다달마상가로 가입을 권유하는 공표된 초대의 글 역시 마찬가지였다. "상가의 문은 삶의 과학적 법칙에 기반한 진리를 진지하게 추구하는 모두에게 열려 있다.…… 이러한 진리는 부처님의 법 속에 천명되어 있다."[56]

불교의 '과학적' 특징이 지닌 호소력은 합리적 불교도 사이에서 대단했다. 1875년에 막 진화론의 위력이 미국에 뒤늦게 강력한 영향력을 행사하기 시작하자, 럼은 미래를 통찰하며 "현대과학이 크리스천 생활에 자양분을 제공하는 연결고리를 끊어버려" 그리스도교가 "퇴조하여 사라지게 될" 날을 마음에 그렸다. 그러면서 럼은 과학적 교리로 생기가 부여된 불교는 생명의 혈관을 통해 맥박이 고동치게 되리라 생각했다. 이와 다른 비유를 사용하면서 윌슨은 빅토리아 시대의 영적 위기로 인해 "불확실성의 바다를 표류하고" 있던 미국인들이 부분적으로는 경험적이고 과학적 특성 때문에 불교를 부여잡았다고 넌지시 비쳤다. 내과의사요 화학강사인 무어Moore는 1903년에 출간된 한 논문에서 여러 불교 신봉자들의 견해를 밝혔다. 무어는 우선 다윈과 스펜서가 난공불락의 물질적 진화의 원리를 제시했을 때 서구 유신론 사상의 신봉자가 겪었던 '치명상'으로 인한 개인적·문화적 위기를 자세히 설명했다. 이어 무어는 그런 위기가 불교의 '과학적' 교리 속에서 용해됨을 설명했다. 사실, 불교적 세계관이 지닌 광대한 해석적 권능의 감각으로 충만했던 무어는, 심지어 "과학의 새로운 정설과 불교의 가르침 간의 명백한 조화는 인류 사상사에 신기원을 이루었다"고까지 말했다.[57]

그간 지적했듯이, 과학에 대한 강조는 또한 합리적 동조자인 폴 카루스의 저작에서 지배적이고 뚜렷하게 드러났다. 세계종교의회 이전, 카루스는 공자, 조로아스터, 모세, 붓다, 그리스도 모두가 '과학적 종교'의 '예언자'였다고 말한 바 있었다. 소옌과 달마팔라가 의회 연설에서 불교와 과학의 양립 가능성을 강조한 뒤, 카루스는 붓다를 "과학적 종교의 첫 번째 예언자" 반열로 격상시켰고, 붓다의 전통이 서양적 대안들보다 훨씬 '과학적'이라 천명했다. 사실 카루스는 "불교에서는 종교와 과학 간의 갈등이란 게 불가능하다"고 주장했다. 개인적 신성과 실체 있는 영혼을 거부하고 개인과 무관한 우주적 원리 및 역동적이고 실체 없는 자아에 대한 선호로 말미암아 다른 종교 전통에 비해 불교 전통은 생물학과 심리학 방면의 최신 발견과 일치되는 면이 훨씬 많았다. 불교 전통이 지닌 경험적이고 실용적인 경향 또한 카루스와 그 밖의 합리적 불교 옹호자들에게 매력적이었다. 왜냐하면 카루스가 썼듯이, 불교도는 개인적 경험에서 나온 명제만을 받아들이거나, "주의 깊은 과학적 탐구에 의해 사실로 입증"되었던 명제만을 받아들일 수밖에 없기 때문이다.[58]

그러나 카루스는 모든 불교도나 모든 불교사상이 똑같이 과학적이지는 않다는 점을 인식했다. 세월이 경과하면서 심지어 불교조차 일부 '미신적' 신앙과 관행으로 인해 오염되었다고 카루스는 생각했다. 붓다의 유골에 대한 신할라족의 숭배처럼. 카루스는 통속적 불교가 지닌 불순한 요소들에 진저리를 쳤으며, 그와 동시에 '순수 불교'가 지닌 과학적 교리에 매료되었다. 만일 불교 전통의 미신적 신앙과 관행을 받아들여야만 한다면 그로선 불교 전통과 일체감을 느낄 수 없었을 테고, 따라서 불교 이외에 더 과학적 종교는 없었으므로 그 어떤 다른 종교에 우호적일 수는 더더욱 어려웠을 터였다. 그와 동시에 카루스는 새로운 종파나 교회를 만들 수도 없었을 것이다. 그런 시도는 불가피하게 과거의 오류를 반복할 테니까. 그 대신에 카루스는 과학의 불꽃

속에서 모든 존재하는 종교의 '정화淨化'를 청사진으로 그렸다. 일부
불교조차 이런 정화의 세례를 받을 필요가 있었다. 그리하여 과학과
(그리고 관용과) 양립할 수 없는 요소들로 된 찌꺼기를 태워버림으로써
단일한 '우주적 종교'가 그 불꽃 속에서 출현하길 카루스는 염원했다.
이런 종교는 그 어떤 지적 희생이나 도덕적 타락도 필요치 않을 터였다.
이런 종교의 모습은 여러 측면에서 '과학적' 불교를 닮을 것임에 틀림없
을 터였다.[59]

대승불교 종파가 지닌 미적 호소력은 낭만적 불교도에게 훨씬 중요성
을 지녔지만, 그러나 그들 역시 불교가 '현대과학'과 양립할 수 있다는
점에 이끌렸던 듯하다. 페놀로사는 하버드 학부생 시절에 (진화론을
인간생활의 모든 부면에 적용하려는 시도를 지닌) 스펜서 철학을 열심
히 공부했으며, 나중에 동경대학 강의에서 그 체계를 알리기까지 했다.
그러나 필자가 앞장에서 언급했듯이, 스펜서 사상에 특별히 깊은 확신을
지녔던 학생은 다름 아닌 라프카디오 헌이었다. 그는 불교가 지닌
스펜서 이론 및 '과학'과의 유사성에 매력을 느꼈다. 페놀로사와는 달리
헌은 스펜서의 견해에 너무도 충실했으므로, 불교가 스펜서 철학체계와
같은 입장일 경우에 한해 불교를 받아들일 수 있을 뿐이었다. 헌으로서
는 스펜서의 견해가 다윈의 견해보다 훨씬 포괄적이고 더 권위가 있었
다. 스펜서의 진화론적 구도를 통해 자연적·영적 진화를 이해하기
위한 뼈대가 제공되었는데 반해, 다윈과 헉슬리 및 틴들은 단지 '작은
세부'를 보탰을 뿐이라고 1895년에 쓴 한 편지에서 헌이 말했다. 다윈의
자연선택 이론을 통해 헌으로서도 "진화의 한 가지 요인"을 설명하는
데 도움을 받기도 했다. 그렇지만 헌에게 "각다귀의 성장뿐 아니라
태양계의 성장을 지배하는 진화에 관한 우주적 법칙"을 발견한 이는

누가 뭐래도 스펜서였다.[60]

그러나 스펜서의 눈부신 체계와 자연과학에 의해 보태진 '세부'조차 한계를 지녔다. 헌의 믿음에 따르면, 과학을 통해 우리는 태양계가 진화와 사멸이라는, 되풀이하여 일어나는 순환을 겪게 될 것임을 인식한다. 그러나 만일 과학에만, 스펜서의 체계에만 의존한다면 우리는 곤혹스러워하며 마음의 평정을 잃게 된다. 과연 존재의 순환이 지니는 궁극적 의미가 무얼까? 의미와 위안을 탐색하는 과정에서 헌은 아시아 종교 쪽으로 시선을 돌렸고, 특히 불교에 주목했다. 헌은 또 다른 편지에서 한숨을 내쉬며 말했다. "그러나 다시금 영원한 만물의 질서 속에서 그게 무슨 소용이란 말입니까? (진화하고 사멸하고 또 다시 그 과정을 영원히 반복하는) 태양계라는 생명체까지도 도대체 무슨 소용이 있단 말입니까? 정말이지 불교만이 우리에게 이 주제에 관한 위안이 될 만한 발상을 제공합니다." 이 구절만으로는 정확히 불교가 어떻게 위안을 주는지가 명확하지 않지만, 5년 뒤 같은 주제로 쓰인 편지에는 몇 가지 시사점이 들어 있다. 즉 불교, 그리고 힌두교 역시 인간이 자연적·도덕적 진화에 대한 일정한 통제력을 지니며 궁극적인 선善의 정복이 가능하다고 제시함으로써 의미와 위안을 제공하는 것이다.

왜 우주가 성운으로 해체되어야만 하고 성운이 다시 떼 지은 항성 속으로 용해되는지에 대해 과학은 아는 게 없다고 고백한다. 의심해 본다는 위안 말고는 과학에 더 이상의 위안은 존재하지 않으며 이는 건강하다. 그러나 과학을 통해 한 가지 고무적인 사실이 천명된다. 어떠한 생각도 완전히 사멸하지는 않는다는 것이다. 모든 생명체가 힘이므로, 모든 것의 기록이 무한 속으로 전달되지 않을 수 없다. 자, 그렇다면 우주를 이루었다 해체시키는 이 힘은 무엇일까? 인간의 오래된 생각과 말과 정열일까? 고대 동양은 그렇다고 선언한다.

그리하여 헌은 인간이 지닌 생각과 욕망의 긍정적 힘을 통해 모든 인간이 추구하는 "나머지 영원한 것"이 확보될 수 있으리라는 생각에 이끌렸다.[61]

그러나 헌에게 불교란 단지 의미를 보태주고 위안을 제공하는 것만이 아니다. 헌에게 불교적 우주관은 스펜서의 구도에 입각한 '과학적' 세계관과 조화를 이루는 이점 또한 지닌다. 한 편지에서 헌은 스펜서적 진화의 관점과 태양계 해소 및 인도 불교도의 "고대적 순환이론" 간의 연속성에 유념했다. "불교와 스펜서는 궁극적인 것 앞에서 똑같은 지반에 서 있다"고 헌은 주장했다. 헌은 계속 말하길, 편지를 주고받던 이가 제안했던 대로 만일 자신이 "기성의 종교"를 받아들이게 돼 특이한 잡탕 속에서 스펜서를 기존 종교와 뒤섞을 바에는 불교를 더 선호하게 되리라 했다. 불교가 지닌 과학과의 독특한 일치와 불교의 과학적 특징으로 인해 자신이 느꼈던 불교가 지닌 매력에 대한 유사한 언급이 헌의 편지와 책 곳곳에 산재해 있다. 예를 들어 일본으로 떠나기 전에 헌은 자신의 편지 상대 중 한 사람에게 "동양의 야만적 신앙을 거부하는" 업, 수행, 무아, 깨달음이란 불교적 관념에 관해 "과학을 통해 균형 잡힌 논평이 제시되리라" 믿는다고 고백했다. 훗날 더욱 체계적이고 성숙한 불교 해석을 내리며, 헌은 불교 전통이 독특하게 과학과 양립 가능하다는 주장을 계속 밝혔다. "불교사상 가운데는 정말이지 우리 시대의 진화론적 사상과 아주 놀라울 정도의 유사성을 보여주는 게

있다." 헌은 자신이 불교 전통에 "낭만적 관심 이상의 관심"을 지니게
되었던 건 불교가 "진화의 이론"이며, 그만큼 스펜서의 철학 및 현대과학
과도 양립 가능했기 때문이라고 고백하기까지 했다.[62]

  내과의사로 수련을 받았던 낭만적 불교인인 비글로우도 역시 연구자
로 수습생활을 하면서 과학 논문을 쓰기까지 했으며, 불교와 과학의
양립 가능성을 확언했다. 사실 "현대적 과학연구"에 대한 매력은 불교에
관한 비글로우의 주요 출간서적에 빈번하게 표출되며, 진화론적 뼈대
는 불교 전통에 대한 그의 해석에서 중심적이었다. 『불교와 불멸성』
(Buddhism and Immortality)에서 비글로우는 천태종과 진언종을 간략히
개관함에까지 이르는, 인간의식에 대한 한결같은 개념적 분석을 제시했
다. 비글로우는 영적 영역과 물질적 영역을 구분했고, 영적 진화와
물질적 진화를 구분했다. 비글로우는 다윈의 자연선택 이론의 권위에
기대었고, 물질적 발전뿐만 아니라 영적 발전을 설명하기 위해 생물학으
로부터 취한 언어를 지속적으로 사용했다. 비글로우는 영적 진화의
과정을 개인적인 것이 "본능적인 의식"으로부터 벗어나 "자연선택의
인도를 받는 진화의 사다리를 타고 오르는" 과정으로 설명했다. 다음으
로 개인적인 것은 천상적 존재의 중간 단계로 진행되는데, 불교 이외의
모든 종교는 이 중간 단계를 발전의 정점으로 오인한다. 그리하여
마침내, 깨달은 대승불교인은 만물이 출현했던 본능적인 의식으로
되돌아갈 수 있다고 했다.[63]

  불교가 과학과 특별히 양립 가능하다는 주장에 비전 불교도가 관심이
없었던 듯이 보였을는지 몰라도, 사실은 그렇지 않았다. 학자들이 지적
했듯이, 르네상스 시대를 거치면서 신비주의가 과학과 결합된 경우가
많았으며, 그런 결속력은 스베덴보리 같은 18세기 저자들의 저작에

여전히 강력하게 남아 있었다. 그러나 17세기의 과학혁명을 통해 과학과 신비주의를 분리시키는 오랜 과정이 시작되었다. 리엘의 지질학과 다윈의 생물학을 통해 논쟁이 불거지면서, 그 과정은 거의 완결되었다. 그럼에도 신비주의자들의 신앙이 현대과학이 발견한 사실과 양립 가능하다고 판단되든 그렇지 않든, 이런저런 신비주의에 영향 받은 이들을 포함해 이 시기의 많은 비주류 그룹들이 자기네 관점을 정당화시키기 위해 '과학'에 호소했다. 예를 들어 영성주의, 신지학, 혹은 심령 연구에 헌신하는 이들은 자기네 교리를 '과학적'이라 여기고 싶어 했다. 그들에게 사망한 친척이나 신비주의 스승과의 접촉과 비범한 심령현상 탐구는 실증주의자의 사실추구 및 증명을 위한 과학적 탐구와 일치했다. 이 그룹 참가자들은 종종 과학의 제단에 숭배를 바친다고 고백했으며, '과학적' 탐구정신으로 충만함에 관해 말했다. 그들에게는 초자연적 세계 및 인간이 그 안에서 차지하는 지위와 관련된 믿음을 '경험적으로' 검증할 절대적 필요성이 있었다. 이런 경향성은, 예를 들어 마리 A. 월시Marie A. Walsh가 A. 마르케스Marques가 쓴 『인간의 오라』(The Human Aura) 서문에서, 그리고 그 소책자 전체에서 두드러진다. 호눌룰루 신지학협회 회장인 마르케스는 이런 신비주의 주제에 관해 1896년에 샌프란시스코에서 강연한 바 있었다. 월시는 출간된 마르케스의 강연을 다음과 같이 권유했다. "오늘날 우리는 이론을 좋아한다. 하지만 우리는 사실을 요구하며, 바로 이 저자는 사실을 제공한다. 마르케스 박사는 경험이라는 권위를 제외하고, 즉 그간 비판적 분석을 받아왔던 결과인 반복적 실험으로 확증된 경험을 제외하고, 어떠한 권위도 내세우지 않는다. 마르케스 박사가 실시한 연구에서 따랐던 방법의 일부나마 살핀다는 건 내게 영예스런 일이었다. 박사의 연구에서는 관측상의 개인 오차가 조심스럽게 배제되었으며, 모든 관찰에 대해 엄격한 '과학적' 판정이 내려졌다." 다양한 종류의 신비주의자들은 자기네가 보기에 물질적 영역을 초월하는 모든 진리를 희석시키는 관점으로 과학을 왜곡하는 편협한 해석자들 이외에, 아무도 결코 과학을 거부하지 않는다고 주장했다.[64]

그리하여 비교적 불교도가 불교와 과학 간의 유사점을 지적하는 일은 놀라울 게 없다. 비록 이따금 자기네 독자가 다윈의 주류과학이 아니라 '신비주의 과학' 쪽으로 주목하게 했지만 말이다. 예를 들어 영국의 신지학자 A. P. 시넷Sinett은 불교 전통에 관한 자신의 신비주의적 해석 속에서 '과학', '다윈의 법칙', '진화'와 같은 언어와 권위를 활용했다. 자신이 마르케스와 협력해 『인간의 오라』를 집필했다고 카루스에게 말했던 카나바로는, 영적 위기의 해결책을 맨 처음 과학에서 찾았노라고 고백했다. 카나바로는 종교를 적자생존이라는 법칙의 가혹함과 중재시키기 위해 3년 동안 화학 및 천문학을 체계적으로 공부한 바 있다고 말했다. 붓다의 가르침 안에서 자신의 위기 해결책을 적잖이 발견해낸 후, 카나바로는 샌프란시스코 청중에게 불교가 "인과의 법칙이라는 현대의 과학적 사상과 좀 더 일치"한다고 공표했다. 카나바로는 또한 이 강연에서 비교적秘教的 경향성을 드러내기도 했지만, 그러나 물리학, 생물학, 심리학에 의거해 이 법칙을 '과학적'으로 탐구하다 보면 결국 '신비주의 과학'에 도달하게 되리라고 제시하였다.[65]

신비주의 과학에 이끌렸던 비전 불교 동조자 중 한 사람이 에드먼즈였다. 그는 압도적 증거에도 불구하고 그간 '정통과학'이 부당하게 신비주의 탐구자를 조롱해 왔다고 언급했다. 에드먼즈 자신은 영적 대화와 심령현상에 관한 보고서를 성심성의껏 받아들였다. 에드먼즈는 또한 자신만의 신비주의적 경험을 밝히기도 했다. 예를 들어 그의 일기 중 하나에는 1906년 어느 겨울 아침에 필라델피아에서 참석한 강신술降神術 모임에 관한, 별 특색 없는 기다란 기재사항이 들어 있다. 영적 세계와 마지막으로 접한 이래로 20년이 조금 넘은 상태라고 설명했지만, 그러나 에드먼즈는 "그 주에 너무나 기운 없고 최악의 상태여서, 구약에서 주님께서 자신을 버리곤 더 이상 말씀을 안 하셨을 때의 엔도르의 사울처럼 느꼈다." 영매인 사무엘 C. 페너는 에드먼즈가 사망한 아버지와 두 명의 죽은 친구에게 물었던 세 가지 질문에 대답해 준 대가로 2달러를 받았다. 에드먼즈는 저쪽 세계로부터 답변을 받았으며, 모략을 받았던 블라바츠키 부인의 진실성을 입증하는 청하지도 않은 증거를 얻었다. 전반적으로 보아 에드먼즈는 그 강신술 모임을 성공적이라 평했다. "평균적 지성을 지닌 낯선 이들과의 강신술 모임치고, 이 정도면 아주 괜찮다." 영국 영성가 F. W. H. 메이어스Meyers의 가르침을 따라, 에드먼즈는 또한 깨어 있음보다 잠이 "훨씬 심오하다"고 생각해 꿈속에서 받았던 메시지에 대한 자신의 해석을 반복해 기록해 놓았다.[66]

　에드먼즈는 불교 전통이 정통 과학뿐만 아니라 신비주의 과학의 '법칙'과 양립 가능함을 강조한, 불교에 대한 신비주의적 해석을 내놓았다. "30세기 어느 일요일 정오"라 불리는 짧은 대화 속에서 에드먼즈는 한 인물의 음성을 통해 자신의 견해를 피력했다. 그 인물처럼 에드먼즈는 "불교에는 미완성의 진화에 관한 교리가 있다는 생각에 경도되었다." 에드먼즈는 〈심령 연구를 위한 미국협회 회보〉(Proceedings of the American Society for Psychical Research)에 발표한 한 논문에서 불교가 '신비주의적 갈래'의 과학과 일치한다고 강조했다. 이 논문에서 에드먼즈는 붓다를 "평생에 걸친 무아지경을 드러낸 또 하나의 사례"를 제공한

선각자로 해석했다. 사실상 에드먼즈는 붓다의 기록이 자신이 그렇게나 찬탄했던 스웨덴의 신비주의자 스베덴보르그의 기록과 견줄 만하다고 생각했다. 스베덴보르그가 단지 27년간 "보이지 않는 세계와 대놓고 교신한" 데 반해, 고타마는 45년간 그렇게 했다. 에드먼즈는 팔리어 경전에 나오는 구절을 인용하면서 주장하길, 붓다가 천사들과 논의하기 위해 심지어 스스로 영적 세계로 옮겨가기까지 했다고 말했다.[67]

에드먼즈처럼 올콧은 신비주의 과학을 통해 영성주의자, 텔레파시 능력자 및 신비적 현상을 체험했던 그 밖의 사람들의 주장이 입증되었다고 생각했다. 올콧은 또한 "서구 과학자들의 편견에 사로잡힌 불신"에 실망하기도 했다. 올콧은 불평을 늘어놓았다. "46년간의 현대적 영매현상에도 불구하고, 서구 과학자들은 영적 소통이나 심령적-생리학적 이상 징후의 법칙에 관한 원리를 아직 익히지 못했다." 보다 직접적으로 관련성을 지닌 올콧의 저서『불교 교리 문답』(Buddhist Catechism) 중 "불교와 과학"이란 절節을 통해, '존중받아 마땅한' 과학이 신비주의적 견해 및 비전 불교도를 특징짓는 관행과 뒤섞이며 흥미진진하게 제시된다. 올콧은 불교 교리와 '진화의 법칙' 간의 양립 가능성을 언급하고, 그리스도교가 이와 관련해 열등하다는 점을 넌지시 비치며 절을 시작했다. 그럼에도 올콧은 계속해서 오라, 마취, 전생 회고와 미래 예언과 같은 초능력에 관해 논의한 다음, 이런 신비주의적 현상에 필적하는 불교적인 것을 제시했다. 절을 통틀어 제시되었던 점은, 불교가 여타의 경합하는 종교적 견해보다 훨씬 '과학적'이라는 사실이었다. 모든 유형의 유럽계 미국인 불교 동조자와 신봉자가 이에 동의했다.[68]

비전 불교도, 합리적 불교도, 낭만적 불교도 간에 드러나는 그 밖의 다양한 차이에도 불구하고, 불교가 과학정신 및 관용과 상당한 정도로 양립 가능하다는 평판으로 인해 모두가 불교에 이끌렸다고, 나는 그간 주장해 왔다. 과학과 관용에 헌신한다는 기치 아래 그들은 신교에 입각한 그리스도교의 관점이 지닌 근본적 믿음과 가치관, 그리고 영국계 미국인의 빅토리아 문화를 비난했다. 불교 옹호자들은 스스로를 대안적 代案的 의미 체계의 독특한 이점 때문에 불교에 이끌렸던 문화적 반대자로 여기는 경우가 많았다. 사실상 불교 옹호자들의 반대는 여러 측면에서 진지했고 의미심장했다. 하지만 만일 우리가 그네들의 정열적인 항의에만 귀를 기울인다면, 우리는 (마치 그들 및 그들과 동시대의 비평가들이 그랬듯이) 이런 불교 옹호자들이 심지어 그들이 내세운 가장 강력한 비난 속에서조차도 시대의 흐름에 동참한 이들로 되었던 중요한 측면을 간과할지 모른다. 불교 옹호자들은 후기 빅토리아 논의에 참여했던 학자, 여행가, 비평가들과 많은 것을 공유했다. 이어 다음 장에서 필자는 그들의 문화적 동의의 성격과 한도를 탐구하기 시작할 것이다.

제5장

메인스트리트를 걸어가며

문화적 일치와 불교의 접근성

1897년 9월에 쓰인 한 편지에서 폴 카루스는 한 가지 바람을 표현했다. 책과 기사 및 강연에서 제시되는, 말을 통해 드러나는 묘사를 보완하고 상징화하기 위해 미국 화가가 붓다의 시각적 이미지를 만들어내는 걸 보고자 하는 여망이었다. 카루스는 이런 시도가 불교 관련 대화에 도움을 주고 불교를 진흥시키리라 생각했다. 카루스에게는 그런 초상화가 어떻게 그려질 수 있는지에 관한 아이디어 역시 몇 가지 간직하고 있었다. "만일 화가들이 일본과 중국 양식을 모방해서가 아니라 좀 더 현대적인 '미국식'으로 붓다의 개념에 기반해 일정 유형을 확립시키는 데 성공한다면, 특별히 상당한 호평을 받게 되리라는 생각이 내게 들었다." 카루스는 이 이상 더 자세히 언급하지는 않았다. 아마 카루스는 과장이 없는 빅토리아식 인물묘사 전통으로 그려진, 풀 먹인 칼라가 달린 와이셔츠를 착용한 회사원 같은 붓다를 그려 보았을는지 몰랐다. 어쩌면 카루스는 존 퀸시 아담스 워드가 제작한 신교 설교자 헨리 워드 비처 조각상과 같은 걸 염두에 두었을는지도 몰랐다. 워드는 비처를 좀 비만하다 해도 존경할 만하고 진지한 공적公的 인물로 형상화한 바 있었다. 우상 파괴적 기질을 지닌 독자들에게는 서부 평야지대에서 말에 걸터앉은 프레드릭 레밍턴의 붓다나, 중서부 농장에서 쇠스랑을 거머쥐고 있는 '미국 고딕식' 붓다 같은 이미지가 떠올랐을 수도 있다. 카루스의 제안은 기묘하게 보일 수 있지만, 농담조로 과장된 붓다의 이미지에 영감을 불러일으켰을 수도 있었다. 하지만 카루스는 진지했다. 그리하여 실감나는 미국 붓다의 표상을 만들자는 카루스의 요청은 다른 많은 불교 옹호자들이 공유했던 경향성을 드러낸 셈이었으니, 불교를 주도적 종교와 지배적 문화가 지닌 몇 가지 근본적 특징과 조화를 이루게 하려던 시도였다.[1]

이런 경향성은 성공을 거둔, 이식된 새로운 종교 전통 지도자와 추종자들 사이에서 보편적이다. 로드니 스타크Rodney Stark 같은 사회학자는 새로운 종교 운동이 성공하기 위해 여러 조건이 필요하다고 주장했다. 여기선 그 첫 두 가지가 상응한다. 일정한 지명도와 안정성을 획득하기 위해 새로운 종교 운동은 우선, "운동의 터전인 사회가 지닌 관습적 신앙과 '문화적 지속성'을 지녀야" 한다. 해당 그룹이 신봉자를 끌어들이고자 한다면 독특하게 드러나는 몇 가지 특징을 드러내야 함은 당연하다 하겠다. 만일 새로운 게 전혀 없다면 잠재적 개종자들이 왜 오래된 의미구조를 버리려 하겠는가? 그렇다 해도 만일 차이가 너무 두드러진다면 거의 소통이 이루어지지 않을 테고 종교단체는 약체를 면치 못할 것이다. 스타크는 또한 성공적 운동은 "주위 환경과 '보통' 수준의 '긴장'을 유지하고, 표준에서 벗어나되 너무 지나치게 벗어나지 않도록 하는 것"이라 제안했다. 이런 패턴을 알아채기 위해 사회학자가 될 필요까진 없다. 19세기의 새로운 한 가지 종교 운동에 관한 통찰력 있는 일련의 글에서, 크리스천 사이언스 회원인 마크 트웨인은 매리 베이커 에디Mary Baker Eddy 그룹이 그가 살던 시절의 다른 어떤 '주의'보다 "성장하고 번창해서 훨씬 오래 지속되리라"고 예측했다. 크리스천 사이언스가 지닌 많은 이점 가운데는, 지배적인 종교 및 좀 더 광범위한 문화와 밀접한 연속관계를 지닌다는 점도 포함되었다. 트웨인은 말했다. "과거를 통해 우리가 배우는 교훈은, 성공하기 위해서 운동은 전적인 독창성을 주창해서는 안 되고, '현존하는' 종교에 대한 개선책으로 통용되는 데 만족하면서 강성해지고 번창해진 다음, 나중에 가서야 본심을 털어놓아야 한다는 점이다."[2]

트웨인은 '불교'와 '블라바츠키-불교'를 그룹이나 '주의'를 기록한 자신의 기다란 목록에 포함시킨 바 있었다. 최종적으로 유럽계 미국인 불교는 모르몬교나 심지어 크리스천 사이언스가 거두었던 만큼의 성공을 거두진 못했다. 신지학협회를 셈에 넣지 않는다면 불교는 실패한 셈이었다. 이를테면, 안정되고 지속적인 기관을 꾸린다는 의미에서는 실패했던 것이다. 그러나 트웨인과 스타크의 관찰을 통해 어떤 유능한 불교옹호자도 그랬으리라 시사되듯이, 불교 신봉자들은 명시적으로나 암묵적으로 유사점을 강조하는 경우가 많았다. 불교 옹호자와 필시 공식적으로 전혀 목소리를 내지 않았던 수천 명의 동조자들은 좀 다르더라도 너무 동떨어지게 다르진 않은 종교 전통을 갈구하는 듯했다. 그들은 기존 관습에 이의를 제기하고자 했지만, 너무 과도하지는 않았다. 그리하여 불교 옹호자들은 지배적 종교와 문화의 일부 요소에 거부감을 드러냈어도, 폭넓은 동의의 맥락 안에서 그랬다. 조화를 이루려는 충동이 항상 의식되었으며, 필자로서는 이 장에서 그런 충동이 주도적이지는 않았지만 대부분 미국 내 불교 옹호론자들이 집필한,

출판되었거나 출판되지 않았던 글에서 감지될 수 있다고 주장하는 바이다. 대부분의 글들은 그리스도교 및 빅토리아주의와의 단절을 통해 불교 전통에 이끌렸던 듯하다. 좀 더 구체적으로 말해, 불교가 지녔다고 하는 과학적이고 관용적인 세계관이 지니는 지적知的 이점 때문에 많은 이들이 불교에 이끌렸던 것이다. 그러나 인식되지 않은, 당대 문화에 대한 동의의 요소가 그들이 드러내는 열렬한 이의제기와 대부분의 구두 선언 속에서조차 표면으로 부상했다. 그들의 반대에 설득력을 제공했던 것은 다름 아닌 당시 문화 속의 과학과 관용에 대한 헌신의 광범위함이었다. 일단 불교 전통에 이끌리게 되자, 실질적 이거나 상상으로 그려지는 여타의 종교적·문화적 계속성의 지점이 발견됨으로써 그들은 이의제기의 정당성을 인정받았던 듯하다. 불교의 매력적인 교조, 개인적 윤리, '신교에 기반한' 정신, '하느님-개념', 수정된 '불멸성', 그리고 '독립독행적'(獨立獨行的, self-reliant) 경향을 통해 이 아시아적 전통은 더욱 친숙하고 접근 가능한 듯이 보이게 되었다. 크리스천 반대자와 학자들은 여전히 불교의 독특함에 초점을 맞추는 경우가 많았다. 그러나 잠재적 개종자들로선, 감지되는 연속성 으로 인해 불교 전통과의 부분적이거나 온전한 동일시를 그다지 별스럽 지 않게 받아들였다.[3]

이의제기 속의 동의: 과학과 관용

불교 옹호자들의 문화적 이의제기가 가장 명확하고 강력했을 때조차, 그런 이의제기는 그들이 인식했거나 인정했던 것보다 훨씬 더 광범위한, 동시대인들과 공유했던 과학과 관용에 대한 헌신이라는 이름으로 행해

졌다. 앞서 4장에서 언급했듯이, 배제이론과 빅토리아 문화와 신교가
지닌 불관용적 관행은 부인할 수 없을 정도로 실질적이었다. 그러나
불교 옹호자들은 그런 문화 내부에 영국풍의 신교 문화 바깥에 처한
이들을 향해 좀 더 포용적인 신앙과 좀 더 관용적인 정책을 요청하는
이들이 존재했다는 점을 인정하지 못하는 경우가 많았다. 여러 측면에서
주류적 종파 이외의 자유주의자와 급진론자들(예를 들어 유니테리언)은
보다 큰 개방성을 추구했다. 하지만 일부 주류 신교 지도자들도 비非신교
적 전통에 일정한 진실성과 가치를 인정했으며, 온갖 종류의 '국외자들'
에 대한 관용을 주창했다. 이에 대한 좋은 본보기로는, 캘빈주의 인류학
에 맞선 전투에서 승리한 뒤 1870년대와 1880년대의 자유주의적 '신新신
학'(New Theology) 지지자들이 '이교도'를 어떻게 처리할 것인가 하는
문제에 봉착했을 때의 사례가 있다. 주류 종파 내의 이런 뉴잉글랜드
자유주의자들은 (전통에서 벗어난 이들에게 구원의 희망이 있음을
인정할) 새로운 신학 수립에 도움을 주는, 윤리적이고 보살핌을 베푸는
신성神聖이라는 개념을 도입했다. 신교 자유주의자들은 비非크리스천
의 신분을 놓고 논의했을 뿐 아니라, 새로운 신학적 발전과 그리스도교
이외의 종교에 대한 증대된 자각을 통해 생겨난 보다 근본적인 쟁점에
초점을 맞추었다. 즉 그리스도교는 유일무이하며 '최종적'이라는 전통
적인 주장을 정당화시켜 주는 것은 무엇인가? 하는 점이었다. 침례교의
윌리엄 뉴턴 클라크(William Newton Clarke, 1840~1912)와 같은 수많은
자유주의적 신교 목사들은 그리스도교의 유일무이함과 우월성에 대한
설득력 있는 이해를 정식화하고, 그와 동시에 다른 전통 내의 진실성과
가치를 인정하려 노력했다. 그런데 그런 포용의 수사학에는 신교에
입각한 승리주의(특정한 교의가 다른 어느 종교보다 뛰어나다 여기는 신념

과 주장), 자기민족 중심주의, 인종주의적 표현이 공존하는 경우가 많았다. 이런 점은 아시아와 유럽 이민자들에 대한 후기 빅토리아풍의 태도 속에서 엿볼 수 있으니, 예를 들어 1893년의 콜롬비아 박람회 전시물과 회보 속에 명확하게 드러난다. 하지만 종교적·문화적 국외자들을 향한 보다 커다란 개방성과 자비심에 대한 불교 옹호자들의 요청은, 그들이 자주 주장하거나 암시하는 만큼 비할 바 없고 전례가 없는 건 아니었다.[4]

신교도가 관용에 대해 드러낸 헌신의 진정성과 강도에 의심을 제기할 몇 가지 근거가 존재한다면, 신교 지도자들의 과학에 대한 승인은 보다 명백하고 일관되었다. 한편, 불교 동조자와 신봉자들이 그리스도교를 내재적으로나 불가피하게 '비과학적'이라 배척하는 것은 공정성이 떨어지는 듯하다. 이와 관련해 문화적 이단자들로서 그들이 지니는 자의식이 실제보다 더 과장되었던 듯하다. 서구화된 장로불교식 사고들이 진화론과 좀 더 용이하게 조화를 이룬다는 주장에는 일말의 진실이 담겨 있지만, 그러나 미국문화 내에는 최신의 과학적 발전과 양립할 수 있는 전통을 원한다고 말하기도 했던 (예를 들어 유니테리언, 영성주의자, 크리스천 사이언스 회원, 스베덴보리주의자, 윤리적 문화주의자, 주류 신교도와 같은) 수많은 이들이 존재했다.

(헨리 워드 비처, 제임스 맥코쉬[James McCosh, 1811~94], 라이만 애버트[Lyman Abbot, 1835~1922]와 같은) 다수의 복음주의적이고 자유주의적인 현대풍 인사들은 생물학과 지질학 방면에서 이루어진 새로운 발전을 수용했고 심지어 찬미하기까지 했다. 예를 들어 1882년 논문에서 비처는 자신과 동시대를 살아가는 보수적 크리스천들의 불안 심리를 인정했지만, 그들더러 새로운 과학을 포용하라고 촉구했다.

비처는 말했다. "다윈주의적 견해에 대한 우려는 진지하다. 하지만 진화론이 사실일지 모른다는 은밀한 공포가 만연해 있다.…… 크리스천들은 과학적 학설이 퍼지는 것을 두려워하지 말고 두 팔을 벌려 충심으로, 열정적으로 그 학설에 서둘러 다가서야 한다." 정반대의 많은 주장을 인식한 일부 인사는 그리스도교가 새로운 과학에 적응할 수 있을 뿐 아니라, 원래 불교보다 훨씬 과학적이라고 분명하게 주장했다. 〈앤도버 리뷰〉지를 위해 기고한 한 논문에서 윌리엄 M. 브라이언트William M. Bryant는 유일한 갈등이라 해봐야 "한편에서 편협한 독단적인 신학자들과 또 다른 한편에서 똑같이 편협한 회의주의적 과학자들 간에" 존재한다고 제시함으로써, 과학과 그리스도교 교리 간에 존재한다고 여겨졌던 갈등이 존재하지 않는다고 치부해버렸다. 나아가 브라이언트는 만일 미혹된 자들이 과학적 전통을 발견하고자 열망한다면, 멀리 갈 것도 없이 그들 자신의 안뜰을 쳐다보기만 해도 족하리라 주장했다. 브라이언트에 따르면, 사실상 불교는 '미신'에 토대한다. 반면에 그리스도교는 "이성의 종교이며 그리하여 그 자체 내에서 진정한 과학적 방법의 정신을 내포함으로써, 과학의 도움을 받을 뿐 아니라 그 자체로 실제 과학의 진보에 강력한 원군"이다.[5]

많은 보수적 복음주의자들 역시 자기네 교리가 '과학적'이라 믿었다. 흔히들 말하는 자유주의적 유니테리언 성직자들 사이에서보다 "가장 정통적 교파들에" 속하는 이들 사이에서 과학에 대한 좀 덜한 반대를 경험했노라고, 한 편지에서 카루스가 말한 적이 있었다. 이런 평가는 왜곡된 듯하지만, 그러나 보수적 신교도는 정말이지 '경험적'이고 '과학적'이라 내세움으로써 자기네 믿음을 정당화하는 시대적 추세를 공유했다. 그들의 교리가 생물학과 지질학상의 최신 이론에 내포된 결론을 반영하지 않는 듯해보였을 때조차도 그랬다. 조지 M. 마르스덴George M. Marsden이 지적했듯이, 19세기 후반과 20세기 초반의 보수적 복음주의자들은 "진정한 과학적 방법과 적절한 합리성에 대한 한 가지 이해를 가장 중요하게 여겼던 지적 전통에 입각해 있었다." 그들이 지닌 과학에 대한 개념은 17세기 철학자 프란시스 베이컨을 통해 옹호되었던 주의 깊은 관찰과 사실의 분류라는 원리에 입각해 있었다. 또한 그들의 철학은 세계대전 이전 미국에서 크게 영향력을 떨쳤고 계속해서 도금시대(Gilded Age) 동안 복음주의자들 사이에서 영향력을 지녔던, 스코틀랜드의 상식실재론(常識實在論: 인간에게는 감각경험을 통해 실재하는 세계를 직접 알 수 있는 능력이 있으며, 이 능력은 대부분의 사람들이 공유하는 상식에 의해 확인된다는 사상)의 견지에서 분명하게 표출되었다. 그리하여 어떤 점에서 그들의 주장에는 다윈의 이론이 충분히 '과학적'이거나 '경험적'이지는 않다는 의미가 내포되었다. 그들의 원리에 따르면 다윈의 이론은 나쁜 과학이었다. 리엘의 지질학과 다윈의 생물학으로 인해 감지되는 위험에 맞서, 그렇듯 치열하게 싸웠던 복음주의자들조차 '과학적'인 것에 대한 보통의 찬탄에 동참하는 듯했다. 그리하여 불교 옹호자들이 인격적 신과 실체 있는 자아라는 개념에 대해 과학의 이름으로 이의를 제기하는 한, 그들은 광범위한 관련 인사들에게 호소력을 지녔다. 그들은 문화적 동조자들이었던 것이다.[6]

종교적 유사성과 문화적 연속성

불교 옹호론자들은 다른 측면에서도 역시 동조자들이었다. 그들은 빅토리아 중반기 선구자들보다 더욱 일관되고 효과적으로 동시대의 신교 사상의 발전과 빅토리아 사상의 본질적 주제와 연속성을 유지하는 듯했던 불교의 요소들에 초점을 맞추는 경우가 많았다. 그들이 그렇게 했던 이유는, 견해차의 징표를 인식하지 못했거나, 좀 더 가능성이 많게는, 의도적이거나 정서적으로 그런 증거를 무시하거나 강조하지 않았기 때문이다.

영향력, 유사성, 그리고 '신교정신'

대략 1879년과 1907년 사이에 미국 독자들은 다양한 정기간행물의 지면을 통해 불교와 그리스도교 간의 유사점에 접했고, 있을 법한 역사적 영향력에 관한 열띤 토론을 경험하게 되었다. 연속성에 대한 강조는 전례가 없을 정도였음은 물론이다. 19세기 중반에 이르러 몇 가지 예외가 생겨나기까지 그런 경향은 일반적이었다. 그러나 그런 해석상의 양식은 서구의 종교적·문화적 가정에 도전하기보다는 그런 가정을 강화시키는 경우가 보통이었다. 해석자들에 따르면, 불교도는 다른 이교도나 마찬가지였거나, 아니면 로마 가톨릭처럼 조금 나을 뿐이었다. 어느 경우든 그들의 해석은 그리스도교의 유일무이함이나 궁극성에 대한 전통적 관념에 이의를 제기하는 경우가 거의 없었다. 그리하여 1870년대 무렵까지는 불교의 동등함이나 우월성에 관한 주장을 뒷받침하는 유사점이란 것을 들먹인 사람이 거의 없었다. 그런데 빅토리아 후기에 들어서자 많은 이들이 이런 유사점을 말했다. 나중에 토론에 참여한 이들 또한 불교의 독특함을 설명해야만 한다는 강박을 다소 덜 느꼈다. 교리상의 차이에 대한 확고한 지각이 빅토리아 중기 시대 이래로 지체되었다. 하지만 당시 더욱 정밀한 탐구를 필요로

했던 듯이 보였던 건 그리스도교와의 유사점이었다. 이런 측면에서 후기 빅토리아의 토론 양상이 변화되었다.[7]

이와 같은 유사점에 관한 조금은 변화된 대화는 붓다와 불교에 대해 유행하는 동조적인 설명을 통해 부분적으로 촉발되었다. 아널드의 시 『아시아의 빛』과 그 밖의 감화력 있는 저작들은 두 교조와 전통 간의 일치점을 강조했다. 한편, 그런 연속성을 최소화하고 따라서 연속성에 대해 설명할 필요를 거의 느끼지 못했던 크리스천과 학자들이 있었다. 논의 참가자 중에는 본질적 유사성을 마지못해 인정하거나 의기양양하게 천명하는 이들도 있었다. 역사적 영향력을 주었을 가능성에 관한 주장을 받아들이는 사람도 있었다. 해석자들이 유사점을 우연의 일치로 치부하는 경우도 가끔 있었지만, 불교 옹호자와 그리스도교 옹호자 공히 한 전통이 다른 전통에 영향을 미쳤다고 암시하거나 주장함으로써 유사점이라는 것을 설명했다. 영향력의 방향에 관해서는 양 진영이 이견을 드러냈음은 물론이다. 카루스처럼 쌍방향으로 영향력이 행사되었다고 하는 이도 있었다. 미국 신교도의 한 사람인 사무엘 헨리 캘로그 같은 비평가들은 있을 법한 불교의 영향력에 관한 증거를 반박하거나 도외시했다. 심지어 그리스도교가 불교에 영향을 미쳤을 가능성에 관한 추측에 반발했던 이들까지 있었다. 다른 한편으로, 에르네스트 폰 분젠Ernest von Bunsen의 『불교도, 에세네파, 크리스천의 천사—메시아』(The Angel-Messiah of Buddhists, Essenes, and Christians, 1880), 루돌프 사이델Rudolf Seydel의 『붓다의 전설 및 붓다의 교리와의 관련성에서 본 예수의 복음』(Das Evangelium von Jesu in seinen Verhältnissen zu Buddha-sage und Buddha-lehre, 1882), 그리고 아서 릴리 Arthur Lillie의 『기독교계 내부의 불교, 혹은 에세네파인 예수』(Buddhism in Christendom; or Jesus, the Essene, 1887) 같은 저서는 에세네파를 통해서나 그 밖의 다른 수단에 의해 불교도가 초기 그리스도교에 미친 영향을 옹호하는 주장을 폈다. 펠릭스 오스왈드Felix Oswald와 같은 미국 논평자는 예수가 불교인이었으므로, 불교와 그리스도교 간의 유사점은 충분히 이해할 만하다고까지 말했다! 오스왈드는 영지주의적 그리스도교와 붓다의 경전을 비교 연구해 보면 "나사렛의 예언자가 불교적 메신저였고 석가모니 붓다의 이름으로 자신의 복음을 폈다"는 결론에 도달하게 되리라 확신했다. 오스왈드의 주장으로 논쟁이 더욱 강도 높게 전개되었고, 그의 주장보다 더욱 일반적 견해로부터 벗어나거나 특이함의 정도가 덜한 그 밖의 주장들이 진지하게 논의되었다.

사실상 유럽과 미국의 수많은 저명 학자들이 논의에 참여했는데, 여기엔 에밀 뷔르노프, 뮐러, 리스 데이비즈, 르낭, 모니어-윌리엄스, 홉킨스 등이 포함되었다. 그런데 크리스천 비평가들이 반대자들에게 상기시켰듯이, 학문적 견해의 무게는 중요한 유사점과 직접적 영향력을 주장하는 이들에게 불리하게 작용하는 듯했다. 일부 불교 옹호자들은 계속해서 유사점과 영향력을 추적했고, 저명한 미국의 아시아 종교분야 학자 한 사람은 1918년이 되어서도 여전히 이 쟁점을 자세히 다룰 필요성을 느꼈다. 그러나 1906년 무렵쯤, 유사점과 접촉에 관한 의문에 대해 관심이 시들해졌다. 비록 더욱 광범위한 문화를 통한 간접적인 일정 정도의 영향력은 "본래 불가능하지는 않았겠지만", 예수의 새로운 사상이 불교로부터 직접적으로 차용된 것이라는 가설은 "입증되지도 않았고, 입증될 수도 없으며, 도저히 있을 법하지 않다"는 알베르트 슈바이처의 결론에 많은 이들이 동조했다.[8]

종교적 유사점과 역사적 접촉에 관한 논쟁은 종결이 다가오기 전에 일부 미국 독자들의 종교적 입장에 영향을 미쳤던 듯하다. 수많은 크리스천 비평가의 보고서는 "그리스도교 반대자들에게 공격의 무기를 제공했다"고 불평했다. 필자가 앞장에서 제시했듯이, 명백한 유사성의 발견은 일부 박식한 미국인들에게 직접적인 영향력까지는 아니어도 그들 자신의 영적 위기를 촉발시켰던 지적·사회적 힘이 합류하는 지점의 일부를 이루었다. 역사적 영향력에 관한 주장은 뒷받침하기가 좀 더 어려웠지만, 그러나 설사 직접적 접촉은 입증될 수 없을지라도 둘 사이의 유사점이 여전히 그리스도교가 지닌 유일무이함과 우월성에 관한 전통적인 주장에 의문을 불러일으키는 듯했다. 이런 식으로 두 교조와 전통 간의 공통점이라 하는 것들로 인해, 일정 정도 그리스도교로부터의 일탈이 발생하게 되었다. 또한 그런 공통점들로 인해 영적으로 환멸을 느끼는 이들이 좀 더 불교에 이끌리기도 했다.[9]

그러나 연속성에 관한 글 모두가 영적으로 환멸을 느끼는 이들을 불교에 좀 더 접근하기 쉽게 만든 것은 아니었으니, (종종 티베트 불교나 '라마교'로 알려진) 불교와 로마 가톨릭 간의 유사점을 지적하는 오래된 전통이 어느 정도는 지속되었기 때문이다. 예를 들어 페르난드 그레나드Fernand Grénard의 중앙아시아 기행문은 새 세대 미국 독자들에게 불교와 가톨릭 간의 유사점을 상기시켜 주었다. 이런 유사점에 대한 생각을 강화시키고 확산시켰던 보다 초기 자료들 가운데 (예를 들어 에바리스트 레이스 윅Evariste Regis Huc의 『타타르 지방, 티베트, 중국 여행기』[Travels in Tratary, Thibet, and China]와 같은) 일부 자료가 세기가 바뀐 상태에서도 여전히 출간되었다. 1852년에 미국에서 출판된 직후 윅의 책에 대해 자문한 바 있었던 리디아 마리아 차일드Lydia Maria Child는 나중에 이 책의 내용을 건설적인 목적을 위해 활용하고자 했다. 그녀는 불교와 가톨릭 간의 유사성을 지적함으로써 중국인 이민자들을 좀 더 자비롭게 대하도록 촉구했다. 중국인 불교도는 아일랜드 가톨릭교도와 마찬가지로 더 이상 '외국인'이 아니며, "중국인 존과 더블린 출신 패트릭이 모두 미국의 법률 아래 자유로이 종교 활동을 할 동등한 권리가 있다"고 차일드는 말했다. 말할 필요도 없이 차일드의 호소는 그다지 영향력을 발휘하지 못했다. 이는 아마도 영국계 신교도가 지배하는 미국에서, 아일랜드인을 그들의 종교에 상응시킴으로써 중국인들과 그들의 종교를 수호하고자 했던 그녀의 미심쩍은 전략 탓이 컸을 터였다.[10]

불교에 동조적이었던 그 밖의 소수 해석자들이 건설적 목적을 위해 가톨릭과의 유사성을 활용하려 애썼다. 한편, 의식상의 유사성이나 제도적 유사성을 계속 강조했던 신교 비평가와 여행 작가들은 불교를 (그리고 가톨릭을) 폄하하고 배척하기 위해 그렇게 했다. 가톨릭 지도자들 스스로가 (혹은 적어도 이민자 미국 교회가 직면한 좀 더 긴급한 필요에서 벗어날 수 있었던 지도자들은) 유사점과 영향력에 관한 논의를 전혀 반기지 않았다. 그들의 전략은 달랐어도, 대부분의 후기 빅토리아 시기 논의에 참여했던 가톨릭 인사들은 불교의 영향을 거부했고, 회자되는 유사점에 이의를 제기했으며, 그리스도교적 (즉 가톨릭의) 우월성을 재천명했다. 머윈-마리 스넬Merwin-Marie Snell은 가톨릭과의 일치점을 무시하고 신교가 정토불교와 유사하다는 점을 강조함으로써 논의의 물줄기를 틀고자 했다. 심지어 일부 가톨릭과의 유사성을 인정했던 소수의 가톨릭 인사들조차, 그런 유사점을 크리스천 동시대인들 사이에서 자기네 주장을 펴는 데 활용했다. 여기서도 역시 유사점이 종교 내부의 전투에서 무기로 활용되었던 것이다. 〈미국 가톨릭 계간 리뷰〉에 기고한 한 글에서 달리 데일Darley Dale은, 불교와의 유사점으로 인해 신교가 아니라 오직 가톨릭 선교사들만이 티베트인들을 개종하는 데서 조금이라도 성공을 거둘 수 있음이 드러났다고 주장했다.[11]

　미국의 불교 옹호자들은 대체로 이런 가톨릭과의 유사성을 무시했고, 강조하지 않았으며, 부인하는 편이었다. 불교 옹호자들의 동기는 불명확했다. 아마 그들은 자기네만의 편견을 드러내고 있었거나, 신교의 문화적 맥락에 자기네 메시지를 끼워 맞추려고 했을지 모른다. 그러나 19세기 초창기에 동조적 해석자와 적대적 해석자들이 공히 확립했던, 상반되는 경향성을 지속했음은 분명하다. 뮐러 같은 유럽인과 제임스 프리먼 클라크 같은 미국인들은 불교 내의 '신교 풍' 요소를 강조했다. 예를 들어 클라크는 불교가 로마 가톨릭과 '외적으로' 유사하단 점을 인정했지만, 그러나 "불교는 신교와 '내적' 유사성을 지닌다"고 주장했다. 클라크는 다음과 같이 주장했다. "유럽의 신교처럼 아시아의 불교는 영성에 대한 인간 본성의 반항이고, 카스트 신분제도에 반대하는 인간의 반발이며, 교단의 전제에 맞선 개인적 자유를 주창하는 반항이고, 성사聖事를 통한 구원에 맞선 신앙에 의한 구원을 부르짖는 반란이다." 클라크와 뮐러의 저작은 빅토리아 후기에 계속해서 읽혀졌고 인용되었으며, 리스 데이비즈 같이 나중에 이름을 날리게 되었던 학자 중에는 계속해서 이런 해석학상의 전통을 지속시켰던 이들이 있었다. 그들은 역사상의 붓다와 신교 개혁자들 간의 유사성 및 불교와 (특히 인도인과 싱할라족이 구축한 형태의 불교와) 신교 간의 유사성을 지적했다.[12]

　불교가 "신교 풍의 정신"을 체현했다는 인상은 옳게도 보이고 틀리게도 보인다. 한편으로, 클라크와 그 밖의 이들이 저지른 오류와 그들이 놓친 불교 내부의 복잡성을 드러내기는 용이할 것이다. 그와 동시에

(예를 들어 달마팔라와 마하보리협회로부터) 미국인들이 접했던 불교는 이미 어느 정도는 '신교화되었던' 셈이다. 스리랑카의 여러 불교 학자들은 실제로 이 시기 동안에 서양적 영향력 아래 출현했던 행동주의적이고 개인주의적인 불교 전통을 설명하기 위해 '신교 풍의 불교'라는 용어를 사용했다. 하지만 미국인들이 실제로 '신교 풍의' 불교를 접했는지 아닌지, 혹은 어느 정도로 그랬는지를 규정하는 건 긴요하지 않다. 널리 퍼진 해석이 지니는, 의도한 결과와 의도하지 않은 결과는 본 장의 핵심적 관심사와 좀 더 관련된다. 즉 "불교 옹호론자들은 어느 정도로 당대의 문화에 동조적이었을까?" 하는 문제다. 연속성을 드러내는 점들이 불교 옹호론자들의 종교적 입장에 어떻게 영향을 미쳤을까? 클라크 자신은 19세기 미국인들 다수를 감염시켰던 반反가톨릭주의라는 더욱 악의적인 계열로부터 고통을 당하지는 않았지만, 광범위한 반反가톨릭 정서에 근거해 활동함으로써 그의 해석을 통해 불교가 많은 이들에게 좀 덜 이국적이고 좀 덜 우려스럽게 된 듯했다. 가톨릭으로부터 주목을 돌리게 만듦으로써 오히려 불교의 처지에 도움이 될 수 있었던 것이다. 가톨릭으로부터 멀어지게 함으로써 소외된 신교도, 어느 교파에도 끼지 않은 반가톨릭주의의 기미를 띠었던 미국인들, 갖은 형태의 '미신'을 거부하고 자율성에 대한 온갖 속박에 도전했던 격노한 합리주의자들에게 오히려 도움이 되었을 수 있었다. 낭만적 성향을 지닌 일부 지성인들이라면 중세 가톨릭 문화가 지닌 심미적 매력에 끌렸을 수도 있을 테지만, 그러나 불교를 진지하게 숙고했던 대부분의 사람들은 불교가 지닌, 신교 및 신교와 연관된 광범위한 빅토리아 문화와의 이러한 연속성을 환영했다.[13]

매력적인 교조와 고상한 윤리

불교 전통을 보다 접근하기 용이하게 해준 것이, 불교와 신교 간의 광범위한 연속성과 관련된 주장이나 암시만은 아니었다. 그 밖에 거론되었던 좀 더 구체적인 종교적·문화적 유사점 가운데는 두 교조敎祖의 전기와 윤리적 가르침 간에 내재한다는 유사성이 긴요했다. 이런 불교에 대한 평판이 거의 어떤 시기에나 (적대적이거나 호기심이나 흥미를 느끼는) 온갖 종류의 관심을 불러일으켰을 수 있었다. 그런 관심은 19세기 후반에 특별한 영향력과 의미를 지녔다. 예수의 삶을 글로 쓴 스코틀랜드인 작가 제임스 스토커James Stalker가 1900년에 출간된 회고적 에세이에서 지적하듯, "19세기 후반기 신학의 특징 가운데 그리스도의 삶에 몰두했다는 점보다 더 두드러진 특징은 없었다." 독일의 알브레히트 리츨(Albrecht Ritschl, 1822~89)과 미국의 아담스 브라운(Adams Brown, 1865~1943) 같은 자유주의적 신교 지도자들은 신도석에 앉은 신앙심 깊은 이들의 주목을 역사적 예수에게로 향하게 했다. 그들은 또한 그리스도교의 유일무이함을 명확히 했고, 교조의 도덕적 모범과 윤리적 원리를 지적함으로써 그리스도교의 절대성을 옹호했다.[14]

에드먼즈의 표현을 빌면, 많은 이들이 "구체성 있는 전기적傳記的 사실"을 인정했다. 수많은 유사점이 존재하는 듯했다. 에드먼즈와 동시대인들은, 예를 들어 "두 교조의 단식과 황무지에서의 명상, 선교에 대한 책임, 후계자의 지명, 가난한 이들을 위한 설교, 피억압자에 대한 연민"을 지적했다. 에드먼즈의 비교 경전 연구나 붓다의 삶에 대한 아널드의 시적詩的 접근과 같은 공감어린 설명이 전기적 유사성을 강조했음은 그리 놀랄 일이 아니다. 그런데 심지어 크리스천 비평가와 학자들조차 불경에 등장하는 붓다에 대한 친숙함과 매력 모두를 인정하는 경우도 간혹 있었다. 예를 들어 홉킨스는 교조의 특성과 카리스마를 지적함으로써 붓다라는 소극적 종교의 놀라운 확산을 설명했다. 홉킨스는 주장했다. "사람들을 사로잡았던 건 개인으로서의 붓다였다. (불교 경전의) 한 페이지 한 페이지마다 스승이자 자비에 넘치는 이 인물의 강력하고 매력적인 개성이 유감없이 드러난다. 신이 아니면서도 붓다의 경우만큼 신처럼 살았던 인물은 여태 없었다.…… 붓다의 음성은 유별나게 약동하고 물 흐르듯 했으며, 붓다의 어조는 바로 듣는 이를 확신시켰고, 붓다의 외모는 경탄을 자아냈다." 학문적 객관성을 주장했음에도 홉킨스의 크리스천다운 편향이 이따금 수면 위로 떠올랐다. 홉킨스는 정말이지 경전에 묘사된 붓다에 감동받았을지 몰랐다. 혹은 어쩌면 빅토리아 중기 크리스천 비평가들처럼, 아시아 종교 전통의 확산을 설명하지 않을 수 없다고 느꼈기 때문에 붓다에 대한 긍정적인 해석을 마지못해 제시했을지도 몰랐다. 경위야 어쨌든, 이 해석 역시 불교도에겐 고무적이었다. 이목을 끄는 예수와의 유사점을 지닌 매력적인 교조의 제시는, 그리스도교의 신과 천국을 거부하고 기꺼이 최신의 왜곡과 신교에 기반 한 신학의 전환을 거들떠보지도 않고 무시했던 우상파괴주의자들에게조차 위안을 주었다. 영국에서 환멸로부터 깨어난 사람들과 관련해 한 학자가 지적했던 다음과 같은 지적은 그대로 미국적 맥락에도 적용된다. "빅토리아 시대 불가지론자들의 보편적 증언은, 그들이 그리스도교적 형이상학에 대한 믿음을 포기한 지 오래된 상태에서 예수라는 인물에 대한 (동경어린 향수에 동반되는) 대단한 애정과 경외심을 간직했음을 드러낸다."[15]

붓다의 윤리적 가르침이 지닌 고매함은 강연에 참가한 (불교 옹호자,

서양 학자, 크리스천 비평가들과 같은) 수많은 이들에 의해 인정되었다. 이 역시 불교가 매력을 끄는 요인이었다. 왜냐하면 그것이 신교에 입각한 사유양식과 일치되었기 때문이다. 빅토리아 후기 신교 지도자들은 예수의 탁월한 윤리적 가르침과 그로 인한 호의적 영향력을 지적함으로써, 그리스도교의 궁극성에 대한 통상적 주장을 뒷받침하는 경우가 많았다. 필자는 공정하고 효과적인 사회적·정치적·경제적 형태를 창출하고 유지시키는 능력이 있는가의 견지에서 종교를 평가하는 19세기의 경향성이 지니는 중요성을 다음 장에서 숙고하고자 한다. 그래서 여기서는 불교도의 개인적 윤리로 인해 사람들이 불교에 좀 더 접근하기 쉽게 되었던 몇 가지 경로에 대해서만 주목하는 게 중요하다.

앞서 4장에서 필자가 제시했던 대로, 합리주의적 불교도와 대부분의 불교 옹호자들은 불교의 고매한 도덕률을 매력적으로 여겼다. 불교 옹호자들이 윤리에 대한 관심을 지녔다 해서 동시대인들로부터 분리되었던 건 물론 아니었다. 주류 신교도뿐 아니라 유니테리언, 윤리적 문화주의자, 개혁 유대인들을 포함한 다수의 19세기 후반의 종교 그룹은 윤리를 자기네 의미구조의 중심이나 중심 가까이에 두었다. 하지만 토론자들이 자랑을 하든 불만을 제기하든, 불교가 지닌 특별한 이점은, 일부 사람들이 논리적 사유 및 과학적 탐구와 양립할 수 없다고 여겼던 (인격신과 영원한 영혼과 같은) 그리스도교적 교리를 거부할 수 있으면서도 여전히 도덕성의 건전한 토대를 제공할 수 있다는 점이었다. 칸트 이전에조차 서구 사상가들은 신과 불멸성에 대한 '도덕적' 필요성을 주장했던 바 있었다. 여러 세기 동안 서구인들은 이런 교리가 도덕적 생활에 필수불가결한 지주支柱라고 믿었다. 이런 이유 때문에 심지어 가장 급진적인 계몽 사상가들조차 그런 지주를 포기하지 않으려 했다.

그런데 불교가 새로운 가능성을 제시하는 듯했다. 불교가 빅토리아 후기의 신학적·윤리적 토론에서 발휘하게 되었던 '특별한 효과'에 대해 우려했던 한 크리스천 비평가는, 불교에 내재된 고매한 개인적 윤리의 '발견'이 갖는 의미를 정확히 기술했다.

> 비非신자가 넘어설 수 없는 한 가지 장애물이 있으니, 종교와 함께 도덕성 그 자체를 파괴하는 것이 불가능하다는 점이었다. ······ 종교 없이, 즉 신과 미래에 대한 믿음 없이 어떻게 도덕성을 유지할 수 있겠는가? ······ 그런데 동방을 바라보라. 그럴 가능성이 실질적으로 드러난 동방을 보라! 이곳엔 심미적인 종교, 혹은 불가지론적 종교, 심지어 허무적 종교가 있었다. 하지만 보라. 이 종교의 도덕률은 탁월하다. 그간 이 종교의 교의는 세계의 반 이상 지역에 공표되어 왔다.

그리하여 갈채 받는 불교의 개인적 도덕률로 인해, 영적으로 환멸을 느꼈던 이들이 그리스도교적 교리의 근본요소를 거부하고서도 종교적인 동시에 윤리적인 상태로 머물 수 있게 되었다고, 심지어 일부 크리스천 비평가들조차 인정했다. 사실상 주류 신교 종파 내의 자유주의자들처럼 불교도도 개인적 도덕성을 강조할 수 있었기 때문이다.[16]

불교 옹호자들이 신과 자아를 퇴짜 놓을 수 있었다고 필자가 주장했지만, 사정은 그보다 훨씬 복잡했다. 이와 관련해서도 실제 불교 옹호자들의 반대는 좀 더 부분적이었고 임시적이었다. 불교 옹호자들의 동의가 지니는 특이점과 그들의 반대가 지니는 애매함은 과학과 관용에 대한 그들의 지지, 호소력 있는 교조와 매력적 윤리를 지닌 '신교 풍' 전통의 포용 속에서만 인식될 수 있는 건 아니었다. 그런 특징은 가장 목소리를 높이고 영향력 있는 옹호론자들 가운데 일부가 지니는, 불교적 관점에서 발견되는 유일신교의 잔재와 개인주의 속에서도 엿볼 수 있었다. 빅토리아 후기 문화의 이런 주요 요소들에 대한 의식적이거나 무의식적 지지는, 그런 요소들이 불교의 특징적 체제가 지니는 독자적 이점에 대한 강조가 암시하는 것보다 훨씬 더 문화적 환경의 일부였음을 나타낸다. 이는 또한 불교에 동조적인 미국 독자들이 빅토리아인이 가장 소중하게 여겼던 모든 것에 대한 긴장을 유발하는 거부보다는, 친숙한 전통을 지적으로 만족스럽게 수정한 듯이 보였던 불교와 만날 수 있었다는 의미다.

일신교와 개인주의: 불교 반대의 애매함

대부분의 크리스천 불교 반대자와 일부 서양학자들은 불교 교리를 기술하기 위해 부정否定의 수사학을 계속 활용했다. 〈감리교 리뷰〉지에서 웨슬리 존스턴Wesley Johnston은 한 논문의 한 단락 안에다 몇 군데 반복을 포함해 25회 이상의 부정어를 밀어 넣을 수 있었다. 다음과 같은 구절만 검토해 보아도 충분하리라. "불교에서는 하느님도 천국도 없으며, 기도나 용서도 없고, 신앙이나 섭리도 존재하지 않으며, 구원도 미래도 없다. 불교는 처음부터 끝까지 한줄기 빛도, 한 가닥 희망도 없다." 이어 같은 말을 되풀이하며 존스턴은 계속해 말했다. "왜냐하면 불교에는 어떠한 인격적 신도 없고, 은혜로 충만한 어떠한 신성한 영혼도 존재하지 않으며, 죄를 대속해 주는 어떠한 구세주도 없고, 압도하는 어떠한 섭리도 존재하지 않으며, 어떠한 기도처도, 죄의 사면도, 축복도, 도움도, 위안도, 자상한 안내나 설득력도 존재하지 않기 때문이다." 그저 가벼운 준비운동을 끝마친 뒤 존스턴은 불만을 늘어놓는다. "가장 순결하고 성스러운 애정조차도 불교에 접하자마자 시들어버린다. 왜냐하면 열반과 더불어 개인적 의식은 끝장이 나며, 의식이 끝나면 모든 사랑은 사라져버리기 때문이다." 전혀 미안해하지 않을 정도로 적대적인데도 중립적이라 알려진 해석자들이 주목한 모든 부정 가운데서 네 가지가 두드러진다. 훨씬 초창기에 그랬듯이, 무엇보다도 불교는 유일신교, 개인주의, 행동주의, 낙관주의에 이의를 제기하는 듯했다. 필자는 뒤의 두 항목을 다음 두 장에서 숙고할 것이다. 따라서 본 장의 나머지 대목에서 나는 신과 자아에 관한 논의에 초점을 맞추고자 한다.[17]

존스턴 같은 그리스도교 옹호자와 공공연한 그리스도교에 대한 충실성을 지닌, 이를테면 모니어-윌리엄스Monier-Williams 같은 학자들은 불교가 신과 영혼에 관한 전통적 관념에 이의를 제기했다는 견해를 반복해 제기했다. 그들 간에는 불교가 불가지론적이고, 무신론적이거나 범신론적인지에 대해 견해가 일치하지 않을 때도 있었다. 그러나 거의 모든 비평가들은 불교가 인격적 창조주의 관념을 거부했음에 동의했다. 그들은 또한 무아無我와 (여전히 많은 비평가들에 의해 '절멸絕滅'로 해석되었던) 열반이라는 교리로 인해 불교는 영원한 보상을 받거나 처벌을 감수할 수 있는 영혼에 대해 말할 수 없다는 데 의견이 일치했다. 그리하여 불교도는 빅토리아 개인주의의 두 가지 긴요한 요소인 자아의 실체성과 불멸성에 관한 믿음을 지지할 수 없는 듯했던 것이다.[18]

불교에 대한 이런 서술은 여러 가지 의문을 불러일으켰다. 우선,

크리스천 토론자들은 계속해서 불교가 과연 종교인가 하는 의문을
제기했다. R. M. 란Rhan은 1885년의 한 논문에서 불교가 유일신교와
개인주의를 거부하기 때문에 종교가 아니라 "철학체계이고 이마저도
형편없는 철학체계"라고 선언했을 때, 이는 회자되던 사회일반의 견해
를 표명한 셈이었다. 둘째로, 빅토리아 중기 선배들처럼 그들 역시
계속해서 아시아에서 불교의 성공에 당황스러워 했다. 신세대 미국인들
은 밀러와 그 밖의 사람들이 제기한 바 있었던 질문을 던졌다. 서양인들
이 인간의 욕망, 궁극적 실재의 특성, 종교의 본성에 대해 믿는 많은
것에 이의를 제기하는 듯했던 종교가 어떻게 그렇게나 많은 신봉자를
끌어들일 수 있었을까? 침례교 목사 헨리 M. 킹Henry M. King은 이를
다음과 같이 정식화했다. "인격적 신의 존재를 무시하고, 개인적 영혼의
계속적 존재성을 부인하며…… 인간이 지닌 최상의 운명이 열반, 의식적
존재의 소멸, 무아를 통한 영원한 텅 빔이라 말하는 종교(만일 이런
것이 종교라고 불릴 수 있다면)가 저 수백, 수천만 사람들에 의해 수용되어
왔다는 사실은 도저히 설명될 수 없을 듯하다." 여전히 교조의 종교적·사
회적 개혁을 지적하는 이들이 있었지만, 설명은 제각각이었다. 불교가
아시아에서 매력을 지녔던 원천이 무엇이었든 간에, 미국의 크리스천
해석자들은 불교의 매력에 전혀 영향 받지 않노라 천명했다. 그들은
계속해서 기본적 진리의 진술을 거부한다는 이유로 (혹여 종교라 불릴
수 있다 치더라도) 불교라는 종교를 비판했다.[19]

크리스천들이 그네들 자신의 부정적 불교 해석을 뒷받침해 준다고
여긴 설명을 제시했던 서구 불교학자들도 있었다. 저명한 영국 학자
리스 데이비즈와 미국의 동양학 학자 홉킨스는 붓다 자신이 무신론적이
거나 불가지론적이었다는 데 동의했던 것이다. 홉킨스는 계속해서

교조가 죽음 이후의 축복에 관한 어떠한 지복의 상태도 염두에 두지 않았다고 전해졌으므로, 붓다의 가르침은 자아와 자아의 최종적 운명에 관해 '허무주의적'이라 제시했다. 일부 크리스천 비평가들 역시 열반의 교리가 허무주의적 견해로 이끌 수밖에 없다는 올덴버그의 지적을 자기네 견해를 입증한 것이라며 환영했다.[20]

그러나 올덴버그의 해석은 (또한 리스 데이비즈의 해석, 홉킨스의 해석, 그리고 이런 후기 서양 학자들 대부분의 해석은) 실제로 크리스천 적대자들이 인정했던 것보다 훨씬 더 복잡했다. 그들은 경전에 내포된 쟁점과 다양한 목소리가 지니는 복잡 미묘함에 관해 훨씬 제대로 인식하고 있음을 보여주었다. 1881년 이후 좀 더 많은 학자들이 뚜렷하고 일관되게 붓다의 믿음과 초기 추종자들의 믿음, 그리고 후기 불교 전통의 믿음을 구별하기 시작했다. 보다 많은 이들이 불교 전통의 다양성과 서양인들의 의문에 제시된 다양한 해답을 인정했다. 이런 새로운 접근은 이 후반기 동안 불교 학계를 주도했던 영국-독일 학계 지도적 학자들의 연구와, 그들의 뒤를 따랐던 (홉킨스와 워런 같은) 미국인 학자들의 연구 속에 분명하게 드러난다. 불교의 무신론과 허무주의에 관한 오래된 토론에 대한 이런 보다 미묘한 접근방식은, 예를 들어 열반의 의미에 대한 올덴버그의 분석에서 명확히 드러난다. 올덴버그는 팔리어로 된 경전에서 열반에 대한 세 가지 입장을 발견했다. 첫째로 그런 모든 형이상학적 관심에 퇴짜를 놓는 붓다의 입장이었다. 둘째로 일부 초기 추종자들이 열반이란 종국적으로 절멸을 뜻한다고 믿었던 경전 집필자들의 은밀한 암시였다. 마지막으로 허무주의적 해석을 거부했던 이들이 있었다는 암시였다. 이런 영국-독일 학파와 직간접적으로 관련되었던 학자들은 팔리어 경전과 장로불교 전통의 우월성과 순수성을 실제적인 것으로 인식하거나 지지하는 편이었다. 그러나 그들은 또한 궁극적 실재의 특성이나 자아의 운명을 묻는 질문에 대한 단일한 불교적 해답을 발견하기란, 후기 소승불교 및 대승불교 경전과 전통에 내재하는 복수적 관점을 통해 살필 경우에 불가능하지는 않더라도 힘겹다는 점을 인정했다.[21]

불교에서 제기하는 답변의 이런 다양성을 인정하는 그리스도교 지도자가 간혹 있었다. 예를 들어 일본에서 선교사로 활약하던 라파예트 고든 후작Marquis Lafayette Gordon은, 불교 전통 내의 다원성을 지적하는 리스 데이비즈의 불교에 관한 히버트 강연으로부터 한 구절을 인용했다. 고든은 이어 계속해서 주장하길, 불교 전통의 가르침에 대해 의문을 가질 때 '불교'가 아닌 '다양한 불교사상'에 대해 말하는 게 필수적이라 했다. 사실상 고든은 붓다에 충성을 서약했던 다양한 그룹의 가르침들 간에 대단한 '이질 성분'이 존재한다고 말했다. 예를 들어 일신교적인 이들도 있었던 것 같고, 무신론적인 이들도 있었던 것 같다는 것이다. 고든의 주장에 따르면, 불교에 드러난 의미와 관련된 혼란은 신과 자아 및 그 밖의 문제에 관한 불교 가르침의 특징을 부여하는 데서 한정을 짓지 못한 결과였다. 일찍이 같은 해(1886년)에 발표된 또 다른 논문에서 고든은 일본의 정토불교를 논의했는데, '은총', '신앙', 초자연적 존재(아미타), 천국(아미타 붓다의 정토)을 긍정하는 대승불교의 대중적 형태가 "절박한 사람들에게 최대한의 약속을 해 준다"고 인정했다. 고든은 심지어 정토불교가 종교에 관한 서양적 관념과도 일치한다는 암시까지 했다. 그러나 고든은 한 손으로 주었던 것을 다른 손으로 거둬들였다. 즉 비록 이런 더욱 '신교적인' 정토불교 전통이 "불교의 최상의 복음"이라 해도, 그것이 교조의 견해를 드러내지 않았기 때문에

진짜가 아니라는 것이었다.[22]

그리하여 크리스천 비평가들은 불교 전통 내의 다양성을 인정하지 못했거나, 고든처럼 자기네 자신이 내세울 변명을 위해 불교 정파와 학파 간에 합의가 결여되었음을 활용했다. 다른 한편으로, 학계에서 이루어진 이러한 새로운 발전을 통해 미국 불교 옹호자들은 크리스천 비평가들에게 좀 더 정교한 응답을 해줄 자원을 확보하게 되었고, 더욱 중요하게는 부조화가 덜한 불교적 해석을 내릴 수 있게 되었다. 이런 해석을 통해 불교 옹호자들에게 일정한 동의의 척도가 마련되었다. 많은 불교 옹호자들, 특히 합리적 불교도는 '신', '영혼', '불멸성'이라는 온갖 용어 사용을 강력하고 완전하게 거부했음은 물론이다. 그러나 이런 언어를 불교적 맥락에 적용시키며 안도감을 느꼈던 이들도 있었다. 많은 이들이 지배적 유일신교와 개인주의의 요소들과 양립할 수 있는 듯이 보였던 종교를 찾아내거나 구축해냈다. 그들이 이런 불교를 축조해낸 방식은, 최종적인 변명조의 승리를 위해 기꺼이 희생시키고자 했던 아시아 종교 전통의 한 형태에다 소극적이고 교란을 일으키는 특성의 원인을 돌림으로써였다. 즉 "정말이지 또 다른 형태의 불교에는 그런 특성이 있지만, 내가 추구하는 종파는 아니야!" 하는 식이다. 혹은 후기 빅토리아 연구 성과를 통해 증대된 정교한 이론에 기대어 부분적 유사점을 찾아내고는, 마음에 위로를 주는 연속성을 찾아냈던 이들도 있었다.[23]

불교의 '신 관념'

불교가 '정말로' 무신론적인지 아닌지 하는 서양적 논의에 수반되었던 혼란은 불교적 다양성에 대한 이해의 부족과 이 질문을 정식화하면서 생겨난 명확성의 부족 때문이었다. 우리는 어떤 형태의 불교를 이야기하고, 어떤 '신'을 말하고 있는 걸까? 이 쟁점에 대한 불교학자 에드워드 콘즈Edward Conze의 접근방식은 누구 못지않게 적절한 듯하다. 그에 따르면, 불교는 인격적 창조주에 관한 질문에 무관심했지만, 그러나 개인과 상관없거나 개인을 초월하는 존재로 인식되는 신격神格에 대한 신앙의 가능성은 열어두었다고 한다. 또한 불교는 수많은 개인을 초월하는 존재들에 대한 헌신을 격려하거나 용인하는 경우도 있는 편이라 했다.[24]

지적 유행에 다른 누구보다도 민감하게 반응했던 빅토리아 후기 학자 중 일부는 당시의 반反형이상학적이고 실증주의적인 사상가들에 대한 관심을 드러냈다. 이런 관심은 논의를 촉발시켰으니, 학자들은 마침 불교의 반형이상학적이고 심지어 무신론적 충동을 강조하던 차였다. 리스 데이비즈의 연구가 가장 두드러진 사례다. 에드먼즈가 그의 말년에 불평했던 대로, 리스 데이비즈는 "빅토리아의 불가지론이 그 절정에 달했을 때 글을 썼으므로, 가련한 늙은 붓다를 고대의 위대한 불가지론자로 만들고자 하는 유혹을 뿌리칠 수 없었다." 형이상학에 편안함을 느끼고 '불교적 신격'을 운위했던 에드먼즈는 이 대목에서 이 위대한 학자와 결별했다. 에드먼즈와 같은 식으로 접근했던 학자들 역시 다른 권위자에게 호소할 수도 있었다. 예를 들어 달마팔라는 "불교가 불가지론이라는 그릇된 결론"을 반박하고자 애썼다. 붓다가 신체와 정신의 관계, 자아의 장래 운명, 세계의 기원과 같은 몇 가지 형이상학적 질문을 별 이익이 되지 않는다고 제쳐두었다는 점을 달마팔라는 인정했다. 그러나 붓다가 그렇게 한 것은 제한된 지혜를 지닌 이들을 오류로부터 구하려는 것이었지, 모든 형이상학적 진리를 부인하려는 게 아니었다. 이런 식으로 달마팔라와 그 밖의 몇몇 권위자들의 목소리를 통해 궁극적 실재에 관한, 서양적 개념에 따른 개인과 상관없는 유사점을 발견할 가능성이 제시되었다.[25]

공 논의에 참여한 유럽계 미국인 불교도 가운데 인격적 창조주란 관념과 유사한 것을 찾으려 하는 이는 없었다. 그들 모두가 아무런 애매함도 없이 그런 관념을 거부했다. 당시 문화에 젖어 있던 일부도 그랬으니, 19세기 마지막 10년 동안 서구인들에게 무신론과 불가지론은 시세에 뒤지지 않는 선택으로 되었다. 하지만 인격적 창조주에 대한 신앙인 유일신교는 미국의 빅토리아 후기 문화의 중요한 구성요소로 남았다. 그리하여 이런 의미에서 불교 옹호자들은 문화적 반대자들이었다. 그러나 수많은 미국의 불교 옹호자들 역시 불교에 대한 해석에서 신의 언어를 활용했거나, 그런 언어를 강하게 반대하지는 않는 듯했다. 예를 들어 불교 동조자인 조지 캐벗 로지는 자신의 시 '열반'에서 '신'이란 용어를 사용했다. 혹은 불교 옹호자들은 궁극적 실재, 즉 유일신교보다는 범신론으로 더욱 기울어지긴 해도 일부 크리스천 신비주의자와 철학자들이 묘사했던 것과 유사한 궁극적 실재의 이미지를 생각나게 하는 '모든 것'이나 '절대적인 것'을 뜻하는 용어를 사용했다. 세 가지 유형의 모든 불교 동조자와 신봉자들은 우주를 창조한 인격적 창시자라는 '비과학적' 생각을 거부한다는 점에서 통일되어 있었지만, 그러나 많은 이들이 불교에서 '신 관념'을 인정했다.[26]

초기 빅토리아 시대에 차일드와 그 밖의 사람들도 마찬가지였다. 그러나 후기 빅토리아 시대의 불교 동조자들은 이보다 더 정교한 경우가 많았다. 낭만적 불교도는 (그리고 비전 불교도와 신비적 경향이나

284

장로불교 풍이지 않은 전통에 친숙한 합리주의자들은) 대승불교의 우주적 붓다 개념이나 보편적 붓다의 몸체라는 개념을 선호하는 편이었다. 그러나 대부분의 불교 옹호자들은 이러한 개인과 관계없는 '신'을 (업설業設과 같은) '도덕적 인과의 법칙'에 관한 교리 속에다 위치 지었다. 불교적 체계 내에서 신적인 것이 차지하는 지위와 기능이라는 두 가지 관념 모두는, 예를 들어 카루스의 저작에서도 찾아볼 수 있다. 『불교와 불교에 대한 크리스천 비평가들』(Buddhism and its Christian Critics)에서 카루스는 "신 관념"은 "인과의 법칙 안에서" 발견될 수 있으니, 불교에서 인과의 법칙을 통해 "궁극적 행동의 권위"가 확립되기 때문이고, 또한 (이런 주장이 과장하는 듯이 보일지 몰라도) 신에 대해 이야기할 때 크리스천의 태도와 유사한 "신에 대한 개인적 태도를 불교도가 획득하기" 때문이라 주장했다. 나아가 카루스는 말하길, 그리스도교의 삼위일체三位一體 교리와 불교의 삼신일불三神一佛 간에 뚜렷한 유사점이 존재한다고 했다. 카루스의 견해로 보면 붓다의 우주적 몸체, 즉 실재 그 자체로서의 붓다라는 관념은 그리스도교의 하느님 아버지라는 관념과 매우 유사한 기능을 한다. 카루스는 독자들에게 우주적 몸체로서의 붓다는 영원하고, 어디에나 존재하며, 전지전능하다고 말했다. 사실상 "우주적 몸체로서의 붓다는 살아 있는 모든 것의 생명이며 존재하는 모든 것의 실재이다. 그러므로 붓다는 모든 것 안의 모든 것이며, 그 안에서 우리가 살고 움직이며 우리가 지닌 존재성이 드러난다." 카루스는 "불교적 무신론은 분명 그리스도교적 유일신론과 전적으로 다르지는 않다"는 결론을 내림으로써 크리스천 독자를 안심시킴과 동시에 비아냥거렸다. 변명조의 분위기에 젖어 있을 때는 특히, 크리스천 신앙의 그 밖의 수호자들은 서로 협력했다. 비슷한 방식으로 빅토리아 개인주의 옹호자들의 응답은 찬성과 반대가 복잡하게 뒤섞인 상태였다. 그들은 신앙과 가치의 일정 구성 부분을 거부했지만, 여타 부분의 경우엔 지지를 표명했다.[27]

무아, 열반, 그리고 '불멸'

개인주의는 자아의 실체 있음, 불멸성, 자율성에 대한 믿음을 내포한다. 일신교의 경우처럼 빅토리아 후기 문화 내부의 이런 여러 확신에 대해 약간의 고립되고 제한적인 이의제기가 있었다. 개인주의의 세 가지 특징 가운데서 자아의 실체 있음과 불멸성에 대한 충실성이 다소 덜 확고한 듯했다. 일부 빅토리아 후기 심리학자와 철학자들은 상당한 정도로 분명하게 자아에 관한 통상적 관념에 수정을 가했다. 그들은 실체가 없고 유동적이며 항상 되어감의 과정 중에 있는 자아를 발견했다. 개인적 정체성의 일시적 정지나 초월에 대한 (가장 느슨한 의미에서) 일정 정도의 상반되는 감정의 교차가, 운동경기에 대한 새로운 관심뿐 아니라 종교적 부흥집회와 연극작품의 지속적 인기 속에서 표면화되었다. 이와는 다른 방식으로 도덕적 신교 십자군과 사회 개혁가들은 도덕적 행동 속에서 자아를 버리는 식의 이타주의를 요구했다. 사실상 불교에 동조적인 일부 해석자들은 두 종교가 이런 식으로 통합되었다고 주장했다. "두 종교 공히 두 번째 죽음의 필요성, 즉 자아의 죽음을 선언한다. '자기 영혼을 추구하는 자는 영혼을 잃을 것이요, 자기 영혼을 상실하는 자는 영혼을 도로 찾게 될 것이다.'"[28]

천국에서 영원한 보상을 누리는 불멸의 영혼이라는 전통적 관념은 인격적 창조주로서의 신이라는 정통 개념과 더불어 폐기되었다. 또한 더욱 확대된 문화 속에서 비평가들이 불교를 비난했던 명목인 '영혼의 자살'에 대해 양면 가치적으로 느끼지나 않는지 의심되는 이들도 있었다. 자살에 대한 일정한 선입견, 심지어 매혹이 존재했다. 브리지턴과 뉴저지에서 이런 매혹이 기묘하게 표출되었으니, 1893년에 '자살클럽'이 설립되었다. 매년 워싱턴의 자살클럽 창립일에 50명의 회원들이 잔치를 벌였다. 각자는 그 잔치에서 내부가 보이지 않는 불투명한 용기로부터 공을 하나씩 꺼내야 한다고, 클럽 규정에 나와 있었다. 검은 공을 뽑은 남성은(한 신문 기사에 나와 있듯이, 이 클럽에 가입할 정도로 바보 같은 여성은 없었을 테니까!) 해당 년도 안에 자살하도록 강요될 터였다. 한편, 해당 남성의 전 재산은 "살아남은 회원들의 사교적 오락을 위해" 클럽에 기부될 터였다.[29]

상반되는 몇 가지 징표에도 불구하고, 자아의 실체 있음과 불멸성에 대한 믿음은 견고하고 오래 지속되었다. 내생來生에 대한 믿음을 거부하는 이는 아주 소수였으며, 자기 파괴 충동은 최종적으로 비난받았다. 책이나 논문을 통해 자살을 논의했던 대부분의 미국인들은 보도된 자살 건수의 증대를 놓고 불평을 해댔으며, 해명과 치유책을 찾고자 했다. 빅토리아 시대의 영국에서처럼 자기부정의 최종적 행동인 자기 목숨 빼앗기와 관련해 상충되는 생각과 정서가 존재했다. 두려움이 매혹과 결합되는 경우가 많았다. 하지만 대부분은 매력을 느끼기보다 거부감을 더 많이 느끼는 듯했음은 당연했다. 통일적이고 지속적인 개인적 중심이란 관념에 충실하고자 하는 성향이 강렬했다. 자아 없음이란 생각을 두고 불편함과 심지어 두려움이 일시적이나마 광범위하게 퍼졌다. 에드워드 벨라미Edward Bellamy가 쓴, 인기를 끌었던 유토피아적 소설 『뒤돌아보기』(Looking Backward)의 주인공이 이 점을 잘 표현했다. 소설 속 줄리안 웨스트는 2000년의 보스턴에서 엄청난 사회적·경제적·정치적 변모에 눈뜬다. 돌지 않는 생기生氣에 관해 이야기를 들었던 날 아침, 웨스트로선 자신이 누구이며 어디에 있었는지가 도무지 기억나지 않는다. 웨스트는 이런 경험을 해명함으로써 개인 정체성 상실로 인한, 널리 공유되는 불안감을 포착해낸다. "가없는 허공 속에서 속수무책으로 무턱대고 이렇게 손으로 나 자신을 더듬어 찾는 동안, 내가 겪었던 정신적 고뇌를 달리 어떻게 표현할 길이 딱히 없다. 생각의 출발점이라 할 정신적 지주의 상실로부터 초래되는 절대적인 지적 무력감과 같은 경험은 필시 유별난 것으로, 자기 정체감이 일순간 흐릿해질 경우 이런 경험을 하게 된다."[30]

일부 불교 수호자들은 개인주의에 대해 전면적이고 정열적인 비난을 가했다. 예를 들어 『근동近東의 영혼』(The Soul of the Far East, 1888)에서 서구 개인주의에 대한 퍼시벌 로웰Percival Lowell의 옹호에 맞선 헌 Hearn의 적대적 응답을 숙고해 보라. "인성과 개성이라 불리는 많은 것은 엄청난 혐오감을 불러일으키며, 서구생활에서 불행의 주요 원인이다." 하지만 빅토리아 시대 불교 옹호자들의 개인주의에 대한 태도는 분명하고 완전한 반대라기보다는 좀 더 복잡 미묘했다. 그들은 고정적이고 실체 있는 자아라는 관념에 이의를 제기함에 초점을 맞추는 경우가 대부분이었다. 그들은 아트만 없음이나 자아 없음이라는 전통적 교설을 포용하면서, 끊임없이 변화하는 정신적·육체적 힘의 덩어리를 개인이라 했다. 아무런 설명이나 합리화 없이 붓다의 가르침에 내포된 전통적 요소를 채택하거나 좀 덜 정교한 통상적인 불교적 주장을 제시하는 이들도 있는 듯했다. 한편, 좀 더 광범위한 문화를 상대로 더욱 직설적으로 말하면서, 과학과 '현대성'이라는 이름으로 자아 관념에 이의를 제기하는 이들도 있었다. 예를 들어 (장로불교 전통과 팔리어 경전을 전제했 던) 카루스는 불교에 "과학적 영혼 개념"이 내포되어 있다고 했다. 즉 불교가 심리학과 같은 새로운 '과학'에서 밝혀진 일부 최신의 사실과 양립 가능할 것 같다는 취지의 발언이었다. 카루스처럼 가장 이론적 지향이 강하고 고차원적으로 교육받은 소수 불교 옹호자들은, 불교가 몇몇 연구 분야에서 등장하던 개인성에 대한 과정적이고 비실체적 관념과 좀 더 일치한다는 사실에 유의했다. 실체 있는 자아를 거부하는 데서 그들의 동기와 추론이 어떠했든, 불교 수호자들은 명확히 대부분의 동시대인들로부터 떨어져 있었다.[31]

그러나 여기에서조차 간헐적이지만 부분적 타협이 존재했다. 낡은 관습을 혁파하지 못하는 무능력이나 서구 청중을 설득하려는 이해관계 로 인해, 일부 불교 신봉자들은 심지어 '영혼'(soul)이라는 말까지 사용했 다. 달마팔라는 사실 바로 이런 이유 때문에 카루스의 『붓다의 복음』을 비판했다. 이에 카루스는 개인적 응답을 통해 해명했다. "하지만 저로선 '영혼'이라는 단어를 의도적으로 사용했습니다. 왜냐하면 영혼을 부정 하는 것이, 불교 심리학과 일치하는 식의 의미에서 영혼이란 단어를 사용하는 경우보다 사람들을 훨씬 당혹스럽게 만들기 때문입니다. 이 단어를 전적으로 회피하는 건 그만큼의 반발을 사거나 적어도 힘겨운 노릇입니다. 왜냐하면 이 단어가 종교에서는 가장 중요한 용어이기 때문입니다." '영혼'이 그렇듯 중요하다는 데는 동의할 사람이 많지 않을지 몰랐다. 왜냐하면 '신'이란 단어가 그리스도교에서는 더욱 중요 한 듯했으니까. 그러나 카루스의 목표는 분명했다. 그는 무아無我의 교리를 최신의 지적 진전과 조화를 이루게 하고, 불교도는 정신과 인성에 대한 재래의 실재성을 부인한다는 비난에 대응하면서도, 전통적

불교도의 무아에 대한 강조를 유지하고 싶었던 것이다.[32]

대중 강연에 참여한 이들 모두가 철학적 성향의 카루스만큼 자아라는 개념에 관심을 지녔던 것은 아니었다. 그러나 많은 비평가들은 이런 무아의 교리가 내포한 의미를 놓고 우려했고, (자아가 영원하다는 확신과 같은) 개인주의의 또 다른 구성요소에 대한 전통적 이해에 견줄 때 열반의 교리를 훨씬 더 우려스럽게 생각했다. 불교의 부정否定에 그렇게나 열중했던 존스턴은 불교에는 천국도, 구원도, 미래상황도 하나도 존재하지 않는다고 주장했다. 도덕생활의 기반으로서 뿐만 아니라 최고도의 종교적 분투노력으로서 내세에서의 보상을 요청했던 비평가들은 불교 가르침에 내포된 의미를 의아스럽게 생각했다. 일부 불교 반대자들의 추론에 따르면, 만일 자아가 존재하지 않고 열반이 필연적으로 절멸을 수반한다면, 내세의 지복을 향유할 어떠한 개인도 존재할 수 없는 노릇이었다. 이런 점으로 인해 그들은 불교에 대해 불안감을 느꼈다.

불교를 공공연하게 옹호했던 이들은 불교 반대자들이 자기네를 오해했다고 주장하거나, 그런 취지의 말을 했다. 불교 옹호자들의 주장에 따르면, 무아와 열반의 교리는 내세에 대해 일정 정도 수정된 관념과 양립 가능하다. 인류학 설립자 중 한 사람의 권위에 호소하면서, 에드먼즈는 "오래 전에 타일러Tylor가 저서 『원시문화』(Primitive Culture)에서 지적했듯이, 어떠한 지속되는 영혼도 존재하지 않는다는 교설은 형이상학의 일부다. 이는 결코 내세에 대한 아주 명확한 믿음과 상충되지 않는다." 에드먼즈, 베터링, 올콧 같은 비전 불교도는 자기네 영성의 핵심 중 하나인, 정령이 거주하는 '다른 세계'에 대한 신앙을 포기하길 아주 꺼렸다. 팔리어 경전에 해박했던 에드먼즈는 자신의 입장을 뒷받침하고자 "다른 세계란 전혀 존재하지 않는다는 이단적 표현"에 대한 경전의 비난을 인용하기까지 했다. 합리적 불교도와 낭만적 불교도는 무아가 사후존재의 부인을 뜻하지 않는다는 비전 불교도의 주장에 합세했다. 한 책에서 카루스는 불교의 부정과 지지를 이런 식으로 구분했다. "나아가 불교도가 브라만 철학자의 영혼에 대한 정의인 아트만이나 자아의 존재를 믿지 않는다는 점은 부인할 수 없지만, 그러나 불교도는 정신의 존재를 부인하지 않으며 인간 사후의 영적 존재의 계속성을 부인하지 않는다."[33]

그들은 또한 열반의 교리 역시 (제대로 이해되고 환생의 개념과 결합될 때) 불멸성에 관한 일부 관념과 양립 가능하다고 말했다. 이 쟁점을 언급했던 불교 옹호자들은 어떠한 실체 있는 영혼도 천상의 보상을 향유할 수 없지만, 그러나 만일 강조점이 환생 쪽으로 옮겨가고 열반에 대한 그릇된 해석이 수정된다면 내세에 관한 일부 개념이 온당함을 인정했다. 여러 불교 옹호자들은 환생을 설명하고자 '불멸'이란 용어를 활용했다. 불교의 불멸에 관한 개념이 경합을 벌이는 여타의 관념보다 우월하다고 말하는 이들까지 있었다. "환생에 부치는 송시"에서 페놀로사는 환생의 관념이 "인종의 계속성"에 관한 현대과학의 관념과 천상에 관한 그리스도교의 관념보다 '불멸'에 대한 훨씬 탁월한 감각을 제공한다고 주장했다. 그러나 페놀로사는 환생에 대한 믿음이 지니는 영적 이점利點을 다룬, 시로 지은 찬사 속에서 전통적 불교 가르침의 일부를 애매하게 만들었다. 동아시아 대승불교의 전통을 통한 (통상적 존재와 궁극적 상태가 지니는 독자성이라는) 윤회와 열반의 독자성에 대한 강조에도 불구하고, 환생 그 자체는 좀체 종교적 목표로 여겨지지 않았다. 장로불교도는 탄생과 사망 및 환생의 순환으로부터 벗어나려는 관심사를 좀 더 솔직하게 말할 때도 있을 터였다. 그러나 페놀로사가 심혈을 기울였던 대승불교 종파조차도 현재 대부분의 인간이 인식하거나 획득하지 못하는 일정 정도 완성된 상태를 언급한다.[34]

　반대자들이 불교를 비판했던 것은 정확히 이 대목, 즉 열반의 개념이었음은 물론이다. 경전에 따르면 궁극적으로 이해를 초월하고 말로 표현할 수 없는 열반은, 고통과 환생으로부터 더 없이 행복한 상태로 해방되는 것으로 기술되는 경우가 많다. 특히 동아시아에서 불교도는 이런 완전해진 상태의 지복至福을 전달하기 위해 광대한 신비주의적 언어를 활용하는 경우도 간혹 있었다. 신비주의적 경향을 지닌 일부 미국의 불교 옹호자들은 개인을 구성하는 무상한 여러 힘들의 덩어리가 우주적이거나 보편적인 붓다로 여겨지는 경우가 많았던, 하나의 실재와 융합되는 최종적 상태를 언급했다. 그리하여 이런 의미에서 옹호자들은 반대자들이기도 했으니, 그들은 자아의 실체 있음뿐 아니라 자아의 불멸성에 몰두하려는 힘을 약화시켰기 때문이다. 잭슨 리어스Jackson Lears가 말한 대로, 많은 빅토리아 후기 사람들은 "대양 같은 광대한 충동과 자살충동"을 동일시했고, "광대한 무의식 속으로 자기 소멸하는 것"을 두려워했다. 그러나 일부 유럽계 미국인 불교도는 신비주의가 자기네를 휩쓸도록 내버려두었다. 예를 들어 페놀로사는 분명히 "열반의 축복이 자아내는 침묵 속에 더 이상 서방도 동방도 존재하지 않으리라" 믿었을 뿐 아니라, 어떠한 자아나 그 밖의 것도 존재하지 않으리라 여겼다. 무아에 대한 충실성과 더불어 이들 불교도가 지닌 신비주의의 본질은, 천상의 영혼에 대해서나 혹은 아빌라의 성聖 테레사나 십자가의 성 요한(존)처럼 신의 사랑을 받는 예수와의 친밀한 종국적 결합에 대해서조차 유의미한 말을 할 수 없다는 뜻이었다.[35]

낭만적 불교도는 다른 유형의 불교도보다 개인주의의 이런 측면에 대한 충실성을 훨씬 더 완화시키는 편이었다. 그러나 신비적 충동이나 이따금 철학적 일원론을 통해 비전 불교도나 합리적 불교도 사이에서도 유사한 경향성이 생겨났다. 예를 들어 합리주의자인 럼Lum은 자아를 "순전한 비누 거품이며, 그저 바람 한 번 휙 불면 흩어져버릴 것"으로 여겼다. 이런 측면에서 자아에 대한 럼의 반대는 (절망감 속에서 마침내 자살로까지 이끌었던) 수많은 개인적 요인 및 (신비적 경향을 드러냈던 그의) 종교적 성향과 관련되었던 듯하다. 럼은 사망 시 무차별한 '전체'(Whole) 속으로 흡수될 가능성을 환영하는 듯했다. 특히 1870년대 불교 저작에서 럼은 예의 '전체'에 관해 추상적 용어로 글을 쓴 적이 간혹 있었다. 그 용어는 '전부'(All)였는데, 그것과의 최종적 합일은 불교도가 '열반'이라 부르는, 환희에 찬 고통으로부터의 해방이었다. 럼은 만물이 지향해 가는 이 '전체'를 사회적 용어로 사유할 경우도 있었으니, 좀 더 고상한 노력을 통해 인류의 도덕적 진화가 증대되었다는 점을 인식함으로써 우리가 삶으로부터 의미를 이끌어 낸다고 했다. 우리는 미래의 '인성' 전개 과정 속에서 불멸성을 지니게 된다. 궁극적 목적에 관한 이런 두 가지 개념은 럼의 사유 속에서 융합되기도 했다. 〈라디칼 리뷰〉지에 게재된 열반에 대한 럼의 시적 접근에서, 예를 들어 그는 '열반'을 '현대적 열반'과 대비시켰다. 럼은 전자를 '무한성' 속으로 끝없이 침잠하는 것으로 상상했다. 럼은 후자, 즉 현대적 맥락을 위한 '열반'에 대한 자신의 정식화를 "인성이라는 공통의 목적을 향한 신비적 충동"으로 인식했다.[36]

비슷한 식으로 비전 불교도 카나바로는 무아 교리에 대한 자신의 지지 속에서 신비주의적 감수성을 드러냈다. 많은 빅토리아 시대 사람들을 동요시켰을 한 마디 말 속에서, 그녀는 열반 안에서 자아가 최종적으로 상실되는 것은 어떤 의미에서 그렇게나 많은 사람들이 두려워했던 '절멸'일 수 있다고 인정했다. 카나바로는 주장했다. "오직 온전한 합일 속에서만 조화가 존재한다. 자아는 우리를 분리시키고, 우리를 고통에 빠트리며, 내 친구들도 예외가 아니다. 열반이란 온전한 조화이며 전체와의 합일이다. 열반이란 목숨을 유지하려는 개인적 의지로부터의 벗어남이며, 아무리 미약하고 아무리 성스럽거나 숭고하더라도 모든 형태 속의 물질을 소멸시키는 것이다. 이런 관점으로부터 많은 이들이 열반을 절멸로 간주할지 모른다."[37]

실체가 있고 지속되는 자아라는 관념에 대한 빅토리아적 충실성의 강도와 관련해 만일 필자가 옳다면, 불교 옹호자들이 반대라는 수사를 간헐적이고 조건부로 활용하는 것이나, 혹은 불교 비평가들이 빈번하고 과장되게 부정에 대해 언급하는 것을 통해 야기되는 동요를 설명하기가 어렵지만은 않다. 카나바로의 양보와 럼의 자살을 별도로 치면, 미국 불교도는 일반적으로 완전한 '영혼의 자살'을 갈망하지 않았다. 그들이 전통적인 그리스도교적 견지에서 불멸에 대해 말할 수 없었음이 사실임은 물론이다. 그러나 범신론과 신비주의로의 경향성을 지닌 수많은 서구인들처럼, 불교 옹호자들은 광대한 합일을 이루어내는 지극한 환희라는 적극적인 최종목표에 대해 언급할 수 있었다. 여기서도 역시 미국 불교 옹호자들의 반대란, 그들에 대한 비평가들이 구사하는 과장된 표현이나 옹호자들 자신의 화려한 표현이 함의하는 것만큼 온전하지는 않았다. 이런 의미에서 불교 옹호자들은 빅토리아 문화의 지지자들인 셈이었다. 혹은 좀 더 정확히 말해, 예를 들어 에머슨이 이단적이거나 반反문화적이지 않아 보이듯 그들 역시 그랬던 것 같다. 에머슨의 시와 산문에 드러나는 상반되는 요소들에도 불구하고, 그의 저작에 자연적이거나 우주적 전체성 속에서 자아를 상실하고픈 갈망이 존재했듯이 말이다. "나는 완전한 전체에 나 자신을 맡겼다."[38]

독립독행(獨立獨行, self-reliance)과 불교

빅토리아 개인주의의 세 번째이자 마지막 구성요소는 독립독행에 대한 강조였다. 독립독행이란 말로 내가 말하고자 하는 것은, 마틴 루터 같은 신교 개혁가, 임마뉴엘 칸트 같은 계몽 사상가, 에머슨 같은 낭만적 작가의 저작에서 울려 퍼졌던 성숙한 자기규제에 대한 요청이다. 이 말은 미국인 생활의 다양한 영역에서 나타났다. 이 말은 변방의 삶과 연관되었으며, 경제적 영역에서 두드러졌다. 도금시대는 사실 경제적 개인주의 시대인 듯했으니, 사업이란 개인적 경쟁과 적자생존, 영웅적 노력으로 여겨졌다. 그런 개인주의는 종교적 영역에서도 드러났다. 수많은 19세기 미국인들은 (예를 들어 신교도, 초월주의자, 자유사상가들은) 자율성을 자기네 영적 입장에서 주요한 측면으로 간주했다.[39]

(에머슨이 표현했듯이 매개물이나 장막 없이 신을 사랑한다는) 이런 종교적 개인주의는 반反가톨릭주의와 연관되는 경우가 많았다. 그러나 이런 맥락에서 개인주의가 지니는 중요성은, 그것이 불교와 관련을 맺게 되어 미국 불교를 진흥시킨 많은 이들의 지지를 받았기 때문이다. 심지어 크리스천 비평가들조차 인도인과 신할라족 불교가 독립독행을 강조했음을 인정하는 경우도 있었다. 그러나 그들은 불교 전통이 지닌 '신교 풍의 정신'을 칭찬하기보다는 이런 점을 불교에 반대하는 구실로 삼으려 애썼다. 예를 들어 프랭크 F. 엘린우드Frank F. Ellinwood는

불교도가 독립독행을 타인에 대한 관심의 결여와 공동체 무시로 왜곡하거나 악용한다고 말했다. 사실 엘린우드는 이런 점이 일부 오도된 미국인들이 불교에 매력을 느끼는 이유를 설명하는 데 도움이 될지 모른다고 말했다. 오도된 미국인들이 "각자는 자기 자신을 위하여"라는 원리에 이끌렸다는 것이다. 그러나 일부 초기 불교 경전에 나오는 독립독행의 옹호는 대부분의 주도 학자들에 의해 더욱 적극적으로 표출되었다. 또한 그러한 권위자들에게 지원을 호소하면서 대부분의 미국 불교 옹호자들은, 설사 그들이 자아의 본질과 운명에 관한 전통적인 서구적 관념을 완화시키거나 버렸을 때조차도 지배적 개인주의가 지닌 독립독행이라는 구성요소에 대한 충실성을 견지했다.[40]

독립독행에 대한 강조는 일부 낭만적 불교도 사이에서는 더욱 미약하고 덜 분명했다. 잭슨 리어스는 비글로우, 로지, 퍼시벌이 독립독행에 대해 양면가치를 드러냈다는 점을 밝혔다. 리어스는 개인주의의 이런저런 요소들에 대한 양면 가치적 태도가 이들의 불교 연구에 구현되었다고 설득력 있게 주장했다. 리어스는 이들에게 불교가 지닌 매력의 중요한 요소는 (필자 역시 암시한 바 있듯이) 광대한 신비주의 속에서 자아를 상실하리라는 희망이었다고 했다. 이 세 사람은 자기네 개인적 삶 속에서 자율성과 의존에 대한 상반되는 충동과 분투했다. 예를 들어 리어스는 비글로우가 일본인 불교 스승에게 강렬하게 의존했던 점과, 이런 스승과의 관계로 인해 그가 느꼈던 매혹을 제대로 지적했다. 일부 출간되지 않은 언급에서 비글로우는 종교적 진전에서 스승이 지니는 결정적 역할을 강조함으로써 공공연하게 거의 모든 형태의 종교적 개인주의를 거부했다. 그러나 실제로 리어스가 논의했던 세 사람은 필자의 관점에서 볼 때 모두가 낭만적 불교도로, 독립독행이란 관념에 대한 이들의 이의제기는 다른 유형 불교도의 경우보다 훨씬 더 흔했다. 그렇다고 종교 영역이나 인간이 진력하는 그 밖의 영역에서 독립독행을 수용했던 낭만적 불교도가 전혀 없었다는 얘기는 아니다. 헌이 그랬다. 만일 필자가 옳다면, 낭만적 불교도는 비교적 불교도나 합리적 불교도보다는 그럴 가능성이 덜했을 뿐이다.[41]

정토淨土와 같은 대승불교 전통에 내재하는 상반된 주제를 무시하면서, 예를 들어 비전 불교도인 올콧은 불교가 "구원자로서 자신에 의한 구원"을 강조하는 것은 불교와 그리스도교 간의 "현격하게 대조되는 점" 중 하나이며, 암암리에 불교의 특징적인 이점 중 하나라고 주장했다. 베터링은 종교적 개인주의로 인해 불교는 자신에게나 동시대인들에게 더욱 매력적이고 접근 가능하게 되었다고 천명했다. "불교는 인간의 영혼과 성령 사이에 중재자를 둠으로써 인간영혼에 모욕을 가하지 않는다." 종교와 삶의 모든 영역에서 독립독행을 옹호하는 것은 아마 합리적 불교도 사이에서 가장 강력했을 터였다. 예를 들어 윌슨은 불교에 이끌렸던 많은 이들이 "전적으로 인격적 신이 부재하고, 독단이 부재하며, 오직 인간다운 인간이 될 수 있다는 인간 자신의 능력에 대한 신뢰만을 지닌 종교체계를 발견했다. 그들은 이어 자신의 구원을 이루어냄으로써 '죽을 수밖에 없는 운명이 불멸성을 띠게' 되면서 신으로 된다"고 선언했다. 유사한 방식으로 슈트라우스는 자신이 영어로 번역했던 동시대 아시아 불교인의 교리 문답으로부터의 인용을 통해 불교의 장점을 강조했다. 이 교리 문답을 통해 선언된 바에 따르면, 불교는 "대리 구원자 없는 구원, 모든 이가 자신의 구원자가 되고 기도, 희생, 참회, 의식 없이, 서품 받은 성직자 없이, 성인의 중재 없이, 신성한 은총 없이 우리 자신의 능력을 발휘함으로써…… 획득될 수 있는 구원"의

가능성을 제공했다. 독립독행에 대한 충실성은 비전 불교도와 낭만적 불교도 및 그들 시대의 많은 그 밖의 사람들에 의해 공유되었다. 그리하여 불교는 에머슨주의와 신교 사상, 벼락부자와 발명가들, 개척자와 카우보이들만큼이나 미국적이었던 듯했다.[42]

미국의 불교 옹호자들은 겉으로 보기보다는 신교 및 빅토리아주의를 반대하는 데서 전면적이지 않았거나 애매한 구석이 있었다. 또한 종교적 유사성과 문화적 연속성의 발견이나 구축을 통해, 자기네에게나 동조적 독자들에게 불교가 좀 더 접근 가능할 수 있고 덜 이국적인 전통으로 되었다. 불교가 지닌 특징적인 지적 이점이 보존되고 강조될 필요가 있었지만, 그러나 불교가 신교 및 빅토리아주의와 연관된 일정한 범위의 확신 및 태도와 양립 가능할 수 있는 것으로 제시될 수 있으리란 점이 불교 전통을 고려하는 이들에게는 중요했다. 그러나 행동주의와 낙관주의라는 두 가지 널리 공유된 다른 가치들이야말로 영적으로 환멸을 느꼈던 이들 사이에서 종교적 헌신의 성격과 강도를 결정짓는 데서 중요했으며, 또한 동시에 학자, 여행가, 비평가들이 드러낼 응답의 성격과 강도를 결정하는 데서도 중요하고 심지어 결정적이었다. 필자로서는 마지막 장에서 이 점을 다루고자 한다.

제6장

낙관주의와 행동주의

불교에 대한 반응, 빅토리아 시대의 종교문화, 그리고 반대의 한계

불교에 대한 동조적 설명에 응답하면서 뉴욕 로체스터의 J. T. 그레이시 Gracey 목사는 크리스천 독자들에게 불교가 지닌 가장 심각한 결함을 다룬 〈설교 리뷰〉(Homiletic Review)지를 상기시켰다. 그레이시 목사는 주장했다. "불교는 고립되고 무기력하며, 희망 없는 속박으로 이를 초극하거나 무관심할 경우를 제외하고 사람들을 의기소침하게 만들거나 모든 도덕적 결심을 무용지물로 만든다." 다른 후기 빅토리아 크리스천 비평가들이 이런 말을 하든 안하든 요점은 똑같았다. 그들은 불교가 수동적이고 비관적이라는 점에 동의했다. 설사 불교 옹호자들이 불교가 신교 및 빅토리아주의와 양립 가능하다고 강조하려 애를 썼음에도 불구하고, 이렇듯 사람들을 어지럽히는 부정否定이란 개념을 무시할 수 있을 사람은 도무지 없다고 비평가들은 주장했다. 이에 응답해 불교 옹호자들은 불교의 수동적인 충동과 적극적인 충동을 설명하거나 정당화시키지 않았다. 그들은 비평가들의 해석을 전적으로 거부했다. 그간 불교가 오해를 받아왔다고 옹호자들은 주장했다. 이런 방식에서도 역시 불교 옹호자들은 시대적 흐름에 대한 찬동자들이었다. 즉 그들은 낙관주의와 행동주의에 대한 자기네 충실성을 드러냈으며, 불교가 일련의 신앙 및 가치관과 양립할 수 있다고 강력히 주장하거나 넌지시 내비쳤다. 토론의 양 당사자 편에서 구사된 정열적 표현으로 인해, 이런 논평이 얼마나 광범위한지가 흐려지는 경우도 있었다. 비평가들의 격렬한 거부와 옹호자들의 강력한 반박 모두가 당시 문화 내에서 그런 거부와 반박이 뿜어낸 강도와 영향력을 보여준다. 만일 이런 논의가 조금이라도 암시하는 게 있다면, 행동주의와 낙관주의가 빅토리아 문화에 근본적이었으며 일신교와 개인주의만큼이나 비난하기 어렵다는 점이었다. 실제로 불교에 귀의한 영적으로 환멸에서 깨어난 많은 이들은 인격적 신과 실체 있는 자아를 행동주의와 낙관주의보다 훨씬 흔쾌하게 포기했다. 이런 식으로 제6장은 빅토리아 시대 미국에서 반대의 한계가 어디까지인지 그 윤곽을 그려낸다. 그와 동시에 불교가 지녔다고 하는 수동성과 비관주의와 관련된 논의를 통해, 왜 빅토리아 시대의 불교가 좀 더 성공적이지 못했는가에 관한 몇 가지 실마리를 찾아볼 수 있다.[1]

후기 빅토리아 문화에서 낙관주의와 행동주의

나는 온갖 관점을 취급하는 빅토리아 중기 미국인 해석자들이 낙관주의와 행동주의를 긍정하고, 그런 주장에 이의를 제기하는 서구적 설명과 싸웠던 방식 중 일부에 유의했던 적이 있었다. 불교에 대한 관심이 강화되었을 때(1879~1912), 이런 확신과 태도는 미국에서 빅토리아 문화의 중요한 일부로 계속 자리 잡았다. 비록 문화적 맥락이 몇 가지 중요한 방식에서 변화되었긴 해도, 대부분의 지배문화 참여자들은 우선 낙관주의를 계속 수용했다. 그들은 인간의 고양된 능력, 인간생활의 긍정적 요소, 우주의 자비로운 성품, 진보적 역사발전을 강조했다. 달리 말해, 그들 대부분은 인간이 본질적으로 선하거나 선하게 될 수 있다고 믿었던 것이다. 세상은 선을 행함에 적합한 듯했으니, 자연과 역사는 더욱더 개선되고 있었다. 다양한 새로운 사태의 전개를 통해 지배적인 낙관주의에 힘이 실렸다. 남북전쟁과 재건설이라는 비극적 시대가 종말을 고했다. 과학 방면에서 '진보'와 과학기술이 고양되어, 예를 들어 허가된 특허권 수가 19세기 마지막 10년 동안 극적으로 증대했다. 미국 영토는 계속해서 확장되고 개발되었으며, "구제해 주는 나라"로서 미국의 유일무이한 역할에 대한 믿음이 수정된 형태로 존속되었다.

많은 미국 저자들은 개인과 사회의 완전성에 대한 믿음을 표명했으며, 스펜서의 포괄적 진화론, 헤겔의 역사철학, 혹은 콩트의 실증적 세계관에 내포된 철학적 언어로 자연과 역사의 단선적 진보에 대한 믿음을 드러냈다. 유사한 주제가 문화의 다른 측면에서 상이하게 표출되었다. 호레이쇼 앨저(Horatio Alger, 1834~99)의 "무일푼에서 재산가로"(rags to riches: 앨저의 많은 소설에 담긴 무일푼 젊은이의 성공담을 그린 이야기의 통칭) 된 이들의 이야기는 젊은 남성 독자들에게 미국 경제의 혜택이 모두에게 열려 있다는 점을 다시 확신시켰다. 역사 그 자체처럼, 고결하고 운 좋으며 부지런한 이들은 언제나 계층상승을 이루어낼 수 있었다. 윌리엄 홈스 맥거피(William Holmes McGuffey, 1800~73)의 『절충주의적 독자』(Ecletic Reader)는 미국 시골에서 앨저의 소설이 도시에서 수행했던 것과 똑같은 몇 가지 기능을 수행했다. 이 인기 있는 교본들은

맥거피 사후에도 계속 영향력을 발휘했으며, 교본에 담긴 메시지는
여러 측면에서 용기를 북돋워줄 정도로 희망적이었다. 한 학자가 표현했
듯이, 교본에 담긴 관점은 팡글로스 박사의 관점과 유사했다. "사태가
아무리 괴로움을 주는 듯해도 모든 것, 즉 섭리의 작용, 사회의 제도,
경제의 변천 등은 최상을 지향한다." 당시의 인기 있는 종교소설의
저자들, 예를 들어 루이스 월리스(Lewis Wallace, 1827~1905), 엘리자
베스 스튜어트 펠프스(Elizabeth Stuart Phelps, 1844~1911), 에드워드
페이슨 로(Edward Payson Roe, 1838~88) 역시 자신감에 차 목소리를
높였다. 여자 주인공이 비종교적이면서 인정 많은 남자와 사랑에 빠졌을
때조차 이 소설의 전통적 구성의 공식에 따르면, 종내는 사랑이 성사되
고 크리스천 신앙은 승리하게 되어 있었다. 의심이 생겨날 때조차도
그런 의심은 극복되었다. 월리스의 『벤허』Ben Hur에서처럼. 이런 종교
적 소설가들이 사회적·경제적 부정의에 항의할 때조차 변화의 가능성
에 대한 (혹은 변화의 필연성에 대한) 결코 스러지지 않는 믿음이
압도적이었다.[2]

낙관주의적 표현은 종종 광범위한 종교 지도자들의 다양한 설교,
논문, 저서 내에 등장하기도 했다. 브루클린의 헨리 워드 비처와 보스턴
의 조지 앤지어 고든(Geroge Angier Gordon, 1853~1929) 두 사람 모두
이런 태도를 드러냈다. 예를 들어 1882년 논문에서 비처는 인간과
역사와 관련한 캘빈의 유명한 비관주의를 거부했다. 비처는 다른 무엇보
다도 예배에 대한 좀 더 낙관적 태도의 전개를 환영했다. 이를 통해
사람들은 더 이상 "자신을 비하하고, 미지의 것 앞에 엎드려 쓰러지며,
자기 열등감에 신경 쓸" 필요성을 느끼지 않아도 될 터였다. 낙관주의는
존 피스케(John Fiske, 1842~1901)의 저작에서 특히 강력했고 분명했다.

다윈과 스펜서의 사상을 대중화시키는 데 도움을 주었던 이 현대적 자유주의자는, 우주적 과정에 신이 내재함으로써 그 과정의 궁극적 선善이 확보된다고 믿었다. 『기원으로 본 인간의 운명』에서 피스케는 다윈주의와 낙관주의 둘 다에 찬사를 보냈다. "바로 다윈주의야말로 그 어느 때보다 인간성을 보다 높은 절정에 자리매김했다. 미래는 작열하는 희망의 빛을 드리우며 우리 앞길을 비춘다. 투쟁과 슬픔은 반드시 사라지리라. 반드시 사랑과 평화가 최고의 권위를 행사할 테니까."[3]

인간과 역사과정의 본질에 대한 이런 확신 역시 신교 주류 바깥에 자리 했던 그룹들에서 분명했다. 학자들이 인식했듯이 공리주의, 자유 종교, 윤리적 문화, 모르몬교, 영성주의, 신사고, 크리스천 사이언스 지지자들은 모두가 다양한 방식으로 지배적 낙관주의를 표출했다. 분명한 차이에도 불구하고 인간과 역사에 대한 캘빈주의에 입각한 '비관주의적' 해석을 공히 거부했다는 점에서 그들은 일체가 되었다. 예를 들어 주류 신교 교파 내의 자유주의자들보다 훨씬 강력하고 직접적으로 후기 빅토리아 유니테리언과 보편주의자들은 캘빈주의가 말하는 우울한 인류학을 계속 공박했다. 혹은 그저 그런 인류학의 사망을 당연시했다. "캘빈주의의 다섯 가지 항목"에 대한 비판에서 제임스 프리먼 클라크James Freeman Clarke는 "신이 영혼에 불어넣은 본질적 선함"을 강조했고, "진보에 대한 새로운 신학의 초점 맞추기"를 기뻐했다. 클라크는 이 1886년 논문에서 낙관적 태도가 모든 증거와 잘 조화를 이룬다고 선언했다. "지구를 인간의 고향으로 적합하게 만들었던 오래된 지질학적 발전과정과 더불어, 그리고 좀 더 미미한 상태에서 더욱 완성된 생명체로 유기체가 서서히 진화하면서 세월을 거듭해 이루어지는 사회발전과 더불어, 또한 지식의 확산, 문명의 진보, (상대적으로 정부나 정당으로부터 자유로운) 자유주의 제도의 증가, 신과 종교적 진리에 들어 있는 더욱더 고차원적 개념의 확산과 더불어."[4]

비록 낙관주의적 경향이 이 당시 문화에 강력했지만, 1880년대와 1890년대 동안 일부 비관주의적 목소리가 존재했다. 개인이 '기질'에 의해 낙관적이거나 비관적일 수 있으며 하루는 '건강한 정신상태'였다가 다음 날이면 '아픈 영혼'을 간직할 수 있다고 말했을 때, 윌리엄 제임스는 정당했던 듯하다. 그러나 우울함에 기댔던 일부 빅토리아 후기 미국 지성인들은 자아 바깥의 보다 폭넓은 문화 속에서 자기네 태도에 대한 정당화를 발견했노라 믿었다. 그들은 진지하게 자유와 개인의 가치, 그리고 역사의 유의미성과 방향성에 의문을 제기하기 시작했다. 그들의 의문제기 방식은 진화론 내의 잠재적 비관주의와 운명주의 및 다른 형태의 자연주의적 결정주의에 의지함을 통해서였고, 정치적 타락, 노동의 불안정, 계급갈등, 당시 도시의 더러움 속에서 불가피한 진보이론에 대한 반증을 제시함을 통해서였다. 지배적 낙관주의에 대한 이런 이의제기는, 예를 들어 마크 트웨인의 『코네티컷 양키』(A Connecticut Yankee, 1889)와 브룩스 아담스의 『문명의 법칙과 문명의 쇠퇴』(Law of Civilization and Its Decay, 1893)에서 뚜렷하게 드러났다. 조지 산타야나George Santayana와 에드거 살투스Edgar Saltus와 같은 다른 저자들은 쇼펜하우어 같은 유럽 작가의 영향 아래 주관주의와 심미주의의 다양한 형태 속으로 빠져들었다. 그러나 존 하이엄John Higham이 인식했듯이, 학자들이 세기말 유럽에서 드러낸 "비관적 분위기"는 대서양 반대쪽에서는 강렬하거나 널리 퍼지지 않은 듯했다. "이 모든 것이 언급된다 해도, 비관주의가 미국에서 보편화되지도 뿌리 깊지도 않았다는 사실은 여전히 남는다.…… 대부분의 지성인들은 비관주의에 대항했다. (산타야나라는 있을 법한 예외는 있지만) 대부분의 철학자들은 비관주의에 반발했고, 문학 비평가들은 비관주의를 비난했으며, 사회과학자들은 비관주의에 패배했다기보다는 비관주의의 도전에 직면한 상태였다."[5]

자연주의적 운명주의, 캘빈주의 잔재, 혹은 그 밖의 몇 가지 요소로 인해 가장 강력한 지배적 낙관주의를 포용할 수 없었던 사람들조차, 대체로 윌리엄 제임스가 정식화한 "사회개량론"을 받아들였다. 즉 비록 개인과 세계가 선과 악의 혼합체이지만 적절한 조치에 의해 개선될 수 있다는 입장을 수용했던 것이다. 비관주의와 수동성 모두에 대한 개인적 충동과 타협하고자 분투했던 제임스는 사회개량론을 고취했다. 그는 사회개량론을 "세계의 구원은 불가능하다"고 주장하는 견해와 "세계의 구원은 불가피하다"고 주장하는 견해 사이의 중간에 위치한 것으로 여겼다. 다른 한편으로, 사회개량론은 긍정적 결론을 "필요로 하지도 불가능하지도 않다"고 간주한다. 결정적 변수는 인간 활동의 본질과 성격이라고, 제임스는 말했다. 일부 후기 빅토리아 개혁가들은 낙관적 분위기가 지닌 정적주의적인 함의含意를 비난했다. 감독파 교회 경제학자 리처드 T. 엘리(Richard T. Ely, 1854~1943)는 신교도한테 "발전을 지체시키고 사람들이 실제 위험에 눈멀게 만들려는 목표를 지닌 당시의 치명적 낙관주의에 대항하는 용맹스러운 투쟁"을 벌이라 촉구했다. 엘리는 계속해 말했다. "낙관주의나 비관주의 모두 아주 나쁘긴 하지만, 낙관주의의 사회적 결과가 비관주의의 사회적 결과보다 훨씬 더 재난을 초래한다는 생각이 든다." 그러나 제임스와 많은 그의 동시대인들에게 개인의 선함 및 우주의 자비와 (혹은 적어도 이 둘이 지닌 순응성 및 완전성과) 관련된 태도는 후기 빅토리아 문화에 번져

있던 행동주의 정신에 맥이 닿아 있었다.[6]

필자가 정의 내렸듯이, 행동주의란 세상 안에서 활기 있는 도덕적 행위가 지니는 영적 중요성을 강조하는 경향성이다. 행동주의는 개인을 고양시키고, 사회를 개혁하며, 정치적·경제적 영역에 정력적으로 참여하려는 관심의 표명이다. 행동주의는 19세기의 마지막 20년 동안과 20세기의 첫 10년 동안 다양한 형태를 띠었다. 개인적 차원에서, 그리고 일상생활의 특성상 일부 유럽 관찰자들은 미국인들 사이에서 '소심함'과 '변덕스러움'에 주목했다. 일부 미국인들은 이에 동의했다. 보스턴의 한 감독파 교회 설교자는 이를 지속적인 캘빈주의 영향 탓으로 돌렸다. 이어 이 설교자는 신사고의 영향력을 제시하면서 해방된 신교의 "정신적 힐링healing"을 통한 치유책을 발견했다. 제임스는 또한 이러한 "우리 미국인들 내의 휴식의 부족, 불가능에 가까운 것을 추구하려는 자질은" 해롭다고 느껴, 애니 페이슨 콜이 설교한 "긴장풀기 복음"을 처방했다. 그렇다고 제임스가 수동성을 용인한 것은 아니었다. 제임스와 당시 많은 그 밖의 특권을 누리는 미국인들은 사실상 동시대인들이 '신경쇠약증'이라 부르는 우울증과 무기력이라는 전염병이 지닌, 마비시키는 영향력에 맞서 싸웠다. 당시의 이런 심리적 질병에 의식적으로 굴복하는 이들은 거의 없었다. 오히려 제임스는 활동성을 자극하기 위해 휴식을 권유했던 것이다. 초점 맞춰지지 않은 에너지와 소심함으로 인해 활동의 효율성이 떨어지기 때문에, 미국인들은 개인적·집단적 활동의 효율을 증대시키기 위해 더 많이 긴장을 풀 필요가 있었다. 결국 제임스가 "인간의 에너지"라는 제목의 또 다른 논문에서 주장했듯이, 국가란 얼마나 많은 개개인을 "가장 정점에 있는" 에너지 상태에서 기능하도록 자극할 수 있느냐로 판정된다.[7]

1870년대와 1880년대 동안 일부 행동주의적 에너지가 요란한 소리를 냈다. 정치적 타락을 비난하고, 도금시대의 경제적·사회적 문제를 해결코자 하는 노력이 전개되었다. 농부들이 항의했고, 노동자들은 파업했다. 폭력이 발생하는 경우도 잦았다. "개혁적 다원주의자들" 역시 현상유지를 타파하기 위한 노력을 주도했다. 다양한 의도를 지니고 다양한 결과에 접하며, 그들은 경제적·사회적·종교적·정치적 쟁점을 아주 인기 있던 진화론적 체계의 관점에서 해석했다. 진화론의 가장 사악한 형태인 스펜서의 '적자생존' 개념이 앵글로 색슨 인종과 신교에 토대한 그리스도교의 우위뿐만 아니라, 경제적 혜택과 사회적 권리의 불공평한 분배의 정당화에 활용되었다. 그러나 헨리 조지(Henry George, 1839~97)와 에드워드 벨라미의 경우처럼, 이 개념은 또한 개혁의 이론적 체계를 제공하기도 했다. 조지의 『진보와 가난』(Progress and Poverty, 1879)은 독점에 대한 비난 및 "단일한 세금"의 부과라는 요청을 담았는데 25년도 채 지나지 않아 100판을 거듭하며 판매되었고, "단일세금 클럽"의 창출을 자극했다. 벨라미의 유토피아 소설 『뒤돌아보기』(1888)도 몇 년 지나지 않아 베스트셀러가 되었고, 160개 이상의 '민족주의 클럽'(Nationalist Club)이 그의 수정주의적 사상을 전파하기 위해 우후죽순처럼 생겨났다.

비록 일부 문화역사학자들이 지나치게 강조했긴 해도, 행동주의는 1880년대 이후에 미국 대중문화에서 더욱 두드러졌다. 진보시대 (Progressive Era, 1890~1917)의 "행동주의적 분위기"는 다양한 모습을 띠었다. 행동주의는 시오도어 루스벨트와 그 밖의 인사들이 주도한 "정력적 삶을 추구하는 종교적 그룹"(Cult of the Strenuous) 속에 두드러졌다. 행동주의는 (예를 들어 풋볼과 같은) 경쟁적 운동과 (예를 들어 자전거타기와 같은) 온갖 종류의 야외활동에 대한 열망, 그리고 (예를 들어 빠른 박자의 래그타임과 같은) 대중음악의 활기 넘치는 속도에 대한 강렬한 관심 속에 표현되었다. 행동주의에 대한 헌신은 또한 진보시대의 "개혁적 개인주의자의" 앵글로-색슨 풍의 정치문화 내에서 드러났으며, 이 시기의 개혁을 위한 수많은 운동 속에 표출되었다. 예를 들어 여성 참정권, 주류매매 및 주간州間 교역을 가능케 하는 법규 제정을 도모하는 진보운동의 지도자들은 법률을 개정해 은행 및 통화법과 효과적인 반反트러스트법, 그리고 공평한 소득세법, 하루 8시간 노동 및 아동노동의 금지에 관한 법규를 제정했다.[8]

　개혁을 위한 많은 노력은 직간접적으로 종교와 관련되었다. 유럽 관찰자들은 신교가 지닌 1880년대와 1920년대 사이의 낙관적이고 세계를 긍정하는 행동주의를 종교에서 '미국주의'와 동일시하는 경우도 있었다. 미국 종교의 특수성은 과대평가될 수 있지만, 그러나 세속적 정신과 세계를 개조하려는 충동은 빅토리아 후기 미국 신교의 중요한 구성요소였다. 종교적 관계나 민족적 배경 때문에 영국계 신교의 주류 바깥에 있던 일부 사람들은 여전히 행동주의를 지지했다. 〈북아메리칸 리뷰〉지에 실린 한 논문에서 부커 T. 워싱턴Booker T. Washington은 자신의 동료 아프리카계 미국인 신교도가 근면, 진지함, 끈기와 같은 가치를 채택하도록 간곡히 설득했다. 그리고 가장 중요하게는 그들더러 흑인 예배가 지닌 정서적 활력을 정신적 고양과 개혁하려는 노력으로 돌리라고 촉구했다. 아프리카계 미국인 교회는 "더 커다란 봉사정신"이 필요하다고 워싱턴은 주장했다. 주류 교파의 안과 밖의 신교도는 '봉사'의 필요성에 대해 동의하는 듯했다. 헨리 워드 비처는 다시금 전형적 빅토리아 신교로 돌아가기 위해, 미국의 그리스도교 교회가 "선행의 원천"이라 선언했다. "교회는 각 마을에서 도덕성, 교육, 공익정신을 함양시키는 영향력을 발휘하기 위해 조직된 센터다." 비록 애국주의, 교육, 도덕성을 위한 이런 세력이 그리스도교 교회에 국한되지는 않았지만, 교회야말로 이런 세력이 활동을 펼치기 위한 가장 효과적이고 깊이 있는 조직이었다.[9]

비처와 그 밖의 인사들은 이런 판단이 납득이 된다고 말했다. 왜냐하면 이런 기능이 신교에 기반 한 그리스도교의 핵심에 자리 잡고 있기 때문이었다. 예를 들어 1890년의 한 논문에서 비처의 계승자인 라이먼 애벗Lyman Abbott은 그리스도교의 본질적 목표는 "인간의 행복"이라 주장했다. 같은 해에 찰스 W. 쉴즈Charles W. Shields 교수와 헨리 C. 포터Henry C. Potter 감독은 〈센추리 매거진〉Century Magazine에 기고한 한 글에서 "사회를 가르치고 사회를 보존하는 것은 교회로 조직된 그리스도교의 목적 중 주요한 것은 아니더라도 적어도 하나의 목적이긴 하다"고 주장했다. 사실상 행동주의적 그리스도교는 현재의 "사회적 질병"에 "유일하게 온전한 치유책"를 제공할 수 있을 것이다. (워싱턴 글래든〔Washington Gladden, 1836~1918〕, 조지 D. 헤론〔George D. Herron, 1862~1925〕, 그리고 월터 라우셴부쉬〔Walter Rauschenbusch, 1861~1918〕와 같은) 사회복음파는 이에 동의했다. 조합교회 목사 찰스 M. 셸던(Charles M. Sheldon, 1857~1946)과 비슷한 견해를 가진 이들은 사회변화의 메시지를 전달하기 위해 소설에 의지했다. 셸던은 자신의 『그와 보조를 맞추어』(In his step)를 읽은 수백만 명에게 "실직, 알코올중독, 범죄, 가난을 만일 예수라면 어떻게 했을까?"에 입각해 직면해 보라고 요청했다. 셸던의 인기소설 속 목사는 기독교인이 되기 위해 예수님을 본받아야 한다고 선언한다. 소설 속 목사가 한 말의 좀 더 정확한 취지는, 기독교인이 된다는 것이 격노한 상태로 환전상들을 비난하고 거리낌 없이 파산자들을 포용했던 예수님의 발자취를 따르는 것이라는 점이다.[10]

행동주의 정신을 통해 상업적·문화적·정치적·종교적 팽창에 노력이 경주되었다. "제2의 위대한 깨달음"(Second Great Awakening: 1820년대와 30년대 미국의 종교적 부흥을 일컬음) 이래로 개혁은 국내와 국외의 '이교도' 개종을 뜻했다. 새로이 창간된 〈앤도버 리뷰〉지의 "신학적 목적"에 대한 1884년의 기술에서 에그버트 C. 스마이스Egbert C. Smyth는 많은 이들이 느끼고 있던 것을 분명하게 언급했다. 즉 당시가 "선교의 시대"라고. 거의 20년이 지나 외국선교미국이사회(American Board of Commissions for Foreign Missions)의 언론창구 담당자 스마이스는 회고적 논평을 내면서 자랑스럽게 다음과 같이 천명했다. "19세기는 불멸의 이름과 영광을 지닌 채 역사 속으로 사라졌다." 스마이스는 삶의 모든 차원에서 19세기의 엄청난 '진보'에 대한 증거로 과학기술, 교육, 문학, 예술, 그리고 특히 외국선교 방면에서 이룩한 발전을 지목했다. 그리스도교의 "공격적 정신"을 통해 449개의 신교 선교조직이 창출되었고, 13,607개의 선교회가 유지되었으며, 128만 9,289명의 '영혼'을 구제했다고 스마이스는 말했다. 그의 주장에 따르면, 이 모든 사실이 명백히 그리스도교의 필연적인 '전진'과 다른 신앙의 불가피한 쇠퇴를 입증하는 것이었다. 그리스도교의 확산에 대한 스마이스의 주장이 지나치게 부풀려졌음이 입증되었지만, 더욱 많은 미국 선교사들이 해외로 진출하고 있었던 건 사실이었다. 또한 미국 자체 내 설교단과 신도석의 신교도는 이전 그 어느 때보다, 혹은 이후 어느 때보다 더 많은 지원을 제공했다.[11]

선교사업의 본질 및 기능과 관련해 견해차가 존재했음은 물론이다. 복음화뿐만 아니라 문명화를 원하는 이들이 있었다. 그런데 좀 더 포괄적으로 말해서 미국이 다른 나라와 어떻게 상호관계를 맺어야 하는가에 대한 어쩔 수 없는 불일치가 존재했다. 고립을 원하는 이들이 있는 반면에, 팽창을 추구하는 이들이 있었다. 신교 교회 안팎 모두에서 일부 인사들은 스페인-미국 전쟁에서의 쿠바의 '해방', 필리핀과 괌의 병합, 하와이 제도의 획득에 반발했다. 1890년대의 새로운 민족주의와 제국주의를 지원할 수 없었거나 무조건적으로 그렇게 할 수는 없었던 이들은, 외국 선교라는 "세련된 영적 제국주의"에서 좀 더 상냥한 대체물을 발견했다. 그러나 많은 주류 신교도는 새로운 전개과정에도 동요하지 않고 태연했다. 그들은 그리스도교의 팽창을 미국적 상업, 영토, 정치적 영향력을 팽창시키려는 시도와 연결 지었다. 예를 들어 애벗은 명시적으로 종교를 민족주의 및 팽창주의와 결부시켜 사고했으며, 스페인과의 전쟁을 옹호했다. 1890년대 동안 그 밖의 미국인들 역시 과거의 반反팽창주의라는 "이념적 속박"이 바야흐로 사라지고 있다고 느꼈다. 시오도어 루스벨트, 헨리 캐벗 로지, 존 헤이의 영향력 아래 새로운 외교정책이 등장하고 있었다. 다른 나라에 대한 이런 수정된 입장을 옹호하던 이들은, 자기네 태도와 행동을 고상한 동기에 호소함으로써 정당화시키기도 했다. 이를테면 스페인의 잔혹 무도함으로부터 쿠바인들을 구조하고, 중국의 "독립과 본래 모습"을 지킨다는 식이었다. 그러나 전체적으로 보아 이 정책은 미국의 성스러운 운명과 앵글로-색슨의 우위에 대한 지속적 믿음에 뿌리를 둔 듯했으며, 미국의 상업적·정치적 이해관계의 보호 및 팽창을 목표로 한 듯이 보였다.[12]

비관적이고 수동적 종교로서 불교: 학자, 여행자, 그리고 비평가들

그리하여 행동주의는 적지 않게 선의를 베푼다는 형태를 띠고서, 이 시기 주도적 문화의 구성요소로 자리 잡았다. 낙관주의 역시 그랬다. 이런 사실은 불교에 대한 대중적 논의에서 중요한 의미를 지녔다. 왜냐하면 대부분의 학자, 여행가, 비평가들이 이런 빅토리아적 신념과 가치를 수용했고, 그와 동시에 대부분의 인사들이 불교는 이런 신념과 가치에 모순된다고 주장했기 때문이다. 서양에서 오래된 전통을 영속화 시키기 위해 해석자들은 만연한 고통에 대한 강조와 '열반'이란 개념이 지닌 부정의 찬양 때문에 불교가 비관주의 풍이라 암시하거나 그렇다고 주장했다. 불교는 또한 수동적이거나 정적주의 풍이기도 한 듯했다. 빅토리아 중기처럼, 논평자들은 붓다의 도덕적 가르침에 마지못해 찬사를 보냈다. 그러나 19세기 말엽, 적대적 해석자들이 붓다가 창설한 종교가 세상을 변화시켰다는 점을 인정할 가능성은 훨씬 줄었다. 사실상 역사를 통해 불교는 과학기술적 혁신을 유발할 수 없고, 민주정부를 지탱할 수 없으며, 종교적 팽창을 고무시킬 수 없고, 경제성장을 촉진시 킬 수 없거나 체계적 개혁을 자극할 수 없음이 입증되었다고 많은 이들이 주장했다. 하버드 철학자 요시야 로이스(Josiah Royce, 1855~ 1916)가 불교의 '정적주의'를 그리스도교의 '행동성'과 대조시키고 불교 의 '비관주의'를 그리스도교의 '희망'과 대조시켰을 때, 그는 많은 이들의 정서를 간결하게 대변한 셈이었다.[13]

불교에 대한 미국인의 태도는 부분적으로는 유럽 학문을 통해 형성되 었다. 리스 데이비즈는 불교를 비관적이고 수동적인 종교로 해석하는 것을 덜 강조하거나 이에 공개적으로 도전하는 편이었다. 그러나 다른 주도적 유럽 학자들은 부정적 견해를 공고히 했다. 영국-독일계 학교 학자들은 대부분의 그들 선배보다 이 쟁점의 복잡성과 불교 전통의 다양성을 훨씬 더 잘 인식하고 있음을 보여주었다. 그러나 일부는 계속해서 명시적으로 불교를 비관주의 풍이고 수동적이라 해석하거나, 독자가 쉽사리 그런 결론에 도달할 수 있으리라는 식으로 제시했다. 올덴버그는 붓다의 가장 초기 제자들이 "모든 존재는 슬픔으로 가득 차 있으며 슬픔으로부터의 유일한 구원은 세상을 등지고 영원한 평안에 드는 것이라는, 깊게 자각되고 분명하고 단호하게 표현된 의식"으로 결속되었다고 주장함으로써 영향력이 컸던 자기 저서의 서두를 시작했다. 그러나 불교의 '비관주의'와 이에 수반되는 세속 일에 대한 관심 부족은, 많은 이들이 가정했듯이 '무無'를 찬양함에 뿌리를 두지 않았다고 올덴버그는 주장했다. 그는 우주의 기원과 사후 인간의 운명에 대한 질문이 담긴 팔리어 경전에서 역사적으로 등장했던 붓다의 침묵을 지적했다. 또한 올덴버그는 팔리어 불교 전통 안팎의 다른 권위자들에 의해 제시된 '해답'의 다양성에 대해 찬성론을 펼쳤다. 이 저명한 독일 학자는 삶이 고통이라는 불교 교조의 주장과 나중의 불교 전통을 통한 이 주제에 대한 지속적 강조 속에 불교의 음울함과 초세간성超世間性을 자리매김했다. 비관주의, 세속의 거부, 수동성의 뿌리는 인도의 문화적 맥락을 통해 생명수를 공급받았으며, 유사한 주제가 그 밖의 종교에서 출현했다. 하지만 올덴버그에 따르면, 고통의 불가피성에 초점을 맞춤으로써 불교는 그 밖의 종교 전통과 구별된다.[14]

여타 유럽 학자들의 저작은 섬세한 뉘앙스가 덜했고 좀 더 부정적이었다. 옥스퍼드 대학 보덴(Boden Professor: 동인도회사 조셉 보덴이 인도선교 사업을 위해 마련한 특별 지원교수 자리) 산스크리트어 교수 모니어 모니어-윌리엄스Monier Monier-Williams는 인격신과 불멸의 영혼을 거부하기 때문에 불교에 종교의 자격을 부여하지 않았을 뿐만 아니라, 이런 "실증주의자들이 설교한 아시아판 인간성의 복음"을 음울하고 정적주의 풍이라 규정했다. 사실상 모니어-윌리엄스는 1889년 저서의 서문에서 자신이 "불교를 그리스도교 신앙인의 관점에서 기술했다"고 공공연하게 고백했다. 그러므로 나중 저서에서 모니어-윌리엄스가 "붓다의 교리를 통한 논리적 귀결점인 완전한 냉담과 무관심"을 "(그리스도가 주는 선물)의 수령자가 지닌, 영혼을 살아 있는 에너지로 각성시키는" 그리스도교의 능력과 견주어보았음을 발견하게 된 것은 그다지 놀라운 일이 아니다.[15]

미국 학자 중 불교와 관련된 아시아 언어에 대한 지식을 지녔던 이는 거의 없었지만, 그러나 대체로 유사한 경향이 그네들의 저작에 나타났다. 그런데 하버드 대학 교수이자 불교 동조자인 찰스 로크웰 랜먼Charles Rockwell Lanman은 예외였다. 그는 텍스트적 번역이자 기술적 논문인 『산스크리트 리더』Sanskrit Reader라는 저서로 기억되는 인물인데, 대체로 "하버드 오리엔탈 시리즈"(Harvard Oriental Series) 편집자로서의 역할로 알려져 있었다. 그러나 랜먼은 공식 대화에서는 제한된 역할을 수행했다. 왜냐하면 랜먼이 논쟁적 특성화를 피하는 편이었고, 대체로 그의 활동이 문헌학상의 분석이나 정밀한 문헌적 재구성에 머물렀기 때문이다. 요컨대, 랜먼의 저작은 열반의 의미보다는 명사의 굴절에 더 초점이 맞춰졌다. 랜먼의 제자 중 한 사람인 헨리 클라크 워렌Henry Clarke Warren은 기질상 훨씬 사색적이었고 좀 더 기꺼이 불교 교리의 특성화를 꾀했다. 부고 기사에 기록된 자신의 스승처럼, 워렌은 "플라톤, 칸트, 쇼펜하우어의 총명한 제자였으며……

사색적 질문에 대한 자연스런 그의 정신적 경향성은 불교에 대한 과학적 탐구 속에 생생하게 드러났다." 그렇다고 워렌이 팔리어에 능숙하지 못한 학생은 아니었다. 사실 워렌은 팔리어 연구에서 두각을 나타낸 최초의 미국 학자였으며, "서양의 주도적 팔리어 학자들 가운데 한 사람"이었다. 다양한 이유 때문에 워렌은 정말이지 불교사상의 특징과 관련된 토론에 훨씬 기꺼운 마음으로 임하는 듯했다. 예를 들어 자신의 저서 『번역불교』(Buddhism in Translations) 곳곳에 산재해 있는 해석을 통해, 워렌은 불교가 허무적이라는 주장을 반박했다. 하지만 워렌은 우주에 대한 불교의 분석은 '비관주의적'이라는 데 동의했다.[16]

나는 앞장에서 또 한 사람의 저명한 미국 학자인 E. 워시번 홉킨스가 분명히 불교를 허무주의적, 비관주의적, 수동적이라 보았던 이들 편을 들었음을 지적한 바 있다. 그런데 실제 홉킨스는 이보다 훨씬 엄밀했다. 『인도의 종교』(The Religions of India, 1895)에서 홉킨스 교수는 소승 전통과 대승 전통을 구별했고, 엘리트 불교와 대중 불교를 구분했다. (홉킨스는 '대중 불교'와 '비전적秘傳的 불교'를 말하고 싶었지만, 이 용어는 '비전적'이라는 말을 통한 원치 않는 연상 때문에 학자들에겐 폐어가 되었다.) 홉킨스는 비관주의, 허무주의, 수동성을 역사적 붓다, 붓다의 엘리트 제자들, 소승불교 전통과 연결 지었다. 붓다는 "많은 자기 제자들이" 좀 더 제한적이고 적극적인 해석을 채택하도록 허용했지만, 그러나 붓다 스스로는 자신의 부정否定에 관한 가르침과 관련된 총체적 진리를 "강한 자들 및 현명한 자들과" 공유했다고 홉킨스는 주장했다. 홉킨스는 유대교, 그리스도교, 힌두교, 자이나교에 담긴 몇 가지 비관주의적 요소를 인정했어도, 불교에서 "공식적이고 온전한 비관주의"를 발견했다. 인간 존재에 대한 교조의 특성화(사성제四聖諦와 인과의 연쇄)와 열락의 상태를 무덤 저 너머에서도 거부하는 듯한 암시 (절멸로서의 열반)가 지닌 영향력 때문에, 비관주의는 불교에서 지배적 으로 되었다.[17]

홉킨스에 따르면 불교는 속세를 거부하고 수동적이기도 했다. 업에 대한 믿음은 "자기 동료들에 대한 인간의 동정어린 관심을 줄어들게 만든다." 이런 업설業說을 확신하는 인도의 모든 종교에서 발견되는, 수동성으로 기우는 성향은 고통의 보편성에 관한 불교의 강조를 통해 더욱 강화되었다. 개혁가로서 붓다의 이미지가 지닌 지속적 호소력에 분명 성가셔하고 위협을 느꼈음인지, 홉킨스는 비록 붓다가 "가장 비천 한 자들을 가장 고귀한 자들과 동등하게 대했던" 식으로 온갖 종류의 개혁을 했지만, 이는 붓다의 본래 의도가 아니었다고 주장했다. 홉킨스 는 붓다가 "절대로 민주주의자가 아니었다"고 말했다. 그리스도교를 위해 예비되었던 활동주의적 영역으로 불교가 침투해 들어오는 것을 막으려는 명백한 시도 속에서, 홉킨스는 역사적으로 존재했던 붓다는 원래 자신만을 위한 구원을 추구했다고 천명했다. 미신적 종교(힌두교) 와 압제적 사회구조(카스트 제도)에 속박되어 있는 대다수 사람들에 대한 교조의 고조되는 연민을 통해, 이미 불안정한 상태에 있던 사회제 도에 개혁적 충동이 생겨났다고 했다. 홉킨스는 불교가 아니라 그리스도 교를 민주주의의 원리 및 자신이 몸담았던 문화와 시대가 지닌 행동주의 적 정신에 연결시키고 싶었다. 홉킨스는 불교에서 감지되는 어떠한 개혁적 충동이나 평등주의적 정신이 불교 전통의 규정적 특징이 아니라, 교조의 개인적 영적 추구를 통해 빚어진 의도되지 않은 결과라는 인상을 남겼다.[18]

미국인 아시아 여행자들은 불교를 단지 좀 더 긍정적으로 기술했을 뿐이다. 19세기 마지막 10년 동안과 20세기의 첫 10년 동안 수많은 미국의 외교관, 사업가, 지성인들이 아시아 나라들에 관해, 특히 일본, 중국, 티베트에 관해 글을 썼다. 그런 여행기들 가운데는 불교에 동조적인 것도 있었다. 이런 공감어린 여행기 속의 어떤 구절은 심지어 해석상의 경향을 거꾸로 뒤집는 경우까지 있었다. 예를 들어 〈센추리〉지에 기고된 일본에 관한 일련의 글에서 존 라파지는 불교문화의 '여성적'(즉 소극적) 특징과 불교의 종교적 목표(열반)를 언급함으로써 고정관념을 강화시켰고 불교가 지닌 명상적이고 신비적 측면을 강조하였지만, 그러나 그는 또한 대승불교 전통 속의 행동주의에 관한 이론적 근거 중 한 가지를 지적하기도 했다. "왜냐하면 불교 교리에서는 자비가 모든 덕행 중 으뜸으로 주도적이며 자비, 정의, 품위, 성실, 지혜(순서에 주목하라)라는 다섯 가지 주요한 미덕 중 핵심이기 때문이다.…… 왜냐하면 불교의 목표인 행복은 개인에 국한되지 않고 모든 인류에게 유용하고 이익 되기 때문이다." 그러나 이런 구절에서 불교의 특색이 두드러지게 드러나지는 않았다. 인기 있는 저서나 〈센추리〉, 〈애틀랜틱〉, 〈오버랜드 먼슬리〉 같은 세속적 잡지에 등장하는 여행담은 대체로 아시아 국가들, 특히 불교 국가들에는 생명력이 없다는 인상을 주었다. 이런 태도가 적나라하게 적대적 어투를 통해 표현될 때도 있었고, 온갖 세부 내용 속에 묻혀 있는 경우도 있었다. 어떤 식으로든 그 효과는 똑같았다.[19]

그러나 심지어 화자들이 공감을 드러내거나 객관성을 표방했을 때조차도, 관례적 견해가 명시적으로나 암묵적으로 강화되는 경우가 많았다. 세인의 주목을 받았던 붓다와 초기 불교를 다룬 윌리엄 우드빌 로크힐William Woodville Rockhill의 저서는 치우치지 않은 기술을 목표로 삼았는데, 사실상 다루는 주제에 대한 평가를 회피한 셈이었다. 하지만 1890년에 〈센추리〉지에 게재된 로크힐의 몽고와 티베트 여행기는 많은 미국 독자들의 부정적 인상에 이의를 제기하지 않았다. 로크힐은 자기 연배의 다른 어떤 미국인 못지않게 아시아 문화를 온전하게 통찰해 냈고, 불교를 공정하게 바라보았다고 할 수 있다. 그러나 (당대의 민속지적 특성과 정신을 지닌) 로크힐의 여행기에는 티베트인들의 '무지無知', 불교 지도자들의 비민주적 경향성, 불교가 지원했던 '원시적 정치조직'에 대한 명시적 언급이 들어 있었다. 로크힐이 (대체로 많이 사용되던) '원시적'이라는 말처럼 상당한 비난이 들어 있는 표현을 그럭저럭 회피해 냈을 때조차도, 중국과 몽고 및 티베트 문화에 대한 그의 기술을 읽는 독자라면 불교의 수동성과 그리스도교의 적극성에 관한 확신을 확고히 하게 만들기에 충분했을 터였다.[20]

소수의 후기 빅토리아 학자 및 여행가들은 불교에 대한 부정적 해석에 분명하게 이의를 제기했다. 그리하여 그런 해석에 담긴, 일상생활의 세부사항을 기술한 대목에서 적대적 태도의 베일을 벗겨낸 이들이 있었다. 한편, 자기네가 조우한 불교 전통과 아시아 문화를 향한 양면가치적 태도를 드러낸 이들도 있었다. 그러나 미국 크리스천 비평가들은 매우 기분 좋게 불교 전통의 음울함을 지적하고 불교의 정적주의를 격렬하게 비난하면서, 불교에 대한 어떠한 관용이나 유보도 거의 드러내지 않았다. 그들은 불교에 표출된 고통에 대한 과도한 강조, 개인에 대한 평가절하, 평안과 내려놓음에 대한 몰두, 이런 지적知的 경향으로 인한 수동적 태도 등을 비난했다. 미국 크리스천들은 수많은 다양한 종교적 관점을 불교 비판에 끌어들였다. 그들은 광범위한 교파에 속해 있었다. 예를 들어 주류 신교도뿐만 아니라 유니테리언과 가톨릭교도가

이런 담화공동체의 성원이었다. 토론에 참여한 가톨릭 인사들은 불교의
비관주의를 운위했고 내친 김에 수동성까지 언급했지만, 그러나 불교와
가톨릭의 유사성 및 불교의 영향력에 관한 골치 아픈 주장을 반박하는
데 더욱 관심을 지닌 듯했다. 유니테리언들은 자기네보다 더욱 보수적인
당대의 신교도 및 그들의 빅토리아 중기 선배들보다는 불교에 대한
비난을 훨씬 누그러뜨렸지만, 그럼에도 인간본성에 대한 불교의 음울한
평가와 개혁에 걸맞지 않은 이론적 기반으로 인해 여전히 당혹스러워
했다. 제임스 프리먼 클라크 같은 빅토리아 중기 유니테리언들의 비판은
후반기 들어 반향을 일으켰다. 사실 클라크는 지속적으로 논의에 기여했
다. 하지만 유니테리언 교파의 다른 성원들 역시 거리낌 없이 의견을
개진했다. 인도에서 선교사로 활약했던 찰스 헨리 애플턴 달(Charles
Henry Appleton Dall, 1836~85)은 불교 전통에 대한 증대되는 관심을
지켜보기에 충분할 정도로 오래 살았는데, 1882년의 한 논문에서 불교
와 그리스도교의 궁극적 목표와 실질적 결과를 대비시켰다. 달은 하느님
께서 "우리 미국인 삶의 무모한 성급함을 꾸짖을" 것이라는 점을 인정했
다. 그러나 하느님은 분명 불교의 세계 부정에는 찬성하지 않을 터였다.
달은 반박했다. "하느님께선 이 세상이 하나의 사기극이 아니라 영광스
런 세계이며, 이 안에서 해야 할 일이 많다는 걸 인식하라고 명하신다."
그 밖의 많은 후기 빅토리아 인사들처럼 달은 종교를 평가하기 위해
실용적 기준에 의거했다. "불교가 이 세상에서 이루어 왔던 것, 바로
그것이 불교다." 마침내 달은 그리스도교가 우월하다고 천명했다. 불교
가 놓아버림을 강조하고 '평안'을 추구하는 특성은 계속해 악영향을
끼쳤다. 불교 전통은 없어서는 안 될 '에너지'를 낳을 수 없었다. 달은
주장했다. 불교의 잠 오게 만드는 가르침 때문에, "전 세계의 철저한

불교국가들은 모두가 잠들어 있다." 제임스 톰슨 빅스비(James Thompson Bixby, 1843~1921) 또한 불교의 활기 없음을 비난했다. 하버드에서 받은 3개의 학위와 라이프치히에서 받은 박사학위로 불교비판의 과제를 수행할 준비가 되어 있던 빅스비는 〈유니테리언 리뷰〉, 〈아레나〉, 〈뉴 월드〉New World에 기고한 논문 속에서 비교종교와 특히 불교에 주목을 돌렸다. 예를 들어 미드빌신학학교에서 종교철학 및 민족종교를 담당했던 이 교수는 한 논문에서 그리스도교의 세계를 긍정하는 "활기에 찬 인생관"과 세계를 부정하는 불교의 "비관주의"를 대비시켰다.[21]

R. 스펜스 하디, 아돌프 토마스, 모니어-윌리엄스 같은 영국과 독일 신교 비평가의 저작에서 발견되는 주장과 종종 궤를 같이했던 주장을 제기하면서, 주류 신교의 자유주의자와 보수주의자들은 불교 반대 과정에서 연합했다. 예를 들어 일본 선교사로 지낸 세월을 설명하면서, M. L. 고든은 달이 말했던 "그 과실을 보면 그 본질을 알리라"는 똑같은 실용적 기준을 적용했다. 고든은 다음과 같이 주장했다. "이는 만사를 판단하는 신성한 시금석이다. 이는 우리 주님의 말씀에 의해 제정된 시금석일 뿐 아니라, 인간의 모든 영혼 속에 신성하게 심어진 이성에 의해 제정된 시금석이다." 불교는 이 시험을 통과하지 못했다. 단 하나의 예를 들어보면, 비록 일본인들이 인도, 터키, 중국과 같은 일부 비그리스도교 국가보다는 여성을 더 잘 대접했지만, 여전히 그들도 마땅히 받아야 하는 존중을 여성한테 제공하는 데는 실패했다. 고든은 주장했다. "불교에 따르면 여성은 남성보다 훨씬 더 큰 죄인이라는데, 이런 판단의 진위여부를 가리기는 거의 불가능하다." 전통적 불교의 가르침을 인용하면서 고든은 계속해 주장했다. "불교에서는 오직 남성들만이 열반에 들 수 있거나 붓다가 될 수 있다." 이런 쟁점과 그 밖의 쟁점들에

대해 불교는 예의 정적주의적 경향성을 드러낸 바 있었고, 그리스도교는 개혁적 충동을 드러낸 바 있었다. 사실상 그리스도교 선교는 이미 일본과 그 밖의 나라들에서 긍정적 결과를 낳은 바 있다고 고든은 말했다. "도처에서 모든 시대에 걸쳐 그리스도교에 적용되었던 것은 일본 그리스도교 역사에도 뚜렷이 적용된다. 과실의 신성한 특징이야말로 바로 그 나무의 신성한 본질을 증명한다."[22]

미국 신교 외국선교에 관계했던 다른 이들 역시 그리스도교의 행동주의와 불교의 수동성 모두에 동의했다. 인도에서 장로교 선교사로 활동했던 사무엘 헨리 켈로그, 장로교회해외선교이사회 연락담당 이사로 활동했던 프랭크 필드 엘린우드, 미국침례교선교회 집행위원회에 봉직했던 헨리 멜빌 킹 등이 그런 이들이었다. 예를 들어 킹은 불교가 인류의 "고상한 기원과 불멸의 운명"을 인식하지 못함으로써 개인을 평가절하한다고 불평했다. 이런 인식과는 거리가 먼 불교 전통은 "비관적인 삶의 철학"을 제시하는 바, 이는 무無를 목표로 하고 개인이 "전적으로 게으름에 빠지고, 완전히 이성을 잃어버린 상태에서 절대적으로 무용지물인 존재"밖에 되지 않는 삶의 방식을 장려한다. 선교활동에 호의를 보인 한 여성인 콘스탄스 F. 고든 커밍은 한 중국 마을의 '이단자들' 사이에서 접했던, 약간의 '문명'의 기미가 사실상 단지 "몇 년 동안 중국에 근거지를 유지했던 미국선교를 통한 교화활동의 영향력을 지적함으로써만" 설명할 수 있으리라 했다. 그녀는 어떠한 토착적 영향력도 작용하지 않았으리라 확신했다.[23]

그 밖의 주류 신교도는 종교 정기간행물과 세속적 정기간행물에 기고한 글에서 유사한 견해를 표명했다. 예를 들어 1894년 〈애틀랜틱〉지에 기고한 글에서 윌리엄 데이비스William Davis는 불교의 정적주의를 비난했다. 데이비스는 말했다. "만일 우리가 불교와 그리스도교를 비교할라치면, 그 각각의 가르침의 요소 중 일부에서 아무리 커다란 유사점이 드러난다 해도 영역, 목적, 적응성의 측면에서 불교의 분명한 열세가 뚜렷해질 것이다. 붓다의 종교는 사회 발전 및 진보적 개량과 결코 화합할 수 없기 때문이다. 불교는 발견하는 족족 온갖 방식으로 세상을 떠나버리는 포기에 의해서만 작동한다. 불교에는 그리스도교가 지닌 도움을 주고 적극적으로 사랑하는 정신이 부족하다." 또 한 사람의 신교 토론자인 윌리엄 M. 브라이언트William M. Bryant는 〈앤도버 리뷰〉지에 기고한 2부로 된 논문에서 불교의 수동성뿐만 아니라 불교의 비관주의를 언급했다. 불교에 대한 증대되는 관심에 당혹하여, 브라이언트는 두 종교 전통을 비교함으로써 그리스도교의 우위를 증명하는 데 착수했다. 그리하여 브라이언트는 "비관주의적 종교"로서 불교는 끊임없는 윤회와 보편적 고통을 강조함으로써 부정적 인생관을 부추긴다고 했다. 불교는 오직 "최종적이고 완전한 수동성을 실현하는 것"과 "궁극적으로 활동성을 억압함으로써 고통으로부터 소극적으로 해방되는 것"만을 추구한다고 했다. 이에 반해 "낙관주의 종교"인 그리스도교는 "세계의 예정된 최종적 종교"로서의 지위를 차지한다. 그리스도교는 "인간에게 자신을 무한한 능력을 소유한 존재로 평가하도록 가르치고," 사람들에게 죄악을 선으로 바꾸기 위해 노력하도록 촉구하며, "발전의 무제한적 힘"을 긍정한다.[24]

불교 변호자들의 낙관주의 및 행동주의 옹호

말할 필요도 없이 유럽계 미국인 불교 옹호자들은 이러한 비판을 우려스

럽게 여겼다. 카루스는 쿠바와 필리핀을 대상으로 한 미국의 팽창주의
정책을 변호했다. 에드먼즈는 1890년대의 순환하는 열광에 참여했다.
럼은 ("괴팍한 생각"이라 자랑스럽게 불렀던) 행동주의적 충동을 자기
어머니 쪽 가계의 노예제 폐지론자 조상들로부터 물려받았다고 말했다.
요컨대 불교 옹호론자들은 빅토리아 후기 미국인들이었다. 또한 불교가
빅토리아적 확신 가운데 가장 논쟁의 여지가 없는 것과 상반되는 것으로
제시되었음은 물론이다. 이에 응답해 대중적 논의에 참여했던 거의
모든 불교 동조자와 신봉자들은 불교 전통을 낙관주의적이고 행동주의
적이라 말했다. 이런 경향은 비전 불교도와 합리적 불교도 사이에서
가장 강력했지만, 그러나 (신비주의, 심미주의, 혹은 거기에 포함된
'쇼펜하우어주의'에 경도되는 성향을 지닌 이들인) 낭만적 불교도조차
이런 지배적 가치를 전적으로나 명백하게 거부할 수는 없었다.[25]

　이러한 지배적 해석의 어조와 내용을 감안할 경우, 불교를 행동주의
적이고 낙관주의적이라 옹호함은 지배적 해석에 이의를 제기하는 셈이
었다. 비관주의라는 비난을 반박하기 위해 옹호자들은 불교의 궁극적인
희망적 전망을 제시할 수 있었고, 실제 그렇게 했다. 뭐니 뭐니 해도
경전상의 붓다가 자신의 유명한 사성제四聖諦 법문을 괴로움의 보편성
에 관한 분석으로 끝내지 않았던 것이다. 계속해서 붓다는 출구를
제시했던 것이다. 카루스는 "비관주의의 예언자" 쇼펜하우어에 관한
한 논문에서 이 점에 주목했다. 붓다의 가르침에서 연유하는 쇼펜하우어
의 가르침을 풀어내려 노력하면서, 카루스는 이 독일 철학자의 불교에
대한 평가가 보편적 괴로움에 대한 불교의 승인에 뿌리박고 있다고
제시했다. 카루스는 미국 독자들에게 상기시켰다. "하지만 쇼펜하우어
는 세 번째와 네 번째 성제聖諦에 눈을 닫아 버리는데, 바로 이 두

개의 성제를 통해야만 괴로움으로부터의 구원이 존재하며 팔정도를 통해 절대로 확실하게 구원을 획득할 수 있다는 사실이 천명된다." 그러나 불교 옹호자들이 아무리 자주 붓다의 가르침이 지닌 최종적인 희망적 전망을 강조했다손 치더라도, 논의에 참여한 많은 미국인들은 인간 조건에 대한 붓다의 '비관주의적' 진단으로부터 주목을 돌릴 수 없었거나 그렇게 하길 내켜 하지 않는 듯했다. 많은 미국인들은 비관주의적 인류학의 하나인 캘빈주의를 거부하거나 완화시킨 바 있었다. 그들은 또 하나의 그런 인류학을 수용할 생각이 전혀 없거나 관용조차 하려 하지 않았다.[26]

불교는 수동적 종교라는 지배적 견해를 격퇴하는 일은 비관주의에 대한 반박만큼이나 어렵거나 훨씬 더 힘겨웠다. 여러 요인들로 인해 이런 반박이 더욱 어려웠다. 세기 전환기에 들어섰을 때도 이용 가능한 불교 원전 번역서들이 거의 없었으므로, 관심 있는 미국 독자들은 온갖 반대 증언들, 특히 평신도의 활동과 세속적 노력을 강조하는 저 대승불교 경전들에 나오는 반대 증언을 접할 수가 없었다. 둘째로, 논의의 여지가 없는 자격을 지녔고 불교에 대한 의미심장한 공감 모두를 지닌 유일한 미국 학자 찰스 랜먼Charles Lanman은 부정적 해석을 상대로 우격다짐 식으로도, 공공연하게도 반박하지 않았다. 그런데 만일, 예를 들어 랜먼이 빈번하게 불을 뿜는 듯한 열변을 토하거나 이 주제에 관해 사려분별력 있는 신문 사설을 쓰게 되었다면 상황은 조금 달라졌을 터였다. 사실상 언론에서 불교를 다루는 게 문제의 일부였다. 미국인 괴짜 개종자와 이국적 아시아 대변인들에 관한 선정적인 이야기는 도움이 되지 않았다. 예를 들어 〈샌프란시스코 이그재미너〉San Francisco Examiner지에 게재된 아이다 E. 러셀Ida E. Russel의 불교에 대한 관심을 다룬 기사의 전면 머리기사와 내용을 고려해 보라. "신비의 집에서 숭앙되는 붓다의 성골함聖骨函." 이런 내용과, 이어지는 러셀이라는 여성의 신비주의적 견해에 대한 설명과, 그녀의 샌프란시스코 집을 온통 도배하고 있는 '종교적 숭배의 열기'에 대한 설명을 통해 그녀와 그녀가 신도라 고백하는 불교란 종교는 수동적으로 그려졌다. 이 글을 쓴 사람은 '마더 러셀'과 그녀의 '신봉자 집단'이 '절대적 고요'를 추구하기 위해 그녀의 대저택이 제공하는 '격리된 분위기'에 젖어들었다고 썼다. 이어지는 페이지의 표제에 따르면, 그들은 "세속으로부터 벗어나 지냄으로써 좀 더 고상한 삶에 도달하고자 애쓰고" 있었다. 소옌 사쿠와 함께 공부했던 신비주의 추구자인 "기묘한 열성 지지자들의 지도자"는 세상을 비난하는 유별난 이교異敎 지도자로 제시되었다. 불교는 가망 없을 정도로 정적주의적인 듯했다. 이런저런 설명에 드러나는 잘못된 견해를 바로잡아줄 미국 내 아시아 지도자들은 거의 없었으니, 이런 점은 불교 옹호자들이 직면할 수밖에 없었던 또 하나의 문제점이었다.[27]

최종적 난점은 언론의 선정적 보도, 부정적 해석의 관성, 경전과 스승의 부족, 혹은 앵글로-색슨 빅토리아 신교도의 오만뿐만 아니라 당시 불교국가들의 상황과도 관련되었다. 비평가들의 주장에 따르면, 만일 당시 불교국가에서 어떤 적절한 조치가 있었다 해도, 불교라는 종교는 활력 넘치는 경제, 발전된 문화, 강력한 정부, 혹은 정의로운 사회로 이끌지 못하는 듯했다. 정말이지 그릇된 이유를 통해서긴 해도, 그들의 말에는 일리가 있었다. 하지만 비평가들은 자기네 주장 속에서 불교와 관련된 일말의 진실이 드러나고 있을 때조차 불교에 대해 온통 비난 일색이었다. 서양의 제국주의적 영향력이 심대했던 불교국가들에서, 그들은 조금이라도 긍정적 발전이 있으면 그것을 그리스도교를 신봉하는 서양 덕분이라 여겼다. 경제적·사회적·정치적 '진보'가 조금도 발견되지 않는 곳에서 그들은 불교를 탓했다. 미국인들이 불교의 좀 더 광범위한 영향력을 파악하기 위해 티베트의 산과 수도원 쪽으로 시선을 돌렸을 때, 그들은 이런 진보를 권고하는 수도원을 거의 발견할 수 없었다. 게다가 불교 논의가 이루어졌던 19세기 후반은 (불교의 우월한 사회적 영향력을 확립하려 애쓰던 사람들에게는 불행하게도) 많은 일본인들이 암묵적으로나 명시적으로 자기네 경제와 사회 및 문화의 열등성을 인정하며 원조와 모범적 사례를 찾아 서양으로 눈을 돌리고 있었을 무렵이었다. 그와 동시에 청淸 왕조 후반의 중국 역시 거의 어떤 기준을 들이대더라도, "중국인들의 삶의 여러 측면에서 실질적 쇠퇴와 정체"를 겪고 있었다. 불교 옹호자들이 애를 썼음에도, 크리스천 비평가들의 기준을 통해 이런 당시 아시아 나라들을 평가하면서 기탄없는 긍정적 결론에 도달하기란 쉬운 일이 아니었다. 어찌 되었건, 서양 과학기술의 우월성에 대한 확신, 그리스도교 내 신교의 궁극성에 대한 믿음, 서양의 경제적 활력에 대한 자부심, 미국적 민주주의의 우월성에 대한 확신으로 자신만만했던 사람들을 불교 옹호자의 입장으로 돌려세우기란 거의 불가능에 가까운 듯했다.[28]

그러나 낙관주의적이고 행동주의적인 불교를 발견하고 (혹은 만들어내고) 싶었던 이들에게 약간의 도움이 있었다. 인기 있는 시의 서문에서 에드윈 아널드가 불교라는 종교 안에 "보편적 희망의 영원함, 가없는 사랑의 불멸성, 궁극적 선善에 대한 믿음이라는 소멸될 수 없는 요소, 인간의 자유를 놓고 이제껏 천명된 가장 긍지 높은 언급"이 들어 있다고 천명함으로써 그 밖의 많은 해석자들에게 도전장을 던졌다. 비슷한 식으로 리스 데이비즈는 자신의 1881년 히버트 강연(Hibber lectures: 1년 단위로 이루어지는 신학적 쟁점에 관한 비종파적 강연)에서 불교가 "본질적으로 부정적 체계가 아니라 긍정적 체계"임을 선포했다. 달마팔라는 진정한 불교가 지닌 "건설적 낙관주의"와 "근본적 행동주의"를 강조했다. 달마팔라는 다음과 같이 주장했다. "불교는 정력적인 삶을 가르쳐, 언제나 적극적으로 선행을 쌓도록 이끈다." 달마팔라가 세상일에 관여하는 굳건한 헌신은 자신을 위해 택한 칭호인 '아나가리카'Anagarika에 집약되어 있었다. 이 팔리어 용어는 불교 승려들의 통칭 가운데 하나였지만, 호칭으로 쓰인 적은 없었다. 달마팔라는 이 명칭을 승려와 세속인 사이의 새로운 신분을 가리키기 위해 사용했다. 달마팔라는 전통적으로 승려를 위해 예비되었던 서원 중 일부, 이를테면 순결과 같은 서원을 수용했고 승려의 가사를 입었다. 그러나 달마팔라는 정치적·사회적 행위를 위해 선원의 상대적으로 격리된 처지를 거부했다. 불교의 관용성에 대한 거의 보편화된 인정을 제외하고, 비불교도가 불교의 활동적 정신을 옹호하는 경우란 거의 없었다. 그러나 불교 옹호자들은 계속해서 개혁가로서 초창기 붓다가 행한 학구적 해석에 호소하고, 달마팔라와 같은 아시아 불교도를 모범으로 내세울 수 있었으며, 불교가 제시하는 개인의 도덕률이 건전하다는 널리 수용되는 견해에 의지할 수 있었다.[29]

불교의 행동주의적이고 낙관주의적인 성격은 샌프란시스코의 백인 불교도와 일본인 불교도에 의해 천명되었다. 비판자들에 맞서 불교를 변호하려는 분명한 시도 속에서 〈법의 빛〉지 일본인 편집자들은 목차 서술 바로 아래에다 불교경전에서 따온 한 구절을 배치했다. 이 구절을 통해 미국 독자들은 "여래如來의 법에는 사람이 홈리스가 되어야 하거나 세상을 등져야 할 필요가 없다"는 점을 확신했다. 일본 포교단과 관련된 백인 그룹인 '붓다달마상가' 간사도 이와 비슷한 생각이었다. 캐슬린 멜레나 맥킨타이어Kathleen Melrena McIntire는 〈법의 빛〉지 독자들에게 상가의 설립과 새로운 회원이 될 기회를 설명하는 가운데, 불교와 달마상가는 "인간의 더 나은 본성"에 호소한다고 말했다. 펠릭스 아들러와 같은 개혁적 성향을 지닌 종교 그룹이 사용한 용어를 활용하여, 맥킨타이어는 불교가 신봉자들에게 "윤리적 문화를 위한 가장 진실하고 가장 강력한 도구"를 제공한다고 주장했다. 사실상 맥킨타이어가 제시한 바에 따르면, 행동주의는 불교 그룹의 목적 중 핵심에 자리 잡았다. 불교 그룹은 1900년 봄에 "학교, 병원, 보호시설 및 인류에게 도움이 될 그 밖의 다양한 종류의 기관을 설립"하기 위해 통합되었다.[30]

　행동주의와 낙관주의에 대한 이런 긍정은 샌프란시스코 바깥의 불교 동조자와 신봉자들의 저작 속에서도 역시 표면으로 부상했다. 실론 및 인도에서 종교적·사회적 개혁을 위해 활약했던 비전 불교도인 올콧은 의식적으로 통상적 주장을 거부했다. 올콧은 불교가 여성을 공정하게 대했던 점을 지적했고, 신봉자들이 가난한 이들에 대해 지는 책무와 관련된 믿음을 언급했다. 올콧은 불교의 도덕적 계율을 통해 불교가 '수동적'이지 않고 '적극적'임이 드러난다고 말했다. 신비주의적 〈불교도의 빛〉지 편집자 베터링은 진정한 불교도라면 낙관적이지도 비관적이지도 않다고 말함으로써 지배적인 불교 해석을 거부했다. "고상하고 유용하며 희생을 요구하는 일"을 몹시 하고 싶어 했던 카나바로는 실론의 수녀원과 고아원의 이사로 봉직했다. 카나바로는 불교 안에서 사회적 활동의 이론적 토대를 발견하거나, 불교에다 그런 이론적 토대를 제시했다. 자서전에서 카나바로는 동양이 무감각하고 수동적이라는 비난에

맞서, 동양인들은 결코 서두르는 법이 없다는 점을 인정함으로써 불교와
동양종교 및 문화 일반을 옹호했다. 하지만 이 말은 동양인들이 비활동
적이라는 의미는 아니다. 동양인들은 단지 "천천히 서두를" 뿐이다.
A. 크리스티나 알베르스Christina Albers와 캐더린 쉬어러Catherine
Shearer와 같은, 아시아에서 활동했던 그 밖의 불교 개종자들 역시
그네들이 지닌 사회적 관심의 근거를 분명히 불교 안에서 발견했다.[31]
  또 한 사람의 신비주의자인 에드먼즈는 일정 정도 개인적 차원의
비관주의적 성향을 지녔다. 에드먼즈의 한 친구는 그가 "존재하는 것은
무엇이나 잘못되었다고 주장하는 타고난 기질"을 지녔다고 말했다.
실제로 한번은 에드먼즈가 일기에다 자살을 고려하고 있다고 고백한
적이 있었다. 에드먼즈가 자신의 기분을 친구 랜먼에게 편지로 써
보냈을 때, 랜먼은 그에게 "고매하신 붓다께서는 몇 번이고 거듭해서
쾌활함의 가치를 가르치셨다"는 점을 상기시켜 주었다. 랜먼은 심지어
증명까지 덧붙였으니, 불교를 통해 자신이 "정신의 고요와 쾌활함에서
일정한 진전"을 이룰 수 있었노라 했다. 랜먼의 서신이 에드먼즈를
유쾌하게 만들었든 아니든, 에드먼즈는 개인적 성향으로 말미암아
불교에 대한 자신의 공식적 해석이 왜곡되는 일은 용납하지 않았다.
(비록 그런 개인적 성향을 통해 고독한 밤 동안 다음과 같은 애매한
표현이 표출되었지만 말이다. "최근 꿈속에서 불교 사원은 내게 우울함
속에 깃든 채 드러났지만, 그리스도교 사원은 천국의 빛에 다가갈
수 있게 해주었다!") 다른 한편으로 에드먼즈는 수동적 성향은 거의
드러내지 않았다. 또한 에드먼즈는 이 점과 관련해 불교를 명시적으로
변호했다. "개혁가 붓다"라는 제목이 붙은 한 후기 논문에서, 에드먼즈는
불교를 정적주의적이라 하는 인기 있는 백과사전의 해석을 비판했다.

논문 도입부에서 천명된 대로, 불교에는 '박애주의적' 관심이 부족하지 않았다. 실제로 에드먼즈는 독자들에게 붓다가 노예제, 무기, 도살, 술 등을 비난했고 노예제 폐지, 비폭력, 채식주의, '금주'를 옹호했음을 상기시켰다. 이런 의미에서 붓다는 19세기 미국 개혁운동을 예감한 셈이었다.[32]

합리주의자인 C. T. 슈트라우스 역시 통상적인 부정적 특성화를 거부했다. 슈트라우스는 불교가 낙관주의와 비관주의의 양극단을 피하면서 "그 사이에 놓인 진리를 가르친다"는 점을 지적했다. 슈트라우스에 따르면, 어떤 경우에도 불교가 그리스도교보다는 훨씬 낙관주의적임이 틀림없었다. "노력을 통해 괴로움을 끝장낼 수 있다고 가르치는 종교는, 구원이 신의 은총에 달려 있으며 단지 극소수만이 선택받았고 나머지 모든 이들은 영원한 파멸에 처할 운명이라고 가르치는 종교보다 분명히 덜 비관주의적이다." 나아가 불교가 "에너지를 마비시킨다"고 주장하는 이들에 맞서 슈트라우스는, 자비와 "올바른 노력"에 대한 강조를 통해 불교가 "인내와 열의"를 진작시키고, "게으름과 나태함"을 비난한다고 주장했다.[33]

클레어런스 에드거 라이스 목사(Reverend Clarence Edgar Rice)는 일본에서 불교의 이런 진실을 발견하지 못했다. 라이스 목사는 일본에서 7년을 보낸 뒤 불교가 실용적 시험에서 실패했다고 결론지었다. "내가 본 불교"라는 제목의 글에서 목사는 "삶이 근본적으로 사악하다"는 불교의 중심 사상은 그러한 행동을 추종자들에게 주입시켰던 셈이라고 주장했다. 다른 곳에서처럼 일본에서 불교는 "삶과 관련된 냉담함, 궤멸적 운명주의"를 초래했다. 이런 태도는 이어 일련의 도덕적 결함과 사회적 부정의不正義를 낳았다. 합리주의적 불교인사인 마이러 E. 위디

Myra E. Withee는 라이스의 비난에 직설적으로 응수했다. 위디는 일부 비판을 인정했지만, 그 밖의 비판은 빗나간 것이라 했다. 하지만 일본 문명에 결함이 있다는 점을 원칙적으로 인정했을 때조차도, 위디는 그런 결함이 붓다의 가르침을 위반했던 결과이거나 서구 제국주의의 부정적 영향 탓이라 했다. 나아가 위디는 그리스도교가 유사한 시험에서 실패할 것이라 말했다. 위디는 의문을 제기했다. "신자를 기준으로 종교를 판단할 경우, 중세 종교재판 시기에 그리스도교는 어떤 모습이었을까? 그리스도교 신봉자들 다수의 행위를 예로 들 때, 오늘날 그리스도교의 모습은 어떨까? 그리스도교 국가를 방문해서 자신이 그 나라의 도시들, 특히 많은 크리스천이 '지상의 오점'이라는 도시들에서 발견했던 것으로 그리스도교를 평가해야 할 불교인의 평결은 과연 어떨까?" 위디는 이어 통계수치를 강조하며 말했다. 같은 크기나 좀 더 큰 다른 도시와 비교해서 종종 '깨끗함의 모범'으로 간주되었던, 그녀가 거주하는 16만 3,000명으로 된 도시(세인트폴)에서조차 130개 그리스도교 교회가 300개의 허가받은 살롱, 28개의 매음굴, 일상적인 많은 범죄 행위와 공존했다. 단지 종교가 사회의 도덕적 면모에 끼친 영향만으로 종교를 판단하는 것은 공정하지 못하다. 하지만 만일 우리가 그렇게 한다 해도 불교는 잃을 게 없으리라. 사실 불교는 도덕적 행위와 사회정의를 위한 우월한 이론적 기반을 지니고 있다고 위디는 말했다. "각자가 정확히 뿌린 대로 거둔다고 천명하는" 업설業說은 사람들을, 이어 사회를 도덕적으로 만드는 데서 그리스도교의 "죄의 용서"라는 교설보다 훨씬 더 큰 힘을 발휘한다.[34]

토마스 B. 윌슨Thomas B. Wilson 역시 불교를 낙관주의적이고 행동주의적으로 해석했다. 한 논문에서 윌슨은 카루스의 평가에 동의했다.

"불교는 비관주의와는 거리가 멀다. 불교는 정말이지 악의 문제와 단호히 정면으로 직면해 악의 존재를 인식한다. 하지만 불교가 그렇게 하는 것은 인류에게 벗어날 길을 보여주기 위함이다. 불교는 절멸을 설교하는 게 아니라 구원을 말한다. 불교는 죽음을 가르치는 게 아니라 생명을 가르친다." 불교는 개인의 능력과 역사 진행과정에 대한 보편적 확신을 긍정한다고 윌슨은 보았다. 진화론의 낙관주의적 언어를 사용했지만 '텔로스'(telos: 아리스토텔레스 철학에서 운동의 원인이 되는 목적인目的因을 말함)라는 통상적 개념을 수정하여, 윌슨은 "모든 새로운 문명은 인류에게 열반을 향한 또 하나의 발걸음"이라 선언했다. 그는 또한 지속적으로 불교를 행동주의적이고 현세적이라 제시했다. 윌슨은 주장했다. "불교는 인류를 위한 더 나은 생존 조건을 위해 일하고, 바로 이곳 현실 세상에서 노력하는 것을 의무로 여기며, 구원을 바로 그런 노력의 소산이자 열매로 여긴다." 이와 반대되는 해석을 비판하면서 윌슨은 모든 위대한 종교적 스승들이 "행동의 장을 추구했다"고 말했다. 특히 "인간이 이루어내는 적극적 진보의 흐름을 벗어나 숨고…… 멀리 동굴이나 숲속으로 가버리는 것"은 결코 불교 윤리학과 양립할 수 없다. 지배적 경제 원리와 형태에 특이할 정도로 명백한 긍정적 언급을 하면서, 또한 윌슨은 불교를 자본주의 및 상업과 양립할 수 있는 것으로 제시했다. 신봉자들에게는 커다란 부를 추구할 권리가, 심지어 의무가 있다! 도금시대의 저명한 사업가들이 주창한 '부의 복음'을 언급하면서 윌슨은, 불교 및 모든 종교가 개인적으로 어려움에 처한 이들에게 일정 정도를 분배하는 한 많은 부의 축적을 긍정했다고 밝혔다. 그리하여 윌슨과 그 밖의 합리적 불교 옹호자와 신비주의적 옹호자들은 윌리엄 로이드 개리슨처럼 사회 활동가이고, 앤드루 잭슨처럼 영향력 있는 민주주의자이며, 월트 휘트먼처럼 구제불능의 낙천주의자이고, 앤드루 카네기처럼 억척스러운 사업계 지도자라고 했다.[35]

언뜻 보기에 낭만주의자들은 (그리고 강한 신비주의적 충동, 뚜렷한 심미적 경향, 혹은 쇼펜하우어의 철학에 대한 커다란 관심을 지닌 이들은) 불교가 지니고 있다는 비관주의와 수동성을 아무런 유보 없이 수용할 수 있는 듯이 보일 수 있다. 쇼펜하우어의 사상에 이끌렸던 윌슨, 럼, 로지가 대중적 논의에서 많은 이들이 비판했던 음울한 세계를 환영할 수 있었으리라 예상해 볼 수도 있다. 혹은 신비주의, 심미주의, 불교와 아시아 문화의 '여성적' 측면 등에 기울어졌던 이들(페놀로사, 아담스, 로지, 비글로우)은 소극적 인식을 유지하리라 예상해 볼 수도 있다. 뭐니 뭐니 해도 그들은 "열반의 영광스런 침묵"과 동양의 "여성적 수동성"을 찬미했으니까. 예술과 불교를 추구하기 위해 일시적으로나 영구히 경제적 활동을 거부하는 이들(예를 들어 비글로우와 로지)까지 있었다.[36]

이런 예상은 어느 정도는 적중한다. 그러나 잭슨 리어스가 지적했듯이 이들 뉴잉글랜드 지성인들의 관점은 실제로 이보다 훨씬 양면 가치적이었던 듯하다. 예를 들어 한 편지에서 로지가 비글로우에게 말했듯이 불교 명상시간 동안 다가갔던 '단조로운' 침묵의 순간체험을 포착하기 위해 애썼던 면모가 드러난, 열반에 대한 로지의 시적 찬사 속에서 행동주의와 낙관주의에 대한 옹호를 발견하기란 어려운 노릇이다. 또한 영적 추구를 담은 로지의 그 밖의 사색적 시들에서도 그런 면모를 거의 발견할 수가 없다. 그러나 로지는 끝 모르는 물러남의 양면 가치적 추구로부터 벗어나, 제법 오랫동안 "1890년대의 낭만적 행동주의 물결 속으로 휩쓸려 가버릴" 정도가 되었다. 비록 이런 방향전환이 불교를

시적詩的으로 취급한 대목에서 거의 드러나지는 않았어도, 로지는 활동
주의, 남성성, 불요불굴의 정신과 같은 지배적 이상을 수용했다. 로지가
스페인-미국 전쟁에서 해군 사관생도로 복무한 것이 한 예다. 로지의
친구이자 멘토mentor인 비글로우는 불교를 금욕적이고 세계를 부정하
는 종교로 해석하는 데 확신을 가졌던 듯하지만, 그러나 비글로우의
진화론적 관점이 지닌 진보주의와 그가 지닌 인간본성에 관한 견해에
드러난 낙관주의로 인해, 그의 관점은 행동주의와 낙관주의를 간단히
아무렇게나 거부하는 것을 넘어서서 보다 복잡한 양상을 띤다. 필립스
브룩스에게 보내는 편지에서 비글로우는 붓다가 인간본성에 대해 높이
평가했다고 말했다. 비글로우는 붓다를 포함해 모든 위대한 사상가들은
"하느님 나라가 그대 안에 있다"고 천명했다고 주장했다. 달리 말해,
비글로우는 불교가 개인의 가치, 심지어 개인의 신성성과 관련된, 만연
해 있는 낙관주의를 긍정한다고 말했던 것이다.[37]

비글로우의 친구인 페놀로사는 서양적 가치를 훨씬 더 전면적으로
긍정했다. "내가 아무리 크게 동양의 과거 문명에 공감한다 해도, 나는
이번에 서구 인종의 일원으로 환생했으므로 서구 문명발전을 위해
내 몫을 다해야만 한다"고 페놀로사는 고백했다. '여성적' 특성을 아시아
와 불교에 연관 지을 때조차 페놀로사는 무조건적 수동성의 수용을
고취하지 않았다. 페놀로사의 시 "동양과 서양"에 드러나 있듯이, 진정한
그의 바람은 적극적인 남성적 서양과 수동적인 여성적 동양이 장차
종합을 이루는 것이었다. 많은 자기 동시대 신교도의 태도를 반영했던
확신으로, 페놀로사가 예견했던 미래의 그러한 통합으로부터 더욱
고상한 문명과 종교가 출현할 터였다. 솜씨 있게 크리스천 비평가들의
불만을 자기 모순적으로 드러내면서, 또 하나의 시 속에서 페놀로사는

불교가 말하는 재탄생의 희망과 세속적 '봉사'에 대한 강조를 통해 더욱 뚜렷하게 행동주의적이고 긍정적인 가르침이 제시된다고 딱 부러지게 말하기까지 했다. 불교식 "불멸성은 우리 선조들의 애매하고 공허한 희망과는 사뭇 다르게, 우리의 온갖 노력에 대해 지극히 실질적이고 너무나 풍요로우며 매우 다정한 상념을 제공한다!" 삶을 긍정하는 불교는 미래 삶에서 전개되는 지속적 활동에 대해 말하는 데 반해, 허무주의적이고 비관주의적이며 정적주의적인 그리스도교는 오직 하늘나라에서의 영원한 안식만을 추구한다. "'수고하고 짐 진 자들이여 내게로 오라. 내가 너희에게 안식을 줄지니!' 그럼에도 안식이라! 안식, 종말, 무! 이것은 종교적 문구가 짊어질 최후의 부담일까? 피조물은 모두 실패한 것인가?" 불교도는 단호하게 아니다!라고 대답한다고 페놀로사는 말했다. "우리는 사랑하는 이들에게 입 맞추고, 우리의 짐을 짊어지며, 휘파람을 불며 저 멀리로 활기차게 걸어간다. 우리는 어떠한 그리스도에게도 우리한테 드러누울 자리가 마련된 천국을 약속하라고 요구하지 않는다."[38]

쇼펜하우어 사상을 높이 평가했던 이들조차 역시 빅토리아적 확신과 태도를 긍정했다. 필자가 이미 밝혔듯이 윌슨은 명백히 그렇게 했다. 수동성과 비관주의를 제한적으로 수용했던 듯이 보이긴 해도, 럼 또한 그랬다. 합리주의적 불교인 럼은 쇼펜하우어의 사상에 이끌렸고 인문주의적 신비주의에 유혹을 느꼈다. 럼의 조카딸은 그를 "가장 어두운 색조의 비관주의자"로 묘사한 바 있었다. 왜냐하면 대부분의 불교도와 더불어 럼도 의식이란 필연적으로 고통을 가져올 수밖에 없다고 여겼기 때문이었다. 럼은 자멸적이었는데, 그에게는 휘트먼이 지녔던 구제불능일 정도의 낙관적 기질이 없었음이 분명했다. 럼은 평범한 것을 신성하게 만들지 않았고, 존재하는 모든 것을 수용하지도 않았다. 사실 럼은 자신의 관점을 "쇼펜하우어주의"나 "철학적 비관주의"로 언급할 때가 간혹 있었다. 나아가 만일 우리가 무아를 긍정하고 열반의 "절대적 안식"을 고대하는 럼의 저작에 드러난 구절만을 염두에 둔다면, 그의 불교는 비관주의적인 동시에 수동적이라 결론 내리기가 쉬울 것이다.[39]

그러나 럼 역시 분명하게 낙관주의와 행동주의에 헌신할 것을 표명하기도 했다. 이를테면, 자신이 지닌 고매한 인본주의적 관점에서 사회개혁을 위해 지속적으로 노력한 사실에서 럼의 입장이 확인된 셈이었다. 럼은 대부분의 자유론자와 무정부주의자들의 특징인 동시에 빅토리아 문화에 참여한 대부분의 인사들이 공유했던, 개인이 지닌 천부적 역량에 대한 깊은 신뢰감을 지니고 있었다. 럼은 인간 삶의 모든 영역에서 자유가 증대되어야 한다고 요구했다. 왜냐하면 럼은 이런 자유의 확대가 불가피하게 인류의 도덕적 완성으로 이끌어 주리라 믿었기 때문이다. "동등한 자유의 법칙"을 종교, 정치, 사회 경제에 적용할 경우, "공감하는 본성의 정상적인 진화"가 이루어질 터였다. 이를 통해 "평화와 형제애에 토대한 상호 결속 아래 살아가는 해방된 사람들의" 발전이 촉진될 터였다. 나아가 불교를 해석하는 가운데 럼은 행동주의와의 양립 가능성을 강조했다. 붓다는 여성을 승가에 받아들이고 인도의 카스트 제도에 도전하는 가운데 평등주의적 원칙을 천명했던, 사회적·종교적 개혁가였다. 실용적 기준을 적용하고 중기 빅토리아적 해석의 권위에 기대어, 럼은 불교가 지닌 "명백하게 유익한" 사회적 영향력을 밝혔다. 럼은 인간과 관련한 불교의 근본적 낙관주의를 강조했고, 불교가 말하는 "인간의 온전성이라는 중추적 생각"이 개인적·사회적 윤리의 토대라 주장했다. 그리하여 불교를 통해, 이를테면 관용적 정신이 생겨나고 범죄율이 떨어졌다. 불교는 "역사의 시험"을 통과할 수 있었다. 그래서 미국의 불교 옹호자들이 고통의 광범위함을 이야기하고 불교에 대한 신비주의적이거나 심미적인 해석을 환영했을 때조차도 그들은 자기네 시대에 가장 합당한 종류의 종교성에 관해 동시대의 비평가와 중기 빅토리아 선조들에 동의하는 듯했던 것이다.[40]

문화적 반대자의 한계와 불교 성공의 한계

불교는 다양한 이유 때문에 빅토리아 후기 미국에서 관심을 끌었다. 불교에는 매력을 끌 만한 게 많았다. 전통적인 종교적 해답을 놓고 다수의 불만이 고조되었을 때, 자신의 영적 위기를 해소하고자 관례적이지 않은 신앙을 추구할 권리를 헌법상으로 보호했던 나라인 미국으로 불교가 들어오게 되었다. 그와 동시에 불교 옹호자들은 용케 많은 이들에게 이 아시아 종교가 그들의 영적 요구를 충족시킬 수 있으리라 설득할 수 있었으니, 불교가 좀 더 과학적이고 관용적인 듯했기 때문이다. 또한 미국의 여러 불교 옹호자들은 (특히 카루스는) 유달리 불교에 해박하고 조리가 잘 서 있었다. 몇몇 아시아 스승들(달마팔라가 가장 영향력이 컸음)은 신봉자를 끌어들일 만큼 충분한 매력과 열정을 지니고 있었다. 그러나 하나의 종교 운동으로서 불교의 성공은 다양한 요인으로 인해 제약을 받았다. 우선, 필자가 지적했듯이 번역된 경전이 거의 없었음을 지적할 수 있다. 또한 미국에는 영구히 거주했던 권위 있는 아시아 스승들이 거의 없었고, 명확한 의미에서 (미국마하보리협회 및 붓다달마상가와 같은) 불교기관이 적었고 미약했으며, 조직이 엉성했다. 그러므로 강력한 제도적 제휴를 촉진하거나 신봉자들의 제2세대를 사회화시킬 가망성이 희박했다.

회고해 보건대, 이런 비효율적 제도화는 충분히 예상되는 일인 듯하다. 기질적 요인과 지적 요인 둘 다가 작용했다. 물려받은 믿음에 이의를 제기함으로써 비난받을 위험을 무릅쓸 정도로 충분히 독립적인 (나아가 전투적이기까지 한) 이들은 쉽사리, 금새, 혹은 온전하게 새로운 종교 전통을 수용할 성싶지 않았다. 그리스도교 및 그 밖의 종교가 지닌 비관용적 태도에 분노하고, 이의제기를 경멸하는 정책에 분노했던 이들은 다른 어떤 기관에도 합세할 가능성이 없었다. 단지 합리론자들만이 아니라 많은 이들이 모든 형태의 종교를 불신했다. 많은 신비주의 전통의 핵심에서 발견되는 고대의 비밀에 싸인 지혜에 헌신했던 신비주의자들 역시 불교나 다른 어떤 한 종교에 무조건적으로 충성을 다할 후보감으로는 적합하지 않은 듯이 보였다. 불교 동조자들은 교리상으로나 실질적으로 커다란 운신의 폭을 허용하는, 이를테면 신지학회나 윤리문화협회 같은 그룹에 회원으로 가입할 수도 있었다. 하지만 (적어도 아시아에서 수행되었던 식의) 불교를 통해서라면 개인의 자유가 제약되었을 테고 지적 타협을 요구했을 터였다. 그럴 경우, 아마도 불교는 하나의 종교 운동으로서 더 이상 성공적일 수 없었을 것이다.

하지만 만일 불교가 배타적인 충성심을 불러일으키거나 지속적 기관을 육성하는 데서 훨씬 더 효율적일 수 있었다 해도, 불교가 경박한 종교적 맥락을 통해 다른 식으로 끼쳤을 영향보다 덜 영향을 미칠 수밖에 없었던 것은 다름 아닌 불교가 지닌 불연속성 때문이었다. 필자가 앞 장에서 제시했듯이, 성공적인 새로운 종교 운동은 기존의 신앙 및 지배적 문화와 상당한 정도의 연속성을 지녀야만 한다. 종교적·

문화적 환경과 지나친 긴장이 존재해서는 안 된다. 사실상 빅토리아 시대 미국에 반대하는 데는 한계가 있었던 듯한데, 불교에 동조적인 이들을 포함해 그러한 한계를 넘어서려는 모험을 감행하려는 이는 거의 없었다. 비평가들의 비난과 옹호자들의 반박 모두 비슷한 책임성의 문제를 제기한다. 이어 그런 책임성을 통해 문화적 경계가 구획된다. 만일 불교에 관한 대중적 논의를 통해 조금이라도 암시되는 게 있다 해도, 낙관주의와 행동주의는 빅토리아 종교문화의 바탕에 깔려 있었다. 또한 (비록 좀 묘하게 들릴 수 있겠지만) 그런 낙관주의와 행동주의는 유신론과 개인주의만큼이나 비난하기 어려운 경우가 많았다. 인격적 창조주와 실체 있는 자아에 관한 사상이 좀 더 논쟁의 여지가 적은 듯했을 터였다. 그러나 필자가 제시했듯이, 후기 빅토리아 미국의 변화무쌍한 지적 흐름을 통해 수많은 지성인들이 궁극적 실재에 대한 불가지론적 견해와 자아에 대한 비실체적 견해 쪽으로 기울어졌다. 이런 쟁점과 관련해 긍지 높게 분명한 입장을 밝히는 이의제기에는 근거가, 심지어 선례가 존재했다. 그런데 행동주의와 낙관주의의 경우, 이와 똑같지는 않았다. 여러 측면에서 후기 빅토리아인들의 경우, 냉담하기보다는 무신론적이 되는 게 훨씬 용인되었다. 1891년, 윌리엄 제임스는 천명했다. "우리 위에 구부러진 저쪽 푸른 하늘에 신이 존재하든, 혹은 어떤 신도 존재하지 않든, 어쨌든 우리는 이곳 아래쪽에다 윤리적 공화국을 세운다."[41]

많은 불교 옹호자들도 비슷한 입장을 취했다. 개인적 창조주나 실체적 자아가 존재하든 하지 않든 여전히 매력적인 교주, 고상한 윤리학, 신교정신, '신 관념', 지복의 '내세', 독립독행하는 어조가 존재할 수 있었다. 무엇보다도 여전히 낙관주의와 행동주의가 존재함에 '틀림'없었다. 거의 예외 없이 불교 옹호자들은 개인의 고차원적 능력, 역사의 진보적 발전, 효과적인 경제적·정치적·사회적 활동에 자극을 주는 데서 종교의 역할을 암묵적으로나 명시적으로 긍정하는 가운데 미국 비평가, 여행자, 학자들과 일체가 되었다. 빅토리아 문화에 참여한 거의 모든 이들과 불교에 관한 공적 담론에 기여한 이들은, 진정한 종교가 다른 그 무엇이라 하더라도 그것이 낙관주의적이고 행동주의적이라는 점에 동의했다. 그리하여 여러 측면에서 19세기 유럽계 미국인 불교 동조자들은 19세기 아시아-아메리카나 20세기 백인 불교도보다는 동시대의 주류 신교도와 더 많은 공통점을 지녔다. 지배적 문화를 긍정하는 가운데, 빅토리아 시대 불교 동조자와 추종자들은 잭 케루악 Jack Kerouac과 게리 스나이더Gary Snyder보다는 헨리 워드 비처Henry Ward Beecher와 라이먼 애벗Lyman Abbott과 더 닮았다.

그러나 불교와 (특히 비관주의와 수동성 같은) 반反문화적 가치 간의 연관성으로 인해 다른 식으로라면 그런 연관성에 이끌렸을 수도 있을 사람들에게 불교에 대한 매력이 제한적이었던 듯하다. 이런 연관성으로 인해 이미 불교에 이끌렸던 많은 이들 사이에서 헌신의 강도가 줄기도 했다. 이 점은 〈불교의 빛〉지에 재수록되었던 펜실베이니아 신문의 한 기사에서 명시적으로 인정되었다. 이 기사는 불교에 관한 지역 강연을 다루었는데, 연사는 "지속적이고 철저한 비관주의가 없다면 모든 종교와 철학은 불교에 승리를 양보해야만 한다"고 말했다. 또한 비록 워런 펠트가 불교에 대해 몇 가지 장점을 말할 정도로 용케 충분한 어려움을 극복해 내었다 해도, 불교가 우울함을 연상시키는 요인 또한 '신사고 운동'의 발랄한 낙관주의를 공유했던 많은 이들의 매력을 끌기에는 큰 제약으로 작용했다. 최종적 사례를 든다면, 카루스가 불교를 온전하게 수용할 수 없었던 요인은 종파주의에 대한 그의 우려와 관련될 뿐만 아니라, 불교의 수동성에 대한 그의 불편한 심경과도 연관되었던 듯하다. 많은 서양 학자와 크리스천 비평가들의 의견에 찬동하면서, 카루스는 불교가 지닌 정적주의적 경향성을 인정했다. 카루스는 다음과 같이 썼다. "불교에 비한 그리스도교의 주된 이점은 그리스도교가 북돋아주는 활동성에 있다. 불교는 삶 안에서 (아마 일부 일본 종파를 예외로 하고) 상당한 정도로 수동적 태도를 선호했다."[42]

대부분 불교 동조자들의 공론과 관련된 기여를 통해 어렵사리 낙관주의적이고 행동주의적인 불교가 발견되거나 구축되었다. 하지만 결국 많은 이들의 경우, 상반되는 해석이 지닌 힘을 극복하기가 너무도 힘겨웠음이 입증되었다. 아마 다수의 아시아 교사들, 밀도 높은 내부 관계망, 정확한 경전 해석, 신도가 되려는 경향, 강력한 토착제도를 통해 더욱 굳건하고 지속되는 충성심이 진작되었을 수 있다. 그러나 불교가 비관적이고 수동적이라는, 널리 수용된 견해를 격퇴하지 않고서는 불교를 온전히, 혹은 유일무이하게 수용할 수 없었던 불교 동조자들이 자기네 헌신성을 강화시켰을 가능성은 없는 듯하다. 영적으로 미몽에서 깨어난, 더욱 많은 상당수 사람들이 불교를 지적으로 양립 가능하고 정서적으로 만족스럽게 여길 수 있었던 건 아닌 듯하다. 수많은 대중적 옹호자들의 노력에도 불구하고 미국 독자와 청중들이 접수했던 대부분의 정보에 따르면, 불교는 빅토리아적 믿음 및 가치와 잘 양립될 수가 없었다. 그리하여 마침내 비록 수천 명이 자신을 불교인으로 여기고 수천 명이 좀 더 상당한 정도로 불교에 매력을 느꼈음에도, 대부분의 환멸에서 깨어난 빅토리아인들은 자신의 종교적 위기 해소에서 도움을 얻고자 불교 이외의 어딘가를 살펴야만 한다고 생각했다. 하지만 만일 불교가, 예를 들어 모르몬교가 마침내 향유했던 하나의 운동으로서의 성공을 거두진 못했다 해도, 불교 옹호자들 역시 실패했던 건 아니었다. 관심이 줄어들고 1차 세계대전에 이어지는 세월 속에서 논의가 잠잠해졌을 무렵에도, 불교는 초기 빅토리아 해석자들이 한번이라도 상상했을 성싶은 정도보다 더한 야단법석을 일으킨 바 있었으니까 말이다.

후기: 1912년 이후의 미국 불교

1921년, 달마팔라는 메리 카루스에게 그녀의 영향력 있는 남편이 사망하기 2년 전에 쓴 편지에서 불교에 대한 후기 빅토리아 시대의 관심에 관해 향수에 젖어 회고했다. "한때 미국 특정 지역들에서 이런저런 포교활동이 벌어졌는데, 일부 사람들이 불교에 관심을 지녔더랬죠. 하지만 현재는 그런 사람들이 하나도 눈에 안 띄는군요." 비록 불가능했어도 달마팔라의 희망은 이랬다. "우리는 아마 오픈코트 출판사를 통해 다시, 고인이 된 당신의 남편(폴 카루스)이 의장으로 있던 미국마하보리협회를 부활시킬 수 있을는지 모릅니다." 재치 있고 사려 깊은 달마팔라는 이 편지 말미에서 존재의 순환에 관한 성찰을 다루었다. "인생은 계속되고 우리는 변화된 조건 아래 새로운 집합의 5온蘊을 지닌 채 다시 태어납니다. 이 5온은 같으면서 같지 않죠. 어떤 개인도 영원히 살지 않으며 절멸하지도 않습니다. 새로운 복장을 하고 다시 등장하죠." 확고한 결론에 도달하기 전에 더 많은 연구가 요구되지만, 20세기 미국 불교에 대해서도 똑같이 얘기할 수 있을 듯하다. 불교는 같은 것과 같지 않은 것 둘 다였다고.[1]

　무엇보다도 몇 가지 중요한 차이점이 존재했다. 1913년에 출간된 한 논문에서 철학자 조지 산타야나George Santayana는 요란한 종교적·문화적 변천을 감지했다. 산타야나는 다음과 같이 썼다. "현시대는 살아가기에 위기의 시대이며 흥미진진한 시대다. 그리스도교에 기반한 문명의 특징은 사라지지 않았지만, 그러나 또 다른 문명이 자리를 잡기 시작했다." 그리스도교가 대체되지 않으리라는 건 당연하다. 신교가 갑자기, 혹은 완전하게 자체의 문화적 힘을 상실하지는 않았다. 그러나 빅토리아 문화가 각 도시에서 주도권을 상실하기 시작했던 건 대략 1912년이나 1913년 무렵이었다. 이를 대체한 모더니스트 문화는 (혹은 정말이지 다양한 문화, 하위문화, 反문화는) 앵글로-색슨 신교의 경향성이 덜 노골적이었다. 주류 신교의 제도는 1950년대를 통해 상당한 영향력을 행사했지만, 신교가 제기하는 도덕적 후견인 역할과 문화적 책임과 관련된 전통적 주장은 좀 강도가 떨어지고 설득력이 줄어드는 듯했다. 심지어 1960년대 이후조차 신교는 주된 신앙으로 남았지만, 약동하는 다원론多元論이 도입되었다.[2]

이 모든 것과 그 밖의 전개 양상을 통해 불교에 관한 논의의 성격과 불교 전통에 대한 동조적 응답의 속성이 변화되었다. 보다 초기의 논의에서 그렇게나 탁월한 역할을 수행했던 믿음과 가치관 가운데서 설득력을 일정 정도 잃어버리게 된 것이 있었다. 1990년대를 조사해 보면 압도적 다수의 미국인들이 유신론자라 밝히고 있음이 드러난다. 하지만 인격적 창조주에 대한 믿음은 적어도 지성인들 사이에서 자연과학과 행동주의적 과학이 계속해서 전통적 견해를 좀먹게 되면서 다소 덜 확고한 듯했다. 그와 동시에 우주와 자아에 대한 과정적이고 비실체적 견해가 자연과학자와 철학자들에 의해 진전되었고, 예를 들어 모더니스트 소설과 회화 속에서 표현되었다. 그런데 가장 중요한 변화는 빅토리아 시대의 낙관주의가 이제 많은 이들에게 최악의 경우엔 위험하게까지 비쳐졌고, 아무리 잘해봐야 순박한 발상인 듯했다. 다른 무엇보다도 세계 제1차 대전을 겪으면서 수많은 지성인들은 빅토리아인들이 인간의 성향을 과대평가했고, 역사과정을 오판했다고 확신했다. 1958

년에 사망한 일본 임제종 선사 센자키는 미국인들이 자기네 '낙관주의'로
인해 불교의 가르침을 잘 받아들일 준비가 되어 있다고 생각했다.
이런 관찰에는 일정 정도 진실이 들어 있다. 완화되고 수정된 낙관주의
는 일부 사람들 사이에 남아 있었다. 또한 용솟음치는 확신, 심지어
미국의 운명이라는 감각의 소생이 2차 세계대전 이후 20년 동안 감지되
었다. 그러나 상황은 상당한 정도로 변화되었다. 집단처형장의 잔혹함,
미국의 한국전과 베트남전 참전 등을 통해 인간의 성향과 역사의 진보에
관한 무조건적 낙관주의를 지지하기가 더욱 힘겨워졌다.[3]

　군인들은 아시아에서 벌어진 전쟁을 치르며 불교와 직접적으로 조우
했으며, 본국의 미국인들은 계속해 아시아 후손들의 불교와 접촉했다.
하지만 19세기에 그랬듯이 그러한 조우가 항상 유익하지는 않았다.
아시아계 미국인 불교도는 계속해서 제약을 당했고 박해를 받았다.
1924년의 이민조례를 통해 어느 나라 출신 이민자이든 1890년에 그
나라에서 태어난 개인 수와 미국 거주민 수의 2퍼센트로 매년 할당량이
제한되었다. 일본인들은 여기에서조차 완전히 배제되었다. 하지만
불교 사찰은 1924년 이후 서태평양에서 여전히 계속 건립되었다. 예를
들어 샌디에이고, 옥스나드, 가데나 등에서 그랬다. 2차 세계대전 동안
억류당하는 치욕과 제약에도 불구하고, 정토불교는 새로운 문화적
맥락에 적응해 전후 시기까지 살아남았다. 그러다가 1965년 이민조례를
통해 국가별 기원에 따른 할당제가 폐지되었으므로 더 많은 아시아
불교도가 미국으로 들어오게 되었다.[4]

　1965년을 전후로 미국에 온 아시아 스승들은 물려받은 신앙을 다양한
불교국가와 종파 출신인 아시아계 미국인들에게 귀화한 새로운 조국
땅에서 수행할 기회를 제공했다. 이런 스승들 가운데는 전후戰後 일부

백인들 사이에서 불교에 대한 관심을 갖도록 도와준 이들 역시 있었다. 1905년에 캘리포니아에 당도했던 센자키는 몇 년 지나서까지도 참선을 가르치려 하지 않았다. 하지만 1920년 무렵, 센자키는 1928년에 샌프란시스코에, 1929년에는 로스앤젤레스에 영구적 기관을 설립했다. 그러나 1950년대 무렵, 불교에 대한 관심이 증대될 때까지 가장 영향력을 발휘했던 이는 D. T. 스즈키였다. 1921년에 그는 '동양불교'(The Eastern Buddhist)를 설립했다. 흥미로운 우연의 일치로 스즈키는 또한 메리 카루스에게 (달마팔라가 도착했던) 같은 해에 그녀의 도움을 청하는 편지를 한 통 보냈다. 달마팔라처럼 스즈키는 불교를 진흥시키는 데서 카루스의 도움을 요청했다. 스즈키는 오픈코트 출판사가 자신이 집필하고 있던 선禪에 관한 글들의 선집을 보급시켰으면 하고 바랬다. 오픈코트가 그 선집을 출간하지는 않았지만, 몇 년 뒤 그 선집은 영어판으로 세상에 나왔다. 선집의 출판과 더불어 스즈키는 서양에 상당한 영향력을 끼치기 시작했다.[5]

　이 재가불자는 미국으로 다시 돌아와 1950년대의 8년 동안 더욱 커다란 영향력을 끼쳤다. 이어 아시아의 선불교 권위자들과 다른 종파들이 수십 년 동안 차례로 도착했다. 그리하여 빅토리아 시대와는 달리 20세기 후반기의 백인 동조자와 신봉자들은 자기네 관심을 뒷받침해 줄 기관과, 영적 발전을 이끌어 줄 스승을 발견할 수 있었다. 이런 조건을 통해 불교 개종의 본질과 불교 매력의 원천에 변화가 생겼다. 외래의 "지적 배경"을 지닌 것에 대한 매혹과 좀 더 지적으로 만족스런 세계관에 대한 욕망은, 19세기적인 불교에 대한 관심과 더욱 관련되었던 듯하다. 그런데 현대에 이루어진 아시아 명상 그룹으로의 개종과 관련한 최근의 한 연구에 따르면, 지적 요인이 상대적으로 중요하긴 하지만 결정적이지는 않았다. 또 다른 더욱 인상적인 연구를 통해, 1970년대 미국인들에 대한 불교의 매력이 지닌 11가지 중첩되는 원천이 거론되었다. "지적·과학적 매력", "현명하고 자비로운 권위적 인물의 필요성", "구경거리, 상징주의, 신비주의에 대한 매력"과 같은 이런 원천 가운데 일부 역시 후기 빅토리아인들과 관련되는 듯하다. 다른 원천들 역시 그랬다. 예를 들어 연구에 책임을 맡은 심리학자는 불교 그룹에 합세하는 가장 중요한 한 가지 동기가 염불과 명상과 같은 수행을 통해 육체적·심리적 고통으로부터 위안을 찾으려는 욕망이라고 가정했다. 마찬가지로 R. E. 구스만Gussman과 S. D. 베르코비츠Berko-witz는 현대 미국인들은 상당한 정도로 "종종 힘겹고 엄밀한 형태의 종교적 수행을 통해 경험을 살찌우고 확대하기 위해" 아시아 명상 그룹에 의탁했음을 발견했다. 19세기 동조자들은 불교 스승과 기관에 접할 기회가 적었고, 지속적 수행에 참여할 기회는 더더욱 적었다. 그리하여 정기적 명상과 그 밖의 수행에서 얻는 심리적·육체적 이익은 빅토리아인들 가운데 가장 헌신적이고 특권을 지닌 이들에게만 중요했던 듯했다. 하지만 한 세기가 지나면서 백인 신봉자들은 빅토리아 시대 신봉자들 대부분이 이용할 수 없었던 경험을 통해 불교에 이끌렸을 터였다.[6]

미국인 불교도, 예를 들어 선, 티베트 그룹, 상좌부 그룹과 관련된 이들은 의식적으로나 무의식적으로 불교 전통을 변화시켰다. 이를테면, 미국 불교공동체는 대부분의 아시아 불교공동체보다 좀 더 평등주의적인 듯해서, 여성신도와 재가신도가 더욱 중추적 역할을 수행한다. 그렇지만 그와 동시에 20세기 동조자와 신봉자들은 유대-크리스천 전통에 입각한 신앙과 대중문화의 가치관에 거리낌 없이 반대하는 듯하다. 이런 경향성이 극단적으로 드러난 사례는 비트와 히피세대로 잘 알려져 있다. 그러나 사회체제에서 '이탈하지' 않았던 많은 이들은 불교가 말하는 반反문화적 충동을 매력적으로 여겼다. 1950년대로부터 1970년대에 이르기까지 미국 민족주의와 군사주의에 환멸을 느꼈던 많은 이들은 (의상, 식사, 음악, 종교의 측면에서) 이국적 문화와의 부분적 자기 동일시를 추구했다. 미국적 '문명', 자본주의의 '발전', 과학기술적 '진보'에 확신을 덜 가졌으므로, (잭 캐루악의 용어를 빌면) 선사들의 '광기'와 심지어 불교의 수동성을 환영했던 이들이 있었던 것이다.[7]

그러나 의견 불일치가 지나치게 과장되어서는 안 되며, 초창기와의 연속성이 간과되어서도 안 된다. 사실 후기 빅토리아 시대의 대화에 참여했던 이들 가운데는 다음 시대까지 계속 생존한 이들이 있었지만, 불교에 관해 글을 쓴 이는 슈트라우스와 에드먼즈 같은 소수였다. 20세기 독자들의 상상력 속에 살아남아 있는 이는 손꼽을 정도다. 윌리엄 스터지스 비글로우의 경우, 사망 직후조차 그의 인상에 대한 기억을 떨쳐버릴 수 없었음인지, 1936년 〈애틀랜틱 먼슬리〉지에 게재된 "보헤미언과 불교도"라는 제목의 논문에서 비글로우는 특이한 우상파괴자로 그려졌다. 비록 이런 점이 불교의 매력에 그다지 중요하지 않았음에도, 20세기 동조자들도 역시 불교가 과학 및 관용과 양립할 수 있음에 지속적으로 주목했다. L. 아담스 벡(Adams Beck, 1862~1939)은 1926년에 〈애틀랜틱〉지에 기고한 한 글에서 이런 입장을 견지했다. 많은 독자들의 마음속에 여전히 생생한 제1차 세계대전의 공포를 염두에 두면서, 벡은 또한 크리스천 문명에 실용적 잣대를 들이대 실패라고 선언할 수 있었다. "여러분의 예언자께서 '그들이 거두는 열매로 그대는 그들을 알게 되리라' 말씀하셨다. 그런데 나는 여러분이 거둔 열매에 호소하는 데 만족한다. 다시 이런 아이러니가 있을까! 이 세상의 '정의'는 '힘'으로 뒷받침되지 않는 한 무기력하다는 사실을 칼과 불로 우리에게 가르치고자 달려들었던 이들은, 다름 아닌 그리스도가 가르쳤던 나라들이다." 일부 후기 빅토리아 선배들처럼 백 또한 무아의 교리와 과학적 결론 간의 양립 가능성에 주목했다. 백은 주장했다. "과학은 인성人性의 구성요소를 해명해 내고 있는데, 바로 2000년도 더 된 붓다의 가르침과 궤를 같이한다."[8]

그와 동시에 크리스천 대담자들은 계속해 불교의 독특한 몇 가지 요소들과 논쟁을 벌였고, 광범위한 해석자들이 여전히 불교를 향해 마법 운운하고, 심지어 부정의 수사학이 담긴 언사를 구사했다. 1947년, 〈뉴스위크〉지에 게재된 뉴욕의 일본인 불교도를 다룬 한 글은 이런 식이었다. "금박을 입힌 티크나무 재단 앞에 향이 타면서 가느다란 실오라기 같은 연기가 단지 모양의 향로에서 몽글몽글 피어올랐다. 기다란 양초 두 개 사이에 쌀, 사과와 같은 상징적 공물이 놓였다. 숭배자들은 벤치와 의자에 조용조용 앉았다. 수놓아진 법복을 입은 성직자가 한 손에 염주를 두르고, 다른 손에 천을 댄 막대기를 들고, 주발처럼 생긴 징을 울렸다. 울려 퍼지는 저음이 노란색 회반죽 벽에 반사되어 메아리쳤다." 이 보고서는 불교의 차이점을 열거하며 마무리된다. "크리스천 예배와 달리 불교 예배에는 기도가 없다. 불교도는 결코 무언가를 구하지 않기 때문이다. 그들은 또한 인간사에 어떠한 기적, 신적 존재, 혹은 초자연적 중재의 힘을 인정하지 않는다."[9]

이 언론인이 불교에 대해 공정하고자 애썼다는 징후가 곳곳에 있다. 심리학자이자 철학자인 제임스 비셋 프라트(James Bisset Pratt, 1875~1944)와 같은 일부 신교도 역시 공평하고자 애썼다. 한 책에서 프라트가 선언한 목표는 "독자들이 불교도가 되는 게 어떤 느낌일지 조금이라도 이해하도록 돕고자 하는" 것이었다. 여러 인사들 중에 특히 D. T. 스즈키는 프라트가 성공했다고 생각했다. 하지만 크리스천 비평가들은 이따금 여전히 불교의 허무주의, 비관주의, 수동성을 지적했다. 사실상 양차 세계대전 사이에 수많은 신교 신학자들은 세계를 변혁할 그리스도교 정신을 정의내리기 위해 대척점에 있는 '타자'로 불교를 활용했다. 예를 들어 라인홀트 니부어Reinhold Niebuhr는 신비적 종교와 신화적 종교를 구별하기 위해 나탄 쇠데르블롬Nathan Söderblom과 존 오만John Oman이 제시한 종교분류법에 기대었다. 플라톤과 헤겔에게서 엿볼 수 있는 서구적 형태의 관념적 일원론은 이런 특징을 공유하지 않았지만, 아시아의 이원론적 신비주의는 비관적이었고 수동적이었다. 니부어가 그리스도교의 "유일하게 심각한 경쟁자"로 여겼던 불교는 이런 음울하고 세상을 거부하는 경향성을 가장 뚜렷하게 드러내었다. 니부어의 설명이다. "불교에서는 이런 유형의 이원론적 범신론에 입각한 다양한 경향성이 각각의 논리적 결론으로 치달으며, 종국적 구원은 반半실존 상태 속의 삶, 즉 삶과 의식에서 유한한 모든 것이 제거되었지만 역동적이거나 유의미한 모든 것 역시 제거되어버린 상태로 간주된다." 초창기 세대의 비판을 반복하면서, 니부어는 불교도가 오직 "덧없는 세상으로부터의 벗어남"과 "개인적 개성의 파괴"만을 추구한다고 불평했다. 개인적 권리와 사회적 행동주의에 헌신하는 니부어와 그 밖의 사람들에게 이 점은 특히 비난의 대상이었고 혐오감을 주었다.[10]

마사오 아베 같은 일부 20세기 후반의 아시아 및 아메리카 불교도는 이런 서구적 비판의 일부를 수용하여 종교 상호 간의 만남을 통해 불교를 (그리고 그리스도교를) 개조하고자 했다. 많은 불교도 역시 불교가 오해되었다고 계속 주장했다. 예를 들어 현대의 불교학자와 옹호자들은 장로불교와 대승불교 내의 행동주의와 관련된 이론적 토대를 지적했다. 20세기 초반에도 똑같은 시도가 있었다. 처음엔 미국 신교 선교사였지만 나중에 불교 옹호자로 변신한 드와드 고더드는, 명시적으로 대부분의 표준적인 부정적 불교 해석을 거부했다. 고더드는 불교의 금욕주의와 선원禪院생활에 이끌렸으므로, 다른 이들이 비난했던 '수동적' 요인들에 별 문제를 느끼지 않았다. 오히려 고더드는 선(Zen)이 "쾌활한 노력"을 장려한다고 주장했다. 고더드는 또한 불교가 비관적이지도 허무주의적이지도 않다고 주장했다. 고더드는 심지어 불교가 무신론적이라는 점까지도 부인했다. 고더드가 제시했듯이, 불교는 낙관적 태도와 더 없이 행복한 내세 및 신 관념을 허용한다. 고더드의 삶과 업적은 다른 방식에서도 역시 후기 빅토리아인들과 유사했다. 예를 들어 카루스처럼 고더드도 1932년에 초판이 나온 이래로 여러 차례 재판이 나왔던, 아주 인기를 끈 『불교성전』(Buddhist Bible)을 수집했다. 고더드는 또한 제설혼합주의적 충동의 산증인이었으니, 불교와 기독교 교조의 삶과 가르침 간의 유사성을 강조했고, 심지어 불교도가 그리스도에 끼친 영향력에 관한 갖가지 주장을 상세하게 논의하기까지 했다. 이런저런 식으로 20세기의 대담과 개종자들은 초창기의 패턴을 재현했고, 초창기의 발전을 계속 밀고 나갔다.[11]

표1

1901~1907년간의 〈법의 빛〉지 "정기 구독자, 기고자, 상호교환자 명단" 분석

1. 미국과 외국

범주	나라	
	미국	외국
정기 구독 건수(유료 구독자)	101	24
기고 건수(요금을 내지 않고 잡지를 받는 개인과 기관)	48	65
상호교환 건수(〈법의 빛〉지 한 권과 교환으로 자기네 정기간행물을 보냈던 잡지사)	31	5
전체 개인 합계: 204 전체 기관 합계: 99		

2. 미국과 미국의 속령

미국과 그 속령으로 주소가 기재된 개인과 기관의 총합계	199
정기 구독자들의 성별	60% 남성(61/101) 40% 여성(40/101)
정기 구독자들의 민족분포	97% 비아시아인(98/101) 3% 아시아 후손(3/101)
정기 구독자들의 민족분포	97% 비아시아인(98/101) 3% 아시아 후손(3/101)
정기 구독자, 기고자, 상호교환자들의 최대 수치를 지닌 도시 지역	샌프란시스코(43); 뉴욕시티(32); 보스턴(21); 시카고(15); 필라델피아(12); 호놀룰루(5)
소속 주와 속령	캘리포니아(67); 뉴욕(35); 매사추세츠(23); 일리노이(15); 펜실베이니아(14); 하와이(8) 오레곤(4); 코네티컷(4); 메인(4); 미네소타(3) 미주리(3); 캔자스(2); 푸에르토리코(2); 워싱턴(2); 사우스다코타(2)

표 353

각각 한 사람 이름이 있는 주: 콜로라도; 루이지애나; 메릴랜드; 미시건; 네브라스카; 네바다; 뉴햄프셔; 오하이오; 테네시; 텍사스; 버몬트.

출처: "List of the Subscription, Contribution, and Exchange. The Light of Dharma." Notebook, ms., Archives of the Buddhist Churches of America, San Francisco.

표2
1875~1912년간 미국에서 유럽계 미국인 불교 동조자와 신봉자들의 유형학

1. 비전적 혹은 오컬트적 유형
   지적·문화적 원천: 신플라톤주의, 신지학, 최면술, 정신주의, 스베덴보리주의
   드러난 단체: 신지학 협회, 마하보리협회(1890년대 동안), 붓다달마상가의 대부분의 회원들.
   대표적 인사: 1. 필란지 다사(허만 칼 베터링), 2. 헨리 올콧 스틸, 3. 시스터 상가미타(마리 데수자 카나바로)
   특징: '숨겨져' 있거나 오컬트적인 믿음과 수행. 형이상학적이고 우주론적 초점. 불교에 이끌리기 이전, 동안, 이후에 대체로 영적으로 절충주의적임. 이 유형과 티베트 밀교 간의 가능한 이론적 유사성에도 불구하고, 수많은 비전 불교도가 장로불교에 초점을 맞춤.
   선택적 친화력: 가장 높은 비율의 여성. 가장 민족적으로 다양하고 사회적으로 주변적임. 주로 도시적이지만 다른 유형보다는 농촌 지역에서 발견될 가능성이 높음.

2. 합리주의적 유형
   지적·문화적 원천: 회의주의적 계몽주의, 이신론, 영국과 미국 공리주의 내의 합리주의적 조류, 오귀스트 콩트의 실증주의, 허버트 스펜서의 사회적 진화론.
   드러난 단체: 뚜렷한 단체로 드러난 것은 없음. 자유종교연합, 윤리적 문화협회, 마하보리협회, 붓다달마상가의 일부 성원들 사이에서 발견됨. 또한 급진적인 종교적·정치적 잡지[예를 들어 〈인덱스〉Index, 〈라디칼 리뷰〉Radical Review, 〈오픈코트〉Open Court]의 지면에서 표현됨.
   대표적 인사: 1. 다이어 대니얼 럼, 2. 폴 카루스, 3. 토마스 B. 윌슨
   특징: 종교적 진리와 의미에 도달하는 합리적-논증적 수단에 초점 맞추기. 인류학적·윤리적 초점 맞추기. 배타적이진 않지만 장로불교에 대한 주된 관심.
   선택적 친화력: 낭만주의자들과 마찬가지로 높은 수준의 교육과 높은 비율의 전문직 종사자들. 비전 불교도보다는 급진적인 정치적·경제적 견해를 취할 가능성이 훨씬 높음.

3. 낭만적 혹은 이국문화 취향적 유형

지적·문화적 원천: 낭만주의, 기술적·정치적·문화적·경제적·사회적 발전으로 가능해진 일본과 티베트와 같은 중요 불교신봉자들이 있는 나라 및 아시아 불교도와의 증대된 접촉.

드러난 단체: 뚜렷한 단체로 드러난 것은 없음. 이따금 아시아의 전통적인 불교 기관과 공식적 연결. 보스턴 미술박물관의 일본 컬렉션.

대표적 인사: 1. 어니스트 페놀로사, 2. 라프카디오 헌, 3. 윌리엄 스터지스 비글로우

특징: 종교적 의미에 이르는 심미적 방식에 초점 맞추기. 전체로서의 이국적 불교문화(종교뿐 아니라, 미술, 건축, 드라마, 음악, 관습, 의례, 문학, 언어)에 대한 심취와 매료의 일부로서 불교에 대한 헌신. 문학과 미술에 대한 강조. 일본과 티베트 및 거기서 발견되는 불교의 여러 형태에 초점을 맞추는 경향.

선택적 친화력: 합리주의자들과 함께 가장 교육수준이 높음. 주요 도시 중심지 출신일 가능성이 가장 높음. 시골 지역에서 발견될 가능성과 급진적인 정치적 견해나 경제적 견해를 지닐 가능성이 가장 적음.

주

보급판 서문

1 William Davies, "The Religion of Gotama Buddha," *Atlantic Monthly* 74 (Sept. 1894): 335. *Buddha's Tooth Worshipped by the Buddhists of Ceylon in the Pagoda called "Dalada-Maligawa" at Kandy, American Ecclesiastical Review*, n.s., 9 (Dec. 1898)에 대한 익명의 논평: 659-61. 〈New York Journal〉지에서 발췌한 내용이 *The Buddhist Ray*, 6 (May-June 1893): 4.에 인용되어 있었다. 보스턴에 대한 이야기는 Lilian Whiting, "Boston Days," *New Orleans Times Democrat*, 19 Dec. 1894 and 28 Apr. 1895에 나온다. 〈타임〉지 1997년 10월 13일 호는 영화 〈티베트에서의 7년〉(Seven Years in Tibet)에 나오는 한 장면인 전통 옷을 입고 티베트인들에 둘러싸여 있는 영화배우 브래드 피트Brad Pitt의 모습을 실었다. 한편, 같은 호에 다음과 같은 세 개의 이야기가 실렸다. "The Americanization of Buddhism": David Van Biema, "Buddhism in America," 72-81; Richard Corliss, "Zen and the Art of Moviemaking," 82-83; and Bruce Handy, "A Conversation Runs through It: Brad Pitt on Buddhism, Fame, and Argentine Girls," 84.

2 이민과 아시아계 아메리칸 인구에 대한 통계자료들은 U.S. Bureau of the Census에서 나온 것이며, 미국 내 아시아인과 태평양 섬 출신자들에 대한 추정치는 1998년 현재의 수치다(10,507,000명). 이것이 이 책이 인쇄될 무렵 이용 가능한 최신 정보였다. U.S. Bureau of the Census, *Statistical Abstract of the United States: 1999*, Table 18. 이 정보는 www.census.gov/statab/freq/99s0022.txt에서 볼 수 있다.

3 The Duke Center for Integrative Medicine, Duke University Medical Center, "Mindfulness-Based Stress Reduction Class," June-Aug. 2000. 이 프로그램에 대한 설명이 *Chapel Hill New*, 28 May 2000, A7에 신문광고로 나와 있다.

4 Elsa Klensch, "Asian Influences Add Serenity to Tam's Spring Line," CNN Style, 27 Feb. 1997, www.cnn.com/STYLE/9702/28/vivienne.tam. 1997년 봄철 컬렉션에서 그녀의 붓다 이미지를 보려면 www. firstview.com/WRTWspring97/Vivienne_Tam.을 참고하라. 붓다 이미지를 지닌 아동용 면 T셔츠는 *Spring Sale*, Hudson Belk, Spring 2000, p.13에서 찾아볼 수 있다. 내가 가르치는 학생인 홀텐 윌커슨 (Holten Wilkerson)에게 감사를 표하고 싶은데, 그가 내게 비비안 탐의 패션 디자인의 영향력을 일깨워 주었다. 또한 다음에 나오는 짧은 설명도 참고하라. Jeff Yang et al., *Eastern Standard Time: A Guide to Aisian Influences on American Culture from Astro Boy to Zen Buddhism* (New York: Mariner Books, 1997), 285.

5 파워 염주의 기원과 인기에 대한 가장 도움이 되는 설명은 전국적으로 각 신문에 게재되었던 Rachel Beck's Associated Press 이야기이다. "Powerbead Bracelets Attracting Eager Masses," *Sun Sentinel,* 11 Oct. 1999, www.sunsentinel.com. 본문의 모든 통계수치와 인용들은 이 글에서 나온 것이다. 또한 다음을 참고하라. "Let It Bead," *People,* 11 Oct. 1999, 82; and Melissa Weinberger, "Suddenly in Style: Powerbeads," 29 Jan. 1999, http://sacramento.sidewalk.citysearch.com/E/G/SACCA/0000/01/29/cs1. html

6 "Won't You Pimai Neighbor," episode #4ABE18, *King of the Hill*, 20th Century Fox Television, written by John Altschuler and Dave Krinsky, final draft, 17 Aug. 1999. 불교가 〈달마와 그레그〉(*Dharma and Greg*)의 연출자이자 공동제작자인 척 로어(Chuck Lorre)에게 불교가 끼친 영향을 보려면, 그의 '베니티 카드'vanity cards를 참고하라. 이 카드들은 각 에피소드의 끄트머리 장면에 살짝 보였고 웹페이지 http://abc.go.com에 수집되었다. 로어는 불교, 특히 선불교를 강조하는 많은 성찰을 비롯해, 이 카드들에 대한 영적 성찰을 제공한다. 드라마 〈달마와 그레그〉에 대한 연구를 맡아준, 내가 가르치는 학생 트리시아 맥콜리Tricia McCauley에게 감사를 표한다.

7 달라이 라마와 아시아 승려들에 대해 좀 더 개괄적으로 다룬 매체들을 보려면

다음을 참고하라. Jane Naomi Iwamura, "The Oriental Monk in American Popular Culture," in *Religion and Popular Culture in America*, ed. Bruce David Frobes and Jeffrey H. Mahan (Berkely: University of California Press, 2000), 25-43. 필 잭슨이 자기 삶과 코칭에 끼친 선의 영향력을 설명한 것을 보려면 다음을 참고하라. Phil Jackson and Hugh Delehanty, *Sacrd Hoops: Spiritual Lessons of a Hardwood Warrior* (New York: Hyperion, 1995), 43-58. 아담 요크의 불교에 대한 관심에 대해서는 다음을 참고하라. Thomas A. Tweed and Stephen University eds., *Asian Religions in America: A Documentary History* (New York: Oxford University Press, 1999), 349-51. 빌 비올라의 비디오 예술에 끼친 선의 영향력은 다음의 전시회에 두드러지게 나타난다. *Bill Viola: A 25-Year Survey*, 16 Oct, 1999 to 9 Jan. 2000, the Art Institute of Chicago. 이 전시회는 뉴욕의 휘트니 미국미술박물관(Whitney Museum of American Art)에 의해 조직되었다. 다음을 보라. David A. Rose et al., *Bill Viola* (New York: Whitney Museum of American Art, 1997).

8 Emma McCloy Layman, *Buddhism in America* (Chicago: Nelson-Hall, 1976). Charles S. Prebish, *American Buddhism* (North Scituate, Mass: Duxbury Press, 1979). Rick Fields, *How the Swans Came to the Lake: A Narrative History of Buddhism in America* (Boston: Shambhala, 1981). 레이먼Layman은 심리학자였고 필즈Fields는 언론인이자 불교 개종자였다. 문헌을 검토하고 등장하는 하위분야를 정리하려는 초기의 시도를 보려면, 다음을 참고하라. Thomas A. Tweed, "Asian Religions in the United States: Reflections on an Emerging Subfield," in *Religious Diversity and American Religious History: Studies in Traditions and Cultures*, ed. Walter H. Conser Jr. and Summer B. Twiss (Athens: University of Georgia Press, 1997), 189-217.

9 Charles S. Prebish and Kenneth K. Tanaka, eds., *The Faces of Buddhism in America* (Berkely: University of California Press, 1998). Duncan Ryuken Williams and Christopher S. Queen, eds., *American Buddhism: Methods and Findings in Recent Scholarship* (Surrey, U. K.: Curzon Press, 1999). 윌리엄스가 박사논문들에 대한 정보를 편집했다. ibid., Appendix A, 262-66을 보라.

10 Peter N. Gregory, "Describing the Elephant: Buddhism In America," *Religion*

in American Culture 11 (Summer 2001), forthcoming. Martin Baumann, "American Buddhism: A Biography on Buddhist Traditions and Schools in the U. S. A. and Canada," www-user.uni-bremen.de/religion/baumann/bi-bambu.htm. 초창기의 검토를 보려면 다음을 참고하라. Martin Baumann, "The Dharma Has Come West: A Survey of Recent Studies and Sources," *Journal of Buddhist Ethics* 4 (1997): 194-211: http://jbe.la.psu.edu/4/baum2.html. 인쇄 직전의 완성원고 상태인 개관을 보려면 다음을 참고하라. *Critical Review of Books in Religion* 10 (1997); 1-14. Jacob Neusner, ed., World *Religions in America: An Introduction* (Louisville, Ky.: Westminster/John Knox Press, 1994). Diana Eck and the Pluralism Project, eds., *On Common Ground: World Religions in America* CD-ROM (New York: Columbia University Press, 1997). Tweed and Protherto, eds., *Asian Religions in America*. Joseph B. Tamney, *American Society in Buddhist Mirror* (New York: Garland, 1992). Charles S. Prebish, *Luminous Passage: The Practice and Study of Buddhism in America* (Berkely: University of California Press, 1999). Richard Hughes Seager, *Buddhism in America* (New York: Columbia University Press, 1999). Penny Van Esterik, *Taking Refuge: Lao Buddhists in North America* (Tempe: Program for Southeast Asian Studies, Arizona State University; Toronto: Centre for Refugee Studies, York University, York Lane Press, 1992). Paul David Numrich, *Old Wisdom in the New World: Americanization in Two Immigrant Theravada Buddhist Temples* (Knoxville: University of Tennessee Press, 1996). Janet McLellan, *Many Petals of the Lotus: Asian Buddhist Communities in Toronto* (Toronto: University of Toronto Press, 1999). Phillip Hammond and David Machacek, *Soka Gakkai in America: Accommodation and Conversation* (New York: Oxford University Press, 1999). 초기의 사회과학적 연구들로는 다음과 같은 것들이 있다. Tetsuden Kashima, *Buddhism in America: The Social Organization of an Ethnic Religious Organization* (Westport, Conn: Greenwood Press, 1977)과 Paul Rutledge, *The Role of Religion in Ethnic Self-Identity: A Vietnamese Community* (Lanham, Md.: University Press of America, 1985). 사회학자들 또한 일본의 미국 불교에 관한 박사논문과 석사논문을 여럿 썼다. 인용을 위해

Williams and Queen, eds., *American Buddhism*, 262-63을 참고하라. 미국 불교에 관한 많은 중요한 논문과 책들이 지난 10년 동안 쭉 발표되어 왔는데, 너무 많아서 여기에 다 인용할 수가 없다. 이런 저작 가운데 미국에서 불교적 정체성이라는 중심적인 문제를 다룬 것들이 몇 개 있다. 다음을 참고하라. Charles S. Prebish, "Two Buddhisms Reconsidered," *Buddhist Studies Review* 10 (1993): 187-206; bell hooks, "Waking Up to Racism," *Tricycle: The Buddhist Review* (Fall 1994): 42-45; Jan Nattier, "Buddhism Comes to Main Street," *Wilson Quarterly* (Spring 1997): 72-80; Jan Nattier, "Who Is a Buddhist?: Charting the Landscape of Buddhist America," in Prebish and Tanaka, eds., *Faces of Buddhism in America*, 183-95; Thomas A. Tweed, "Night-Stand Buddhists and Other Creatures: Sympathizers, Adherents, and the Study of Religion," in Williams and Queen, eds., *American Buddhism*, 71-90; and Gregory, "Describing the Elephant."

11 Martin Verhoeven, "Americanizing the Buddha: Paul Carus and the Transformation of Asian Thought," in Prebish and Tanaka, eds., *Faces of Buddhism*, 207-27. Harold Henderson, *Catalyst for Controversy: Paul Carus of Open Court* (Carbondale: Southern Illinois University Press, 1993). Tessa Bartholomeusz, *Women under the Bo Tree: Buddhist Nuns in Sri Lanka* (Cambridge: Cambridge University Press, 1994). Richard Hughes Seager, *The World Parliament of Religions: The East-West Encounter* (Bloomington: Indiana University Press, 1995). Stephen Prothero, *The White Buddhist: The Asian Odyssey of Henry Steel Olcott* (Bloomington: Indiana University Press, 1996). 또 다음을 참고하라. Thomas A. Tweed, "Inclusivism and the Spiritual Journey of Marie de Souza Canavarro (1849-1933)," Religion 24 (Jan. 1994): 43-58.

12 [Elizabeth Palmer Peabody, translator], "The Preaching of the Buddha," *The Dial* 4 (Jan. 1844): 391-401. George Willis Cooke, "*The Dial* : A Historical and Biographical Introduction, with a List of the Contributors," *Journal of Speculative Philosophy*, 19 (July 1885): 225-65. 비록 아무도 피에즈 이전에 알아채지 못했듯이 보이더라도, 편집자들은 〈사변철학저널〉(Journal of Speculative Philosophy)의 똑같은 호 322페이지에 있는 쿠크Cooke의 오류를 바로 잡았다. 쿠크는 스스로 나중 저작에서 또 다른 오류를 저질렀다. 비록

그가 '필시' 소로일 것이라고 덧붙임으로써 자신의 언급을 한정지었긴 하지만.
George Willis Cooke, *An Historical and Biographical Introduction to Accompany The Dial*, 2 vols. (Cleveland: Rowfant Club, 1902), 1: 134. 다른 학자들은 계속 번역자 오인의 실수를 저질렀다. 다음을 참고하라. Roger C. Mueller, "A Significant Buddhist Translation by Thoreau," *Thoreau Society Bulletin* (Winter 1977):1-2. Wendell Piez, "Anonymous Was a Woman—Again," *Tricycle: The Buddhist Review*, 3 (Fall 1993): 10-11. (피에즈의 글이 〈앤세스터스〉Ancestors 컬럼으로 잡지에 정기적으로 연재되었음에 주목하라. 한편, 이 잡지에는 19세기와 20세기의 여러 미국 불교도의 간단한 약력이 게재되어 있었다.) 엘리자베스 팔머 피바디Elizabeth Palmer Peabody의 전기를 보려면 다음을 참고하라. Bruce A. Ronda, *Elizabeth Palmer Peabody: A Reformer on Her Own Terms* (Cambridge, Mass.: Harvard University Press, 1999)와 Ruth M. Baylor, *Elizabeth Palmer Peabody: Kindergarten Pioneer* (Philadelphia: University of Pennsylvania Press, 1965). 피바디의 저서들 가운데는 *Universal History, Arranged to Illustrate Bem's Charts of Chronology* (New York: Sheldon, 1859); *Reminiscences of Rev. Wm. Ellery Channing, D. D.* (Boston: Roberts Brothers, 1880); *Last Evening with Allston* (Boston: D. Lothrop, 1886); 그리고 호레이스 만 여사(Mrs. Horace Mann)와 공저한 *Moral Culture of Infancy and Kindergarten Guide* (Boston: T.O.H.P. Burnham, 1863)가 있다. 소설가 헨리 제임스(Henry James)가 부인을 했지만, 많은 동시대인들은 피바디와 헨리 제임스의 소설 『보스턴 사람들』(*The Bostonians*)에 나오는 개혁가 사이에 뚜렷한 유사성을 알아채서, 그녀가 버즈아이 양(Miss Birdseye)의 모델이었다고 결론 내리는 사람들도 있다. 이에 관해서는 다음을 참고하라. Bruce A. Ronda, ed., *Letters of Elizabeth Palmer Peabody: American Renaissance Woman* (Middletown, Conn.: Wesleyan University Press, 1984), 41-42.

13 Henry David Thoreau, *The Writings of Henry David Thoreau*, 7 vols. (Boston: Houghton Mifflin, 1894-95). Edward E. Salisbury, "Memoir on the History of Buddhism," *Journal of the American Oriental Society* 1 (1843-49): 81-135. [Peabody], "Preaching of the Buddha." Hannah Adams, with and introduction by Thomas A. Tweed, *A Dictionary of All Religions and Religious Denomination*

s······, Classics in Religious Studies Series, reprint (1817; Atalanta: Scholars Press, 1992). Lydia Maria Child, *The Progress of Religious Ideas through Successive Ages*, 3 vols. (New York: Francis; London: S. Low, 1855).

14 피바디가 존슨에게 보낸 편지는 재판으로 출간되었다. Ronda, ed. *Letters of Elizabeth Palmer Peabody*, 303-5. Samuel Johnson, *Oriental Religions and Their Relation to Universal Religions*, 3 vols. (Boston: Houghton Mifflin, 1872, 1877, 1885).

15 마린 바우만Marin Baumann은 비교주의자, 합리주의자, 낭만주의자라는 나의 개종자 유형을 독일 및 여타 유럽 나라들에서 19세기와 20세기 불교를 분석하는 데 적용한 바 있다. 다음을 참고하라. "Creating a European Path to Nirvana: Historical and Contemporary Developments of Buddhism in Europe," *Journal of Contemporary Religion* 10 (1995): 55-70, 그리고 "Analytische Rationalisten und romantische Sucher: Motive der Konversion zum Buddhismus in Deutschland," *Zeitschrift für Missionswissenschaft und Religionswissenschaft* 79 (1995): 207-25. 한 학자는 심지어 이 유형을 바하이교로 개종한 미국인들한테 적용하기도 했다. "The Baha'i Faith and American Protestantism" (Th. D. diss., Harvard Divinity School, 1990), 51-88. 찰스 S. 프레비쉬Charles S. Prebish와 케네스 K. 타나카Kenneth K. Tanaka는 이 책에 나오는 내 주장을 확대시켜 현시대의 요람기 불교도와 개종한 불교도를 연구하면서, "오늘날의 미국 불교에 대한 '적극적'이고 '낙관적'인 접근"을 강조한다(강조는 원문의 것). Prebish and Tanaka, eds., *Faces of Buddhism in America*, 10, 297-98. 그들이 염두에 두고 있는 최근의 불교 전개 양상 중 하나는 "참여불교"이다. 이 주제에 관한 많은 저작 가운데서 다음을 참고하라. Christopher Queen, ed., *Engaged Buddhism in the West* (Boston: Wisdom Publications, 2000), 그리고 Thick Nhat Hanh, *Interbeing: Guidelines for Engaged Buddhism*, 3rd ed. (Berkeley: Paralax Press, 1998). 나는 이 책 161페이지의 후기에서 참여불교에 대해 간략하게 논의한다. 참여불교에 대한 더 많은 저작을 보려면 다음을 참고하라. Baumann, "American Buddhism: A Bibliography on Buddhist Traditions and Schools in the U. S. A. and Canada," 12-13.

머리말

1 Ezra Stiles, *The United States Elevated to Glory and Honour* ⋯⋯ 2nd ed.
(1783: Worcester: Isaiah Thomas, 1785), 139. Hannah Adams, *An Alphabetical
Compendium of the Various Sects* ⋯⋯ (Boston: B. Edes, 1784). 흥미로운 곡해曲解
를 통해 아담스는 스타일즈의 당선설교를 자기 불교지식의 원천으로 활용했다.
또 다른 곡해 속에서 스타일즈는 훗날 〈아시아학회 저널〉을 읽도록 권유함으로써
아담스가 지닌 '우상숭배'에 대한 지식을 확장시켜 주는 또 다른 역할을 했다.
Ezra Stiles to Hannah Adams, 12 June 1794, The Hannah Adams Papers, New
England Historic Genealogy Society, Boston, Massachusetts. 비공식적인 학문적
중국학의 시작은 1814년으로 거슬러 올라갈 수 있을 텐데, 그때 아벨 레무사(Abel
Remusat: 1788~1832)가 콜레주 드 프랑스Collège de France에서 "중국과 타타르족
만주의 언어와 문학"(langues et littératures chinoises et tartaresmandchoues)학과
의 유럽 최초 학과장으로 임명되었다. 이 학과에 산스크리트어 강좌가 개설되면서
고전 인도어를 가르치는 최초의 학문적 교육 역시 시작되었다. 1840년대 이전
미국에서 진행된 전개과정을 가장 잘 개관해 준 책은 칼 잭슨Carl Jackson의 『동양의
종교와 미국사상』(*The Oriental Religions and American Thought*, Westport, Conn.
: Greenwood, 1981), 3-43이다. 18세기 후반과 19세기 미국의 동양 이야기들을
살펴려면 다음을 참고하라. Mukhtar Isani, "The Oriental Tale in America through
1865: A Study in American Fiction," Ph. D. diss,, Princeton University, 1962.
또한 다음을 참고하라. David S. Reynolds, *Faith in Fiction: The Emergence
of Religious Literature in America* (Cambridge: Harvard Universtiy Press, 1981),
9-68.

2 "A Review of the Eighteenth Century," *Monthly Anthology* 2 (May 1805): 226.
[Joseph Tuckerman], "On the Causes by Which Unitarians Have Been Withheld
from Exertions in the Cause of Foreign Missions," *Christian Examiner* 1 (May-June
1824): 183. David Benedict, *History of All Religions: As Divided into Paganism,
Mahometism, Judaism, and Christianity* (Providence: John Miller, 1824) 1-51,
359. John S. Pancake, ed., *Thomas Jefferson: Revolutionary Philosopher: A*

Selection of Writings (Woodbury, N.J. : Barron's, 1976), 326, 334.

3 Ralph L. Rusk, ed., *The Letters of Ralph Waldo Emerson* (New York: Columbia University Press, 1939), 3: 179.

4 Paul Carus, "Hinduism Different from Buddhism," *Open Court* 20 (Apr, 1906): 253.

5 붓다가 역사적 인물이자 종교 설립자로 등장하는 것에 관해 다음을 참고하라. Philip C. Almond, "The Buddha in the West: From Myth to History," *Religion* 16 (Oct, 1986): 305-22. J. W. deJong, "A Brief History of Buddhist Studies in Europe and America," *The Eastern Buddhist* 7 (May 1974): 55-106; 7 (Oct, 1974): 49-82. Eugène Burnouf and Christian Lassen, *Essai sur le pali* (Paris: Dondey-Duprè, 1826). Eugène Burnouf, *L'Introduction à l'histoire du buddhisme indien* (Paris: Imprimerie royale, 1844). 뷔르노프는 불교 연구 창시자들 여럿 가운데 한 사람일뿐이었다. 다른 연구자들에 관한 정보를 얻으려면 다음을 참고하라. Guy Welbon, *The Buddhist Nirvana and Its Western Interpreters* (Chicago: University of Chicago Press, 1968), 23-50.

6 Edward E. Salisbury, "Memoir on the History of Buddhism," *Journal of the American Oriental Society* 1 (1843-49): 81-135. 솔즈베리는 1840년에서 1872년까지 뉴헤이븐그린에 있는 센터처치Center Church의 성원이었다. 솔즈베리는 거기서 1849년부터 1862년까지 집사로 봉직했다. 1872년, 솔즈베리는 예일대학 교회로 교적을 옮겼다. 그가 지닌 신앙심의 증거를 보고자 한다면 다음을 참고하라. Edward Elbridge Salisbury, "The Influence of the Spirit of Christianity on the Discovery of Truth," n.d., Salisbury Family Papers, Sterling Memorial Library, Yale University, New Haven. 또한 솔즈베리의 일기와 설교를 참고하라. Edward Elbridge Salisbury, "Mathew 26:36-44," "II Timothy 3:6," "I John 4:18," n.d., Salisbury Family Papers. [Elizabeth Peabody, trans.], "The Preaching of the Buddha," The Dial 4 (Jan. 1844): 391-401. 또한 다음을 참고하라. Wendell Piez, "Anonymous Was a Woman—Again," *Tricycle: The Buddhist Review* 3 (Fall 1993): 10-11.

7 나는 역사가인 데이비드 홀린저David Hollinger로부터 "담론공동체"라는 구절을 빌려왔다. 비록 홀린저가 정식화한 개념이 제시하는 것보다는 지적 엘리트에

덜 초점을 맞추었긴 하지만. 다음을 참고하라. David Hollinger, "Historians and the Discourse of Intellectuals," in *New Directions in American Intellectual History*, ed. John Higham and Paul K. Conkin (Baltimore: The Johns Hopkins University Press, 1979), 42-63. 내 목적을 위해 이 '공동체'에는 주제와 관련해 가장 많은 지식을 지닌 공헌자들뿐만 아니라 공개대화에 기여했던 사람들이 포함된다. 내가 신념과 가치를 역사적으로 분석하는 접근방식은 해석적 사회학, 사회사, 여성연구, 앵글로-아메리칸 철학, 문화인류학의 전통으로 충만해 있다. 지성사와 문화사의 체계를 다룬 몇 편의 논문이 나의 사유를 명료하게 해주었다. William J. Bousma, "Intellectual History in the 1980s: From History of Ideas to History of Meaning," in *The New History: The 1980s and Beyond*, ed. Theodore K. Rabb and Robert I. Rotberg (Princeton: Princeton University Press, 1982), 272-91 and Bernard S. Cohn, "Anthropology and History: Toward a Reapproachment," in *New History*, ed. Rabb and Rotberg, 227-52. 『미국 지성사의 새로운 방향』(*New Directions in American Intellectual History*)에 실린 그 밖의 방법론을 다룬 논문들 역시 유용했다.

8 윌리엄의 여행 이야기 영어 번역본을 보려면 다음을 참고하라. Manuel Komroff, *Contemporaries of Marco Polo*…… (New York: Boni and Liverright, 1928), 53-209. 무대에 올려진 토론은 본문 171~182페이지에서 자세히 소개된다. 뤼브뤼크Rubruck의 윌리엄은 뤼스브뢰크Ruysbroek, 뤼스브로크Ruysbrock, 또는 뤼브뤼끼Rubruquis의 윌리엄으로도 역시 알려져 있다. Henri deLubac, *La Rencontre du bouddhisme et de l'occident* (Paris: Aubier, Editions montaigne, 1952). Lotto R. Thelle, *Buddhism and Christianity in Japan: From Conflict to Dialogue* (Honolulu: University of Hawaii Press, 1987). Christopher Clausen, "Victorian Buddhism and the Origins of Comparative Religion," *Religion* 5 (1973): 1-15. Vijitha Rajapakse, "Buddhism in Huxley's Evolution and Ethics: A Note on a Victorian Evaluation and Its Origins of Comparativist Dimension," *Philosophy East and West* 35 (July 1985): 295-304. Philip C. Almond, *The British Discovery of Buddhism* (New York: Cambridge University Press, 1988). T. Christmas Humphreys, *The Development of Buddhism in England* (London: Rider, 1979). Jackson, *Oriental Religions and American Thought*, 141-56. Louise H. Hunter,

Buddhism in Hawaii: Its Impact on a Yankee Community (Honolulu: University of Hawaii Press, 1971). Tetsuden Kashima, *Buddhism in America: The Social Organization of an Ethnic Religious Organization* (Westport, Conn.: Greenwood, 1977). William Charles Rust, "The Shin Sect of Buddhism in America," Ph. D. diss., University of Southern California, 1951. Isao Horinouchi, "Americanized Buddhism: A Sociological Analysis of a Protestantized Japanese Religion," Ph. D. diss., University of California, Davis, 1973. Emma McCloy Layman, *Buddhism in America* (Chicago: Nelson-Hall, 1976). Charles S. Prebish, *American Buddhism* (North Scituate, Mass.: Duxbury, 1979). Rick Fields, *How the Swans Came to the Lake: A Narrative History of Buddhism in America*, rev. ed. (Boston: Shambhala, 1986). 또 다른 관련 자료를 보려면 책 뒤의 관계서적 목록을 참고하라.

9 R. Laurence Moore, *In Search of White Crows: Spiritualism, Parapsychology, and American Culture* (New York: Oxford University Press, 1977). Catherine L. Albanese, *Corresponding Motion: Transcending Religion and the New America* (Philadelphia: Temple University Press, 1977). Stephen Gottschalk, *The Emergence of Christian Science in American Religion Life* (Berkeley: Berkeley: University of California Press, 1973). Hansen, *Mormonism and the American Experience* (Chicago: University of Chicago Press: 1981). 로드니 스타크Rodney Stark는 문화적 지속성에 대해 똑같은 지적을 한 바 있다. 다음을 참고하라. "How New Religions Succeed: A Theoretical Model," in *The Future of New Religious Movements*, ed. David G. Bromley와 Philip E. Hammond (Macon, Ga.: Mercer University Press, 1987), 11-29.

10 불교가 중국으로 전래된 것에 대해서는 다음을 참고하라. Erik Zürcher, *The Buddhist Conquest of China* (Leiden: Brill, 1959). 유교의 '행동주의'와 도교의 '정적주의'에 대해서는 다음을 참고하라. Richard Mather, "The Controversy over Conformity and Naturalness During the Six Dynasties, *History of Religions* 9 (Nov. and Feb. 1969-70): 160-79. 중국에서 행동주의와 정적주의에 관한 토론에서 불교가 수행한 역할을 분석하기 위해서는 Richard 60-73을 참고하라. 불교가 도교의 용어를 차용한 것에 대해서는 다음을 참고하라. Arthur E. Link, "The Taoist Antecedents of Tao-An's Prajna Ontology," *History of Religions*

9 (Nov. and Feb.1969-70): 181-215. 유교와의 유사점을 강조하는 중국불교의 호교론자護敎論者의 한 사례를 위해 다음을 참고하라. Sun Ch'o's (d. 370) *Clarification of the Way*: Arthur E. Link and Tim Lee, "Sun Ch'o's *Yü-Tao-Lun*: A Clarification of the Way," *Monumenta Serica* 25 (1966): 169-96.

11 Daniel Walker Howe, "Victorian Culture in America," in *Victorian America*, ed. Daniel Walker Howe (Philadelphia: University of Pennsylvania Press, 1976), 5.

12 영국과 미국 빅토리아주의를 다룬 풍부한 2차 문헌이 존재한다. 최상의 특성화 시도 중 하나는 다니엘 워커 하우(Daniel Walker Howe)의 논문인 「미국의 빅토리아 문화」(Victorian Culture in America)이다. 나의 설명은 여러 가지 측면에서 이 훌륭한 논문에 의거한다. 예를 들어 하우는 지역적인 교파적 다양성에 주목한다. '청교회중'(Presbygational)이란 말은 '청교도'(Presbyterian)와 '회중의'(Congregational)란 말을 당시 사람들이 합성시켜 만들어낸 별명이었다. 빅토리아주의의 연속성과 불연속성은 다음에서 주목받았다. Daniel Joseph Singal, *The War Within: From Victorian to Modernist Thought in the South, 1919-1945* (Chapel Hill: The University of North Carolina Press, 1982), 11-33. 시대의 경과에 따른 빅토리아 문화의 변화에서 그 특징들이 다음에 제시되어 있다. Karen Halttunen, *Confidence Men and Painted Women: A Study of Middle-Class Victorian Culture in America, 1830-1870* (New Haven: Yale University Press, 1982). 특징적인 남성과 여성의 영역이나 문화에 관해서는 다음을 참고하라. Carroll Smith-Rosenberg, *Disorderly Conduct: Visions of Gender in Victorian America* (New York: Oxford University Press, 1985), 60. 윌리엄 뷰엘 스프라그William Buell Sprague의 젊은 청춘남녀에게 주는 서로 다른 충고와 비교하라. William B. Sprague, *Letters to Young Men, Founded on the History of Joseph* (Albany: Eratus H. Pease, 1845); William B. Sprague, *The Excellent Woman as Described in the Book of Proverbs* (Boston: Gould and Lincoln, 1851).

13 Alexis deToqqueville, *Democracy in America*, trans. Henry Reeve (1835-40; New York: Vintage, 1945), 2: 104. 인격적 창조주와 실체가 있는 자아에 대한 믿음은 빅토리아주의에 너무도 중추적이었음에도, 이런 특징의 중요성에 주목할 필요를 느꼈던 학자들은 거의 없었다. 일부 예외가 있긴 하다. 미국에서 모더니스트 문화를 정의 내리려는 시도 속에서 불변의 실체가 있는 자아에 대한 믿음이

모더니즘이 복위시킨 문화의 구성요소라는 사실을 인식하게 된 일부의 학자들이
바로 그들이다. 다음을 참고하라. Daniel Joseph Singal, "Towards a Definition
of American Modernism," *American Quarterly* 39 (Spring 1987): 15. 비슷한
방식으로 신에 대한 비非전통적인 형태의 사유를 추적했던 학자들은 만연해
있는 일신론에 주목하지 않을 수 없다고 느꼈다. 미국에서 19세기 불가지론적
사유와 무신론적 사유에 관해 다음을 참고하라. James Turner, *Without God,
Without Creed: The Origins of Unbelief in America* (Baltimore: Johns Hopkins
University Press, 1985). 행동주의와 낙관주의는 중요하긴 하지만 조금은 명확성
이 떨어지는 편이었다. 그래서 역사가들은 일관되고 명시적으로 빅토리아 문화를
이런 두 가지 신념과 가치의 꾸러미와 결부시켜 왔다. 예를 들어 월터 E. 휴턴은
영국의 빅토리아주의를 '낙관주의'와 '열광'(심지어 '도덕적 낙관주의')과 관련지었
다. Walter E. Houghton, *The Victorian Frame of Mind, 1830-1870* (New Haven:
Yale University Press, 1957), 27-53; 263-304. 프랭크 티슬트웨이트Frank
Thistlethwaite는 다음에서 영국과 미국의 행동주의 간의 연관성을 강조했다.
"The Anglo-American World of Humanitarian Endeavor," in *Ante-Bellum
Reform*, ed. David Brion Davis (New York: Harper and Row, 1967), 63-81.
헨리 매이Henry May는 '상식'의 철학과 같은 스코틀랜드의 설교적 계몽이 19세기
의 공식적 문화에 흡수되었으며, 그 영향은 19세기 문화가 도덕적 가치와 진보를
강조한다는 점에 분명히 드러난다고 주장했다. Henry E. May, *The Enlightenment
in America* (New York: Oxford University Press, 1976), 337-62. 학자들은 이
시기 동안 주류 개신교주의(Protestantism)와 그 지도자들 속에서 낙관주의에
대한 강조를 발견해 왔다. 다음을 참고하라. William G. MxLoughlin, *The Meaning
of Henry Ward Beecher: An Essay on the Shifting Values of Mid-Victorian
America, 1840-1870* (New York: Alfred A. Knopf, 1970). 프랭크 루터 모트Frank
Luther Mott는 '낙관주의' 정신은 1850년과 1865년 사이의 모든 주도적 일반 잡지를
특징짓는다고 말했다. Mott, *A History of American Magazines*, 2: 27. 신갈Singal은
남부의 빅토리아주의에서 '지속적 낙관주의', '진보의 복음', '실용주의', '온정주의
적 박애'를 발견했다. Singal, The War Within, 23-24. 마지막으로 하우Howe는
'미래지향적', '도덕적 진지성', '교훈주의'를 미국 빅토리아 문화의 중요 부분으로
간주했다. 확신에 차 미래에 초점을 맞춘 가운데 하우는 도덕적 향상을 이루고

개혁하려는 다양한 노력을 경주하는 미국인 像을 제시했다. Howe, "Victorian Culture in America," 19-23.

제1장 | 불교가 가르치는 부정이 지닌 외관상의 변칙성

1 James C[lement] Moffat, *A Comparable History of Religion* (New York: Dodd and Mead, 1871, 1873), 2: 230, 243, 235, 242, 240, 241.

2 불교대화의 시작에 대해서는 머리말을 보라. 대학의 발생에 대해서는 다음을 참고하라. Laurence R. Veysey, *The Emergence of the American University* (Chicago: University of Chicago Press, 1965). 이 세 그룹들 가운데 가장 덜 알려진 자유종교협회(The Free Religious Association)는 공리주의와 초월주의라는 두 흐름으로부터 출현했다. 전국 유니테리언 대회(1865)의 정관 서문은 자기 교파를 분명한 그리스도교로 규정했다. 좀 더 급진적인 유니테리언들과 이미 교파를 떠났거나 결코 교파에 소속된 적이 없었던 다른 사람들이 2년 뒤에 자유종교협회를 설립했다. 구성원 통계자료들이 부족하긴 해도, 대체로 이 조직은 결코 대규모였던 적이 없었다. 그럼에도 내가 1장과 이어지는 장들에서 보여주게 되듯이, 협회의 성원들은 미국의 불교 및 여타 아시아 종교 관련 대화에서 어울리지 않을 정도로 커다란 역할을 수행했다. 다음을 참고하라. Stow Persons, Free Religion: *An American Faith* (New Haven: Yale University Press, 1947).

3 언급된 일반 잡지들에는 다음과 같은 잡지들이 포함되었다. *The North American Review* (1815-current), *The Atlantic Monthly* (1857-current), *Harper's New Monthly Magazine* (1850-current), *The Southern Literary Messenger* (1834-64), *The Nation* (1865-current). 다음과 같은 주류 신교도 잡지들에 불교 관련 기사들도 게재되었다. *The Missionary Herald* (1821-1951), *The Methodist Quarterly Review* (1830-84), *The New Englander* (1867-77), *The Bibliotheca Sacra* (1843-current). 수많은 글이 다음과 같은 유니테리언, 보편주의자, 초월주의자, 자유종교주의자 잡지들에 게재되었다. *The Christian Examiner* (1824-69), *The Dial* (1840-44), *The Universalist Quarterly Review* (1844-91), *The Index* (1870-86), *The Radical* (1865-72). 이런 정기간행물들 가운데는 물론 다양한 표제 아래 좀 더 일찍, 혹은 나중에 등장한 것들도 있다. 예를 들면, 〈프린스턴 리뷰〉*Princeton Review*는

1825~71년에 〈비블리컬 레퍼터리〉*Biblical Repertory*로 발행되었으며, 1872-77년에는 〈계간 프레비스테리안과 프린스턴 리뷰〉(*Presbyterian Quarterly and Princeton Review*)로, 1886-88년에는 〈신 프린스턴 리뷰〉(*New Princeton Review*)로 발행되었다.

4 Michael Cooper, ed., *They Came to Japan: An Anthology of European Reports on Japan, 1543-1640* (Berkeley: University of California Press, 1965), 315, 317, 322.

5 [James T. Dickson], "The Hindoos," *Christian Examiner* 64 (Mar. 1858): 173-208; "The Chinese," *Christian Examiner* 65 (Sept. 1858): 177-205; "Asiatic Civilization," *Christian Examiner* 67 (July 1859): 1-31.

6 Thomas Wentworth Higginson, "*Contemporaries* (Boston and New York: Houghton Mifflin, 1899), 131-32. Lydia Maria Child, *The Progress of Religious Ideas through Successive Ages* (New York: C. S. Francis; London, S. Low, 1855), 1: x.

7 아담스Adams가 지닌 비슷한 의도를 차일드Child가 인정하지 못한 것은 특히 놀랍다. 왜냐하면 차일드는 자기보다 나이가 더 든 그 여성을 적어도 몇 번은 방문했기 때문이다. 『뉴욕으로부터의 편지』(*Letters from New York*) 가운데 1844년 5월 15일자 한 편지에서 차일드는 연로한 아담스 양에게 한 다발 신선한 제비꽃을 갖다 준 일을 자세히 언급했다. 차일드는 아담스를 "천진난만한 노파로, 뉴잉글랜드 여성 중에서 가장 초기 작가로 명성이 자자하다"고 묘사했다. 차일드는 아담스의 종교 개관서를 망각했거나(이런 일이 가능한 걸까?) 결코 읽어본 적이 없었음이 분명하다. Lydia Maria Child, *Letters from New York*, second series (New York: C. S. Francis; Boston: J. H. Francis, 1852), 131. Lydia Maria Child to Thomas Wentworth Higginson, 9 Sept. 1877, Thomas Wentworth Higginson Papers, Houghton Library, Harvard University, Cambridge, Mass.

8 Child, *Progress of Religious Ideas*, 2: 154; 1: 85-86. 불교와 그리스도교 간의 유사점을 다룬 차일드의 분명한 설명을 보려면 『종교적 관념의 진보』(*Progress of Religious Ideas* 3: 434-37)를 참고하라. Thomas Wentworth Higginson to Lydia Maria Child, 15 Nov. 1873, Autograph File, Houghton Library. 이 편지에서 히긴슨은 자신의 감사를 표현했다. "예기치 않은 선물에 진심으로 당신께 감사드립

니다. 자필서명으로 인해 책들의 가치가 더해지는 듯합니다. 설사 그 밖에 책 안에 아무 것도 들어 있지 않더라도 말입니다."

9 이탤릭체는 저드슨의 것이다. *Records of the Life, Character, and Achievements of Adoniram Judson* (New York: Edward H. Fletcher, 1854), 88-89. 미얀마 불교를 다룬 아도니람의 짧은 개관을 보려면 다음을 참고하라. *Records of the Life*, 83-88. 아도니람 저드슨에 관한 이 이상의 정보(추려진 편지, 일기의 기재사항, 전기적 세부사항)를 보려면 다음을 참고하라. Francis Wayland, *A Memoir of the Life and Labors of the Rev. Adoniram Judson*, D. D., 2 vols. (Boston: Phillips, Sampson, and Company; Cincinnati: Moore, Anderson, and Company, 1853). 저드슨에 관한 자서전의 자료와 전기 자료를 보려면 다음을 참고하라. James Davis Knowles, *Memoir of Mrs. Ann H. Judson, Late Missionary to Burmah* (Boston: Lincoln and Edmands, 1829). 미얀마에서 초기 선교에 관한 그녀의 설명을 보려면 다음을 참고하라. Ann Judson, *An Account of the American Baptist Mission to the Burman Empire*⋯⋯ (London: J. Butterworth, 1823). Wayland, *Memoir of Adoniram Judson*, 56. 불교국가 내 선교사들에는 침례교(Baptist)로 교적을 바꾼 회중교회(Congregationalist) 신자로 1814년에 미얀마에 도착한 저드슨이 포함되었다. 그 밖에 다음과 같은 인사들이 포함되었다. 1816년에 실론에 도착한 회중교회 선교사 다니엘 푸어(Daniel Poor: 1789-1855), 최초의 중국 내 미국인 선교사 엘리자 콜먼 브리지맨(Elijah Coleman Bridgman: 1801-61), 시암 내 최초의(1833) 미국인 선교사 존 테일러 존스(John Taylor Jones: 1802-51). 이들과 이들을 뒤따랐던 다른 선교사들은 편지, 강연, 논문, 책 등을 통해 대중적 논의에 기여했다. 예를 들어 그들의 보고서를 보려면 〈선교신문〉(*Missionary Herald*)과 〈중국의 보고〉(*Chinese Repository*)의 지면을 참고하라. 많은 선교사들은 미국 동양협회의 '통신원'으로 이바지했으며, 또한 이 조직의 잡지에다 보고서를 게재했다. 다음을 참고하라. Francis Mason, "Hints on the Introduction of Buddhism into Burmah," *Journal of the American Oriental Society* 2 (1851): 334-36. Chester Bennet, "Life of Gaudama; A Translation from the Burmese Book Entitled *Ma-la-len-ga-ra-wottoo*," *Journal of the American Oriental Society* 3 (1853): 1-164.

10 "A Peep at the 'Peraharra,'" *Harper's* 3 (Aug. 1851): 322-23; 326. 또한 다음을

참고하라. [Joseph Dalton Hooker], "A Naturalist among the Himalayas" *Harper's* 9 (Oct. 1854): 604-17; "Sketches in the East Indies: Pulo Pinang" *Harper's* 11 (Aug. 1855): 324-35; "Commodore Perry's Expedition to Japan" *Harper's* 12 (May 1856): 733-54; "Pictures of the Japanese" *Harper's* 39 (Aug. 1869): 305-22; "A Visit to Bangkok" *Harper's* 41 (Aug. 1870): 359-68, 그리고 "Land of the White Elephant" *Harper's* 48 (Feb. 1874): 378-89. 불교국가들에 초점이 맞춰진 여행 이야기들은 또한 책의 형태로 출판되었고 선집으로 묶여졌다. 다음을 참고하라. Henry Howe, ed., *Travels and Adventures of Celebrated Travellers* (Cincinnati: Henry Howe, 1853), 174-210, 355-72, 601-38.

11 이러한 잡지들에는 다음과 같은 것들이 포함되었다. *The Princeton Review, The North American Review, The Christian Examiner, Christian World, The Methodist Quarterly Review, The Radical, The Atlantic Monthly, The Bibliotheca Sacra, The New Englander, The Index*, 그리고 *The Baptist Quarterly*. 최근 불교 연구에 관한 한 가지 사례 보고서를 살펴보려면 다음을 참고하라. Dr. Mullens, "Buddhism-Its Literature, Origin, and Doctrine," *Christian World* 20 (Nov. 1869): 333-35. Eugéne Burnouf, *L'Introduction à l'histoire du buddhisme indien* (Paris: Imprimerie Royale, 1844). R[obert] Spence Hardy, *Eastern Monarchism* (London: Patridge and Oakey, 1850). R[obert] Spence Hardy, *A Manual of Buddhism in its Modern Development* (London: Partridge and Oakey, 1853). F[riedrich] Max Müller, "Buddhist Pilgrims [1857]," *in Chips from a German Workshop*, vol. 1 (1869; Chico: Scholars Press, 1985), 232-75. F[riedrich] Max Müller, "The Meaning of Nirvana [1857]," *Chips from a German Workshop*, vol. 1 (1869; Chico: Scholars Press, 1985), 276-87. Jules Barthélemy Saint-Hilaire, *Le Bouddha et sa religion* (1860; Paris: Didier, 1862).

12 불교가 지닌 차이점을 눈치 챈 초기 가톨릭 선교사들의 사례를 보려면 다음을 참고하라. Cooper, ed., *They Came to Japan*, 313, 317, 318. 만일 뷔르노프가 자신이 계획했던 불교경전들의 비교연구를 끝마칠 기회를 가졌더라면 이런 해석을 수정했거나 거부했을 수 있지만, 이러한 기라성 같은 해석에 권위를 부여했던 사람이 다름 아닌 그였다. 뮐러, 하디, 성뿔 일레르, 알브레히트 베버Albrecht Weber, 제임스 달위스James d'Alwis와 같은 여타의 영향력 있는 유럽 저자들은

그의 안내를 따랐다. Burnouf, *L'Introduction à l'histoire du buddhisme indien*, 589-90. 다음을 참고하라. Albrecht Weber, "über den Buddhismus," *Indische Skizzen* (Berlin: Dummlers, 1857) and James d'Alwis, *Buddhist Nirvana: A Review of Max Müller's Dhammapada* (Colombo, Ceylon: William Skeen, Government Printer, 1871).

13 Arthur Schopenhauer, *The World as Will and Representation*, 2 vols., trans. E. F. J. Payne (1818; New York: Dover, 1969), 2: 169. 불교, 쇼펜하우어, 비관주의 간의 관계에 대해서 다음을 참고하라. "Schopenhauer and His Pessimism," *Methodist Quarterly Review* 28 (July 1876): 489, 508 그리고 [Herman J. Warner], "The Last Phase of Atheism," *Christian Examiner* 78 (July 1865): 78-80.

14 알렉산더로부터 인용한 구절은 다음에서 따왔다. Welbon, *Buddhist Nirvana*, 19. [F. W. Holland], "Siam," *Christian Examiner* 66 (Mar. 1859): 237. 개혁가로서의 붓다에 관해서는 다음을 참고하라. F. Max Müller, "Buddhism [1862]," *Chips from a German Workshop*, vol., 1 (1869; Chico: Scholars Press, 1985); Albrecht Weber, "über den Buddhismus,"; Karl Koeppen, *Die Religion des Buddha und ihre Enstehung* (Berlin: F. Schneider, 1857); and Phillipe Edouard Foucaux, *Doctrine des bouddhistes sur le nirvana* (Paris: Benjamin Duprat, 1864). '문화적 세례를 추동하는 영향력'으로서의 불교와 관련된 구절은 뮐러의 "불교의 순례자들" 243에서 인용한 것이다. 베버로부터 인용한 구절은 다음에 실려 있다. Welbon, *Buddhist Nirvana*, 65.

15 A Traveller, "Buddhism-Its Origin, Tenets, and Tendencies," *Southern Literary Messenger* 25 (Nov. 1857): 380. 웨어가 쓴 구절은 다음에서 인용되었다. Daniel Walker Howe, *The Unitarian Conscience: Harvard Moral Philosophy, 1805-1861* (1970; Middletown, Conn.: Wesleyan University Press, 1988), 96. Edwin Scott Gaustad, *Dissent in American Religion* (Chicago: Chicago University Press, 1973), 42.

16 J. B. Syme, ed., *The Mourner's Friend; Or, Sighs of Sympathy for Those Who Sorrow* (Worcester: S. A. Howland, 1852), 28. 빅토리아의 문상問喪의식에 대해서는 다음을 참고하라. Halttunen, *Confidence Men and Painted Women*,

124-52.

17 Philip Schaff, *America: A Sketch of Its Political, Social, and Religious Character*, ed. *Perry Miller* (1855; Cambridge: Harvard University Press, 1961), 88, 94, 95. 샤프 이외에 다른 이들도 물론 미국 빅토리아주의에서 이 두 가지 가치가 널리 퍼져 있었다는 점과 그 의미를 증언했다. 다음을 참고하라. O. D., "On the Signs and Prospects of the Age," *Christian Examiner* 36 (Jan. 1844): 22. 이 논문은 유니테리언과 삼위일체를 신봉하는 내부의 반대자들이 '개혁'과 '진보'라는 가치에 공감하는 가운데 결속되었다고 주장했다.

18 Ernest Lee Tuveson, *Redeemer Nation: The Idea of America's Millennial Role* (Chicago: Chicago University Press, 1968). '우주적 낙관주의'라는 구절은 다음에서 찾아볼 수 있다. George M. Fredrickson, *The Inner Civil War: Northern Intellectuals and the Crisis of the Union* (New York: Harper and Row, 1965), 7. 링컨과 부쉬넬의 연설은 다음에 재차 게재되었다. Conrad Cherry, ed., *God's New Israel: Religious Interpretations of American Destiny* (Englewood Cliffs, N.J.: Prentice-Hall, 1971), 257. Henry Ward Beecher, "The Tendencies of American Progress," in *The Original Plymouth Pulpit: Sermons of Henry Ward Beecher⋯⋯* (Boston and Chicago: Pilgrim Press, 1871), 5: 218. 비처는 이 설교를 1870년 11월 24일에 했다.

19 William Ellery Channing, "The Moral Argument against Calvinism," in *William Ellery Channing: Selected Writings*, ed. David Robinson (1820; New York: Paulist Press, 1985), 103-21.

20 Sprague, *The Excellent Woman*, 59.

21 Robert T. Handy, ed., *Religion in the American Experience: The Pluralistic Style* (New York: Harper and Row, 1972), 85-89.

22 [Anne Tuttle Bullard], *The Wife for a Missionary* (Cincinnati: Truman, Smith, and Co., 1834), 64-65, 73, 150, 9, 151. 또한 다음을 참고하라. [Anne Tuttle Bullard], *The Reformation: A True Tale of the Sixteenth Century* (Boston: Massachusetts Sabbath School Society, 1832). 캘빈주의 소설에 관해서는 다음을 참고하라. Reynolds, *Faith in Fiction*, 73-95. 스토Stow가 자기 독자들에게 개혁적 활동을 하도록 간곡히 권유한 수단은 전형적으로 빅토리아주의적이었으니, 그녀

는 감정과 가정생활에 호소했던 것이다. 스토는 썼다. "그리하여 여러 미국의
어머니들이여, 여러분은 자식들의 요람 옆에서 모든 인류를 사랑하고 그들에게
우호적으로 느끼는 법을 배워온 사람들입니다. 여러분들처럼 애정이 넘침에도
불구하고, 사랑해마지 않는 자식을 보호하고 인도하거나 교육시킬 법률적 권리가
하나도 없는 그런 어머니를 가엾게 여기시길 여러분께 간청 드리는 바입니다!"
Harriet Beecher Stowe, *Uncle Tom's Cabin; Or, Life among the Lowly* (1852);
New York: Penguin, 1981), 629, 623. Colleen McDannell, *The Christian Home
in Victorian America, 1840-1900*, Religion in North America Series (Bloomington:
Indiana University Press, 1986), 22. 콜Cole에 대해서는 다음을 참고하라. John
Dillenberger, *The Visual Arts and Christianity in America: From the Colonial
Period to the Present* (New York: Crossroad, 1989), 97-103. 이 시기의 유행이
지닌 교훈적인 기능에 대해서 다음을 참고하라. Halttunen, *Confidence Men
and Painted Women*, 158.

23 [Edward Hungerford], "Buddhism and Christianity," *The New Englander* 33
(Apr. 1874): 278-79. [Herman J. Warner], "The Last Phase of Atheism," *Christian
Examiner* 78 (July 1865): 86. 미국의 해석자들은 1858년 이전에는 불교의 독특함을
모호하게 파악하고 있었음을 드러내었다. 한나 아담스는 유럽적 해석전통에
의거해 다음과 같이 주장했다. "불교의 한 중국분파는 철학적 무신론을 가르치며,
영혼의 불멸성을 부인하고, '공空이나 무無' 이외에 다른 어떤 신을 인정하지
않으며, '완전한 무활동', '전적인 무감각', '완전한 고요' 속에 머무는 것을 인류가
맛보는 지고至高한 행복으로 여긴다." Adams, *Alphabetical Compendium*, 56.
아담스가 인용한 저 유럽적 해석전통 속의 한 저작을 살펴보려면 다음을 참고하라.
P. [Jean Baptiste] DuHalde, *The General History of China*······ (London: John
Watts, 1736), 3: 38. 또한 다음을 참고하라. Salisbury, "Memoir," 86. A Taveller,
"Buddhism-Its Origin, Tenets, and Tendencies," 381. A Traveller, "Buddhist
Superstition," *Southern Literary Messenger* 25 (Oct. 1857): 257-78. "Buddhism,"
The New Englander 3 (Apr. 1845): 182-83. 좀 더 초기와 더 나중의 시기 간에
드러나는 해석의 차이를 보기 위해, 위에서 인용된 모팟의 개관 속에 드러난
불교 관련 서술을 찰스 오거스터스 굿리치(Charles Augustus Goodrich: 1790-
1862)라는 또 한 사람의 영향력 있는 신교도가 시도한 종교들에 대한 개관과

비교해 보라. Charles Augustus Goodrich, *A Pictorial and Descriptive View of All Religions*······ (Hartford: A. C. Goodman, 1854), 4-5, 492. 굿리치 저작의 초판본은 다음과 같은 형태로 출판되었다. Charles Augustus Goodrich, *Religious Ceremonies and Customs: Or, the Forms of Worship Practiced by the Several Nations of the Known World* (Hartford: Hutchison and Dwier, 1832). 이 책은 다음에 토대를 두었다. Bernard Picart, *Cérémonies et coutumes religieuses de tous les peuples du monde*······ (Amsterdam: J. F. Bernard, 1728-43).

24 [J. K. Wight?], "Buddhism in India and China," *Princeton Review* 31 (July 1859): 391. "The Sanskrit Language," *Methodist Quarterly Review* 19 (July 1867): 362. R. H. Graves, "Three Systems of Belief in China," *Baptist Quarterly* 6 (1872): 412. Müller, "Buddhist Pilgrims," 243.

25 Müller, "Buddhist Pilgrims," 234-44.

26 Müller, "Buddhism," 230-31.

27 다음에 인용됨. Welbon, *The Buddhist Nirvana*, 198. 영향력 있는 영국의 해석자인 에드윈 아놀드Edwin Arnold는 이 주장을 나중에 활용했다. 붓다의 삶을 다룬 그의 인기 있는 시에서 아놀드는 이렇게 선언했다. "인류의 3분의 1[비율이 변화되었음에 주목하라]이 텅 빈 추상적인 것들이나 무無를 존재의 핵심 쟁점이며 근거로 신봉하겠다고 매혹되었을 리는 만무하다." Edwin Arnold, *The Light of Asia: Or the Great Renunciation; Being the Life and Teaching of Gautama* (1879; Wheaton, Ill.: Theosophical Publishing House, 1969), viii.

28 Wight, "Buddhism in India and China," 415. 또한 다음을 참고하라. David C. Scudder, "A Sketch of Hindu Philosophy: Article II," *Bibliotheca Sacra* 18 (July 1861): 578. '정토'에 관해서는 다음을 참고하라. [L. W. Pilcher?] "Gautama and Lao Tzu," *Methodist Quarterly Review* 28 (Oct. 1876): 653. Philip Schaff, "Rise and Progress of Monasticism: Origin of Christian Monasticism: Comparison with Other Forms of Asceticism," *Bibliotheca Sacra* 22 (Apr. 1864): 386. Graves, "Three Systems of Belief in China," 412. 붓다의 고매한 도덕적 원칙과 효과적인 개혁적 노력을 인정했던 해석들의 사례를 보려면 다음을 참고하라. Warner, "The Last Phase of Atheism," Scudder, "A Sketch of Hindu Philosophy," and Hungerford, "Buddhism and Christianity." 개혁가로서의 붓다

와 '인도의 신교'로서의 불교에 관해서는 다음을 참고하라. Scudder, "Sketch of Hindu Philosophy," 581, Graves, "Three Systems of Belief in China," 413.

29. 이런 자유주의자와 급진주의자들의 동양 탐구에 관한 그 밖의 정보를 얻기 위해서는 다음을 참고하라. Jackson, *The Oriental Religion and American Thought*, 103-40.

30 알스트롬Ahlstrom과 캐리Carey는 다음에서 클라크의 영향력에 대해 지적한다. Sydney E. Ahlstrom and Jonathan S. Carey, ed., *An American Reformation: A Documentary History of Unitarian Christianity* (Middletown, Conn.: Wesleyan University Press, 1985), 292. James Freeman Clarke to ? ["My Dear Sir"], 9 Jan. 1846, New York Historical Society, New York City. James Freeman Clarke, *Autobiography, Diary, and Correspondence*, ed. Edward Everett Hale (Boston and New York: Houghton, Mifflin, and Company, 1891), 226. James Freeman Clarke, "Buddhism; Or, the Protestantism of the East," *Atlantic Monthly* 23 (June 1869): 713-28. James Freeman Clarke, *Ten Great Religions* (Boston: James R. Osgood, 1871), 166.

31 William M. Bryant, review of *The Indian Saint; Or, Buddha and Buddhism*, by Charles deBerard Mills *The Western* 3 (Aug. 1877): 503. Charles D. B. Mills, *The Indian Saint; Or, Buddha and Buddhism* (Northampton, Mass.: Journal and Free Press, 1876), 65-66. Felix Adler, "A Prophet of the People," *Atlantic Monthly* 37 (June 1876): 683-84.

32 William Rounseville Alger, *The Poetry of the East* (Boston: Whittemore, Niles, and Hall, 1856). William R. Alger, "The Brahmanic and Buddhist Doctrine of a Future Life, "*North American Review* 86 (Apr. 1858): 456-58, 462. 또한 그가 다시 출판한 힌두교와 불교에 관한 책도 참고하라. William R. Alger, *A Critical History of the Doctrine of the Future Life* (1859; Philadelphia: Childs, 1864).

33 Thomas Wentworth Higginson, *The Results of Spiritualism: A Discourse Delivered at Dodsworth Hall, Sunday, March 6, 1859* (New York: St. Munson, [1859]), 5, 21. 이 소책자는 다음에서 발견된다. Thomas Wentworth Higginson Papers, Thomas Wentworth Higginson Miscellaneous Pamphlets, no. 36. Mary Thacher

Higginson, *Letters and Journals of Thomas Wentworth Higginson, 1846-1906* (Boston and New York: Houghton Mifflin, 1921), 347-48. [Thérèse (deSolms) Blanc], A Typical American: Thomas Wentworth Higginson, trans. E. M. Waller (London and New York: Howard Wilford Bell, 1902). 이런 신념과 가치들에 대한 그의 지속적 헌신의 사례를 보려면, 히긴슨의 자서전 『유쾌했던 지난날들』 (*Cheerful Yesterdays*)을 참고하라. 자서전에서 히긴슨은 자기 인생의 긍정적 전환점과 역사의 꾸준한 진보를 강조했다. 히긴슨은 또한 지속적으로 공공의 쟁점에 적극적으로 관여하여 미국의 필리핀 개입에 항의한 적도 있었다. Thomas Wentworth Higginson, *Cheerful Yesterdays* (Boston and New York: Houghton, Mifflin, and Company, 1898). 또한 다음을 참고하라. ······*Mass Meetings of Protest against the Suppression of Truth about the Philippines, Faneuil Hall, Thursday, March 19, 3 and 8 pm: Addresses by the Hon. George S. Boutwell, The Hon. Charles S. Hamlin, Col. T. W. Higginson······ (Boston: 1903).* 이 소책자는 *"Thomas Wentworth Higginson* Papers"에서 찾아볼 수 있다.

34 Thomas Wentworth Higginson, "The Sympathy of Religions," *The Radical* 8 (Feb. 1871): 1-23. Thomas Wentworth Higginson, "The Character of Buddha," *The Index* 3 (16 Mar. 1872): 81-83. Thomas Wentworth Higginson, "The Buddhist Path of Virtue," *Radical* 8 (June 1871): 62.

35 T[homas] W[entworth] H[igginson], rev. of *Oriental Religions and Their Relation to Universal Religion*, vol. 1, by Samuel Johnson, *The Index* 3 (9 Nov. 1872): 361. Samuel Johnson, *Oriental Religions and Their Relation to Universal Religion*, 3 vols. (Boston: Houghton, Mifflin, and Company, 1872, 1877, 1885). 에머슨의 존슨 묘사와 존슨의 자기 입장에 대한 설명은 다음에서 인용되었다. Roger C. Mueller, "Samuel Johnson, American Transcendentalist: A Short Biography," *Essex Institute Historical Collections* 115 (Jan. 1979): 9. 존슨은 자신의 급진적 친구들이 공식적 단체를 구성하지 말도록 촉구했다. 그들이 당시 부딪친 문제는 조직 문제 탓이라고 존슨은 주장했다. 친구들이 충고를 무시한 뒤에도, 존슨은 자유종교협회(FRA)와 약간의 느슨한 연계를 가졌다. 존슨의 설교와 편집자에게 보내는 편지의 일부가 이 단체의 공식 기관지 〈인덱스〉 지에 게재되었다. 또한 존슨은 이 조직의 원조 아래 몇 차례 연설을 했다. 존슨의

FRA와의 관련성에 대해서는 다음을 참고하라. Mueller, "Samuel Johnson," 39-40. Samuel Johnson, *Oriental Religions*, 1: 2.

36 Johnson, *Oriental Religions*, 2: 759. Johnson, *Oriental Religions*, 2: 757; 1: 611.

37 Samuel Johnson, *Lectures, Essays, and Sermons* (Boston: Houghton, Mifflin, and Company, 1883), 353. "Samuel Johnson," *Atlantic Monthly* 51 (June 1883): 850.

38 Mueller, "Samuel Johnson," 25. Samuel Johnson to Wendell Phillips, 14 Many 1869, Houghton Library. Johnson, *Lectures, Essays, and Sermons*, 387.

39 E〔rnest〕 J〔ohn〕 Eitel, rev. of *Oriental Religions and Their Relation to Universal Religion*, By Samuel Johnson, reprinted in Samuel Johnson, *Lectures, Essays, and Sermons*, 463. 런던선교협회에서 봉직하며 산스크리트-중국어 사전을 만든 아이텔Eitel의 이런 비평은 원래 1882년 〈차이나 리뷰〉*China Review*지에 게재되었다. 다음을 참고하라. E. J. Eitel, *Handbook for the Student of Chinese Buddhism* (Hong Kong and Shanghai: Lane, Crawford, and Company, 1870). Daniel Dyer Lum, "Buddhism Notwithstanding: An Attempt to Interpret Buddhism from a Buddhist Standpoint," *Index* 29 (29 Apr. 1875; 6 May 1875): 195-96; 206-8.

40 John Ogden Gordon, "The Buddhist and Christian Ideas of Hell," *The Prebysterian Quarterly and Princeton Review* 4 (Jan. 1875): 43, 38, 45, 41.

41 Higginson, "The Character of Buddha," 83. 이 강연은 자유종교협회의 후원 아래 원예 홀에서 히긴슨이 11차례에 걸쳐 강연했던 '일요일 오후 강연' 가운데 9번 째였다.

42 Hungerford, "Buddhism and Christianity," 268.

제2장 | 우리 모두 불교도가 되는 게 어때요?

---

1 예의 셰이커 저자는 알론조 G. 홀리스터Alonzo G. Hollister였으며, 이 구절은 〈셰이커 마니페스토*Shaker Manifesto*〉(13, 8, 97-100)에 게재된 한 글에서 뽑았다. 이 글은 다음에 다시 게재되었다. Robley Edward Whiston, ed., *The Shakers: Two Centuries of Spiritual Reflection* (New York: Paulist Press, 1983), 320-22.

William Davies, "The Religion of Gotama Buddha," *Atlantic Monthly* 74 (Sept. 1894): 335. Review of *Buddha's Tooth Worshipped by the Buddhists of Ceylon in the Pagoda called "Dalada-Maligawa" at Kandy, American Ecclesiastical Review*, n.s., 9(Dec. 1898): 659-61. 예의 논평자는 1889년 창간부터 1927년까지 〈미국 교회 리뷰(*American Ecclesiastical Review*)〉를 편집했던 필라델피아 관구의 독일태생 성직자 허만 J. 호이저 신부님(Reverend Herman J. Heuser)이었을 수 있다. 호이저 신부님은 이 전통적인 가톨릭 잡지에 2,000편 이상의 논평을 썼다. 호이저와 이 정기간행물에 관해서는 다음을 참고하라. Charles H. Lippy, ed., *Religious Periodicals in the United States: Academic and Scholarly Journals* (Westport, Conn.: Greenwood, 1986), 21-25.

2 Paul Carus to Anagarika Dharmapala, 26 Aug. 1899, The Open Court Papers, Morris Library, Southern Illinois University, Carbondale. "Buddhism in America," *Maha Bodhi* 8 (Nov. 1899): 1. 〈마하보리〉지의 이야기는 다음 잡지에 재인쇄되었다. *Light of Dhrama* 3 (Oct. 1903): 76. 마하보리협회에 관해서는 다음의 글들을 참고하라. *Maha Bodhi Society of India: Diamond Jubilee Souvenir, 1891-1951* (Calcutta: Maha Bodhi Society of India, 1952). 현대 신할라족 불교에서 가장 중요한 인물인 달마팔라에 대해선 다음을 참고하라. Ananda Guruge, ed., *Return to Righteousness: A Collection of Speeches, Essays, and Letters of Anagarika Dharmapala* (Ceylon: The Government Press, 1965); Bhikkhu Sangharakshita, *Anagarika Dharmapala*: A Biographical Sketch (Kandy: Buddhist Publication Society, 1964). 또한 다음을 참고하라. Gananath Obeyesekere, "Personal Identity and Cultural Crisis: The Case of Anagarika Dharmapala of Sri Lanka," in The Buddhist Revival in Sri Lanka: Religious Tradition, Reinterpretation and Response, Studies in Comparative Religion (Columbia: University of South Carolina Press, 1988), 53-61; Richard F. Gombrich, *Theravada Buddhism: A Social History from Ancient Benares to Modern Colombo* (London and New York: Routledge and Kegan Paul, 1988), 188-91. 오베이서케레Obeyesekere가 지적했듯이 달마팔라는 성을 맨 처음에 두는 신할라족 관습에 따라 'Hevavitaranalage Don David'으로 등록되었다. 달마팔라는 1881년에 법적으로 합당하게 아나가리카 달마팔라라는 이름을 취득했다. '달마팔라'는 '법의 보호자'나 '신앙의 수호자'를 뜻한다. '아나가리

카'는 새로 도입한 이름이다. 다음을 참고하라. Gombrich, *Theravada Buddhism*, 76, 188, 192.

3 Alexander V. G. Allen, *Life and Letters of Phillips Brooks* (New York: E. P. Dutton, 1901), 2: 519. 보스턴 사람들은 1883년 이후로 계속 불교에 관심을 지녔고, 브룩스는 그런 관심의 원인을 계속 고찰했다. 다음을 참고하라. William Sturgis Bigelow to Phillips Brooks, 19 Aug. 1889, Houghton Library, Harvard University, Cambridge, Mass.; Phillips Brooks to William Sturgis Bigelow, 2 Sept. 1889, Houghton Library. 이 두 편지는 다음 선집에 다시 인쇄되었다. Akiko Murakta, "Selected Letters of William Sturgis Bigelow" (Ph. D. diss., George Washington University, 1971), 82-86. 새로운 사상의 추종자는 릴리안 휘팅(Lillian Whiting)이었다. 휘팅의 글에 나오는 구절이 다음 책에 인용된다. Lawrence W. Chisolm, *Fenollosa: The Far East and American Culture* (New Haven: Yale University Press, 1963), 103. 〈뉴욕 저널*New York Journal*〉에 나오는 구절이 다음에 인용되었다. Rick Fields, *How the Swans Came to the Lake*, 131. 인용된 구절은 다음에 실려 있다. *Buddhist Ray* 6.5-6 (May-June 1893): 4. 필즈는 분명 이 구절을 이 불교잡지로부터 취했음이 틀림없다. 나로선 원래 신문기사를 찾아낼 수 없었다.

4 Thomas B. Wilson, "Buddhism in America," *Light of Dharma* 2 (June 1902): 1. '유행'의 언급이 다음에서 발견된다. Jackson, *Oriental Religions*, 141: "일단 주의를 끌게 되자, 불교는 전국을 휩쓸며 유행했고, 불교와 그리스도교의 상대적 장점에 대한 일반 토론이 촉발되었다." 또 다른 학자인 조셉 키타가와Joseph Kitagawa 역시 "19세기 후반에 미국 독서 대중들이 인도의 종교와 불교에 관해 꽤 광범위한 관심"을 가졌다고 기술했다. 비록 키타가와가 '유행'이란 표현을 쓰진 않았지만. Joseph Kitagawa, "Buddhism in America, with Special Reference to Zen," *Japanese Religions* 5 (July 1967): 41.

5 예를 들면 다음과 같다. Percival Lowell, *The Soul of the Far East* (Boston: Houghton Mifflin, 1888). Ernest Francisco Fenollosa, "Chinese and Japanese Traints," *Atlantic Monthly* 69 (June 1892): 769-74. 이 시기 동안 일본과 미국 사이의 문화적·종교적 상호작용의 흥미로운 분석을 위해 다음을 참고하라. Robert A. Rosenstone, *Mirror in the Shrine: American Encounters with Meijii Japan* (Cambridge, Mass.: Harvard University Press, 1988) 및 Notto R. Thelle, *Buddhism*

and Christianity in Japan: From Conflict to Dialogue, 1854-1899 (Honolulu: University of Hawaii Press, 1987). 또한 다음을 참고하라. Jackson, *Oriental Religions*, 201-41.

6 Edwin Arnold, *The Light of Asia: Or, the Great Renunciation; Being the Life and Teaching of Gautama* (1879; Wheaton, Illinois: Theosophical Publishing House, 1969). Jackson, *Oriental Religions*, 143. Brooks Wright, *Interpreter of Buddhism to the West: Sir Edwin Arnold* (New York: Bookman Associates, 1957), 75. 당시의 다른 베스트셀러들을 보려면 다음을 참고하라. Appendix A, "Overall Best Sellers in the United States" and Appendix B, "Best Sellers" in Frank Luther Mott, *Golden Multitudes: The Story of Best Sellers in the United States* (New York: Macmillan, 1947), 303-29 및 Chronological Index of Books Discussed in the Text" in James D. Hart, *The Popular Book: A History of America's Literary Taste* (New York: Oxford University Press, 1950), 301-12. Helena P. Blavatsky, "The Light of Asia," *The Theosophist* 1 (Oct. 1879): 20-25. John Gmeiner, "The Light of Asia and the Light of the World," *Catholic World* 42 (Oct. 1885): 1-9. 뉴잉글랜드 지성인들의 리뷰 가운데 다음의 두 가지 사례를 참고하라. Oliver Wender Holmes, "The Light of Asia," *International Review* 7 (Oct. 1879): 345-72 및 [Francis Ellingwood Abbot], "The Light of Asia," *The Index* 11 (22 Apr. 1880): 198.

7 S[amuel] H[enry] Kellog, *The Light of Asia and the Light of the World: A Comparison of the Legend, the Doctrine, and the Ethics of the Buddha with the Story, the Doctrine, and the Ethics of Christ* (London: Macmillan, 1885), 1. Wright, *Interpreter of Buddhism*, 143-46.

8 데종Dejong은 많은 팔리어본 경전들이 편집된 1877년부터 불교 연구의 두 번째 시기가 시작되었다고 연대를 꼽았다. 이 시기는 몇 년 뒤로 잡힐 수도 있을 것이다. 어느 쪽이든, 이 무렵쯤 해서 유럽 학문이 더욱 정교화되었다. Dejong, "Brief History of Buddhist Studies," 76-77. Henry C. Warren, *Buddhism in Translations* (1896; New York: Atheneum, 1979).

9 내가 아는 한, 신교 선교사들의 불교 해석에 관한 어떠한 포괄적 연구도 아직 출현하지 않았다. 불교에 관한 약간의 정보가 담겨 있긴 하지만 불교에 초점을

맞추지 않은, 문화 상호 간의 작용과 미국 신교의 해외선교에 관한 수많은 책들이
존재한다. 관계서적 목록에 열거된 그런 책들을 참고하라.

10 '판실'*pansil*은 '판차실라'*pancha sila*의 약어로 다섯 가지 도덕적 계율이다. 이는
모든 상좌 불교도가 준수하기로 서약하는 다섯 가지 기본적 규범이다. '판실을
받다(taking *pansil*)라는 구절은 또한 엄격한 의미의 판실뿐만 아니라 세 차례
염불과 삼귀의를 하는 불교행사의 암송을 언급하기 위해 사용되기도 한다. Henry
Steel Olcott, *Old Diary Leaves*, 2: 167-69. Henry S. Olcott, *The Buddhist
Catechism*, 44th ed. (1881; Talent, Oregon: Eastern School Press, 1983). 신지학협
회에 관한 역사적 개관을 위해 다음을 참고하라. Bruce F. Campbell, *Ancient
Wisdom Revisited: A History of the Theosophical Movement* (Berkeley:
University of California Press, 1980).

11 세계종교의회에 관한 많은 설명이 존재하며, 1893년과 1895년 사이에 출간된
이에 관한 많은 논문집들이 있었다. 이들 가운데 존 헨리 배로스John Henry
Barrows의 선집이 최상이다. John Henry Barrows, ed., *The World Parliament
of Religions*, 2 vols. (Chicago: The Parliament Publishing Co., 1893). 이 의회는
마땅히 받아야 할 정도보다 학문적 주목을 덜 받았다. 켄텐 드뤼베스틴Kenten
Druyvesteyn과 리처드 시거Richard Seager가 이 주제에 관한 논문을 쓴 바 있다.
Kenten Druyvesteyn, "The World's Parliament of Religions" (Ph. D. diss.
University of Chicago, 1976). Richard H. Seager, "The World's Parliament of
Religions, Chicago, Illinois, 1893" (Ph.D. diss., Harvard University, 1987). 클레이
랭커스터Clay Lancaster의 책은 이 의회를 다루는 역사가에게 제한적이지만 도움이
된다. Clay Lancaster, *The Incredible World's Parliament of Religions at the
Chicago Columbian Exposition of 1893: A Comparative and Critical Study*
(Fontwell, Sussex: Centaur Press, 1987). 길고 짧은 논문 몇 편에 담긴 연구
성과도 일부 도움을 준다. 다음을 참고하라. Joseph Kitagawa, "The 1893 World's
Parliament of Religions and Its Legacy," The Eleventh John Nuveen Lecture
(Chicago: University of Chicago Divinity School, 1983); Donald H. Bishop,
"Religious Confrontation: A Case Study: The 1893 Parliament of Religions,"
Numen 16 (Apr. 1969): 63-76; Larry Fader, "Zen in the West: Historical and
Philosophical Implications of the 1893 Chicago World's Parliament of Religions,"

The Eastern Buddhist, n.s., 15 (Spring 1982): 122-45; Jackson, *Oriental Religions*, 243-61. Maha Bodhi Society, *Maha Bodhi Society*, 77; 84. Soyen Shaku, *Sermons of a Buddhist Abbott* (LaSalle, Ⅲ.: Open Court, 1906). 달마팔라가 1897년 방문하기 여러 해 전에 미국에는 마하보리협회의 '대표자들'이 있었다. 협회 기관지 〈마하보리〉에 C. T. 슈트라우스C. T. Strauss는 뉴욕 대표자로, 필란지 다사Philange Dasa는 캘리포니아의 대표자로 거명되었다. 한편, 달마팔라는, 예를 들어 마이 데수자 카나바로Marie deSouza Canavarro와 매리 포스터Mary Foster에게 개인적 영향력을 끼쳤다. 달마팔라의 영향력에 관한 더 자세한 정보를 얻으려면, 이 장과 다음 장에 나오는 이들을 비롯한 여타 불교 추종자들에 대한 설명을 참고하라.

12 이 두 잡지들에 대해 거의 주목이 기울여지지 않았다. 〈불교도의 빛〉에 관해서는 다음을 참고하라. Paul Carter, *The Spiritual Crisis of the Gilded Age* (Dekalb: Northern Illinois University Press, 1971), 206-7와 Fields, *How the Swans Came to the Lake*, 130-32. 두 정기간행물에 대한 간단한 설명이 다음에 언급되어 있다. Mott, "Theosophical Periodicals", *History of Magazines: 1885-1905, 287.* 〈법의 빛〉지를 수령한 이들에 관한 정보는 다음에서 발견된다. "List of the Subscription, Contribution, and Exchange, The *Light of Dharma*, May 19, 1904" (notebook, Archives of the Buddhist Churches of America, San Francisco). 〈법의 빛〉지를 받아보았던 저명한 학자들로는 다음과 같은 이들이 있었다. E. W. Hopkins(예일대), George Foot Moore(하버드대), G. S. Goodspeed(시카고대), Morris Jastrow(펜실베이니아대). 내 분석은 1844년과 1912년 사이 동안 출간된 50종의 잡지들에 대한 검토에 토대한다. 이 섹션의 모든 주장은 1879년과 1912년 사이에 출간된 글들에 토대한다. 아래 언급된 대부분의 잡지들은 다음에 기술되어 있다. Mott, *History of Magazines* 혹은 Lippy, *Religions Periodicals of the United States.*

13 H. P. Blavatsky, "New York Buddhists," *Theosophist* 2 (Apr. 1881): 152-53. Henry C. Warren, "On the So-Called Chain of Causation of the Buddhists," *Journal of the American Oriental Society* 16 (1893): ⅹⅹⅹⅱ-ⅹⅹⅹ. Arthur Onken Lovejoy, "The Buddhistic Technical Terms Upadana and Upadisesa," *Journal of the American Oriental Society* 19 (July-Dec. 1898): 126-36. E.

Washburn Hopkins, "The Buddhistic Rule against Eating Meat," *Journal of the American Oriental Society* 27 (July-Dec. 1906): 455-64. 이런 글과 여타 글들에도 불구하고, 동양학협회 잡지 지면은 여전히 불교에 그다지 많은 주목을 하지 않았다. 심지어 미국에서 불교에 대한 관심이 가장 고조되었을 때조차도. 예를 들어 1898년의 연례모임에서 읽혀졌던 것으로 정리된 47편의 글 가운데서 불교에 초점을 맞춘 것은 하나도 없었다. *Journal of the American Oriental Society* 19 (1898). William Davies, "The Religion of Gotama Buddha," *Atlantic Monthly* 74 (Sept. 1894): 334-40. D[avid] Brainard [sic] Spooner, "Welcoming the Buddha's Most Holy Bones," *Overland Monthly* 37 (Jan. 1901): 585-92.

14 Paul Carus to Soyen Shaku, 26 Jan. 1896, Open Court Papers. [Paul Carus, ed.], "A Controversy on Buddhism," *Open Court* 11 (Jan. 1897): 43-58. Anagarika Dharmapala, "Is There More Than One Buddhism?: A Reply to the Rev. Dr. Ellinwood," *Open Court* 11 (Feb. 1897): 82-84. 〈오픈코트〉지의 첫 편집자인 벤자민 F. 언더우드(Benjamin F. Underwood)는 제1권에서 잡지가 계승하고자 하는 정신과 목적을 설명했다. "〈오픈코트〉(*The Open Court*)의 주된 목표는 〈인덱스〉(*The Index*)지가 담당했던 과제, 즉 과학의 토대 위에 종교를 확립하는 일에 매진하고, 그와 관련해 일원론 철학을 제시하는 것이다……〔잡지는〕의심 없이 쉽게 믿어버리는 것을 지적인 질문으로, 맹목적 신앙을 합리적인 종교적 견해로, 이치에 닿지 않는 편협한 신앙을 편견 없는 정신으로, 종파주의를 포용력이 크고 관대한 인도주의로 대체하고자 한다." Open Court 1 (21 July 1887): 325. 또한 다음을 참고하라. Mott, *History of Magazines*, 5: 302. 급진적이고 자유주의적인 기관지에 실린 또 다른 글의 사례를 보려면 다음을 참고하라. George R. Matthews, "Notes on Buddhism at Home," *Unitarian Review* 36 (Sept. 1891): 185-93.

15 〈성서세계〉지는 성경연구에 초점을 맞춘 비종파적 간행물이었지만, 명백히 주류 신교주의와 관련되었다. J. Wesley Johnston, "Christ and Buddha: Resemblances and Contrasts," *Methodist Reviews* 80 (Jan.-Feb. 1898): 32-40. M. L. Gordon, "Buddhism's Best Gospel," *Andover Review* 6 (Oct. 1886): 395-403. M. L. Gordon, "The Buddhism of Japan," *Andover Review* 5 (Mar. 1886): 301-11.

16 John Gmeiner, "The Light of Asia and the Light of the World," *Catholic World*

42 (Oct. 1885): 1-9. R. M. Ryan, "More Light on 'The Light of Asia,' "*Catholic World* 61 (Aug. 1895): 677-87. R. M. Ryan, "The Lustre of 'The Light of Asia,'" *Catholic World* 61 (Sept. 1895): 809-26. J. S. Geister, "Buddha and His Doctrine," *American Catholic Quarterly Review* 22 (Oct. 1897): 857-75. Merwin-Marie Snell," Parseeism and Buddhism," Catholic Review 46 (Jan. 1888): 451-57. 스넬의 가톨릭 이외 종교들에 대한 공감 결여의 한 가지 사례를 보려면 그의 다음 책을 참고하라. *One Hundred Theses on the Foundations of Human Knowledge* (Washington, D. C.: 1891년 저자에 의해 출판됨), 34, 40.

17 F. Max Müller, "Buddhist Charity," *North American Review* 140 (Mar, 1885): 221-36. T. W. Rhys Davids, "Buddhism," *North American Review* 171 (Oct. 1900): 517-27.

18 중국인들이 모두 서부해안에 살지는 않았다. 해방된 노예들을 대체할 인력으로 남부로, 특히 루이지애나 주로 이송되었던 중국인들에 대한 연구는 다음을 참고하라. Lucy M. Cohen, *Chinese in the Post-Civil War South* (Baton Rouge: Louisiana State University Press, 1984). 한국 이민은 단지 짧은 기간 동안만 지속되었다. 일본정부가 하와이 플랜테이션 소유주들한테 파업파괴 노동자를 제공하지 않기 위해 한국인 이민을 중단시켰기 때문이다. 하와이로 이주한 한국인에 대해선 다음을 참고하라. Wayne Patterson, *The Korean Frontier in America: Immigration to Hawaii, 1896-1910* (Honolulu: University of Hawaii Press, 1988). K, Y. 키라Kira에 대해선 다음을 참고하라. Maha Bodhi Society, *Maha Bodhi Society*, 87. 하와이로 간 이 최초의 일본인 선교사는 1889년 3월 2일 도착한 소류 카가히였다. 하와이 불교에 관해서는 다음을 참고하라. Louise H. Hunter, *Buddhism in Hawaii: Its Impact on a Yankee Community* (Honolulu: University of Hawaii Press, 1971).

19 Frederick J. Masters, "Pagan Temples in San Francisco," *The Californian* 2 (Nov. 1892): 727-41. 또 다른 중요한 서부해안의 잡지에서 발견되는 중국 종교와 문화를 다룬 미국인의 해석들에 관한 설명을 보려면 다음을 참고하라. Limin Chu, "The Images of China and the Chinese in the *Overland Monthly*, 1868-1875; 1883-1935" (Ph. D. diss., Duke University, 1965). 또한 다음을 참고하라. Stuart Creigton Miller, *The Unwelcome Immigrant: The American Image of the Chinese*

1785-1882 (Berkeley: University of California Press, 1969) 그리고 Harold Isaacs, *Scratches on Our Minds: American Views of India and China* (1958; Armonk, New York: M. E. Sharpe, 1980), 63-238. 밀러는 훨씬 초창기 시점에 초점을 맞추지만, 그러나 그의 연구는 여전히 19세기 후반의 해석들에 대한 통찰력을 제공한다.

20 1850년대 동안 중국인 상당수가 미국에 입국하기 시작했다. 1852년에만 20만 명이 도착했다. 대략 1882년경, 반反중국인 감정이 절정에 다다랐을 때, 약 15만 명의 중국인이 있었다. 물론 1882년이란 해는 '중국인 추방령'(Chinese Exclusion Act)이 통과된 해였다. 몇 년간 중국인 주민수가 실제 감소된 후에조차, 1890년 인구센서스에 기록된 중국계 미국인은 여전히 10만 명이 넘었다. 이 장과 이후 장에 나오는 이어지는 모든 센서스의 수치 인용은 다음에 근거한다. U. S. Census Office, *Report on Statistics of Churches in the United States at the Eleventh Census: 1890* (Washington, D. C.: Government Printing Office, 1894) 그리고 U. S. Bureau of the Census, *Religious Bodies: 1906*, parts 1 and 2 (Washington, D.D.: Government Printing Office, 1910). 1890년과 1906년 센서스가 단지 보고된 '사찰'의 수(1890년에 47개, 1906년에 62개)만을 열거했으므로, 불교도라 분류될 수 있거나 스스로를 불교도라 분류했을 성싶은 개인들의 수를 추산하기는 어렵다. 문제를 더욱 곤혹스럽게 만드는 것은, 일부 사찰이 개인의 저택과 사업체 내에 있었으므로, 사찰 수가 정확하지 않다는 점이다(U. S. Bureau of the Census, *Religious Bodies: 1906*, 2: 177). 그러나 미국 내 중국인의 수를 고려하고 불교가 중국인 상당수에게 중심적인 종교 전통일 가능성을 감안하면, 중국 불교도를 수십만이라 해도 별 무리는 없다. 확인에 사용되는 준거에 따라, 어느 시점에서든 적게는 1만 명에서 많게는 7만 명의 중국인 불교도가 있었을 것이다. 루이스 랭커스터Lewis Lancaster는 유사한 추정치를 제시해 왔으며, 간략하지만 흥미를 유발시키는 한 글에서 중국계 미국인 불교 공동체 내의 활력 쇠퇴가 지도력의 결여에 크게 기인한다는 점을 강조했다. Lewis Lancaster, "Buddhism in the United States: The United and Unfinished Story," *International Buddhist Forum Quarterly* (Sep. 1977): 26-29. 일본계 미국인과 비교해 중국계 미국인 사이에서 종교적 지도력과 조직력이 상대적으로 결여되었던 점은, 예를 들어 센서스 통계 수치에서도 분명히 드러난다. 1906년, 미국에 일본인 정토종 승려 14명이 있었던

데 반해, 단 한 명의 중국인 종교담당 관리가 있었을 뿐이었다(U. S. Bureau of the Census, *Religious Bodies*: 1906, 2: 175). 내가 아는 한, 중국계 미국인의 종교생활에 관해 온전히 다룬 어떠한 개관서도 아직 출간되지 않았으므로, 다양한 1차 자료와 2차 자료로부터 정보를 수집해야만 했다. 중국계 미국인의 일반 역사에 관한 개관서들에는 대체로 종교에 관한 간략한 설명이 포함되어 있다. 예를 들어 다음을 참고하라. Shih-shan Henry Tsai, *The Chinese Experience in America* (Bloomington: Indiana University Press, 1986), 42-45.

21 일본이 일찍이 외국과의 교역을 허용했어도, 1884년까지는 일본인의 해외이민을 허용하지 않았다. 센서스 수치에 따르면, 미국 내 일본인 주민은 1870년에 55명에서 1890년에 2,039명으로, 1900년에 2만 4,327명으로 증가했다. 1906년에는 미국 내에 2만 5,000명 이상의 일본인이 있었는데, 샌프란시스코에만 대략 1만 500명이 있었다.

22 일본인 불교 지도자를 보내는 데 크리스천 선교활동이 했던 역할은 다음에서 탐구되고 있다. William Charles Rust, "The Shin Sect of Buddhism in America," (Ph. D. diss., University of Southern California, 1951), 141. '홈파 홍완지'는 '홍완지-하 홍완지'의 약자로, 문자 그대로 (아미타불의) 본원(本願: 아미타불이 법장비구 시절에 세운 중생 구원의 48대원)을 받드는 종파의 사원이라는 뜻이다. 이는 일본 정토진종의 10개 종파 중 하나를 가리키며, 미국 불교사원(Buddhist Churches of America)은 정토불교의 이 종파에 가입되어 있다. 일본말로 '조도신 수' 혹은 정토진종은 대승불교의 한 형태로, 그 계보가 가마쿠라 시대 불교 승려인 신란(親鸞, 1173~1263)으로 거슬러 올라간다. 정토진종은 서방정토를 다스리는 깨달은 존재인 아미타불에 헌신하는 것을 중심 교의로 삼는다. 합당한 헌신과 행실로 신봉자는 이 서방정토에 왕생하리라 기대할 수 있으며, 그곳에서는 불교수 행을 해서 마침내 깨달음을 얻기가 용이하다. 일본인 이민자들의 지역 연고에 관한 사항은 다음에 다루어져 있다. Tetsuden Kashima, *Buddhism in America: The Social Organization of an Ethnic Religious Organization* (Westport, Conn.: Greenwood, 1997), 13. 미국 내 일본 정토교의 초창기에 관한 역사적 세부사항은 출판된 자료와 출판되지 않은 다양한 자료로부터 취했다. 위에 열거한 자료들 이외에 다음 자료들 역시 참고하라. Buddhist Churches of America, *Buddhist Churches of America: Seventy Five Year History, 1899-1974*, (Chicago: Nobart,

1974), 1: 43-52; Isao Horinouchi, "Americanized Buddhism: A Sociological Analysis of a Protestantized Japanese Religion" (Ph. D. diss., University of California, Davis, 1973).

23 "종국적 외국인들"이라는 구절은 다음에서 사용된다. George Fredrickson and Dale T. Knobel, "A History of Discrimination," in Prejudice, A Series of Selections from the *Harvard Encyclopedia of American Ethnic Groups* (Cambridge, Mass.: Harvard University Press, 1982), 52. 일본계 미국인의 동화同化와 이런 이민자들에 대한 백인종의 태도에 관해서 다음을 참고하라. Yuji Ichioka, *Issei: The World of the First Generation Japanese Immigrants, 1885-1924* (New York: The Free Press, 1988), 특히 176-243쪽을 참조하라. Ichioka, Issei, 187-89. Sidney L. Gulick, *American Democracy and Asiatic Citizenship* (New York: Charles Scribners, 1918), 216.

24 Ichioka, *Issei*, 191, 185.

25 Kashima, *Buddhism in America*, 17. E. Snodgrass, "Buddhism and Christianity," *Missionary Review of the World* 16 (July 1893): 656. 미국화의 증거는 위에 열거된 미국의 일본불교에 관한 모든 연구에서 주목의 대상인데, 이 주제가 호리노우치가 쓴 박사논문의 초점이다. 일본불교 승려들은 지속적으로 〈법의 빛〉지의 지면에서 '님'(Reverend)이란 호칭을 부여받았다. 최초의 불교 주일학교에 관해서는 다음을 참고하라. Rust, "The Shin Sect of Buddhism in America," 146. 종교 건축에 관해서는 다음을 참고하라. Horinouchi, "Americanized Buddhism," 115-16; 382-85. 복음성가 '믿는 사람은 군병 같으니'는 다음에서 논의된다. Hunter, *Buddhism in Hawaii*, 131.

26 S. Sonoda to Paul Carus, 14 Nov.〔?〕1899, Open Court Papers. K. Hori to Paul Carus, 2 Oct. 1903, Open Court Papers. 또한 다음을 참고하라. S. Sonada to Paul Carus, 12 May 1900, Open Court Papers; K. Nishijima to Albert J. Edmunds, 10 May 1902, Albert J. Edmunds Papers, Historical Society of Pennsylvania, Philadelphia.

27 S. Sonoda to Paul Carus, 14 Nov.〔?〕1899, Open Court Papers. Skesaburo Nagao, *The Outline of Buddhism* (San Francisco: San Francisco Buddhist Mission, 1900). 백인들과의 교류에 관해서는 다음을 참고하라. Rust, "The Shin Sect

of Buddhism in America," 143-45. Nisshi (Daily Records), 다양한 제목의 일본어로 된 네 권의 공책, 1902-3, 1904, 1908, 1909 (Archives, Buddhist Churches of America). 불교달마상가에 관한 더 많은 정보는 〈법의 빛〉지의 지면들에서 찾아볼 수 있다. 다음을 참고하라. "The Dharma-Sangher [sic] of Buddha," *Light of Dharma* 1 (Apr. 1901): 20; "A Joyful Occasion," *Light of Dharma* 1 (Aug. 1901): 26-28; "New Activity Shown by the American Branch of Assoiation," *Light of Dharma* 4 (Oct. 1905): 131-32. S. Sonoda to Paul Carus, 12 May 1900, Open Court Papers. 샌프란시스코시 주소 성명록 명부에 헤이스는 그 지역 음악학교에서 가창지도를 하는 작곡가이자 작가로 나와 있다.

28 K. Nishijima to Dharmapala, 20 Apr. 1901, *Maha Bodhi* 10에 게재됨 (Aug. 1901): 48-49. Rust, "The Shin Sect of Buddhism in America," 143-44. 백인과 일본인들로 된 '상당수 군중'이 새크라멘토 불교사원 개관식에 참석했다. 〈마하보리〉지에 소개된 이 행사에 관한 내용에 따르면, 샌프란시스코 '회중'은 정식으로 조직에 편성되어 있지 않았으므로, 이곳이 "미국에서 불교신도가 합동으로 경배를 올리는 최초의 장소"로 되었다. "The Buddhist Church, Sacrament[o]," *Maha Bodhi* 10 (Feb. 1902): 92.

29 이 공식 의례는 수많은 미국 정기간행물에 묘사되었다. 〈*Salt Lake Weekly*〉, 〈*The Philadelphia Times*〉 등의 잡지가 그 예다. 또한 그런 설명의 일부가 〈마하보리〉지에 다시 수록되었다. 다음을 참고하라. "A Convert to Buddhism," *Maha Bodhi* 2 (Nov. 1893): 3 그리고 "Buddhist Converts," *Maha Bodhi* 2 (Apr. 1894): 1-2. 〈마하보리〉지의 성명과 논평, 그리고 2차 자료들의 짧은 구절들에 들어 있는 폴 카루스(The Open Court Papers) 사이에 오간 서신에는, 산재된 슈트라우스에 관한 약간의 전기적傳記的 정보가 있다. 다음을 참고하라. William Peiris, *The Western Contribution to Buddhism* (Delhi, India: Motilal Banarsidass, 1973), 239-40; Maha Bodhi Society, *Maha Bodhi Society*, 74, 78-79; Fields, How the Swans Came to the Lake, 129. 필시 가장 믿을 만한 최상의 설명이 카루스가 필라델피아의 한 불교 동조자에게 보낸 편지에서 발견된다. Paul Carus to Albert J. Edmunds, 24 Aug. 1903, Albert J. Edmunds Papers. 슈트라우스를 언급하는 소수의 2차 자료들에는 그가 독일계 미국인으로 나와 있다. 그러나 그와 꽤 정기적으로 서신왕래를 한 카루스는 그가 스위스에서 태어났다고 주장했다.

30 Dyer D. Lum, "Buddhism Notwithstanding: An Attempt to Interpret Buddha from a Buddhist Standpoint," *The Index* 6 (29 Apr. 1875): 194-96; (6 May 1875): 206-8. 럼의 지속되는 불교와의 유대에 관해서는 다음을 참고하라. Voltairine deCleyre, "Dyer D. Lum," in *Selected Works of Voltairine deCleyre*, ed. Alecander Brerkman (New York: Mother Earth, 1914), 289-90. 루트(Root)가 "자신의 이 시를 완성하기 전날 밤에 임박해" 있었노라고 말했을 때는 에드윈 아널드가 쓴 비슷한『아시아의 빛』이 등장할 때였다. E. D. Root, *Sakya Buddha: A Versified, Annotated Narrative of the Life and Teachings: With an Excursus Containing Citations from the Dharmapada, or Buddhist Canon* (New York: Charles P. Somerby, 1880): 16. 이 책은 또한 에머슨의 서재에 있었고, 초월주의자들에 미친 아시아적 영향에 대한 크리스티Christy의 설명 속에 언급되었다. Christy, *Orient in American Transcendentalism*, 301. 실론에서 거행된 의식에 관해서는 다음을 참고하라. Henry Steel Olcott, *Old Diary Leaves: The True History of the Theosophical Society*, 2d series (Madras, India: Theosophical Publishing House, 1900), 167-69. 일본에서의 의식에 관해서는 다음을 참고하라. Akiko Murakata, "Selected Letters of Dr. William Sturgis Bigelow" (Ph. D. diss., Geroge Washington University, 1971), 7.

31 Hopkins, *Religions of India*, 562. 다음을 참고하라. Gordon, "Buddhism of Japan" and "Buddhism's Best Gospel."

32 [Herman Vetterling], "The Growth of Enlightenment," *Buddhist Ray* 6 (May-June 1893): 4, 1; "Bostonian 'Buddhists' and Tearful Theosophists," *Buddhist Ray* 2 (Mar. 1889): [17].

33 Almond, *British Discovery of Buddhism*, p. 147, n. 10. 알먼드의 의도에 관해서는 다음을 참고하라. *British Discovery of Buddhism*, ix.

34 필란지 다사는 데이비스Davis가 불교를 논의했던 글들에서 몇 구절을 게재했다. 그리고 〈불교도의 빛〉지의 완고한 편집자로서 자주 그랬듯이, 자신이 핵심을 놓쳤노라 생각하는 곳에는 논평과 수정된 내용을 덧붙였다. 데이비스의 구절들은 비판적이지 않은 건 아니지만 불교에 동조적이었다. Andrew Jackson Davis, "The Buddha," Buddhist Ray 4 (Jan.-Feb. 1891): 14-16. 에번스(Evans)의 불교에 대한 동조적 태도를 보려면, 다음을 참고하라. *Esoteric Christianity and Mental*

Therapies (Boston: H. H. Carter and Karrick, 1886). 또한 다음을 참고하라. Carl T. Jackson, "The New Thought Movement and the Nineteenth Century Discovery of Oriental Philosophy," *Journal of Popular Culture* 9 (Winter 1975): 526-28.

35 Wayland, ed., *Memoir of the Life and Labors of the Rev. Adoniram Judson*, 2: 110. Abby Ann Judson to Paul Carus, 2. Nov. 1894, The Open Court Papers.

36 이 섹션의 잠정적 결론 중 많은 것은 〈법의 빛〉지를 정기 구독했던 이들의 분석에 토대한다. "List of the Subscription, Contribution, and Exchange. The Light of Dharma. May 19, 1904." 데이비스에 관한 정보는 사우스다코타주 버밀리언의 사우스다코타 대학교 사무처의 학생기록부를 통해 제공되었다. F. Graeme Davis to Rev. Nishijima, 27 Apr. 1901. reprinted in *Light of Dharma* 1 (June 1901): 28-29. B. Sumendhankara to S. Sonoda, 29 Jan. 1901. reprinted in *Light of Dharma* 1 (June 1901): 28.

37 Arba N. Waterman to Paul Carus, 2 May 1898, Open Court Papers.

38 Andrew Carnegie, *Autobiography of Andrew Carnegie* (Boston: Houghton Mifflin, 1920), 207. Alexander Russel to *San Francisco Chronicle*, Autobiographical Sketch, 23 Sept. 1911, California Historical Society, San Francisco. "Alexander Russel, Figure in Civic Affairs, Is Dead," *San Francisco Chronicle*, 21 Dec. 1919. 위디Withee의 부고가 1911년 12월 15일자 〈St. Paul Pioneer Press〉지에 발견된다. 위디의 직업은 세인트폴 시 주소인명록에 기재되어 있다. 마하보리협회의 자선활동과 관련된 위디의 기부에 관해서는 다음을 참고하라. American Maha Bodhi Society, "Receipts for Indo-American Industrial Education Propaganda," [1 Apr. 1903], Open Court Papers. 편지를 썼을 당시 카루스를 알지 못했음이 분명한 클로위는 그의 『붓다의 복음』(*Gospel of Buddha*)에서 카루스가 불교를 다룬 내용에 대해 불평했으며, 카루스더러 시스터 상가미타(Sister Sanghamitta)로부터 불교에 관해 배우도록 제안했다. Clarence Clowe to Paul Carus, 17 June 1901, Open Court Papers. 러셀, 위디, 클로위 등의 이름은 모두 〈법의 빛〉지의 정기 구독자 명단에 등장한다.

39 거명된 모든 여성은 〈법의 빛〉지의 정기 구독자였다. 1906년 센서스에 따르면 85,717명의 크리스천 사이언스 성원 가운데 여성이 72퍼센트를 차지했고, 신지학

회 성원 2,336명 가운데 63퍼센트가 여성이었으며, 정신주의자 35,056명 중 55퍼센트가 여성이었고, 감리교도 5,749,838명 중 62퍼센트가 여성이었다. 보편구제론자들과 바하이 신도를 포함한 다른 여러 그룹은 여성회원이 60퍼센트나 그 이상이었다. 보편구제론자들 64,158명 중 33,346명이 여성이었고, 바하이신도 1,280명 중 842명이 여성이었다.

40 1904년 이전에는 〈법의 빛〉지가 300부에서 400부 가량 발행되었는데, 잡지를 받아보는 많은 기관이 여러 권(대개 5권)을 구입했으므로, 1904년 10월부터 매호 200부를 더 늘리기 시작했다. 이 수치들은 정기 구독 목록에 포함된 수치와 잡지 지면에 들어 있는 정보에 토대해 추정한 것이다. 정기 구독 명부에 따르면, 태평양 연안과 하와이에 소재한 일본 불교사원들이 이 잡지를 여러 권 구입했다. 적어도 9개 대학 도서관들이 이 잡지를 받아보았는데, 당시 주요 대학들 가운데 대다수인 하버드, 예일, 콜롬비아, 존스 홉킨스, 펜실베이니아, 스탠포드, 버클리가 포함되어 있었다. 이 잡지는 또한 미국 내와 해외에 적어도 36개의 다른 잡지 및 신문과 교환동의가 맺어져 있었다. 〈오픈코트〉지의 발행부수에 관해서는 다음을 참고하라. Mott, *American Magazines* 4: 302.

41 Henry Steel Olcott, *The Buddhist Catechism*. Paul Carus, ed., *The Gospel of Buddha* (1894; Tucson: Omen, 1972).

42 "Golden Gate Lodge," *Light of Dharma* 2 (Aug. 1902): 112. 1906년의 센서스 수치에 따르면, 불교에 대한 관심이 정점의 끝에 다다를 즈음, 신지학회 회원들이 2,336명, 윤리적 문화협회 회원들이 2,040명, 정신주의자 회원들이 35,056명이었다. 이 그룹들 내의 불교 동조자들의 비율은 신지학회 회원들 사이에서 가장 최대가 될 것인데, 특히 신지학회가 힌두교보다는 불교에 초점을 맞추었던 동안(대략 1881년부터 1907년까지) 그랬다. 아무도 여태껏 마하보리협회의 미국인 회원수나 정토사원과 연관된 이들의 신빙성 있는 회원 수를 밝혀내지 못했다. 그러나 그 수는 필시 결코 아주 많지는 않을 것이다. 샌프란시스코 포교와 관련된 백인 불교 그룹인 붓다달마상가(The Dharma Sangha of Buddha)에는 단지 25명의 회원이 있었던 듯하다.

43 Versey, *Emergence of the American University*, 281. 일찍이 몇 년 전에 하버드의 전통적인 경쟁대학에서 불교적 관심에 관한 보고서가 나온 적이 있었다. 일본 출신 두 명의 니찌렌 불교도(니찌렌 스님의 종지를 받들어 법화경을 중시하는

일본 불교도)가 예일 대학교에서 철학을 공부하고 있었는데, 캠퍼스에서 불교 전통이 지닌 지성적 이익에 대해 설명하기 시작했다. 한 보고서에 따르면, 그들은 예일에서 "어느 정도 센세이션을" 일으켰으며, "당연히 반대도 있었지만, 일부 미국교수와 학생들은 그 선언에 공감했다." 다음을 참고하라. Buddhism in Yale University in America," *Maha Bodhi* 11 (Oct. 1902): 104.

44 Olcott, *Old Diary Leaves*, 4: 113. 통일교와 새로운 종교 운동이 지닌, 신도수와 어울리지 않는 영향력에 관해서는 다음을 참고하라. J. Milton Yinger, *Countercultures: The Promise and Peril of a World Turned Upside Down* (New York: The Free Press, 1982), 233.

제3장 │ 비전 불교도, 합리적 불교도, 낭만적 불교도

1 Jeanie Drake, "Under the Bodhi Tree," *Catholic World* 52 (Jan. 1891): 570, 573.

2 Drake, "Bodhi Tree," 577, 579.

3 C. T. Strauss to Paul Carus, 9 July 1896, Open Court Papers.

4 베버는 자신의 다양한 연구에 이념형을 활용했다. 이런 개념들에 대한 가장 도움이 되는 이론적 토론 가운데 하나를 보려면 다음을 참고하라. Max Weber, " 'Objectivity' in the Social Sciences and Social Policy," in *Methodology in the Social Sciences,* trans. Edward A. Shils and Henry A. Finch (New York: Free Press, 1949), 49–112. 또한 다음을 참고하라. Max Weber, *Economy and Society*, ed. Geenther Roth and Claus Wittich (Berkeley: University of California Press, 1978), 1: 4–7, 20–22. 베버의 이념형 이론에 대한 비판적 논의를 보려면 다음을 참고하라. Alexander Von Shelting, "Max Webers Wissenshaftslehre," in *Max Weber's Ideal Type Theory*, ed. Rolf E. Rogerss (New York: Philosophical Library, 1969), 45–55; J. W. N. Watkins, "Ideal Types and Historical Explanation," in *The Philosophy of Social Explanation*, ed. Alan Ryan (Oxford: Oxford University Press, 1973), 82–104; Alfred Schutz, "Problems in Interpretive Sociology," in *Philosophy of Social Explanation*, ed. Ryan, 203–19; and Susan Hekman, Weber: *The Ideal Type and Contemporary Social Theory* (Notre Dame, Ind.: University

of Notre Dame Press, 1983). 베버가 자신의 연구에 활용한 다양한 이념형들에 관한 논의를 보려면 다음을 활용하라. Hekman, *Weber*, 38-60.

5 물론, 이런 유형학은 여타의 그룹, 문화, 시기 따위를 연구하는 데 일정한 유용성을 지닐지 모른다. 한 학자가 내 박사학위 논문에서 윤곽을 잡아놓았던 유형학의 수정판을 세기 전환기의 미국 바하이교도 간의 관점의 범위를 해석하기 위해 이미 활용한 바 있었다. 다음을 참고하라. Robert Harold Stockman, "The Baha'i Faith and American Protestantism" (Th. D. diss., Havard Divinity School, 1990), 51-88.

6 베버는 자신의 많은 책과 논문에서 "선택적 친화력"이라는 개념을 사용했다. 한 좋은 사례가 1922년에 그의 『경제와 사회』(Wirtschaft und Gesellschaft)의 일부로서 처음 출판된 『종교사회학』(*Sociolgoy of Religion*)에서 발견될 수 있다. 다음을 참고하라. Weber, *Economy and Society*, 1: 468-518.

7 Howard Kerr and Charles L. Crow, Introduction, *The Occult in America: New Historical Perspectives*, ed. Howard Kerr and Charles L. Crow (Urbana: University of Illinois Press, 1983), 16. Robert Galbreath, "Explaining Modern Occultism," in *Occult in America*, ed. Kerr and Crow, 18-19.

8 이러한 고백은 인용이나 논평 없이 필란지 다사가 〈불교도의 빛〉지에 게재한 〈디트로이트 트리뷴〉지로부터 발췌한 글에 나온다. 다음을 참고하라. Vetterling, "Growth of Enlightenment," 4. 샌프란시스코시 주소성명록에 스토다드의 직업이 '영매'로 올라 있다. '여성 전문직' 사례로서 영매에 관해서는 다음을 참고하라. Moore, In Search of White Crows, 102-29. H. P. Blavatsky, *The Key to Theosoph y⋯⋯* (London: The Theosophical Publishing Company; New York: W. Q. Judge, 1889), 12-15. William H. Galvani, "Buddhism and Theosophy," *Maha Bodhi Society* 5 (May-June 1896): 8.

9 Guruge, ed., *Return to Righteousness: A Collection of Speeches, Essays, and Letters of Anagarika Dharmapala*, 685, 687. 올콧의 직함에 대해서는 다음을 참고하라. Maha Bodhi Society, *Maha Bodhi Society*, 69. 마하보리협회 회원들은 자기네 그룹의 장로불교를 신지학협회의 가르침이 비교적秘教的으로 혼합된 것과 구분 짓고자, 세기 전환기 직전에도 실제 노력을 경주했다. 예를 들어 1896년의 한 글에서 신원을 확인할 수 없는 한 저자가 "붓다는 어떠한 비밀리에 전하는

가르침도 퍼지 않았으며 점성술, 손금보기 및 여타 미신과 같은 저열한 과학은
불교에는 생소하다"고 주장했다. 다음을 참고하라. "Esoteric and Exoteric
Buddhism," *Maha Bodhi* 4 (Feb. 1896): 79.

10 Henry Steel Olcott, "Col. Olcott's Address at the Buddhist Mission," *Light of
Dharma* 1 (Apr. 1901): 9-13. K. Nishijima to 〔Dharmapala〕, 20 Apr. 1901,
reprinted as "Buddhism in America," in *Maha Bodhi* 10 (Aug. 1901): 48-49.
D. T. Suzuki, "Individual Immortality," *Light of Dharma* 3 (Oct. 1903): 67-72.

11 마하보리협회에 상당한 재정적 지원을 한 호놀룰루 출신의 부유한 신지학회
회원인 포스터에 대해선 다음을 참고하라. Maha Bodhi Society, *Maha Bodhi
Society*, 77, 101, 137. 쉬어러에 대해선 다음을 참고하라. "Miss C. Shearer,"
Maha Bodhi 15 (Sept. 1907): 140. 샌프란시스코의 일본인 승려들의 기록에
따르면, 쉬어러는 수많은 미국인들을 불교로 "안내하고" 자기네 불교잡지를 권유
하는 일을 맡고 있었다고 한다. 다음을 참고하라. List of Subscription,
Contribution, and Exchange. The *Light of Dharma*, May 19, 1904. 세기가 바뀌기
직전에 쉬어러는 또한 실론에서 불교활동을 전개한 바 있다. 훗날 일본에서
공부한 뒤에 쉬어러는 미얀마에 불교여학교를 설립해 달라는 요청을 받았다.
이 계획에 관해서는 다음을 참고하라. Marie Canavarro to Paul Carus, 24 Oct.
1909, Open Court Papers. 또한 이 선집에 실린 카나바로가 쓴 서신과 그녀에
관한 서신을 참고하라. 몬슬라바트 비교종교학 스쿨을 설립한 영적으로 절충주의
적인 파머Farmer는 마하보리협회에 기고했고 〈법의 빛〉지를 정기 구독했으며,
달마팔라를 메인 주 엘리엇에 있는 자신의 농장 그린에이커에서 열린 대회에
초대함으로써 간접적으로 불교를 진흥시키고자 했다. 카나바로는 신사상(New
Thought: 인간의 신성神性을 강조하여 올바른 사상이 병과 과실을 억제할 수
있다고 여기는 19세기에 생겨난 일종의 종교 철학), 베단타 힌두교, 바하이에
좀 더 이끌렸던 듯하다. 그런데 카나바로와 당시의 많은 여성들은 오컬트에
대한 관심을 불교에 대한 관심과 결합시켰다. 전기적 정보를 보려면 다음을
참고하라. *Who Was Who in America*, 1897-1942, s.v. "Farmer, Sarah." 신사상에
대한 파머의 이해를 보려면 다음을 참고하라. Sarah J. Farmer, "The Abundant
Life," *Mind* 5 (Dec. 1899): 212-17. 그린에이커에 대한 파머의 견해를 보려면
다음을 참고하라. Sarah J. Farmer, "The Purpose of Greenacre," *Mind* 5 (Oct.

1899): 6-9. 여성들과 대안적 종교에 관해 보려면 다음을 참고하라. Mary Farrell Bednarowski, "Outside the Mainstream: Women's Religion and Women's Religious Leaders in Nineteenth Century America," *Journal of the American Academy of Religion* 48 (June 1980): 207-31.

12 Marie Carnavarro to Paul Carus, 22 Dec. 1900, Open Court Papers. Marie Canavarro to Paul Carus, 28 May 1901, Open Court Papers. Martin E. Marty, "The Occult Establishment," *Social Research* 37 (Summer 1970): 212-30. 존슨은 〈법의 빛〉지 정기 구독자로 플라톤주의적이고 신플라톤주의적인 저작들을 쓰고 편집하고 번역했다. 존슨은 비교적 알려지지 않은 두 개의 정기간행물인 〈플라톤주의자〉(The Platonist, 1881-88)와 〈비블리오테카 플라토니카〉(Bibliotheca Platonica, 1889-90)지를 편집했으며, 자신의 '비전 불교에 대한' 관심이 전자의 잡지에 쓴 글들의 일부에서 드러났다. 예를 들어 플라톤의 저작과 플라톤주의적 저작 및 신플라톤주의적 저작의 번역과 더불어, 존슨은 다음과 같은 글을 집필했다. "The Magnetic Mysteries," Platonist 2 (1884): 131-32; "Notes on the Kabbalah," *Platonist* 3 (1887): 91-101; 그리고 "The Taro," *Platonist* 2 (1884): 126-28.

13 Olcott, Old Diary Leaves, 4: 99. 안나 브라운에 관해서는 다음을 참고하라. Albert J. Edmunds, Diary 11, 14-15 Jan. 1907, 18 Mar. 1907, Albert J. Edmunds Papers. 에드먼즈는 브라운이 실론과 인도에서 2년을 보낸(1904-1906) "블라바츠키류의 신지학회 회원"이라고 말했지만, 그녀가 그곳에서 배워온 이해의 수준에는 별반 감동을 받지 못했다.

14 [D.] Teitaro Suzuki, rev. of *Christianity Reconstructed* [formerly *Catechism for a Young Christian*], by Albert J. Edmunds, *The Eastern Buddhist* 2 (Nov. 1922): 92. '목소리'에 대해서는 다음을 참고하라. Albert J. Edmunds Diary 11, 14 July 1906, Albert J. Edmunds Papers. 정신감응(텔레파시)에 대해서는 다음을 참고하라. Albert J. Edumunds, Diary 11, 14 July 1906, Albert J. Edmunds Papers. 또한 다음을 참고하라. Albert J. Edmunds, "Has Swedenborg's 'Lost Word' Been Found?" *Journal of the American Society for Physical Research* 7 (May. 1913): 257-71; Albert J. Edmunds, "F.W.H. Meyers, Swedenborg, and Buddha," *Proceedings of the American Society for Physical Research* 8

(Aug. 1914): 253-85. 자신이 일리노이 라살에서 스즈키와 함께 지낸 일주일 뒤, 어떻게 스즈키가 스베덴보리에 관심을 갖도록 만들었는지에 대한 에드먼즈의 설명을 보려면 다음을 참고하라. Albert J. Edmunds, Diary 10, 18 July 1903, Albert J. Edmunds Papers. 이런 관심은 지속되어 스즈키는 스베덴보리의 저작을 일본어로 계속 번역했다.

15 Helena Petrovna Blavatsky, *Posthumous Memoirs of Helena Petrovna Blavatsky. Dictated from the Spirit-World, upon the Typewriter, Independent of All Human Contact, under the Supervision of G. W. N. Yost*⋯⋯ (Boston: J. M. Wade, 1896). "A Sacred Buddha in Wood," *Light of Dharma* 2 (Aug. 1903): 109-10. Joseph M. Wade, "The One Life-Necessary Action," *Light of Dharma* 2 (1902): 24-25. 또한 다음을 참고하라. "Joseph M. Wade, Publisher, Friend of Japan, Student of the Occult," *Boston Evening Transcript,* 23, Jan. 1905, 16. Paul Carus to His Excellency Count Canavarro, 19 March 1912, Open Court Papers. 알베르스에 대해서는 다음을 참고하라. "A Biographical Sketch," *Open Court* 19 (Oct. 1905): 637-38. 알베르스와 카루스 간의 서신왕래의 사례를 보려면 캘커타의 마하보리협회 본부에서 온 이 14페이지짜리 편지를 참고하라. A. C. Albers to Paul Carus, 23 Oct. 1901, Open Court Papers. 그녀의 종교적 시의 사례에 대해서는 다음을 참고하라. A. Christina Albers, "Reincarnation," *Light of Dharma* 2 (Apr. 1902): 19-20.

16 올콧의 생애와 사상에 관해서는 다음을 참고하라. Howard Murphet, *Hammer on the Mountain: The Life of Henry Steel Olcott (1832-1907)* (Wheaton, Ill.: The Theosophical Publishing House, 1972), 그리고 Stephen Prothero, "Henry Steel Olcott (1832-1907) and the Construction of 'Protestant Buddhism'" (Ph. D. diss., Harvard University, 1990). 또한 미국에서 아시아의 종교와 대안적 종교를 다룬 이런 저작과 여타 저작들 속에서 올콧에 관한 구절이나 섹션을 보려면 다음을 참고하라. Campbell, *Ancient Wisdom Revisited,* 6-8, 20-29, 34-35, 76-86, 96-100, 103-11, 113-18; Ellwood, *Alternative Altars,* 104-35; Jackson, *Oriental Religions and American Thought,* 157-77. 올콧에 관해 출간된 최상의 자료는 필시 신지학회의 역사에 관해 그 자신이 직접 기술한 여러 권에 달하는 성찰들(『옛 일기』[*Old Diary Leaves*])와, 〈신지학회 회원들〉, 그리고

〈마하보리〉 같은 신지학과 불교 쪽의 정기간행물에 실린 당시의 기사와 논설들일 것이다.

17 Olcott, *Old Diary Leaves*, 1: 1-9, 1: 113-46.

18 Olcott, *Old Diary Leaves*, 2: 298-303; 3: 351-52; 4: 106-15; 4: 402-8. Olcott, *Buddhist Catechism*, 344, 38, 380.

19 나는 새크라멘토의 캘리포니아 주립 도서관에 소장된 캘리포니아 사망확인서의 부록을 참조하여, 카나바로의 사망(그리고출생) 연월일을 확정지었다. 카나바로의 삶에 관한 여타의 사실들은 그녀의 자서전(『근동에 대한 통찰〔*Insight into Far East*〕』), 폴 카루스와 그녀의 서신왕래(Open Court Papers), 바하이 신앙의 수장인 압둘바하와 그녀의 서신왕래(Baha'i National Archives), 그리고 잡지와 신문에 게재된 짤막한 당시의 기사들에 들어 있는 대목들을 짜깁기해서 마련된다. 이런 자료들 가운데 가장 믿을 만한 것은 다음과 같은 것인 듯하다. "Funeral Will Be Held for Author," Glendale News Press, 27 July 1933, 8; Ella Wheeler Wilcox, "Women in the Orient," *New York Journal*, 20 Nov. 1901, editorial page; and "Countless Canavarro's First Lecture in Calcultta," *Maha Bodhi* 8 (May 1899): 5-6. 또한 다음을 참고하라. Paul Carus, "Sister Sanghamitta," *Open Court* 15 (Apr. 1901): 251-52; Paul Carus, "A Modern Instance of World Renunciation," *Open Court* 2 (Feb. 1899): 111-17; "Sister Sanghamitta the Buddhist Nun," *Light of Dharma* 1 (Apr. 1901): 21; Sister Sanghamitta 〔Marie Canavarro〕, "Peace and Blessings," Letter from Sister Sanghamitta to Rev. M. Mizuki, 12 May 1901, reprinted in *Light of Dharma* 1 (June 1901): 88-90; "True till Death," *Maha Bodhi* 7 (Apr. 1899): 114-15. Canavarro, *Insight into Far East*, 13.

20 이 의식을 기술한 한 가지 자료를 보려면 〈뉴욕저널〉(*New York Journal*) 1897년 호에 실려 있는 글을 참고하라. 이는 다음에 다시 개재되었다. *Maha Bodhi*: "A Unique Ceremony in America," *Maha Bodhi* 6 (Nov. 1897): 55-56.

21 카나바로가 실론을 떠난 이유에 관해서는 다음을 참고하라. Marie Canavarro to Paul Carus, 22 Nov. 1899, Open Court Papers. Paul Carus to Count Canavarro, 19 March 1912, Open Court Papers. 아시아와 미국에서 마하보리협회를 위해 카나바로가 전개한 활동에 대한 풍부한 증거가 있다. 아시아에서 카나바로의

활동을 보려면 다음을 참고하라. Marie Canavarro to Paul Carus, 20 Mar. 1899, Open Court Papers. 카나바로가 10명의 이사 중 한 명으로 봉직했고, 시카고와 뉴욕의 그룹들을 양성하는 일을 도왔던 미국에서 벌인 그녀의 활동에 관해서는 다음을 참고하라. Marie Canavarro to Paul Carus, 3 Oct. 1901, Open Court Papers.

22 불교에 대한 카나바로의 계속되는 관심에 관해서는 다음을 참고하라. Marie Canavarro to Paul Carus, 24 Oct. 1909, Open Court Papers. 카나바로는 1901년에 그린에이커에서 불교에 관한 네 차례 강연을 했고, 그녀가 쓴 서신에 따르면, 그녀는 이어지는 여름철마다 그곳으로 갔다고 한다. 이어지는 강연들에 관해서는 다음을 참고하라. Kenneth Walter Cameron, ed., *Transcendentalists in Transition: …… the Greenacre Summer Conferences and the Mosalvat School (1894-1909) ……* (Hartford Transcendental Books, 1980), 125, 163. 카나바로가 바하이에 관련되는 데 관해서는 다음을 참고하라. Marzieh Gail, Foreword, *The Master in 'Akká*, by Myron H. Phelps (1903; Los Aneles: Kalimat Press, 1985). 그린에이커에 관해서는 다음을 참고하라. Robert P. Richardson, "The Rise and Fall of the Parliament of Religions at Greenacre," *Open Court* 46 (Mar. 1931): 129-66. 또한 다음을 참고하라. Charles Mason Remey, "Reminiscences of the Summer School Greenacre Eliot, Maine," 1949, National Bahái Archives.

23 이를테면, 출간된 카나바로의 강연집 두 권을 참고하라. Sister Sanghamitta, "Nirvana," *Light of Dharma* 1 (Dec. 1901): 22-24; 1 (Feb. 1902): 19-21; 2 (Apr. 1902): 25-26; 2(Aug. 1902): 88-90 그리고 Sister Sanghamitta, "The Ethics of Buddhism: Or, The Eightfold Path," *Light of Dharma* 1 (June 1901): 10-14. 카나바로가 '목소리'를 들었다는 것과 관련된 논쟁에 관해서는 다음을 참고하라. Dr. Carter to Paul Carus, 14 Aug. 1908, Open Court Papers. 그녀 소설 속의 오컬트에 대한 공감어린 묘사를 보려면 다음을 참고하라. Marie deS〔ouza〕 Canavarro, *The Broken Vase* (Boston: Christopher, 1933), 108.

24 베터링의 종교적 교육과 목사 서품에 관해서는 다음을 참고하라. Edw. C. Mitchell, "An Opportunity," *New Jerusalem Messenger* 24 (Jan-June 1873): 58. 베터링의 전기에 담긴 이런저런 내용에 관해서는 다음을 참고하라. Horace B. Blackmer,

Biographical Note about Vetterling from an Account by Mr. Whittemore, 30 Sept. 1950, Library, Swedenborg School of Religion, Newton, Massachusetts. 스캔들에 관해서는 다음을 참고하라. "Sad If True: A Serious Charge against the Rev. Mr. Vetterling," *Detroit Post and Tribune*, 7 July 1881. 캘리포니아 파사데나의 신지학협회에 소장된 회원 기록명부에는, 베터링이 미네소타의 세인트폴에 살고 있던 1884년 7월 27일에 협회에 가입했다고 나타나 있다. 이 전형적인 비전 불교인에 관한 문헌상의 짤막한 언급이 일부 존재하지만, 그러나 이런 기술에는 전기적 정보가 거의 담겨 있지 않고, 베터링의 저작에 관한 어떠한 분석도 없다. 다음을 참고하라. Paul Carus, *The Spiritual Crisis of the Gilded Age* (Dekalb: Northern Illinois University Press, 1971), 206-7; Fields, *How the Swans Came to the Lake*, 130-32. 나는 산호세 공립도서관에서 베터링의 출생과 사망일자 및 몇 가지 그 밖의 중요한 전기적 사실을 발견했다. *Authors of Santa Clara County*, n.p., n.d. 〔1954년 2월 이후〕.

25 그의 직업을 '농부'로 기묘하게 언급한 대목이 다음에 나온다. Polk-Husted Directory Company, *San Jose City and Santa Clara County Directory* (San Jose: Mercury Publishing Company, 1910), 609. 그는 분명 인생 후반부에 적어도 파트 타임으로라도 농사일에 착수했다. Philange Dasa, *Swedenborg the Buddhist; Or, The Higher Swedenborgianism: Its Secrets and Thibetan Origin* (Los Angeles: The Buddhistic Swedenborgian Brotherhood, 1887), 3, 3-4, 10, 12, 54, 94.

26 "A 'Theosophical' Attack on the New Church," rev. of *Swedenborg the Buddhist*, by Philangi Dasa, *New Church Life* (Feb. 1888): 24-25. James L. Foulds, "Swedenborg and Buddhism," rev. of *Swedenborg the Buddhist*, by Philangi Dasa, *New Church Megazine* 〔London〕 11 (1892): 12-17. 〔Vetterling〕, *Swedenborg the Buddhist*, 322.

27 〔Vetterling〕, *Swedenborg the Buddhist*, 322. 〔Veterlling〕, "Prospectus," *Buddhist Ray* 1 (Jan. 1888): 1.

28 Paul Carus to T. B. Wakeman, 12 Feb. 1896, Open Court Papers. 헨리 메이(Henry May)의 용어를 사용한다면, 이 '회의주의적 계몽사상'은 합리주의자들에게 특별한 중요성을 지녔다. 다음을 참고하라. May, *Enlightenment in America*, 105-49.

'초자연적 합리주의'에 관해서는 다음을 참고하라. Conrad Wright, *The Liberal Christians: Essays on American Unitarian History* (Boston: Unitarian Universalist Association, 1970), 1-21. 미국의 계몽사상과 이신론에 관해 다음을 참고하라. May, *Enlightenment in America*; Adolf E. Koch, *Religion of the American Enlightenment* (1933; New York: Crowell, 1968), 74-113; 그리고 David Lundberg and Henry F. May, "The Enlightened Reader in America," *American Quarterly* 28 (Summer 1976): 262-71. 스코틀랜드 상식철학의 영향력에 관해서는 다음을 참고하라. Sydney E. Ahlstrom, "The Scottish Philosophy and American Theology," *Church History* 24 (Sep. 1955): 247-72.

29 Robert Green Ingersoll to Paul Carus, 29 June 1895, Open Court Papers.

30 Felix Adler, *The Religion of Duty* (New York: McClure, Philips, 1905).

31 아들러가 공동 편집하던 세련된 한 잡지가 윤리적 문화협회보다 더 광범위한 기반인 〈국제윤리학저널〉(The International Journal of Ethics)지의 기반 위에 창간되었다. 이 잡지는 "윤리적 지식과 실천의 향상에 이바지" 했다. 윤리적 문화협회와 관련된 그 밖의 정기간행물처럼, 이 잡지는 불교에 초점을 맞춘 글과 불교를 지나치며라도 언급하는 그 밖의 많은 글들을 게재했다. 다음과 같은 한 교수가 쓴 현학적인 글을 참고해 보라. Johns Hopkins, Maurice Bloomfield, "The Essentials of Buddhist Doctrine and Ethics," *International Journal of Ethics* 2 (Apr. 1892): 313-26. 또한 다음을 참고하라. Tokiwo Yokoi, "The Ethical Life and Conceptions of the Japanese," *International Journal of Ethics* 6 (Jan. 1896): 182-204; Geroge William Knox, "Religion and Ethics," *International Journal of Ethics* 12 (Apr. 1902): 305-7; C. H. Toy, "The Religious Element in Ethical Codes," *International Journal of Ethics* 1 (Apr. 1891): 307. 아들러의 강연에 관해서는 다음을 참고하라. Albert J. Edmunds, Diary 10, 6 Mar. 1904, Albert J. Edmunds Papers. 에드먼즈의 강연은 그 첫 번째가 "불교의 성스러운 책들과 거기에 드러난 윤리적 가르침"이었는데, 그의 강연에 관해서는 다음을 참고하라. Albert J. Edumunds, Diary 10, 19 Oct. 1903, Albert J. Edmunds Papers. "The Buddhists of Brooklyn," *Maha Bodhi* 6 (Oct. 1897): 42. 이 1897년의 설명은 그 당시에 필시 뉴욕지역에서 발행된 확인되지 않은 미국신문에 의거한다. 무어씨가 달마팔라에게 자기네 그룹한테 연설을 해주어 고맙다는 내용이 담긴,

브룩클린 윤리연합의 통신담당자가 달마팔라에게 보낸 편지는 역시 똑같은 정기 간행물에 게재되었다. Henry Hoyt Moore to H. Dharmapala, *Maha Bodhi* 5 (Apr. 1897): 95. 무어와 제인스가 메인 주 소재 비교종교학을 위한 학교와 맺은 관계에 관해서는 다음을 참고하라. Cameron, *Transcendentalists in Transition*, 123. "Death of Dr. Lewis G. Janes," *Light of Dharma* 1 (Oct. 1901): 30. "Dr. Lewis G. Janes," *Maha Bodhi* 10 (Nov. 1901): 61-62.

32 Moncure Conway, "The Theist's Problems and Tasks," *Radical* 10 (June 1872): 423. 또한 다음을 참고하라. Moncure Conway, *The Sacred Anthology: A Book of Ethnical Scriptures* (New York: Henry Holt and Co., 1874). 콘웨이의 응답은 다음에 기록되어 있다. Moncure Conway, *My Pilgrimage to the Wise Man of the East* (Boston: Houghton, Mifflin, 1906), 133. 콘웨이의 실론으로의 여행에 관해서는 다음을 참고하라. Conway, *Pilgrimage*; Moncure Daniel Conway, *Autobiographies, Memories, and Experiences* (Boston and New York: Houghton Mifflin, 1904), 1: 143; 2: 328, 329. 또한 다음을 참고하라. Mary Elizabeth Burtis, *Moncure Conway, 1832-1907* (New Brunswick, N.J.: Rutgers University Press, 1952), 193, 220. *Woman's Who's Who of America, 1914-1915*, s.v. "Moore, Eleanor M. Hiestand." "List of the Subscription, Contribution, and Exchange. The Light of Dharma." [Eleanor M. Hiestand Moore], "The Ethical Side of the Material," *Light of Dharma* 3 (Oct. 1903): 76-79. 개종할 무렵의 슈트라우스의 직업은 〈필라델피아 타임스〉*Philadelphia Times*의 한 기사에서 확인되었다. 이 기사는 〈마하보리〉지의 "메모와 뉴스"란에 다시 게재되었다. "Buddhist Converts," *Maha Bodhi* 2 (Apr. 1894): 1-2. 윤리적 문화협회와 슈트라우스의 관련성에 대해서는 다음을 참고하라. "Remarkable Religious Researches of C. T. Strauss, of New York," *Maha Bodhi* 2 (Nov. 1893): 6. 슈트라우스에 관한 최상의 정보원은 오픈코트페이퍼스 출판사에서 나온, 그가 썼거나 누군가 그에게 보낸 그와 관련된 서신집이다. Strauss, *The Buddha and His Doctrine*, 104-5, 93-117.

33 럼에 관한 전기적 정보를 보려면 다음을 참고하라. *Biographical Dictionary of the American Left*, s.v. "Lum, Dyer," 그리고 럼의 조카와 동료 무정주의자 볼테린 드클레이어(Voltarine deCleyre: 1866-1912)가 쓴 논문: Voltarine deCleyre, "Dyer D. Lum," in *Selected Works of Voltairine deCleyre*, ed. Alexander

Berkman (New York: Mother Earth, 1915), 284-96. 드클레이어의 저서 『선집』
(*Selected Works*)의 서문을 쓴 히롤리테 하벨은 럼이 볼테린의 "교사, 그녀의
터놓고 말할 수 있는 절친한 친구이자 동료"라 말했지만, 그러나 그들의 서신을
보건대, 그들의 관계는 그보다 훨씬 더 강렬하고 친밀했다. 사실상 남아 있는
둘 사이에 오고간 70통 이상의 편지는 럼의 말년과 그의 사상에 관한 또 하나의
유익한 자료다(Houghton Library, Harvard University, Cambridge). 또한 다음을
참고하라. Dyer D. Lum, "Autobiographical P. S.," 13 May 1892, The Joseph
Ishill Collection, University of Florida, Gainesville. 휴톤 도서관의 두 글은 럼의
유머감각과 반어법을 보여주며, 그의 철학적 입장을 풍부하게 이해할 수 있게
도와준다: "Jottings" 그리고 "The One and the All." 럼의 알콜중독에 관해서는,
예를 들어 다음을 참고하라. Dyer Lum to Voltairine deCleyre, 25 Sept. 1887,
Houghton Library. 『미국좌파의 전기적 사전』(*Biographical Dictionary of the
American Left*)에서 럼의 항목을 쓴 저자인 버나드 K. 존폴은 럼이 말년에 아편에도
중독되었다고 말한다.

34 내가 알 수 있는 한, 럼을 언급하기까지 한 미국 종교사상을 연구하는 유일한
학자는 칼 잭슨Carl Jackson으로, 그는 럼의 강연인 「그럼에도 불구하고 불교」의
한 구절을 할애했다: Jackson, *Oriental Religions*, 106. 거의 오직 미국의 정치적
좌파 학생들만이 2차 문헌들에서 럼을 주목했다. 다음을 참고하라. Bruce C.
Nelson, *Beyond the Martyrs: A Social History of Chicago's Anarchists, 1870-1900*
(New Brunswick and London: Rutgers University Press, 1988), 214, 217; William
O. Reichert, *Partisans of Freedom: A Study in American Anarchism* (Bowling
Green, Ohio: Bowling Green Popular Press, 1976), 236-44; James Martin, *Man
Against the State: The Expositors of Individualist Anarchism in America,
1827-1908* (Colorado Springs: Ralph Myles, 1970), 259-61. 모르몬교도에 대한
럼의 무정부주의적 옹호에 관해서는 다음을 참고하라. John S. McCormick,
"An Anarchist Defends the Mormons: The Case of Dyer D. Lum," *Utah Historical
Quarterly* 44 (Spring 1976): 156-69. 럼의 '비판적' 면모에 관해서는 다음을
참고하라. Dyer Lum to Voltairine deCleyre, n. d. (folder 1), Houghton Library.
럼의 콩트 독서에 관해서는 다음을 참고하라. Dyer Lum to Voltairine deCleyre,
14 Sept. 1890, Houghton Library.

35 Lum, "Buddhism Notwithstanding," 208. Dyer Lum, "The Basis of Morals: A Posthumous Paper of an Anarchist Philosopher," *The Monist* 7 (July 1897): 554-70. Lum, "Buddhism Notwithstanding," 195.

36 Dyer D. Lum, "Nirvana," *The Radical Review* (Aug. 1877): 260-62. DeCleyre, "Dyer D. Lum," 289-90.

37 카루스에 관한 전기적 정보를 보려면 다음을 참고하라. *Dictionary of American Biography*, s.v. "Carus, Paul" 그리고 James Francis Sheridan, "Paul Carus: A Study of the Thought and Work of the Editor of the Open Court Publishing Company" (Ph. D. diss., University of Illinois, 1957). 또한 카루스가 편집한 〈오픈코트〉지 1919년 9월호에서 그와 관련된 여러 글들을 참고하라. 현재 오픈코트페이퍼스 출판사에서 선집으로 출간한 카루스의 대규모 서신집에는 뜻 깊은 정보가 들어 있다. 카루스의 사상 분석을 위해서는 다음을 참고하라. William H. Hay, "Paul Carus: A Case Study of Philosophy on the Frontier," *Journal of the History of the Ideas* 17 (Oct, 1956): 498-510; Donald H. Meyer, "Paul Carus and the Religion of Science," *American Quarterly* 14 (Winter 1962): 597-607; Carl T. Jackson, "The Meetings of East and West: The Case of Paul Carus," *Journal of the History of the Ideas* 29 (Jan.-Mar. 1968): 73-92. 다음에도 역시 정보가 있다. Fader, "Zen in the West."

38 Marie Canavarro to Paul Carus, 3 Jan. 1899, Open Court Papers.

39 Paul Carus to Charles E. Hooper, 21 Aug. 1899, Open Court Papers. Paul Carus, "Religion and Science," *Open Court* 1 (1877-78): 405-7. Paul Carus, *The Religion of Science* (Chicago: Open Court, 1893). 불교에 관한 카루스의 합리주의적 해석의 사례를 보려면 다음을 참고하라. Paul Carus, *The Dharma; Or, the Religion of Enlightenment* (Chicago: Open Court, 1897).

40 헤켈의 입장을 잘 요약한 것을 보려면 다음을 참고하라. Ernest Haeckel, *The Monistic Alliance: Theses for the Organization of Monism* (St. Louis: Bund der Freien Gemeinden und Freidenker—Vereine von Nord Americka, 1904). 일원론과 카루스판 일원론에 관해서는 다음을 참고하라. Sheridan, "Paul Carus," 7-18, 32-62.

41 Theodore Parker, "The Transient and the Permanent in Christianity," in *Three*

Prophets of Religious Liberalism: Channing, Emerson, and Parker, by Conrad Wright (Boston: Unitarian Universalist Association, 1983), 113-49. Carus, *Gospel of Buddha*, viii, vi, viii, x, viii.

42 윌슨에 대한 카루스의 영향을 드러내는 증거를 보려면 다음을 참고하라. Wilson, "Buddhism in America," 3; Thomas B. Wilson, "The Great Teachers," *Light of Dharma* 2 (1902): 9-10. 나는 샌프란시스코 베이 지역의 전기적 사전, 지역 발달사, 신문의 색인이나 도서관 목록에서 토마스 B. 윌슨에 관한 언급을 전혀 찾을 수가 없었다. 혹은 좀 더 정확히 말해, 기록에 등장하는 이 똑같은 이름을 가진 여러 남자들 가운데, 있다손 쳐도 누가 불교에 관해 글을 썼던 인물인지를 자신 있게 구분해낼 수가 없었다. 윌슨의 이름은 또한 불교 동조자들에 관한 자료를 담은 원고선집 목록이나 다른 곳의 선집 목록들에도 역시 나오지 않는다. 윌슨이 〈오버랜드 먼슬리〉를 편집한 것에 관해서는 다음을 참고하라. Mott, *History of Megazines*, 2: 402.

43 *Nisshi*, Archives, Buddhist Churches of America. 윌슨의 강연은 다음에 다시 게재되었다. Thomas B. Wilson, "The Philosophy of Pain," *Light of Dharma* 1 (Aug. 1901): 16-21.

44 윌슨에 의해 〈오버랜드 먼슬리〉지의 쟁점들 가운데 하나로 포함되었던 불교에 관한 한 익명의 글에는 "어느 자유주의적 종교론자가 씀"이라는 서명이 있었다. 이 논설은 윌슨이 썼음에 거의 틀림없다. 왜냐하면 논설의 언어, 문체 및 내용이 〈법의 빛〉지에 토마스 B. 윌슨이 기고했던 글과 흡사하기 때문이다. 또한 5월 7일자 〈샌프란시스코콜〉지에 실린 이 쟁점에 관한 한 논평에 따르면, 윌슨이 여러 글을 기고했지만, 그럼에도 단지 한 글에만 그의 이름이 들어 있었다. By a Liberal Religionist, "Concerning Buddhism," *Overland Monthly* 45 (May 1905): 387-89. Wilson, "Buddhism in America," 3. Thomas B. Wilson, "Buddhism-Rationalism," *Light of Dharma* 2 (June 1902): 46-49. Wilson, "Buddhism in America," 2, 4. Carus, *Dharma*, 45-46.

45 Wilson, "Buddhism in America," 2-3.

46 Thomas B. Wilson, "The String of Life," *Light of Dharma* 1 (Dec. 1901): 12. [Wilson], "Concerning Buddhism," 387. Wilson, "Great Teachers," 7. Ernest Fenollosa to Isabella Stuart Gardner, n. d. [c. 1897], Fenway Court Museum.

406

페놀로사가 이 편지에서 인용한 구절은 다음에 나와 있다. Chisolm, *Fenollosa*, 104.

47 Gabriel Weisberg et. al., Japonisme: *Japanese Influence on French Art, 1854-1910* (Cleveland: Cleveland Museum of Art, [1975]). Society for the Study of Japonisme, *Japonisme in Art: An International Symposium* (Tokyo: Committee for the Year 2001, 1980). Siegfried Wickmann, *Japonisme: Ostasien-Europa: Begegnungen in der Kunst des 19. und 20. Jahrhunderts* (Herrshing: Schuler, 1980). Clay Lancaster, *The Japanese Influence in America* (New York: Walton H. Rawls, 1963).

48 물론 내가 부룩스, 리어스와 여타 역사가들을 지나치게 단순하게 특징화하고 있긴 하지만, 그러나 일반적인 서술은 내가 여기서 드러내는 것과 아주 흡사하다. Van Wick Brooks, "Fenollosa and His Circle," in *Fenollosa and His Circle: With Other Essays in Biography* (New York: Dutton, 1962), 1-68. Lears, *No Place of Grace*, 225-41. Ernest Fenollosa, "Studies of Buddhism," Notebook, 27 June 1885, Houghton Library. Bigelow, *Buddhism and Immortality*.

49 라파지로부터 인용한 것의 출처는 다음과 같다. Jackson, *Oriental Religions and American Thought*, 214. 아담스의 '개종하지 않음'에 관한 구절은 똑같은 자료 212쪽에서 인용했다. Henry Adams, "Buddha and Brahma," *The Yale Review* 5 (Oct. 1915): 82-89. 이 시는 1895년에 씌어졌다. 아담스가 비글로우에게 보낸 편지는 다음에서 인용했다. Vern Wagner, "The Lotus of Henry Adams," *New England Quarterly* 27 (Mar. 1954): 86. 아담스의 저작에서 불교의 중심적 역할을 강조했던 이는 바로 이 논문 속의 와그너다.

50 매리 맥닐 페놀로사가 케이엔 아자리 문하에서 공부한 것에 관한 간략한 설명을 보려면 다음을 참고하라. Mary Fenollosa, Preface, *Epochs of Chinese and Japanese Art*, by Ernest F. Fenollosa (1912: New York: Dover, 1963), 1: x x. 아키코 무라카타는 그녀의 관심이 개종 수준에 달했다고 말했다. 다음을 참고하라. Akiko Murakata, "Ernest F. Fenollosa's 'Ode on Reincarnation,'" *Harvard Library Bulletin* 21 (1973): 51. 전기적 사전의 한 항목에 매리 페놀로사의 종교적 소속이 크리스천 사이언스로 나와 있다. 다음을 참고하라. *Who Was Who Among North American Authors, 1921-1939*, s. v. "Fenollosa, Mary." 그녀는 일부 다른 사람들처

럼 이중적 교적을 지녔을 수 있을 것이다. Mary McNeil Fenollosa, "The Path of Prayer," in *Out of the Nest: A Flight of Verses* (Boston: Little, Brown, and Company, 1899), 47-48.

51 Ernest F. Fenollosa, "Chinese and Japanese Traits." Ernest F. Fenollosa, *East and West: The Discovery of America and Other Poems* (New York: Crowell, 1893). Ernest F. Fenollosa, *Epochs of Chinese and Japanese Art.* 그가 일본문화에 매료된 증거를 보려면 다음을 참고하라. Fenollosa, *East and West*, 39-55. 치솔름 이 쓴 페놀로사 전기가 너무도 탁월하므로, 사례로 든 그 밖의 좀 더 애매한 인물들 일부에게 필요한 만큼 자세히 여기서 페놀로사의 생애와 업적을 재구축할 필요는 없다. 페놀로사에 관한 그 밖의 2차 문헌을 참고하려면, 치솔름의 책에 있는 서지학적 주석(257-79)을 참고하라. 치솔름의 책에는 또한 관련된 원고의 출처와 페놀로사가 쓴 출간된 책들 목록에 대한 안내(270-76)가 들어 있다.

52 Mary Fenollosa, Preface, *Epochs of Chinese and Japanese Art*, x v. 불교에서 영감을 받은 미술에 대한 페놀로사의 깊은 관심을 보여주는 증거를 보려면 다음을 참고하라. Ernest F. Fenollosa, Notebooks, 3 Aug. 1884, Houghton Library. 또한 다음을 참고하라. Ernest F. Fenollosa, "Sketch Book," Notes and Sketches Made in Japan, 22 July [1884-85?], Houghton Library. Chisolm, Fenollosa, 109.

53 비글로우에 관한 전기가 아직 출간되지는 않았지만, 그러나 여러 전기적 사전과 여러 2차 자료들에 나오는 그의 불교에 대한 관심을 다룬 짤막한 논의에서 비글로 우에 관한 항목들이 나온다. 비글로우에 관한 정보를 제공하는 최상의 단일 자료는 다음과 같다. Murakata, "Selected Letters of Dr. William Sturgis Bigelow." 또한 다음을 참고하라. Mrs. Winthrop [Margaret] Chanter, *Autumn in the Valley* (Boston: Little, Brown, 1936), 23-34; W. T. Councilman, "William Sturgis Bigelow (1850-1926)," in *Later Years of Saturday Club*, 1870-1920, ed. M. A. DeWolfe Howe (Boston and New York: Houghton Mifflin, 1927), 265-69; 그리고 Frederick Cheever Shattuck, "William Sturgis Bigelow," *Proceedings of the Massachusetts Historical Society* 40 (Oct. 1926-June 1927): 15-19. 비글로 우의 사촌 중 한 사람이 비글로우가 죽었을 때 그의 문서들을 폐기했음에도, 그의 서신 중 상당량이 보존되었다. 서신목록과 편지들이 소장되어 있는 장소에

관해서는 무라카타의 박사논문(515-28)을 참고하라.

54 비글로우는 다음에 나오는 천태종과 진언종의 의례들을 기술하기 위해 '성사'라는 용어를 사용했다. William Sturgis Bigelow, "Prefatory Note to 'On the Method of Practicing Concentration and Contemplation' by Chi Ki, Translated by Okakura Kakuzo," *Harvard Theological Review* 16 (Apr. 1923); 110. 보살계 (*Bodhisattvasila*) 의식에서 비글로우는 자비와 지혜의 길에 자신을 내맡겼으며, 과거에 보살의 길을 완성했던 이들의 계보와 자신을 연결시켰다. "천태종에 따른 보살계본"은 메이지력 21년(1888년) 8월 14일자로 되어 있으며, 히에이잔 선원의 공식적인 인장이 찍혀 있다. 이 세 가지 서류가 담긴 2절판 폴더에는 동봉한 번역문이 들어 있다. '보살계본'이라는 제목이 붙어 있는 번역문에 다음과 같이 쓰여 있다. "부처님의 제자인 [비글로우는] 보살의 힘(보살의 영적 추진력)을 얻기에 앞서, 삼보(三寶)에 대한 순수한 믿음을 지녔으므로, 비글로우는 천태종의 이 훌륭한 보살계를 계승한다. 이 순수한 '계'의 공덕을 통해, 그리고 붓다의 도움을 받아, 그가 평화로운 정토에 환생하고 그곳에서 그의 자리가 이내 확보되길 기원하노라"("히에이잔 불학연구 선원에서 수여한 증명서," 1888년 8월 14일, 매사추세츠 역사협회). 보살계는 『범망경梵網經』의 계율에 토대한 대승의 '계율'이다. 범망경은 선원의 규율(계율; vinaya)을 다루고 대승불교의 10가지 주요한 계율과 48가지 소소한 계율이 들어 있는 중요한 대승경전이다. 보살계에 관해서는 다음을 참고하라. Matsunaga, *Foundation of Japanese Buddhism*, 1: 47-48, 121, 148, 265; 2: 322. 불교 승려가 되고자 하는 비글로우의 의도에 관해서는 다음을 참고하라. "Personal Letter about Dr. William Sturgis Bigelow (1850-1926) form John E. Lodge to Frederick Cheever Shattuck," *Proceedings of the Massachusetts Historical Society* 75 (Jan.-Dec. 1963): 109.

55 에머슨에 대한 페놀로사의 끊임없는 관심에 대해서는 다음을 참고하라. William Sturgis Bigelow to E. S. Morse, 3 Sept. 1883. 이는 다음에 다시 게재되었다. Murakata, "Selected Letters," 61. 비겔로우에 따르면 페놀로사는 1883년에 일본에서 에머슨을 읽고 있었다. William Sturgis Bigelow to Phillips Brooks, 19 Aug. 1889, Houghton Library. (이 편지는 또한 다음에 다시 게재되었다. Murakata, "Selected Letter," 82-86.) Murakata, "Selected Letters," 10-11, 20-24. *Encyclopedia of Japan*, s. v. "Bigelow, William Sturgis."

56 Chanler, *Autumn in the Valley*, 24. 불교내의 심미적 구성요소에 대한 비글로우의 '침묵의 대응'에 관해서는 다음을 참고하라. Chisolm, Fenollosa, 109. William Sturgis Bigelow, "Fragmentary Notes on Buddhism, Taken Jan. 30 and 31, 1922, Being Dr. Bigelow's Answers to Questions and Also Comments on Keien 〔Sakurai〕 Ajari's Lectures,' Houghton Library.

57 상당량의 헌에 관한 2차 문헌이 존재한다. 예를 들어 다음을 참고하라. Beongchen Yu, *An Ape of Gods: The Art and Thought of Lafcadio Hearn* (Detroit: Wayne State University Press, 1964). 헌의 일본어와 불교적 관심에 초점을 맞춘 매우 도움이 되는 찬사를 보려면 다음을 참고하라. K. K. Kawakami, "Yakumo Koizumi: The Interpreter of Japan," *Open Court* 20 (Oct. 1906): 624-32. 최상의 정보원은 선집류나 편지들이다: Elizabeth Bisland, ed., *The Japanese Letters of Lafcadio Hearn*, 2 vols. (Boston and New York: Houghton Mifflin, 1910) 그리고 Elizabeth Bisland, ed., *The Life and Letters of Lafcadio Hearn*, 2 vols. (Boston and New York: Houghton Mufflin, 1906).

58 Bisland, ed., *Life and Letters*, 2: 409. 헌이 신앙을 택하지 못하는 사정에 관한 구절은 다음에서 인용된다. Jackson, *Oriental Religions and American Thought*, 233. Lafcadio Hearn, "The Higher Buddhism," in The *Buddhist Writings of Lafcadio Hearn*, ed., Kenneth Rexroth (Santa Barbara: Ross-Erickson, 1977), 277-97.

59 비전 불교도에 대한 헌의 평가를 보려면 다음을 참고하라. Bisland, ed., *Life and Letters*, 1: 265, 400-401. 헌에게서 드러나는 합리주의적 주제들을 보려면 다음을 참고하라. Bisland, ed., *Life and Letters*, 2: 131-32, 2: 146-47.

60 Murakata, "Selected Letters," 212. 티베트의 지혜에 관한 구절은 다음에서 발견된다. William Sturgis Bigelow to Henry Cabot Lodge, 30 Sept. 1883, Henry Cabot Lodge Papers, Massachusetts Historical Society, 이 편지는 또한 다음에도 들어 있다. Murakata, "Selected Letters," 64-69.

61 무라카타는 이런 해석을 다음에서 제시했다. Murakata, "Selected Letters", 57-58. 회동과 루스벨트의 반응은 1887년 파리에서 비글로우를 만난 이후 T. R.이 헨리 캐봇 로지에게 보낸 편지에 기록되어 있는데, 그것이 다음에 인용된다. Murakata, "Selected Letters," ⅹⅳ-ⅹⅴ. 루스벨트는 비글로우를 '매력적'이라 여겼는데,

분명 그는 자기 친구의 종교적 입장으로 인해 지나치게 불편함을 느끼지 않았던 듯하며, 1912년 이래로 심지어 비글로우더러 불교에 관한 책을 한 권 쓰라고 격려하기까지 했기 때문이다(Murakata, "Selected Letter," x x ii). 둘의 우정에 관해서는 다음을 참고하라. Akiko Murakata, "Theodore Roosevelt and William Sturgis Bigelow: The Story of a Friendship," *Harvard Library Bulletin* 23 (Jan. 1975): 90-108. Bigelow, *Buddhism and Immortality*, 62.

62. Moore, "The Ethical Side," 77. Albert J. Edmunds, Diary 11, 30 May 1907, 1 June 1907, Albert J. Edmunds Papers. 뉴 처치(New Church) 목사는 에드먼즈의 요청을 거부했다. "우스터로부터의 편지에서 내가 공식 교의의 승인 이외에 다른 저급한 기반 위에 교회에 가담할 수 없다고 말했다. 그러므로 나는 영원히 추방된 자이다." Albert J. Edmunds, Diary 11, 3 June 1907, Albert J. Edmunds Papers. Canavarro, "The Ethics of Buddhism," 11. Canavarro, "Nirvana," 22.

제4장 ǀ 선경 속을 걷기

1 1890년대 보스턴에 대한 이런 기술은 다음에서 제공되었다. Van Wyck Brooks, *New England: Indian Summer, 1865-1915* (Cleveland and New York: World Publishing Company, 1940), 414. Begelow to Phillips Brooks, 19 Aug. 1889. The Phillips Brooks Papers, Houghton Library. (또한 다음에 인쇄됨. Murakata, "Selected Letters," 82-86.) Mrs. Winthrop [Margaret] Chanler, *Autumn in the Valley* (Boston: Little, Brown, 1936), 25.

2 비글로우 유골 매장에 관한 뜻 깊고 흥미로운 세부적 사실이 다음과 같은 글들에 드러나 있다. *Encyclopedia of Japan*, s.v. "Bigelow, William Sturgis"; Fields, *Swans*, 163; Lears, *No Place of Grace*, 234. 비글로우의 바람에 관한 최고의 정보원은 다음과 같다. "Personal Letter about Dr. William Sturgis Bigelow (1850-1926) from John E. Lodge to Frederick Cheever Shattuck," *Proceedings of the Massachusetts Historical Society* 75 (Jan.-Dec. 1963): 108-9. 비글로우의 죽음과 관계되는 모든 여타의 사실에 관해서는 다음을 참고하라. Murakata, "Selected Letters." Morris Carter, *Isabella Stewart Gardner and Fenway Court* (Boston and New York: Houghton Mifflin, 1930), 59. 다음에 인용됨. Murakata,

"Selected Letters," 6. John F. Fulton, *Harvey Cushing: A Biography* (Springfield, Ⅲ.: Charles C. Thomas, 1946), 495. 다음에 인용됨. Murakata, "Selected Letters," 20.

3 Murakata, "Selected Letters," 8. William Sturgis Bigelow to Naobayashi Keien, 10 June 1921, Homyoin, Otsu, Japan. 또한 다음에 게재됨. Murakata, "Selected Letters," 495-500.

4 그레이엄 데이비스에 대한 보다 많은 정보를 보려면 2장을 참고하라. Ellinwood, *Oriental Religions*, 156.

5 이택릭체는 필자의 것임. Clarence Edgar Rice, "Buddhism as I Have Seen It," *The Arena* 27 (May 1902) 479. 사회, 정치, 경제, 문화에 관한 나의 연구목적상의 정의를 보려면 서문을 참고하라.

6 Alan Trachtenberg, *The Incorporation of America: Culture and Society in the Guilded Age* (New York: Hill and Wang, 1982), 5.

7 Mark Twain and Charles Dudley Warner, *The Gilded Age: A Tale of Today* (1873-74; Indianapolis: Bobbs-Merrill, 1972).

8 The Civic Club, *A Directory of the Charitable, Social Improvement, Educational, and Religious Associations and Churches of Philadelphia*, 2nd ed. (Philadelphia: The Civic Club, 1903): 478-81, 546. 채식인 협회에 관한 최상의 정보원은 협회지인 〈음식, 가정, 정원〉(Food, Home, and Garden)이다. 필라델피아 성서-크리스천 교회에 관해서는 이 잡지와 다음을 참고하라. Albert J. Edmunds, "The Vegetarian Church: 1817-1941," ms., Society Miscellaneous Collection, Historical Society of Pennsylvania. 또한 다음을 참고하라. 〈필라델피아 이브닝 불러틴〉*Philadelphia Evening Bulletin*지 1923년 3월 16일자에서 오려낸 기사인 "Men and Things," Society Miscellaneous Collection, Pennsylvania Historical Society"를 참고하라. 19세기 후반, 불교적 관심이 절정에 이르렀을 때에 역시 적극적이었던 '채식인 교회'에는 이 기사가 1923년에 게재되었을 무렵 회원이 12명이었다. 교회사가인 샤프Schaff는 20세기 중반 경에 한 독일 저작에서 밝히길, 이 교회에 관해 읽었지만 그러나 그는 과거 교회인들이 "물과 채식만으로" 살았다는 사실을 접하고서, 너무도 믿겨지지 않아 이를 미국 종교와 관련된 또 하나의 유럽적 과장의 사례로 인용했다고 했다. Schaff, *America*, 104-5.

9 "동물생체실험 반대 문제"에 관한 많은 원고를 받았다는 카루스의 주장을 살펴려면 다음을 참고하라. Carus to Mrs. Fairchild-Allen, 26 July 1897, Open Court Papers. 이 운동에 동의하지 않는 카루스의 개인적 견해를 살펴려면 다음을 참고하라. Carus to C. L. Doll, 8 June 1897, Open Court Papers. 카루스가 갈바니의 원고를 거부한 일에 관해서는 다음을 참고하라. Carus to William H. Galvani, 3 Oct. 1893, Open Court Papers.

10 갈바니의 계획에 관해서는 다음을 참고하라. "Oregon Colonization," Food, Home, and Garden 3 (Dec. 1891): 153. William Galvani, "The Hog," *Food, Home, and Garden* 3 (July-Aug. 1891): 84. 불교잡지에 게재된 불교 동조자들이 쓴 글의 사례들에는 다음이 포함된다. William H. Galvani, "Heirs of Immortality," *Buddhist Ray* 6 (Mar-Apr. 1893): 13; Joseph M. Wade, "The One Life-Necessary Action," *Light of Dharma* 2 (1902): 24025. Herman Vetterling, "Why Buddhism?" *Buddhist Ray* 1 (Jan. 1888): 1. 베터링의 5만 달러 기부에 관해서는 다음을 참고하라. San Jose Public Library, *Authors of Santa Clara County*, (n.p., n.d. [after Feb. 1954]), 101.

11 찰스 T. 슈트라우스는 채식주의 협회 일원으로 명단에 올라 있었다. 다음을 참고하라. "Vegetarian Society of America: Cash Received Since Last Issue," *Food, Home, and Garden* 3 (Mar. 1891). 채식주의자 협회나 뉴욕시 식당에 관한 슈트라우스의 정보 요청은 편집자의 응답으로 게재되었다. "Society Movements," *Food, Home, and Garden* 3 (Feb. 1891): 29. Albert J. Edmunds, Diary 11, 25 May 1906, Albert J. Edmunds Papers. Edmunds, Diary 10, 2 Dec. 1900 and 12 Dec. 1902, Albert J. Edmunds Papers. 채식주의와 그리스도교적 관점에서의 절제에 관한 에드먼즈의 정당화를 보려면 다음을 참고하라. Albert J. Edmunds, "Food in the Light of Scripture," *Food, Home, and Garden* 3 (July-Aug. 1891): 88-89.

12 Laura C[arter] Holloway, *The Buddhist Diet Book* (New York: Funk and Wagnalls, 1886). Laura C. Holloway, *The Ladies of the White House* ([1889]; New York: United States Publishing Co. 1870; San Francisco: H. H. Bancroft, 1870). 랭포드의 첫 남편 이름(Holloway)으로 가장 잘 알려진, 랭포드에 관한 전기적 정보를 보려면 다음을 참고하라. The Laura Carter Holloway Langford

Papers, *The Edward Deming Andrews Memorial Shaker Collection*, The Henry Francis duPont Winterthur Museum, Winterthur, Delaware and the guide to that collection, E. Richard McKinstry, The Edward Deming Andrews Memorial Shaker Collection (New York and London: Garland, 1987): 292-94. 특별히 도움이 되는 것은 '스크랩북'에 수집된 그녀가 신문에서 오려낸 기사들이다. "Vegetarianism Among the Shakers," *Food, Home, and Garden* 1 (Oct. 1889): 79. Anna White to Laura Langford, 13 Nov. 1901, Langford Papers.

13 *San Francisco Post*, 11 Dec. 1886. 또한 다음을 참고하라. *New York Star*, 13 Dec. 1886; Newark Advertiser, 6 Dec. 1886. 그녀의 책에 대한 이런 논평과 많은 그 밖의 논평을 "Langford Papers"에서 찾아볼 수 있다. *Denver Times*, 8 Dec. 1886. *Indianapolis Journal*, 6 Dec. 1886.

14 Robert H. Wiebe, *The Search for Order, 1877-1920* (New York: Hill and Wang, 1967), 114. San Jose Public Library, *Authors*, 101.

15 Edmunds, Diary 8, 26 Nov. 1885; Diary 8, 29 Nov. 1885; Diary 10, 7 Oct. 1902, Albert J. Edmunds Papers.

16 여기서 다루어지는 전기적 세부사항은 다음과 같은 다양한 설명에서 뽑았다. *Biographical Dictionary of the American Left*, s.v. "Lum, Dyer Daniel" and McCormick, "Anarchist Defends the Mormons," 156-60. 그 밖의 전기적 자료를 보려면 3장의 럼에 관한 주를 참고하라. 헤이마켓 폭동과 재판에 관한 럼의 역사 기술은 다음 책에서 다루어졌다. *A Concise History of the Great Trial of the Chicago Anarchists in 1886* (Chicago: Socialistic Publishing Company, [1886]).

17 Dyer D. Lum, "Why I Am a Social Revolutionist," *Twentieth Century* 5 (30 Oct. 1890): 5-6. Dyer D. Lum, *The Social Problems of Today: Or, the Mormon Question in Its Economic Aspects* (Port Jarvis, N. Y.: D. D. Lum, 1886); *The Economics of Anarchy* (New York: Twentieth Century, [1890]); *The Philosophy of Trade Unions* (New York: American Federation of Labor, 1892). 후자의 책은 미국노동총연합(AFL)에 엄청나게 영향을 끼쳤으며, 그 뒤 여러 해 동안 이 조직을 통해 재출간되었다.

18 이런 '신흥종교'의 출현에 관해 다음을 참고하라. Barbara Welter, "The Cult

of True Womanhood, 1820-1860," *American Quarterly* 18 (1966): 151-74. Smith-Rosenberg, Disorderly Conduct, 13. Elizabeth Cady Stanton, "Has Christianity Benefitted Women?" *North American Review* 140 (May 1885): 390-91. Edmunds, Diary 11, 21 Jan, 1906, Albert J. Edmunds Papers.

19 불교가 평등주의적이지 않다는 선교사들의 해석을 보려면 다음을 참고하라. M. L. Gordon, *An American Missionary in Japan* (Boston and New York: Houghton Mifflin, 1900): 173-85; Helen Barret Montgomery, *Western Women in Eastern Lands* (New York: Macmillan, 1910), 47, 68. 불교가 평등주의적이지 않다는 학문적 해석에 관해서는 다음을 참고하라. Warren, *Buddhism in Translations*, 392 그리고 E. Washburn Hopkins, *The Religions of India*, Handbooks on the History of Religion, no. 1 (Boston: Ginn, 1895): 310. 더욱 평등주의적 해석을 보려면 다음을 참고하라. Rhys Davids, Buddhism, 71-75. 불교 문헌 속에 나타난 여성적 이미지를 다룬 문헌과, 불교 기관 및 불교국에서 여성의 처지에 관해 다룬 학문적 문헌이 늘고 있다. 예를 들어 I. B. 호르너Horner의 초기 연구와 다이애나 폴Diana Paul의 좀 더 최근 연구를 참고하라. I. B. Horner, *Women Under Primitive Buddhism* (London: George Routledge, 1930); Diana Paul, *The Buddhist Feminine Ideal*, The AAR Dissertation Series (Missoula, Mont.: Scholars Press, 1980); Diana Paul, *Women in Buddhism: Images of the Feminine in the Mahayana Tradition* (1979; Berkeley: University of California Press, 1980)

20 Vertterling, "Why Buddhism," 1. Lum, "Buddhism Notwithstanding," 206. Withee, "Is Buddhism to Blame?" 459-60. Strauss, *Buddha*, 105-7. *Woman's Who's Who of America*, s. v. "Moore, Elenor M. Hiestand."

21 Canavarro to Paul Carus, 24 October 1909, Open Court Papers. Canavarro to Pual Carus, 7 May 1902, Open Court Papers. Canavarro to Paul Carus, 1 June 1902, Open Court Papers. 그러나 카나바로는 자신의 급진적 결정을 후회하지 않는 듯했다. 이 구절은 다음과 같이 계속된다. "내가 대단한 희생을 치르고 있었다고 '생각했지만', 이제 나는 내가 발견했던 것과 비교해 그 모든 것이 얼마나 보잘 것 없는지를 깨닫는다." P[aul] C[arus], "Sister Sanghamitta," 251.

22 Canavarro to Paul Carus, 24 October 1909, Open Court Papers. Canavarro to Paul Carus, 7 May 1902, Open Court Papers. Canavarro to Paul Carus, 1 June 1902, Open Court Papers. 카나바로는 또한 바하이교 스승에게 자신이 비밀리에 펠프스와 '결혼'했었노라 고백했다. 카루스와 스승 두 사람 모두 카나바로에게 삶의 방식을 바꾸라고 강력히 충고했다. 다음을 참고하라. Canavarro to 'Abdu'l-Bahá, n. d., Thorton Chase Papers. 카나바로는 카루스에게 펠프스와의 헤어짐에 관한 여러 세부사항을 밝힐 순 없다고 말했는데, 왜냐하면 "그건 글로 쓰일 수 없기" 때문이라 했다. 1909년 10월 24일자 편지에서 카나바로는 상상할 수 있는 가장 불합리한 근거를 대며, 드디어 펠프스가 2년 전(1907) "자신을 떠났노라" 밝혔다. 펠프스에 관해서는 다음 자료 역시 참고하라. *Dictionary of North American Authors*, s.v. "Phelps, Myron Henry." 카나바로의 결혼제도 거부는 특별히 흥미로운 듯하다. 왜냐하면 카나바로는 사망하기 직전에 적어도 두 번이나 더 결혼했기 때문이다. 다음을 참고하라. "Funeral Will Be Held for Author," *Glendale News Press*, 27 July 1933.

23 Ann Braude, *Radical Spirits: Spiritualism and Women's Rights in Nineteenth-Century America* (Boston: Beacon Press, 1989). Mary Farrell Bednarowski, "Women in Occult America," in Kerr and Crow, *The Occult in America*, 181-82; 183-87.

24 Carnavarro, *Insight*, 15.

25 Bigelow to Rt. Rev. Kanrio Naobayashi, 16 July 1895, Homyoin Temple, Otsu, Japan. (Reprinted in Murakata, "Selected Letters," 122-27.) 매리 포스터와 달마팔라의 관계에 관해서는 다음을 참고하라. Maha Bodhi Society, *Maha Bodhi Society of India*, 133-44. Lears, *No Place of Grace*, 229. 자신이 "특이하고 물의를 일으키는 기질"을 지녔다는 일부 비난에 대한 카나바로의 해명을 보려면 다음을 참고하라. Canavarro to Paul Carus, 28 May 1901, Open Court Papers. 아시아에서 자신의 행동이 "조금은 상궤에서 벗어났을지 모른다."는 카나바로의 고백을 보려면 다음을 참고하라. Canavarro to Paul Carus, 14 July 1900, Open Court Papers.

26 개종에 관한 심리학적·사회학적 문헌은 풍부하고 방대하다. 이런 이론과 아래에서 논의되는 인지발달 이론에 관한 명쾌한 개관을 보려면 다음을 참고하라. Robert S. Ellwood and Harry B. Partin, *Religious and Spiritual Groups in Modern*

America, 2nd ed. (Eaglewood Cliffs, N.J.: Prentice Hall, 1988): 266-91. 또한 다음을 참고하라. Brock Kilbourne and James T. Richardson, "Paradigm Conflict, Types of Conversion, and Conversion Theories," *Sociological Analysis* 50 (1988): 1-21.

27 J. Gordon Melton and Robert L. Moore, *The Cult Experience: Responding to the New Religious Pluralism* (New York: The Pilgrim Press, 1982).

28 '상호주의 이론'의 한 가지 사례를 보려면 다음을 참고하라. Anson D. Shupe, Jr., *Six Perspectives on New Religions* (New York: Edwin Mellen, 1981). 많은 문화인류학자와 해석적 사회학자들은 물론 종교를 이런 식으로 바라보며, 여타 학자들은 개종을 의미구조의 변화나 논의영역의 변화로 해석해 왔다. 다음을 참고하라. David Snow and Richard Machalek, "The Convert as a Social Type," in *Sociological Theory*, ed. R. Collins (San Francisco: Jossey-Bass, 1983). David Snow and Richard Machalek, "The Sociology of Conversion," *Annual Review of Sociology* 10 (1984): 167-90. 또한 스노와 마차렉 모델을 유익하게 수정한 것을 보려면 다음을 참고하라. Clifford L. Staples and Armand L. Mauss, "Conversion or Commitment?: A Reassessment of the Snow and Machalek Approach to the Study of Conversion," *Journal for the Scientific Study of Religion* 26 (1987): 133-47.

29 John Lofland and Rodney Stark, "Becoming a World-Saver: A Theory of Conversion to a Deviant Perspective," *American Sociological Review* 30 (Dec. 1965): 862-75. John Lofland, " 'Becoming a World-Saver" Revisited," *American Behavioral Scientist* 20 (July/Aug. 1977): 805-18. 후자의 논문에서 로프랜드는 대안종교를 연구하는 학생이라면 "사람들이 어떻게 스스로를 끊임없이 개종시키는지"를 고려하라고 제안했다. 또한 최근 들어 행동주의 이론이 부각되어 왔다. 다음을 참고하라. R. Strauss, "Changing Oneself: Seekers and the Creative Transformation of Life Experience," in *Doing Social Life*, ed. J. Lofland (New York: John Wiley, 1976), 252-72. J. T. Recruitment Research," *Journal for the Scientific Study of Religion* 24 (1985): 163-79. Lorne Dawson, "Self-Affirmation, Freedom, and Rationality: Theoretically Elaborating 'Active Conversions'," *Journal for the Scientific Study of Religion* 29 (June 1990): 141-63.

30 Shridan, "Paul Carus," 2-4. Soyen Shaku, untitled account of Carus and his *Gospel of Buddha*, Open Court Papers. Edumunds, Diary 10, 23 Apr. 1903, Albert J. Edmunds Papers.

31 Carus to W. Henry Green, 21 Sept. 1899, Open Court Papers.

32 Clifford Geertz, *The Interpretation of Cultures* (New York: Basic Books, 1973), 90. J. Milton Yinger, *Countercultures* (New York: The Free Press, 1982), 8. 유럽에서 들끓어 오르는 문화적 소란에 관한 분석을 보려면, 예를 들어 다음을 참고하라. H. Stuart Hughes, *Consciousness and Society: The Reorientation of European Social Thought, 1890-1930* (New York: Knopf, 1958); Fritz Richard Stern, *The Politics of Cultural Despair* (Garden City, N. Y.: Doubleday, 1965); Carl E. Schorske, *Fin-de-Siècle Vienna: Politics and Culture* (New York: Knopf, 1980); and Eugen Weber, *France, Fin de Siècle* (Cambridge, Mass.: Harvard University Press). 미국 쪽에 관해서는 다음을 참고하라. John Higham, "The Reorientation of American Culture in the 1890s," *Writing American History* (Bloomington: Indiana University Press, 1970), 73-102; Henry F. May, *The End of American Innocence* (1959; New York: Oxford University Press, 1979); Stanley Coben, "The Assault on Victorianism in the Twentieth Century," in *Victorian America*, ed. Daniel Walker Howe (Philadelphia: University of Pennsylvania Press, 1976), 160-81; and Lears, *No Place of Grace*.

33 수많은 역사가들은 이를 '영적 위기'로 기술해 왔다. 아서 슐레진저 경(Arthur Schlesinger, Sr.)이 그 첫 번째 역사가 중 한 사람이었다. Arthur M. Schlesinger, Sr., "A Critical Period in American Religion, 1875-1900," *Proceedings of the Massachusetts Historical Society* 64 (1930-32): 523-46. 또한 다음을 참고하라. Francis Weisenburger, *Ordeal of Faith: The Crisis of Church-Going America, 1865-1900* (New Yor: Philosophical Library, 1959); Paul A. Carter, *The Spiritual Crisis of the Golden Age* (Dekalb: Northern Illinois University Press, 1971); D. H. Meyer, "American Intellectuals and the Victorian Crisis of Faith," in *Victorian America* (Baltimore: Johns Hopkins University Press, 1985). 다수 학자가 서양 지식인들이 그리스도교에서 시선을 돌려 아시아 종교 쪽으로 향하는 데서, 빅토리아 시대의 영적 위기가 수행한 역할에 주목해 왔다. 영국의 전개

상황에 관한, 짧지만 유익한 논의를 보려면 다음을 참고하라. Christopher Clausen, "Victorian Buddhism and the Origins of Comparative Religion," *Religion* 5 (1973): 3-7. 미국 쪽에 관해서는 다음을 참고하라. Joseph Kitagawa, "Buddhism in America, with Special Reference to Zen," *Japanese Religions* 5 (July 1967): 41; Jackson, *Oriental Religions*, 152-53. Octavius Brooks Frothingham, "The Religion of Humanity," *The Radical* 10 (Apr. 1872): 241.

34 Myron H. Goodwin, "Theological Ruins," *Twentieth Century* 8 (24 Mar. 1892): 2.

35 Adams, *Alphabetical Compendium*, l x x x iii. 사실상 윌리엄 허치슨은 그리스도교의 독특함과 궁극성이 1890년대 신교 자유주의자들에게 "중심적 종교문제"였다고 주장한 바 있었다. William R. Hutchison, *The Modernist Impulse in American Protestantism* (New York: Oxford University Press, 1976): 129, 111-44.

36 이탤릭체는 저자의 것임. C. H. Currier, "Buddhism in America," letter to the editor of *The Boston Herald*, 16 Aug. 1899, *Journal of the Maha Bodhi Society* 8 (Dec. 1899): 71. Carus to C. H. Currier, 24 Aug. 1899, Open Court Papers. 또 다른 사례를 들면, 카루스는 K. 오하라Ohara가 이익금을 불교를 전파하는 데 사용한다는 조건하에 자신의 불교 이야기인 『카르마』*Karma*를 일본어와 중국어로 번역하도록 허가해 주었다. 다음을 참고하라. Carus to K. Ohara, 30 Jan. 1896, Open Court Papers.

37 Wilson, "Buddhism in America," 1.

38 Bigelow to Naobayashi Kanryo Ajari, 21 Oct. 1902, Homyyoin, Otsu, Japan. (Reprinted in Murakata, "Selected Letters," 210-12.) 리어스는 로지와 다른 19세기 후반 미국 지성인들에게 중세주의와 가톨릭교가 지닌 매력에 대해 설득력 있는 설명을 제공했다. Lears, *No Place of Grace*, 238, 141-215. (New Haven: Yale University Press, 1977), x x i. 예를 들어 미국에서 바하이 역사가 한 사람은, 바로 바하이교가 지닌 크리스천 전통과의 계속성, 특히 바하이교가 성서적 예언의 완성이라는 주장이야말로 1892년과 1900년 사이에 바하이교가 지녔던 매력에 중추적이었다고 제시했다. Robert H. Stockman, *The Baha'i Faith in America: Origins, 1892-1900*, vol. 1 (Wilmette, Ⅲ.: Baha'i Publishing Trust, 1985). 또한 다음을 참고하라. Stockman, "Baha'i Faith and American Protestantism."

39 Warren, *Buddhism in Transactions*, 283-84. Vetterling, "Growth of Enlighten-

ment," 4. Strauss, *Buddha*, 73. 유럽에 초점을 맞춘, 특히 환멸을 느끼는 영국 지식인들에 초점을 맞춘, 19세기 불교에 대한 관심의 원천을 취급한 매우 유익한 분석을 보려면 다음을 참고하라. Clausen, "Victorian Buddhism and the Origins of Comparative Religion," 4-7. 영국 지식인이 불교에 매력을 느끼는 다섯 가지 원천에 대한 그의 설명은, 19세기 미국인들이 불교 전통에 이끌렸던 이유 중 일부도 드러낸다.

40 Moore, *Religious Outsiders*.

41 Clark, "Primitive Buddhism," 200.

42 영국 신교적 빅토리아 문화의 경계선 바깥쪽에 있는 이들에 대한 적대감이 존재했 었다는 사실은 역사가들에 의해 잘 기록되어 왔다. 특별한 종교적·민족적 그룹들 에 대한 많은 연구가 등장했는데, 이 자리에서 언급할 수 없을 정도다. 이민자들에 대한 영국 신교적 적대감에 대한 표준적인 연구서로는 여전히 다음 저서가 정평이 나있다. John Higham, *Strangers in the Land: Patterns of American Nativism, 1860-1925* (1955; New York: Atheneum, 1968). 또한 다음을 참고하라. Geroge M. Fredrickson and Dale T. Knobel, "The History of Discrimination," in *Prejudice, selections from the Harvard Encyclopedia of American Ethnic Groups* (Cambridge, Mass.: Harvard University Press, 1982), 30-87. 미국의 해외선교, 해외정 책, 세계박람회에 관한 2차 문헌들 또한 '외래' 종교와 인종, 문화에 대한 19세기 영국 신교적 적대감이나 적어도 그에 따른 우려를 해명해 주는 많은 사례를 제공한다. 예를 들어 다음을 참고하라. Hutchison, *Errand* 그리고 Robert W. Rydel, *All the World's a Fair: Visions of Empire at American International Expositions, 1876-1916* (Chicago: University of Chicago Press, 1984).

43 식민지의 종교적 다양성에 관한 최근 한 연구를 보려면 다음을 참고하라. Richard W. Pointer, *Protestant Pluralism and the New York Experience: A Study of Eighteenth-Century Religious Diversity*, Religion in North America Series (Bloomington and Indianapolis: Indiana University Press, 1988).

44 올콧은 서양불교 인식의 형성에서 이런 발견이 수행한 역할에 주목했다. Olcott, *Buddhist Catechism*, 77. 아소카의 달마-리피(*Dharma-lipi*: 도덕에 관한 기록)는 19세기에 재발견되어 번역될 수밖에 없었다. 왜냐하면 돌로 된 비문의 언어가 더 이상 해당 민족의 구어체 사투리가 아니기 때문이었다. 비문에 대한 최초의

현대적 설명은 예수회 선교사이자 저명한 지리학자인 조셉 테에펜탈러Joseph Tieffentaller 신부를 통해서였지만, 1837년에 이르러서야 제임스 프린셉James Prinsep이 아소카 문서를 해독했다. 그 이후로 비문이 재발견되어, 출판 및 번역되었다. N. A. Nikam and Richard McKeon, eds., *The Edicts of Asoka* (Chicago: University of Chicago Press, 1959), 1-3, 51-52. 또한 다음을 참고하라. Kanlinga Edict II in Nikam and McKeon, *Edicts of Asoka*, 53-54. 인도에 있는 동안, 마찬가지로 관용에 전념했던 필립스 브룩스Phillips Brooks는 이 비문을 보기 위해 순례 길에 올랐다. 또한 다음을 참고하라. Allen, ed., *Life and Letters*, 2: 518.

45 Fenollosa, *East and West*, 3-55. Bisland, ed., *Life and Letters*, 2: 311, 131-33. Bigelow, "Fragmentary Notes." Bigelow to Naobayashi Keien Ajari, 20 Dec. 1902, Homyoin, Otsu, Japan. (다음의 편지 선집에서도 재수록됨. Murakata, "Selected Letters," 215-16.) M. L. 고든Gordon과 같은 미국 크리스천 비평가들 가운데 가장 학식이 풍부한 소수 인사들은 불교 신봉자들에게 니치렌 종파의 "다른 종파를 격렬하게 반대하는 태도"를 상기시켰다. Gordon, "The Buddhism of Japan," 306. 니치렌(日蓮: 1222~82)이 강압에 의한 복종(しゃくーぶく〔折伏절복): 일련정종에서는 악인이나 악법을 꺾어 굴복시키는 행위를 말함)을 옹호한 것에 관해서는 니치렌의 다음 글을 참고하라. "Treatise on the Establishment of the Orthodox Teaching and the Peace of the Nation"(立正安國論). 이는 다음에 실려 있다. Laurel Rasplica Rodd, *Nichiren: Selected Writings*, Asian Studies at Hawaii, no. 26 (Honolulu: University of Hawaii Press, 1980), 59-81, 특히 72-73. 비록 많은 학자와 신자들이 니치렌은 불교인이 아닌 듯이 행동했다고 느꼈지만, 니치렌 스스로는 자신의 정책이 불교 전통과 연관되어 있다고 여겼으며, 심지어 그는 이 점을 뒷받침하기 위해 불교경전을 인용하기까지 했다.

46 Carus to Theodore F. Seward, 11 Apr. 1899, Open Court Papers.

47 Carus to Clarence Clowe, 22 June 1901, Open Court Papers. Carus to Anagarika H. Dharmapala, 22 June 1897, 22 June 1897, Open Court Papers.

48 Carus, *Gospel of Buddha*, ix-x. Carus to Anagarika H. Dharmapala, 26 Feb. 1896, Open Court Papers.

49 Lum, "Buddhism Notwithstanding," 207. C. T. Strauss, "The Future of Artificial

Language," *Monist* 18 (Oct, 1908): 609-19. 인위적 국제어로 에스페란토Esperanto
보다는 보락Bolak어를 선호했던 슈트라우스는 카루스가 쓴 한 사설을 논박했다.
카루스는 인위적 국제어가 실현 가능하다고 여기지 않았다. 편집자인 카루스는
슈트라우스의 글 말미에 자신의 응답을 포함시켰다. 이런 인위적 국제어에 대한
슈트라우스의 관심을 살펴보려면, 서신왕래를 통한 그와 카루스 간의 의견교환을
참고하라. C. T. Strauss to Paul Carus, 4 Sept. 1908, Open Court Papers. Strauss,
Buddha, 107-8.

50 Campbell, *Ancient Wisdom Revisited*, 36-37.

51 Vettering, "Why Buddhism?" 1. Olcott, *Buddhist Catechism*, 74-77.

52 Edmunds, Diary 8, 5 Jan. 1891; Diary 11, 26 Jan. 1907; Diary 11, 21 Apt.
1906; Diary 10, 7 June 1904, Albert J. Edmunds Papers. 랜먼의 이런 입장
개진을 보려면 다음을 참고하라. Charles R. Lanman to Albert J. Edmunds,
20 Nov. 1903, Albert J. Edmunds Papers. 또한 다음을 참고하라. Edmunds,
Diary # 10, 27 Nov. 1903, Albert J. Edmunds Papers.

53 Canavarro, *Insight*, 15. Canavarro, "Extracts from an Address," Thorton Chase
Papers. Canavarro, *Insight*, 186-87. Swami Paramananda, *Principles and
Purpose of Vedanta*, 9th ed. (Cohasset, Mass.: The Vedanta Centre, 1937),
33.

54 Carus to Albert Réville, 5 Aug. 1899, Open Court Papers. Carus to Anagarika
H. Dharmapala, 26 Feb. 1896, Open Court Papers.

55 불교와 '신'에 관한 후기 빅토리아 시대의 토론을 보려면 다음 장을 참고하라.

56 아널드가 한 말은 다음에 인용되어 있다. Carter, *Spiritual Crisis*, 221. William
Peiris, *Edwin Arnold: A Brief Account of His Life and Contribution to Buddhism*
(Kandy, Ceylon: Buddhist Publication Society, 1970), 69-70. 달마팔라가 오클랜
드에서 행한 연설은 재인쇄되었는데, 오해 사기 쉬운 제목이 붙었다. "Mr. H.
Dharmapala at the Parliament of Religions, Chicago," *Maha Bodhi* 2(Nov, 1893):
2. 수예 소노다는 자신의 첫 대중 불교강론의 필사본과 자신이 불교와 과학의
양립 가능성에 관한 카루스의 글을 인용한 법회를 다룬 지역신문 기사 사본을
카루스에게 보내주었다. S. Sonoda to Paul Carus. 14〔Spet.〕 1899, Open Court
Papers. "Dharma-Sangher 〔*sic*〕 of Buddha," *Light of Dharma* 1 (Apr. 1901):

422

20-21.

57 Lum, "Buddhism Notwithstanding," 208. Wilson, "Buddhism in America," [Moore], "The Ethical Side of the Material," *Light of Dharma* 3 (Oct. 1903): 77.

58 Carus, "Religion and Science," *Open Court* 1 (1877-78): 405-7. Paul Carus, *The Religion of Science* (Chicago: Open Court, 1893): v. Carus, *Christian Critics*, 309. Carus, *The Dharma*, 45-46.

59 Carus to May Cline, 30 Sept. 1897, Open Court Papers. Carus, *Religion of Science*, iv. '과학적' 원리란 관점에서 종교를 정화하는 일에 대한 카루스의 관심을 보려면 또한 다음을 참고하라. Carus to Anagarika H. Dharmapala, 26 Feb. 1896, Open Court Papers; Sheridan, "Paul Carus," 77-88.

60 Bisland, *Life and Letters*, 2: 235.

61 Bisland, *Japanese Letters*, 56, 413. Bisland, *Life and Letters*, 2: 338-39.

62 Bisland, *Japanese Letters*, 56. Bisland, *Life and Letters*, 1: 400. Hearn, "Higher Buddhism," 281, 280.

63 예를 들어 다음을 참고하라. Bigelow, *Buddhism and Immortality*, 49, 55, 61, 65, 69. Bigelow, *Buddhism and Immortality*, 71, 69-71.

64 Kerr and Crow, *Occult in America*, 5. Ellwood, *ALternative Altars*, 84-87. 이탤릭체는 필자의 것. A. Marques, *The Human Aura* (San Francisco: Office of *Mercury*, 1896): v. 나중에 마르케스는 비전 불교 동조자이자 〈법의 빛〉지의 기고자가 되었다. '과학'과 '경험적 증거'에 대한 비주류 그룹의 호감에 관해서는 다음을 참고하라. R. Laurence Moore, "The Occult Connection? Mononism, Christian Science, and Spiritualism," in *Occult in America*, ed. Kerr and Crow, 135-61; Sydney E. Ahlstrom, *A Religious History of the American People* (New Haven: Yale University Press, 1972): 1020, n. 1; Kerr and Crow, *Occult in America*, 4; Campbell, *Ancient Wisdom Revisited*, 17.

65 예를 들어 다음을 참고하라. Sinnett, "Preface to the Annotated Edition," *Esoteric Buddhism*, ix-xv. Canavarro, *Insight*, 14-15. Canavarro, "Nirvana," 22.

66 Edmunds, Diary 11, 25 Jan. 1906. Albert J. Edmunds Papers. Edmunds, "F.W.H. Meyers, Swedenborg, and Buddha," 261. Edmunds, Diary 11, 14 July 1906,

Albert J. Edmunds Papers.

67 Albert J. Edmunds, "A Sunday Noon in the Thirtieth Century," World-Religion
Christmas and Birthday Cards, no. 2 (Philadelphia: Innes and Sons, 1913).
Edmunds, "Meyers, Swedenborg, and Buddha," 278.

68 Olcott, *Old Diary Leaves*, 2d Series, 116. Olcott, *Buddhist Catechism*, 84-85.

제5장 | 메인스트리트를 걸어가며

---

1 강조는 필자의 것. Paul Carus to F. S. Ryman, 15 Sept. 1897, Open Court
Papers. John Quincy Adams Ward, *Henry Ward Beecher*, 1891, The Metropolitan
Museum of Art, Rogers Fund, 1917.

2 Rodney Stark, "How New Religions Succeed: A Theoretical Model," in *The
Future of New Religious Movements*, ed. David G. Bromley and Philip E.
Hammond (Macon, Ga.: Mercer University Press, 1987), 13. Mark Twain,
"Christian Science," *North American Review* 175(Dec. 1902): 761.

3 Twain, "Christian Science," 757.

4 Hutchison, *Modernist Impulse*, 86087. William Newton Clarke, *An Outline of
Christian Theology* (Cambridge, Mass.: J. Wilson, 1894). 세계종교의회 지도자
중 한 사람이었던 배로우즈가 표명한 여타 신앙에 대한 견해를 보려면 다음을
참고하라. Barrows, *Parliament of Religions*, 75, 183-84. 세계종교의회가 '그리스
도교적 분위기'를 지녔다는 배로우즈의 인정에 관해서는 다음을 참고하라.
Barrows, *Parliament of Religions*, 37. 종교의회 및 1876~1916년 사이에 열린
그 밖의 세계 박람회에 드러난 미국의 문화적·종교적·인종적 패권에 관해서는
다음을 참고하라. Rydell, *All the World's a Fair*, 특히 38-71.

5 Henry Ward Beecher, "Progress of Thought in the Church," *North American
Review* 135 (Aug. 1882): 112. Bryant, "Buddhism and Christianity," 380. 또한
다음을 참고하라. Newman Smyth, The Religious Feeling (New York: Scribner,
Armstrong, & Co., 1877); Henry Ward Beecher, *Evolution and Religion*, 2 vols.
(New York: Fords, Howard, and Hulbert, 1885); James McCosh, *The Religious
Aspect of Evolution,* The Bedell Lectures, 1887 (New York: G. P. Putman's,

1888); Lyman Abbott, *The Evolution of Christianity* (Boston: Houghton, Mifflin, 1892) and *The Theology of an Evolutionist* (Boston: Houghton, Mifflin, 1897). 복음주의적 현대인과 자유주의적 현대인 간의 유용한 구별은 다음과 같은 연구에서 취했다. Kenneth Cauthen, *The Impact of American Religious Liberalism* (New York: Harper and Row, 1962).

6 Paul Carus to Julius Nelson, 3 Aug. 1897, Open Court Papers. Marsden, *Fundamentalism and American Culture*, 7. Theodore Dwight Bozeman, *Protestants in an Age of Science: The Baconian Ideal and Antebellum Religious Thought* (Chapel Hill: University of North Carolina Press, 1977).

7 다음을 참고하라. James Freeman Clarke, "Affinities of Buddhism and Christianity," *North American Review* 136 (May 1883): 467-77; W. L. Courtney, "Socrates, Buddha, and Christ," *North American Review* 140 (Jan. 1885): 63-77; James T[ompson] Bixby, "Buddhism in the New Testament," *The Arena* 3 (Apr. 1891): 555-66; Bryant, "Buddhism and Christianity"; F. F. Ellinwood, "Buddhism and Christianity—A Crusade Which Must Be Met," *The Missionary Review of the World* 14 (Feb. 1891): 108-17; Albert J. Edmunds, "Gospel Parallels from Pali Texts," *Open Court* 16 (Sept. 1902): 559-61; Gmeiner, "The Light of Asia and the Light of the World." 또한 다음도 참고하라. Ellinwood, *Oriental Religions and Christianity*, 140-78; Aiken, *The Dhamma of Gotama the Buddha and the Gospel of Jesus the Christ* ; and Edmunds, *Buddhist and Christian Gospels*. 이 논쟁에 관한 간단한 논의를 보려면 다음을 참고하라. Jackson, *Oriental Religions*, 146-50. 필자는 또한 출간되지 않은 다음의 논문으로부터도 도움을 받았다. J. Gordon Melton, "The American Buddhist Apologetic against Christianity, 1880-1940," Buddhism in America Group, "Buddhism and Christianity: Toward the Human Future," Berkely, 10-15 Aug. 1987.

8 Paul Carus to Professor and Mrs. Burkitt, 14 Jan. 1911, Open Court Papers. Samuel Kellogg, "The Legend of the Buddha and the Life of Christ," *Bibliotheca Sacra* 39 (July 1882)): 458-97. Kellogg, *The Light of Asia and the Light of the World*. Felix Oswald, "The Secret of the East: Buddha and His Galilean Successor," *Index* 14 (22 Mar. 1883): 448. 또한 다음을 참고하라. Felix Oswald,

"Was Christ a Buddhist?" *Arena* 3 (Jan. 1891): 193-201. 이에 대한 응답 몇 가지를 참고하라: James T. Bixby, "Buddhism in the New Testament"와 Snell, "Was Christ a Buddhist?" 또한 다음 두 논문을 참고하라. Charles Schroder, "What is Buddhism?" *Arena* 5 (Jan. 1892): 217-27 그리고 "Buddhism and Christianity," *Arena* 5 (Mar. 1892): 458-63. 불교에 매우 동조적인 또 다른 논문이 나중에 같은 잡지에 게재되었다: Annie Elizabeth Cheney, "Mahayana Buddhism in Japan," *Arena* 16 (Aug. 1896): 439-44. Hopkins, *History of Religions*, 194095. Albert Schweitzer, *The Quest of Historical Jesus*, trans. W. Montgomery (1906; New York: Macmillan, 1968), 291.

9 Geisler, "Buddha and His Doctrine," 860.

10 Regis Evariste Huc, *Tavels in Tartary, Thibet, and China During the Years 1844, 1845, 1846*, 2 vols. (New York: Appleton, 1852). 불교에 관한 이 논의에 참여했던 수많은 미국인들은 이 기행문을 읽었고(읽었거나) 인용했는데, 여기엔 소로, 에머슨, 클라크 등이 포함되었다. 또한 다음을 참고하라. Christy, *The Orient in American Transcendentalism*, 319. 위의 책은 오픈코트 출판사에서 두 권으로 출간되었기 때문에 〈오픈코트〉지 1904년 6월호에 통상적 기념품과 함께 광고되었다. Ferenand Grénard, *Tibet: The Country and Its Inhabitants*, trans. A. Teixeira de Mattos (London: Hutchison and Co., 1904). Lydia Maria Child, "Resemblances between the Buddhist and Roman Catholic Religions," *Atlantic Monthly* 26 (Dec. 1870): 660.

11 또한 다음을 참고하라. George L. Mason, "Buddhism and Romanism," *Missionary Review of the World* 14 (Sept. 1891): 658-61. Gmeiner, "The Light of Asia and the Light of the World"; Ryan, "More Light on the Light of Asia"; Geisler, "Buddha and His Doctrine'"; Snell, "Was Christ a Buddhist?"; and Aiken, *The Dharma of Gotama the Buddha and the Gospel of Jesus the Christ.* Merwin-Marie Snell, "Evangelical Buddhism," *Biblical World* 7 (Jan.-June 1896): 182-88. Darley Dale, "Tibetan Buddhism and Catholicity," *American Catholic Quarterly Review* 30 (Jan. 1905): 174-75.

12 Clarke, "Protestantism of the East," 715. 또한 다음을 참고하라. Clarke, *Ten Great Religions*, 139-70. Müller, *Chips*, 1: 216. Rhys Davids, *Buddhism: Its*

History and Literature, 147.

13 Bond, *Buddhist Revival in Sri Lanka*, 45-74. Gomrich, *Theravada Buddhism: A Social History from Ancient Benares to Modern Colombo*, 172-97. 크리스토퍼 클라우젠Christopher Clausen은 '신교'로 해석된 불교가 어떤 식으로 영국 및 대륙 독자들의 반反가톨릭적 편견을 살찌웠고, 어떻게 불교 전통이 가톨릭에 환멸을 느꼈던 그곳 사람들에게 더욱 접근하기 용이하게 보이도록 만들었는지를 예리하게 지적해냈다. 다음을 참고하라. Clausen, "Victorian Buddhism," 7. 필자가 아래에서 밝힐 테지만, 불교에 내재하는 고상한 교조, 고매한 윤리, 자율성에 대한 강조가 클라우젠이 지적한 영국과 대륙의 종교 추구자들에게 지녔던 매력 역시 미국의 경우와 유사했다. 다음을 참고하라. Clausen, "Victorian Buddhism," 5-6.

14 다음에서 인용됨. Daniel L. Pals, *The Victorian "Lives" of Jesus*, Trinity University Monograph Series in Religion (San Antonio: Trinity University Press, 1982), 165. Albrecht Ritschl, *The Christian Doctrine of Justification and Reconciliation*, trans. H. R. Macintosh, et al. (Edinburgh: T. and T. Clark, 1900). William Adams Brown, *The Essence of Christianity* (New York: Scribner's, 1902). 신교적 사상의 이러한 발전이 수많은 유용한 저서와 논문을 통해 분석되어 왔다. 다음을 참고하라. Hutchison, *The Modernist Impulse*, 111-44. 그리고 Claude Welch, *Protestant Thought in the Nineteenth Century*, 2: 1-30, 136-82, 212-65. 그리스도교 교조에 대한 이러한 초점은 19세기 후기와 20세기 초기 동안 종교일반 연구의 특징이었던 '기원' 탐색과 연관되었다. 이 점에 관해 보려면 다음을 참고하라. Morris Jastrow, *The Study of Religion*, Classics in Religious Studies (1901; Chico, Calif.: Scholars Press, 1981), 173-98; Louis Henry Jordon, *Comparative Religion: Its Genesis and Growth*, Reprints and Translations Series (1905; Atlanta: Scholars Press, 1986); Mircea Eliade, *The Quest: History and Meaning in Religion* (Chicago: University of Chicago Press, 1969), 37-53.

15 Edmunds, *Buddhist and Christian Gospels*, 49. Hopkins, *Religions of India*, 325-26. Clausen, "Victorian Buddhism," 6.

16 Strauss, *Buddha and His Doctrine*, 73. Geisler, "Buddha and His Doctrine," 858.

17 Johnston, "Christ and Buddha," 39.

18 불교가 유일신교를 거부했다는 점에 대한 크리스천 비평가들의 일치된 견해를 보려면 다음을 참고하라. Clark, "Primitive Buddhism," 201. 그리고 Davies, "Religion of Gotama Buddha," 335.

19 Ryan, "More Light on 'The Light of Asia,' " 687. King, "Shall We Become Buddhist?" 68. 매우 적대적 설명 속에서 콜로라도 신학교의 프레드릭 F. 크레이머 목사는 또한 불교는 종교가 아니라고 말했다. 다음을 참고하라. Frederick Kramer, "Jesus Christ and Gautama Buddha as Literary Critics," *Biblical World* 3 (Apr. 1894): 259.

20 Hopkins, *Religious of India*, 319-20, 336-37. Oldenberg, *Buddha*.

21 Welbon, *Buddhist Nirvana*, 194-247, 204-5. J. W. 드종(deJong)은 불교 연구가 두 번째로 부상했던 시기를 1877년으로 잡았다. 그러나 어떤 의미에서 이 단계의 연구는 올덴버그의 『붓다』(*Buddha*, 1881)와 리스 데이비즈의 『인도불교사의 몇 가지 사항에서 예시되는 종교의 기원과 성장』(*The Origin and Growth of Religion as Illustrated by Some Points in the History of Indian Buddhism*, 1882)이 출판되고서야 제대로 시작되었던 셈이다. 웰본은 "비판적 불교 연구"가 앞의 저서의 출간으로 "온전한 성숙"에 도달했다고 말했다. 그리고 초기 경전의 다의성에 대한 인식, 쟁점의 복잡성에 대한 민감성, '불교도의' 입장과 전통의 다양성에 대한 인식이 조금이라도 '성숙'을 드러내는 징표라 할진대, 웰본의 말은 옳았다. 드종이 주장했듯이, 어떤 측면에서 이 두 번째 단계는 대략 1942년까지 지속되었다. 1차 세계대전 이후 불교학계에 놀라운 몇 가지 전환이 이루어졌는데, 과거의 '영국-미국'학파의 영향력이 1914년 이후에도 계속해서 감지되었던 미국에서 특히 그랬다. 이런 의미에서 필자가 이 책에서 그랬듯이, 1차 세계대전 부근에서 불교 연구에 관한 논의를 마무리 짓는 것은 다소 인위적이다. DeJong, "Brief History of Buddhist Studies," 76-77. Welbon, *Buddhist Nirvana*, 201. Kitagawa, "Buddhism in America," 43-44. Rhys Davids, *Buddhism: Its History and Literature*, 187-222.

22 Gordon, "Buddhism of Japan." Gordon, "Buddhism's Best Gospel," 408.

23 Warren, *Buddhism*, 112-13, 284. Rhys Davids, *Buddhism: Its History and Literature*, 125, 143, 176, 180.

24 Conze, *Buddhism*, 38-43.

25 Edmunds, "The Psychic Elements in Buddhism," 1. Edmunds, "F.W.H. Myers, Swedenborg, and Buddha," 259, 279. Guruge, ed., *Return to Righteousness*, 81, 809.

26 미국에서 무신론과 불가지론의 기원에 관해서는 다음을 참고하라. Turner, *Without God, Without Creed.* 인격적 창조주에 대한 거부의 한 가지 사례로 다음을 참고하라. Olcott, *Buddhist Catechism*, 45. Lodge, *Poems and Dramas*, 1: 81. 또한 다음을 참고하라. Fenollosa, *East and West*, 55. 그리고 Moore, "Ethical Side of the Material," 77.

27 붓다의 '삼신'(三神, *Trikaya*)이라는 대승불교의 교리는 통상적 고통의 세계에 출현한 역사적 붓다가 유일한 한 가지 형태(*Nirmanakaya*)라는 점을 시사한다. 고타마 싯달타는 지복至福의 몸체(*Sambhogakaya*)의 드러남, 즉 일종의 천상의 초인간적 존재로서의 붓다의 드러남이었다. 이어 이 '몸체'는 '법신'(*Dharmakaya*), 즉 온 우주에 퍼져 있고 우주의 토대를 이루는 궁극적 붓다, 또는 우주적 붓다의 발산이었다. 이에 대한 한 가지 고전적 정식화를 보려면 다음 저서의 발췌문을 참고하라. Asanga, *Ornament of Mahayana Sutras*, a versified compendium of Mahayana doctrine, in William Theodore de Bary, ed., *The Buddhist Tradition in India, China, and Japan* (New York: Vintage Books, 1972), 94-95. Carus, *Christian Critics*, 196-98.

28 Edmunds, *Buddhist and Christian Gospels*, 51.

29 "Suicide Club," *Dollar Weekly*, 28 Jan. 1893. "Bridgeton's Departure," 에드먼즈의 일기장에 풀로 붙어 있는, 신문사가 나와 있지 않은 오려낸 신문기사에서 발췌. 11 Feb. 1893, Diary 8, Albert J. Edmund's Papers.

30 잡지에 게재된 자살에 관한 기사의 실례를 보려면 다음을 참고하라. Henry Morselli, "Catholicism, Protestantism, and Suicide," *Popular Science Monthly* 20 (Dec. 1881): 220-25; William Matthews, "Civilization and Suicide," *North American Review* 152 (Apr. 1891): 470-84; 그리고 Frederik L. Hoffman, "Suicides and Modern Civilization," *Arena* 42 (May 1893): 680-95. 빅토리아 시대 영국에서 자살에 대한 상충되는 입장에 관해서는 다음을 참고하라. Barbara T. Gates, *Victorian Suicide: Mad Crimes and Sas Histories* (Princeton: Princeton University

Press, 1988). Edward Ballany, *Looking Backward*, 2000-1887 (1888; New York: Penguin, 1984), 78.

31 헌의 응답은 다음에서 인용되었다. Jackson, *Oriental Religions*, 236. Carus, *Christian Critics*, 308. 필자가 아래에서 인용했듯이, 대니얼 조셉 신갈Daniel Joseph Singal은 1차 세계대전 이후 지식인들과 그 밖의 사람들 사이에서 영향력을 지니게 되었던 모더니스트 문화가 자아에 대한 역동적이고 비실체적 견해와 연관되어 있다고 설득력 있게 주장했다. 그리하여 어떤 의미에서 이런 불교 동조자와 신봉자들은 세기 전환기에야 막 등장하기 시작했던 모더니스트 문화에서 초기 참여자들이었던 셈이다. Singal, "Towards a Definition of Modernism," 15.

32 Paul Carus to Dharmapala, 18 June 1897, Open Court Papers.

33 Edmunds, "F.W.H. Myers, Swedenborg, and Buddha," 278. Carus, *Christian Critics*, 128.

34 Akiko Murakata, "Ernest Fenollosa's 'Ode on Re-incarnation,' " *Harvard Library Bulletin* 21 (1973): 59, 60, 61.

35 Lears, *No Place of Grace*, 224. Fenollosa, *East and West*, 55.

36 DeCleyre, "Dyer D. Lum," 284. Lum, "Nirvana," 260. Dyer Lum, "The One and the All," ms., Houghton Library. Lum, "Nirvana," 261-62. Lum, "Basis of Morals," 559. Lum, "Nirvana," 262.

37 Carnavaro, "Nirvana," 26.

38 Emerson, "Each and All" in *The Portable Emerson*, ed. Carl Bode and Malcom Cowley (New York: Penguin, 1981), 632.

39 이 개념에 대한 루터의 정식화 중 하나를 보려면 다음을 참고하라. "An den christlichen Adel deutscher Nation von des christlichen Standes Besserung" in *Luthers Werke...*, ed. Otto Clemen (1520; Berlin: Walter deGruyter, 1966-67): 1: 362-425. Ralph Waldo Emerson, "Self Reliance," in *The Portable Emerson*, 138-64. Ralph Waldo Emerson, "Address," 신학대학 4학년 반 앞에서 행해짐, Cambridge, 15 July 1838, in The Portable Emerson, 72-91. Immanuel Kant, "Beantwortung der Frage: Was ist Aufklärung?" in *Was ist Aufklärung?: Aufsätze zur Geschichte und Philosophie* (1784; Göttingen: Vandenoek und Ruprecht,

1975), 55. 루크스Lukes가 지적했듯이, 독립독행의 지지는 토마스 아퀴나스의 사상 속에 드러났으며 가톨릭 유산의 일부이기도 했으니, 아퀴나스는 『진리에 관한 토론문제집』(*Quaestiones disputatae de veritate* qu. 17, art. 4)에서 "모든 사람은 자신이 신에게서 받은 지식의 관점에서 자기 행위를 점검해야만 한다"고 천명했다. Steven Lukes, *Dictionary of the History of Ideas*, s.v., "Types of Individualism." 경제적 개인주의에 관해서는 다음을 참고하라. Trachtenberg, *Incorporation of America*, 5. Emerson, "Address," in The Portable Emerson, 87.

40 Ellinwood, *Oriental Religions*, 154. Rhys Davis, *Buddhism: Its History and Literature*, 143, 176, 180. 불교의 독립독행에 대한 신교적 해석의 또 다른 사례를 보려면 다음을 참고하라. W. C. Dodd, "The Heart of Buddhism and the Heart of Christianity," *Missionary Review of the World* 16 (July 1893): 515.

41 Lears, *No Place of Grace*, 218-41. Bigelow, "Fragmentary Notes."

42 Olcott, *Buddhist Catechism*, 45. Vetterling, "Why Buddhism?" 1. Wilson, "Buddhism in America," 2. Strauss, *Buddha and His Doctrine*, 115.

제6장 | 낙관주의와 행동주의

---

1 J. T. Gracey, "What Ails Buddhism?" *Homiletic Review* 23 (Jan. 1892): 27.

2 Henry Steele Commager, Foreword, *McGuffey's Sixth Eclectic Reader*, 1879 edition (New York: New American Libarary, 1962), xi. 인기 있는 종교소설에 관해서는 다음을 참고하라. Elmer F. Sudermann, "Religion in the Popular American Novel: 1870-1900," *Journal of Popular Culture* 9 (Spring 1976): 1003-9. Lewis Wallace, *Ben-Hur: A Tale of the Christ* (New York: Harper and Brothers, 1880).

3 Henry Ward Beecher, *Yale Lectures on Preaching* (New York: Fords, Howard, and Hulbert, 1887). George A. Gordon, *The New Epoch for Faith* (Boston: Houghton, Mifflin, 1901). Beecher, "Progress of Thought in the Church," 102. John Fiske, *The Destiny of Man Viewed in the Light of His Origin* (1884; Boston and New York Houghton Mifflin, 1912), 118.

4 Hutchison, *Modernist Impulse*, 86-87. William Newton Clarke, *On Outline of Christian Theology* (Cambridge, Mass.:J. Wilson, 1894). 종교의회 지도자 중 한 사람인 배로우즈가 표현한 여타 신앙에 대한 견해를 보려면 다음을 참고하라. Barrows, *Parliament of Religions*, 75, 183-84. 종교의회가 "그리스도교의 혼적"이 완연했다는 배로우즈의 인식을 보려면 다음을 참고하라. Barrows, *Parliament of Religions*, 37. 종교의회에서 드러난 미국의 문화적·종교적·인종적 우위에 관해서, 그리고 1876년과 1916년 사이에 열린 그 밖의 세계 박람회에 관해서는 다음을 참고하라. Rydell, *All the World's a Fair*, 특히 38-71.

5 James, "Is Life Worth Living?" 2-3. James, *Pragmatism*, 189-90. Higham, "The Reorientation of American Culture in the 1890s," 93. 필자는 이 시기 동안 미국 문화 내의 비관주의에 관한 논의에서 하이앰의 논문에 담긴 풍부한 통찰력에 힘입은 바 컸다.

6 James, *Pragmatism*, 184-85. 카루스 역시 '사회개량론'을 옹호했다. 또한 다음을 참고하라. Paul Carus, "The Prophet of Pessimism," *Open Court* 11 (May 1897): 264. Richard T. Ely, *Social Aspects of Christianity* (New York: Thomas Crowell and Co., 1889), 77.

7 보스턴 소재 엠마뉴엘 신교 감독파 교회 교구목사 엘우드 우스터의 연설문이 〈필라델피아 인콰이어러〉*Philadelphia Inquirer*에 재수록되었다. 에드먼즈는 오려 낸 이 기사를 자기 일기장에다 풀로 붙여놓았다: Diary 11, 2 Feb. 1908, Albert J. Edmunds Papers. James, "The Gospel of Relaxation," 247. James, "The Energies of Men," 218-19.

8 1870년대와 1880년대의 무기력에 대한 강조의 한 사례를 보려면 다음을 참고하라. May, *Protestant Churches*, 39-87. Theodore Roosevelt, *The Strenuous Life: Essays and Addresses* (New York: The Century Company, 1900). Higham, "Reorientation." 리처드 호프스태터Richard Hofstadter는 진보시대에 두 가지 상충 하는 '기풍'의 개요를 말했으니, "보스bos)-이민자-기계 복합체의 기풍과 개혁가-개인주의-앵글로색슨 복합체의 기풍"이었다. 그리고 보다 최근의 한 논문에서 존 D. 부엔커John D. Buenker는 이 두 가지 '기풍이' 실제로 "활짝 개화開花한 정치문화"였다고 주장했다. 다음을 참고하라. Richard Hofstadter, *The Age of Reform* (New York: Vintage, 1955), 186. John D. Buenker, "Sovereign Individuals and Organic Networks: Political Cultures in Conflict during the Progressive Era," *American Quarterly* 40 (June 1988): 187-204.

9 Hutchison, "The Americanness of the Social Gospel," 1-2. Hudson, "How American Is Religion in America?" 일부 유럽인들은 서구 대중문화에서 새로운 행동주의의 표출이 전통적 가치를 위협할 수 있다고 우려했으며, 그들은 이따금 '행동주의'를 '미국주의'와 동일시했다. 이에 관해서는 다음을 참고하라. Higham, "Reorientation," 85. Booker T. Washington, "The Religious Life of the Negro," *North American Review* 181 (July 1905): 22. Beecher, "Progress of Thought in the Church," 101.

10 Lyman Abbott, "What is Christianity?" *Arena* (1890): 46. Henry C. Potter and Charles W. Shields, "The Social Problem of Church Unity: The Report of Bishop Potter and Professor Shields," in "Present-Day Papers," ed. Charles W. Shields, *Century* 40 (Sept. 1890): 687. Charles M. Sheldon, *In His Steps; Or, What Would Jesus Do?* (1897; Chicago: John C. Winston Co., 1957), 254-59.

11 Edgbert C. Smyth, "The Theological Purpose of the Review," *Andover Review* 1 (Jan. 1884): 12. Judson Smith, "Protestant Foreign Missions: A Retrospect of the Nineteenth Century," *North American Review* 172 (Mar. 1901): 394. 신교의 선교활동은 이 시기 동안 다른 서구 국가들에서도 역시 붐을 일으켰다. 이런 전개과정에 대해서는 다음에 나오는 논문들을 참고하라. Torben Christensen and William R. Hutchison, ed., *Missionary Ideologies in the Imperialist Era, 1880-1920* (Aarhus, Denmark: Aros Publishers; Cambridge, Mass.: Harvard Theological Review, 1984).

12 Hutchison, *Errand,* 92. Winthrop Hudson, "Protestant Clergy Debate the Nation's Vocation, 1898-1899," *Church History* 42 (Mar. 1973): 110-18. Lyman Abbott, "Can a Nation Have a Religion?" *Century* 41 (Dec. 1890): 275-81. Rockhill, "The Open Door," Varg, *Open Door Diplomat.* Wiebe, *Search for Order,* 224-55.

13 붓다의 개혁적 경향성과 도적적 가르침을 찬양했지만, 불교 전통을 비난했던 한 크리스천의 해석 사례를 보려면 다음을 참고하라. Frank S[tockton] Dobbins, *Error's Chains: How Forged and Broken* (New York: Standard Publishing House, 1883), 500-502, 509-10, 518. Josiah Royce, "The Christian Doctrine of Life,"

Hibbert Journal 11 (1913): 476-78.

14 Rhys Davids, *Origin and Growth*, 90, 215. Oldenberg, *Buddha*, 1, 46, 50, 212-15.

15 Monier-Williams, *Buddhism*, 337-563.

16 Charles Rockwell Lenman, *A Sanskrit Reader, with Vocabulary and Notes* (Boston: Ginn and Co., 1912). Charles Rockwell Lanman, "A Statistical Count of Noun-Inflection in the Veda," *Journal of the American Oriental Society* 10 (1880): 325-601. Charles R. Lanman, "Henry Clarke Warren: An Obituary Notice," *Journal of the American Oriental Society* 20 (1899): 332, 334. Warren, *Buddhism in Translations*, 113, 284.

17 Hopkins, *Religions of India*, 320, 306-17. 홉킨스는 또한 한 세대의 예일 학생들에게 불교에는 "삶에 대한 심오하게 비관주의적인 태도가 들어 있다"고 가르치기도 했다. 다음을 참고하라. Edward Washburn Hopkins, "Lectures on Buddhism," pp. 15-16, Hopkins Family Papers, Sterling Memorial Library, Yale University, New Haven.

18 Hopkins, *Origin and Evolution of Religion*, 269. Hopkins, *Religions of India*, 318, 307-19. Hopkins, *History of Religions*, 184-90. Hopkins, *Religions of India*, 367-71.

19 LaFarge, "An Artist's Letters from Japan," 574.

20 Rockhill, *Life of the Buddha*, Rockhill, "An American in Tibet," 3-4.

21 Ryan, "More Light on the 'Light of Asia,' " 687. Aiken, *Dhamma of Gotama*, 112. Dall, "The Buddha and the Christ," 244, 233. Bixby, "Buddhism in the New Testament," 556. 또한 다음을 참고하라. Matthews, "Notes on Buddhism at Home."

22 Gordon, *American Missionary in Japan*, 117, 176.

23 Kellog, *Handbook*, 111. Ellinwood, *Oriental Religions*, 156-57. King, "Shall We Become Buddhists?" 64. Constance F. Gordon Cumming, "Ningpo and the Buddhist Temples," *Century* 24 (Sept. 1882): 738.

24 Davies, "Religion of Gotama Buddha," 335. Bryant, "Buddhism and Christianity," 267, 366, 380-81, 368-69.

25 Paul Carus, "American and Expansion," *Open Court* 13 (June 1899): 215‒23. 순환에 대한 에드먼즈의 관심을 보여주는 증거를 보려면 다음을 참고하라. Diary 8, 6 July 1899 및 18 Jan. 1890., Albert J. Edmunds Papers. Dyer Lum to Joseph A. Labadie, 14 Aug. 1888, Joseph Ishill Papers, Houghton Library, Harvard University, Cambridge, Mass.

26 Carus, "Prophet of Pessimism," 263. 불교적 가르침과 쇼펜하우어 철학 사이의 영원한 관련성에 대한 증거를 보려면 로버트 뷰캐넌이 쓴 다음의 장시長詩를 참고하라. Robert Buchanan: "The New Buddha," *North American Review* 140 (May 1885): 445‒55.

27 랜먼이 불교에 관해 전혀 강연한 적이 없다는 말은 아니다. 랜먼은 강연을 했다. 그리하여 프라비던스의 벨스트리트 성당에서 행한 한 연설에서, 랜먼은 불교의 관용을 강조했고 열반을 "탐욕, 악의, 기만"의 소멸로 해석했다. 하지만 랜먼은 열반이 "완전한 소멸" 역시 내포할 가능성을 열어두었던 듯하다고, 그의 강연을 다룬 신문기사는 제시했다. 그런데 만일 이런 설명이 정확하다면, 랜먼은 불교가 수동적이고 비관주의적이라는 비판에 맞서 아무런 변호도 하지 않은 셈이었다. 베터링은 이 신문기사를 〈프라비던스 저널〉*Providence Journal*에서 제목이나 날짜를 인용하지 않은 채 다시 게재했다: Vettering, "The Growth of Enlightment," 5. "Buddha Shrine Worshipped in House of Mystery," *San Francisco Examiner*, 15 Sept. 1910. 또한 다음을 참고하라. " 'House of Mystery' Threatened by Fire," *San Francisco Examiner*, 19 Sept. 1910. 이 날짜 전후로 러셀가 사람들은 분명 여섯 명 정도의 고아를 받아들였으며, 아이다 러셀은 가난한 이들을 위한 저가의 주거지 제공 정책을 제안했다. 예의 신문들이 이 사실 역시 다루었지만, 그러나 현세적 관심을 드러내는 이런 사례들은 그녀의 종교적 관심과 관련된 이야기에는 포함되지 않았다. 다음을 참고하라. "Homes for the People: Opportunities for Philanthropy without Cost," *San Francisco Examiner* 27 May 1906 및 "Alexander Russel Is Allowed $400 Month," *San Francisco Examiner*, 19 July 1918.

28 Charles O. Hucker, *China's Imperial Past: An Introduction to Chinese History and Culture* (Stanford: Stanford University Press, 1975), 384.

29 Arnold, *Life of Asia*, vii. Rhys Davids, *Origin and Growth*, 90. "불교의 건설적

낙관주의"란 논문은 아널드가 1915년에 〈마하보리〉지(제23권)에 게재한 것이었다. 이는 다음에 재수록되었다: Guruge, ed., *Return to Righteousness*, 391-400. 행동주의와 관련한 대목은 역시 아널드가 〈마하보리〉지에 발표했고, 나중에 재수록된 논문에서 인용되었다. 다음을 참고하라. Guruge, ed., *Return to Righteousness*, 669. '아나가리카'란 호칭의 의미는 여러 학자들의 주목을 받았다. 다음을 참고하라. Gomrich, *Theravada Buddhism*, 188-94.

30 이 구절은 1902년 6월호부터 〈법의 빛〉지 목차 아래 삽입되었다. McIntire, "Report of Secretary," 28, 27. 마하보리협회가 여러 '자선활동'에 관여했고, 미국인 불교 동조자들이 이를 후원했다는 점 역시 주목되어야 한다.

31 Olcott, *Buddhist Catechism*, 55, 53, 33. Vettering, "Optimist, Buddhist, Pessimist," 1. Canavarro, *Insight*, 13, 70.

32 에드먼즈의 기질에 대한 평가는 다음에 기록되어 있다. Edmunds, Diary 11, 22 Sept. 1906, Albert J. Edmunds Papers. 그의 자살에 관한 고찰을 보려면 다음을 참고하라. Edmunds, Diary 7, 16 June 1884, Albert J. Edmunds Papers. 나중의 우울증과의 싸움에 대한 랜먼의 응답을 보려면, 다음을 참고하라. Charles R. Lanman to Albert J. Edmunds, 20 Nov. 1903, Albert J. Edmunds Papers. 에드먼즈의 꿈은 다음에 기록되어 있다. Edmunds, Diary 8, 28 Jan. 1891, Albert J. Edmunds Papers. Albert J. Edmunds, "Buddha as Reformer," *Buddhist Annual of Ceylon* 1 (1921): 13.

33 Strauss, *Buddha and His Doctrine*, 93, 94, 94-99.

34 Rice, "Buddhism as I Have Seen It," 481. Withee, "Is Buddhism to Blame?" 461-62, 456-57, 462.

35 Wilson, "Buddhism in America," 4. Wilson, "Philosophy of Pain," 18. Wilson, "Sectarianism in Asia," 126. "The Great Teachers," 7. Wilson, "The Duty of Wealth." Andrew Carnegie, "Wealth," *North American Review* 148 (June 1889): 653-64.

36 Wilson, "Philosophy of Pain." Adams, *Life of George Cabbot Lodge*, 47-48, 58-50. Fenollosa, *East and West*, 55. Lodge, *Poems and Dramas*, 1: 80-81.

37 Adams, *Life of George Cabot Lodge*, 68-71. Lodge, *Poems and Dramas*. Lears, *No Place of Grace*, 239. Bigelow, "Fragmentary Notes," Houghton Library.

Bigelow, *Buddhism and Immortality*. William Sturgis Bigelow to Philips Brooks, 19 August 1889, The Philips Brooks Papers.

38 다음에서 인용함. Fields, *How the Swans Came to the Lake*, 155. Fenollosa, *East and West*, 50-51, 48. Murakata, "Fenollosa's 'Ode on Re-incarnation,' " 59-61.

39 DeCleyre, "Dyer Lum," 290. Dyer Lum to Voltairine deCleyre, 14 Sept. 1890, The Joseph Ishill Papers. 또한 다음을 참고하라. Lum, "Autobiographical P. S."

40 Lum, "Basis of Morals," 569-70. Lum, "Buddhism Notwithstanding," 206.

41 James, "The Moral Philosopher," 198.

42 Vetterling, "The Growth of Enlightenment," 4. 편집자인 베터링은 『윌크스배러의 지도자』(*Wilkes-Barre Leader*)로부터 발췌한 대목과 관련해 아무런 저자, 제목, 날짜도 포함시키지 않았다. 이 연사는 '랍비 조셉'으로 확인되었다. "New Thought," 526. Carus, *Christian Critics*, 6.

후기 | 1912년 이후의 미국 불교

---

1 Anagarika Dharmapala to Mrs. Carus, 14 July 1921, Open Court Papers.

2 G. Santayana, *Winds of Doctrine: Studies in Contemporary Opinion* (1913; London and Toronto: J. M. Dent and Sons; New York: Charles Scribner's Sons, 1914), 1. 이런 문화적 변천에 관해서는 다음을 참고하라. Stanley Cohen, "The Assault on Victorianism in the Twentieth Century," in *Victorian America*, ed. Howe, 160-81; May, *End of American Innocence;* Higham, "Reorientation of American Culture in the 1890s"; Signal, *The War Within.* 모더니스트 문화에 관해서는 다음을 참고하라. Singal, "Towards a Definition of American Modernism" 과 Malcom Bradbury and James McFarlane, eds., *Modernism, 1890-1930* (Sussex: Harvest Press; New Jersey: Humanities Press, 1978). 이 편집자가 쓴 도입부 글은 특히 유익하다(pp. 19-55). 신교 제도에 관해서는 다음을 참고하라. William R. Hutchison, ed., *Between the Times: The Travail of the Protestant Establishment in America, 1900-1960* (Cambridge and New York: Cambridge University Press, 1989).

3 명부에 등록된 미국인 88퍼센트가 자신이 한 번도 신의 존재와 관련해 의심을 품어본 적이 없다고 말했다. 다음을 참고하라. George Gallup, Jr.와 Jim Castelli, *The People's Religion: American Faith in the Nineties* (New York: Macmillan, 1989), 56. 센자키 글로부터의 인용은 다음에서 찾아볼 수 있다. Prebish, *American Buddhism*, 7.

4 20세기 미국의 일본 정토종에 관해서는 다음을 참고하라. Kashima, *Buddhism in America*.

5 센자키에 관해서는 다음을 참고하라. Prebish, *American Buddhism*, 6. D. T. Suzuki to Mrs. Carus, 15 July 1921, Open Court Papers. 스즈키는 이 편지에서 자신이 거의 모든 글을 다 썼으며, 그녀의 남편 폴 카루스가 선집의 초기 판본을 본 적이 있다고 말했다. D. T. Suzuki, *Essays in Zen Buddhism, First Series* (London: Luzac and Co., 1927).

6 R. E. Gussner and S. D. Berkowitz, "Scholars, Sects, and Sanghas, I: Recruitment to Asian-Based Meditation Groups in North America," *Sociological Analysis* 49 (1988): 136-70. Layman, *Buddhism in America*, 264-75. 미국에서 불교 그룹을 다룬 한 목록을 보려면 다음을 참고하라. Don Morreale, ed., *Buddhist America: Centers, Retreats, and Practices* (Santa Fe: John Muir Publications, 1988).

7 Jack Kerouac, *Dharma Bums* (1958; New York: Penguin Books, 1976), 97-98. 미국에서 여성과 불교에 관한 수많은 책과 논문들이 출간되었다. 예를 들어 다음을 참고하라. Sandy Boucher, *Turning the Wheel: American Women Creating the New Buddhism* (San Francisco: Harper and Row, 1988).

8 슈트라우스는 유명인사로 불교 그룹의 후원자였으며, 일찍이 불교 교리 문답을 번역했는데, 1922년이 되어서야 그의 주요한 신앙진술이 발표되었다(*Buddha and His Doctrine*). 슈트라우스의 저서는 불교 서클 내에서 호평을 받았다. 예를 들어 〈마하보리〉 32(1924년 7월)호에 실린 C. T. 슈트라우스의 『붓다와 붓다의 교리』(*Buddha and His Doctrine*)에 대한 논평이 그랬다. 슈트라우스는 이 책이 아널드의 『아시아의 빛』, 워런의 『번역 불교』, 카루스의 『붓다의 복음』 이래로 최고의 저서라고 했다. 슈트라우스는 말년에 유럽으로 되돌아갔는데, 1936년에 프랑크푸르트 마하보리협회 대표자로 거명되었다. 이에 관해서는 〈마하보리〉 44(1936년 9월)호를 참고하라. 슈트라우스는 또한 인간이 거주하지 않는 세계와의

적절한 관련성에 관해 불교도 사이에서 벌어진 활발한 토론에 참여하기도 했다. 다음을 참고하라. C. T. Strauss, "Justifiable Killing," letter to the editor, *Maha Bodhi* 42 (Oct. 1934): 469-70; C.T. Strauss, letter to the editor, *Maha Bodhi* 42 (May-June 1934): 273-74. 또한 다음을 참고하라. "Another Rejoinder to Mr. Strauss," *Maha Bodhi* 42 (Aug. 1934): 374. Mrs. Winthrop Chanler, "Bohemian and Buddhist," *Atlantic* 158 (Sept. 1938): 271-78. 비글로우에 관한 이 글은 그의 친구 챈러가 출간하게 될 저서인 『계곡의 가을』(*Autumn in the Valley*)에서 발췌했다. 필자의 기준으로 볼 때 벡은 불교 동조자였다. L. Adams Beck, "The Challenge: The Buddha and the Christ," *Atlantic* 137 (May 1926): 585-86, 590. 실용적 잣대를 크리스천 웨스트에게 유사하게 적용한 사례로 일본인 학자의 강연을 참고하라. Masaharu Anesaki: *The Religions and Social Problems of the Orient: Four Lectures Given at the University of California under the Auspices of the Earl Fountain, Pacific School of Religion* (New York: Macmillan, 1923).

9 "Buddha on Ninety-fourth Street," *Newsweek*, 9 June 1947, 82-83.

10 James Bissett Pratt, *Pilgrimage of Buddhism and A Buddhist Pilgrimage* (New York: Macmillan, 1928), viii, D. T. Suzuki, "Comprehending Zen Buddhism," in *Self, Religion, and Metaphysics: Essays in Memory of James Bisset Pratt*, ed. Gerald E. Myers (New York: Macmillan, 1961), 122. 니부어가 불교를 그리스도교의 유일한 경쟁자로 평가한 대목은 1937년의 한 글에서 제시되었다. Reinhold Niebuhr, "The Christian Church in a Secular Age," in *The Essential Reinhold Niebuhr: Selected Essays and Addresses*, ed. Robert McAfee Brown (New Haven: Yale University Press, 1986), 85. Reinhold Niebuhr, *An Interpretation of Christian Ethics* (1935; New York: Seabury, 1979), 43, 41.

11 "Buddhist-Christian Dialogue: Past, Present, and Future," Masao Abe and John Cobb interviewed by Bruce Long, *Buddhist-Christian Studies* 1 (1981): 21-25. 로버트 서먼(Robert Thurman)은 불교의 행동주의를 강조했던 미국 불교학자이자 불교 옹호자 중 한 사람이었다. 다음을 참고하라. Robert A. F. Thurman, "Guidelines for Buddhist Social Activism Based on Nargarjuna's *Jewel Garland of Royal Counsels*," *Eastern Buddhist*, n.s., 16 (Spring 1983): 19-51. 아시아 불교도 역시 유사한 주제를 다루었다. 예를 들어 다음을 참고하라. S. Sivaraksa,

A Buddhist Vision for Renewing Society (Bangkok: Tienwan Publishing House, 1986). 일부 미국 불교도 그룹이 이런 행동주의적 충동을 강조했다. 1978년에 설립된 불교도평화펠로우쉽(The Buddhist Peace Fellowship)은 버클리 소재 전국본부에서 소식지를 발간한다. 예를 들어 다음을 참고하라. Joanna Macy, "Dharma and Civil War: The Prospects for Peace in Sri Lanka," *Buddhist Peace Fellowship Newsletter* 8 (Autumn 1986): 1-5. 또 다른 그룹인 사회정의와 세계평화를 염려하는 불교도(Buddhists Concerned for Social Justice and World Peace)는 앤아버와 토론토의 선공동체를 넘어서서 활동한다. 다음을 참고하라. Samu Sunim, "An Appeal for Social Action," pamphlet, Buddhists Concerned for Social Justice and World Peace, 30 June 1987. Dwight Goddard, *A Buddhist Bible: The Favorite Scriptures of the Zen Sect...*(Thetford, Vt.: n.p., 1932), 11, 10. Dwight Goddard, *Was Jesus Influenced by Buddhism?* (Thetford, Vt.: Printed by Charles R. Cummings, 1927).

지은이 **토마스 A. 트위드**(Thomas A. Tweed)

채펄 힐의 노스캐롤라이나 대학교 종교학과 교수이자 문리과대학 부학장
으로 재직하고 있다. 저서로 *Victorian Culture and the Limits of Dissent*(1993),
Retelling U.S. Religious History(1997), *Asian Religions in America: A Documentary
History*(공저; 1998), *Our Lady of the Exile: Diasporic Religion at a Cuban Catholic
Shrine in Miami*(Religion in America)(2002), *Crossing and Dwelling: A Theory of
Religion*(2006) 등이 있다.

옮긴이 **한창호**

부산에서 나고 대구에서 자랐다. 서울대학교에서 영문학을 전공하고 철학을
부전공하였으며, 10여년 뒤 동 대학에서 국악 작곡을 전공했다. 현재는 동국
대학교 대학원 선학과에 재학 중이다.『꽃과 쓰레기』,『말의 가격』,『셀프컴
패션』,『세계여성속담사전』,『룩스』,『나를 똑바로 봐』,『이야기 미국불교사』,
『EQ 감성지능』 등을 번역했고, 고려 균여대사의『일승법계도원통기』한글
본에 토대해 공역으로『Ilseung beopgye-do Wontong-gi』를 영역했다.

미국과 불교의 만남

초판 1쇄 인쇄 2014년 10월 29일 | 초판 1쇄 발행 2014년 11월 5일
지은이 토마스 A. 트위드 | 옮긴이 한창호 | 펴낸이 김시열
펴낸곳 도서출판 운주사

　　　(136-034) 서울시 성북구 동소문로 67-1 성심빌딩 3층

　　　전화 (02) 926-8361 | 팩스 0505-115-8361

ISBN 978-89-5746-391-8 03940　값 20,000원

http://cafe.daum.net/unjubooks 〈다음카페: 도서출판 운주사〉